THE OFFICE DICTIONARY

in

ENGLISH and ARABIC

Compiled by
Multi-Lingual International
Publishers Limited

Published by
OXFORD UNIVERSITY PRESS
in association with
Multi-Lingual International Publishers Limited
Series Editor
Ernest Kay

ISBN 0 19 920150 1

English Typesetting by
Fowler Printing Services, London NW9, England.

Arabic Typesetting by
Computype, West Drayton, Middlesex, England.

Text pages designed by Danny Robins.

Printed and bound in Great Britain by
Biddles Ltd, Guildford and King's Lynn

قاموس المكتب

انكليزي عربي

جمع واعداد
ملتيلنكوال انترناشونال ببلشرز ليمتد
للنشر المحدودة

قاموس المكتب

انكليزي عربي

جمع واعداد

ملتيلنكوال انترناشونال ببلشرز ليمتد

للنشر المحدودة

الناشرون
اكسفورد يونيفرستي برس
بالاشتراك مع
ملتيلنكوال انترناشونال ببلشرز ليمتد
للنشر المحدودة

المشرف على السلسلة

ارنست كي

ان قصارى الجهود قد بذلت لضمان دقة المعلومات في المواد الواردة في هذا القاموس الا
ان الناشرين او المعدين لن يتحملوا اية مسئوولية عن الاخطاء
او عدم الدقة ان وجدت .

ويشار الى الكلمات التي يعتقد الناشرون والمعدون انها علامات تجارية مسجلة بالحرفين
تي ام (TM) الا ان وجود هذه الاشارة او عدمه لا يعد بأي حال من الاحوال ذو مساس
بالوضع القانوني لتلك العلامة التجارية .

ISBN 0 19 920150 1
نضدت الحروف الانكليزية في
فاولر برنتنغ سرفسز ، لندن ان دبليو ٩ انكلترا

نضدت الحروف العربية في
كومبيو تايب ، وست دريتون ، مدلسكس ، انكلترا

صفحات المعجم من تصميم
داني روبنز

المحتويات

المقدمة

يورد قاموس الترجمة العملي هذا في قسميه الانكليـزي ـ العربي والعربي الانكليزي ترجمة تلك المفردات والمصطلحات التي غالباً ما يستخدمها كل من يعمل في حقل المكاتب أو ادارة الاعمال أو التجارة .

ويضم القاموس ما يزيد على ٥,٠٠٠ مادة مدرجة تحتوي على ما لا يقل عن ١٢,٠٠٠ من المفردات التي تغطي اهم جوانب اعمال المكاتب واجرائاتها وتنظيم ادارتها وموظفيها ومعداتها بالاضافة الى نشاطات تتعلق بهذه وتشتمل على الضرائب والمحاسبـة والنقل والصيرفة والشؤون المالية والرسوم الجمركية .

وسيكون القاموس هذا نظراً لما يضمه من مفردات ومصطلحات وسيلة لا يمكن الاستغناء عنها في دورات السكرتارية والادارة كما سيكون ذا فائدة جمة للمترجمين الشفهيين والتحريريين وغير ذلك من معاهد التدريب والمعاهد الاكاديميـة بالاضـافة الى مجهـزي معدات المكاتب .

لقد تم اختيار المفردات والمصطلحـات بعنايـة فائقـة اثناء جمـع واعـداد هذا القـاموس واخـذنا بعـين الاعتبار ان يكـون سهل الاستعمال من حيث الحجم وترد بعض المفردات احياناً كجزء من مصطلح شائع الاستعمال .

لقد نجم عن طريقة اختيار المفردات هذه استثناء بعض الكلمات والمصطلحات وسيكون هناك بعض الحذف والاسقاط ونرحب في هذا الصدد بالملاحظات البناءة التي من شأنها ادخال تحسينات في الطبعات القادمة .

قاموس المكتب

انكليزي عربي

جمع واعداد

ملتيلنكوال انترناشونال ببلشرز ليمتد
للنشر المحدودة

أ

ائتمان	credit *(n)*
ائتمان التاجر	trader's credit
ائتمان سابق للشحن	pre-shipment credit
ائتمان ممتد	extended credit
ابادة الحشرات	pest control
ابتزاز	blackmail
الابحاث والتطوير	research and development
ابدال مكملة	supplementary benefit
ابدال الموظفين	staff changes
ابطال	annulment
ابلاغ	notice *(n)*
ابلاغ باسم المشتر	passing a name
ابلاغ ببروتستو	notification of protest
ابلاغ قبل التصدير	pre-entry
اتاوات نفطية	oil royalties
إتاوة	royalty
اتجاه استئناف العمل	back to work movement
اتجاه اقتصادي	economic trend
اتجاه انخفاضي	downward trend
الاتجاه التضخمي للاجور	wages spiral
اتجاه السوق	market trend
اتجاه صاعد	upward trend
اتجاه صاعد للاجور	wages drift
الاتجاه المستمر	secular trend
اتحاد بهدف تقييد التجارة	combination in restraint of trade

اتحاد جمركي	customs union
اتحاد حماية تجارية	trade protection society
اتحاد مهني	trade association
اتحاد نقدي	monetary union
اتحادات تسليف دولية	international credit unions
اتخاذ القرارات	decision making
اتساع صناعي	industrial expansion
اتصال افقي	horizontal communication
الاتصال الداخلي بالتلفون	telephone intercommunication
اتصال شخصي	personal contact
الاتصال العمودي	vertical communication
الاتصال عن بعد	tele-communication
الاتصال المكتوب	written communication
اتصالات شفوية	verbal communications
اتعاب	retainer
اتعاب تحويل	transfer fee
اتعاب المدراء	directors' fees
اتعاب المسح	survey fee
اتعاب المكتشف	finder's fee
اتعاب مهنية	professional fees
اتفاق ثنائي	bilateral agreement
اتفاق شرفي	gentlemen's agreement
اتفاقية احادية الطرف	unilateral agreement
اتفاقية اساسية	basic agreement
اتفاقية اعلان الاسعار	open-price agreement
اتفاقية بيع آجل	credit sale agreement
اتفاقية بيع خاص	private treaty
اتفاقية بيع الكتب على اساس السعر الصافي	net book agreement
اتفاقية بيع مشروطة	conditional-sale agreement
اتفاقية تأجيل دفع الديون	moratorium
اتفاقية تبادل	swap agreement
اتفاقية تجارية	commercial agreement, trade agreement
اتفاقية تجارية تفضيلية	preferential trade agreement

اتفاقية تجارية مقيدة	restrictive trade agreement
اتفاقية تجريبية	tentative agreement
اتفاقية تجميع	pooling arrangements
اتفاقية تحديد الاسعار	price-ring
اتفاقية تحسين الانتاجية	productivity agreement
اتفاقية تسليف المستهلك	consumer credit agreement
اتفاقية التسوية المتبادلة بين شركات التأمين	knock-for-knock agreement
اتفاقية تكنولوجية	technology agreement
اتفاقية حق الرجوع	recourse agreement
اتفاقية حول التعرفات	tariff agreement
اتفاقية خاصة	special agreement
اتفاقية دولية	international convention
اتفاقية دولية حول السلع	international commodity agreement
اتفاقية رفع الرواتب حسب نسبة التضخم	threshold agreement
اتفاقية سابقة	prior agreement
اتفاقية سحب احتياطية	stand-by-agreement
اتفاقية سياحية	tourist agreement
اتفاقية شاملة	package deal
اتفاقية شفهية	oral agreement
اتفاقية شفوية	verbal agreement
اتفاقية ضمنية	tacit agreement
الاتفاقية العامة للتجارة والتعريفات	General Agreement on Tariffs and Trade
اتفاقية عمل	working agreement
اتفاقية كوتا	quota agreement
اتفاقية متبادلة	reciprocal agreement
اتفاقية مساومة	bargaining agreement
اتفاقية مكملة	supplementary agreement
اتفاقية ملزمة	binding agreement
اتفاقية مؤقتة	temporary agreement
اثاث مبيتة	built-in furniture
اثاث مرموق	status furniture
اثاث مرن التجميع	modular furniture
اثاث المكتب	office furniture

treasure trove	اثار ثمينة
affirmation of contract	اثبات العقد
fiscal drag	الاثر الكابح للضرائب
impact effect	اثر مباشر
import licence	اجازة استيراد
labour permit, work permit	اجازة العمل
sick-leave	اجازة مرضية
navigation permit	اجازة ملاحة
sales appeal	اجتذاب إلى الشراء
meeting of creditors	اجتماع الدائنين
noisy meeting	اجتماع ضجيجي
annual general meeting	اجتماع عام سنوي
extraordinary general meeting	اجتماع عام غير عادي
open meeting	اجتماع علني
informal meeting	اجتماع غير رسمي
statutory meeting	اجتماع قانوني
board meeting	اجتماع مجلس ادارة
meetings	اجتماعات
employer	آجر
base rate, basic wage	الاجر الاساسي
basic pay, basic rate	اجر اساسي
weekly wage	اجر اسبوعي
time rate	الاجر الزمني
time wage	اجر زمني
dirty money	اجر العمل القذر
tight time	اجر منخفض للعمل بالقطعة
overtime pay	اجر الوقت الاضافي
subsistence wage	اجر يضمن مستوى المعيشة الادنى
daily wage	اجر يومي
measured daywork	اجر اليوم المقيس
procedure	اجراء
grievance procedure	اجراء شكوى
joint action	اجراء مشترك

temporary measure	اجراء مؤقت
preventative measures	إجراءات احتياطية
discliplinary measures	اجراءات تأديبية
arbitration proceedings	اجراءات التحكيم
market mix	اجراءات التسويق المختلفة
hedging	اجراءات تغطية خسائر ممكنة
customs formalities	اجراءات جمركية
cost accounting	اجراءات حساب التكلفة
half measures	اجراءات غير حاسمة
fiscal measures	اجراءات مالية
ground-rent	اجرة ارض
postage, postage rate	اجرة البريد
truckage	اجرة الشاحنة
primage	اجرة شحن اضافية
dead freight	اجرة الشحن الضائعة
advance freight	اجرة شحن معجلة
pro rata freight	اجرة الشحن النسبية
towage	اجرة القطر
piece-rate	اجرة القطعة
mileage	اجرة الميل الواحد
carriage	اجرة النقل
short run	الاجل القصير
hash total	اجمالي فارغ
turnover figure	اجمالي المبيعات
foreigner	اجنبي
equipment	اجهزة
circularizing equipment	اجهزة اصدار نشرات دورية
filing equipment	اجهزة اضبار
drilling equipment	اجهزة حفر
indivisible plant	اجهزة غير قابلة للتجزئة
computer hardware	اجهزة الكمبيوتر
hardware	اجهزة الكمبيوتر
peripheral equipment, peripherals	اجهزة محيطية

اجهزة معاملة البضائع	**handling equipment**
اجور	**wages**
اجور استعمال مرسى السفينة	**berthage**
اجور اسمية	**nominal wages**
اجور التأمين الاجتماعي	**insurance contribution**
اجور حقيقية	**real wages**
اجور سنوية	**annual fees**
اجور مضمونة	**guaranteed pay**
اجور نقل بطريق	**haulage**
احادي الاتجاه	**simplex**
احالة	**award** *(n)*
الاحالة الى التقاعد	**superannuation**
احتجاج	**protest** *(n)*
احتجاج الربان	**captain's protest**
احتجاج ممتد	**extended protest**
احتكار القلة غير كامل	**mutual respect**
احتكار	**corner, monopoly**
احتكار البائع	**monopsony**
احتكار بين شركتين	**duopoly**
احتكار ثنائي	**bilateral monopoly**
احتكار ثنائي بالتواطؤ	**collusive duopoly**
احتكار السوق	**cornering the market**
احتكار صاحب براءة الاختراع	**patent monopoly**
احتكار القلة	**oligopoly**
احتكار القلة الامثل	**perfect oligopoly**
احتكار القلة غير الكاملة	**imperfect oligopoly**
احتكار مشتريين	**duopsony**
احتكار مطلق	**absolute monopoly**
احتكار مميز	**discriminating monopoly**
احتمال	**probability**
احتمال الهبوط	**downside**
احتمالات ربح	**future prospects**
احتمالات الربح	**profit outlook**

احتمالات السوق	market prospects
احتمالية مشروطة	conditional probability
الاحتياطي	reserves
احتياطي	reserve *(n)*, stand-by
احتياطي استبدال الموجودات المهجورة	reserve for obsolescence
احتياطي الأمان	safety margin
احتياطي الرأسمال	capital reserve
احتياطي سري	hidden reserve
احتياطي العاطلين عن العمل	reserve army of the unemployed
احتياطي الغاز الطبيعي	gas reserves
احتياطي قانوني	legal reserve
الاحتياطي للشركة الفرعية اعظم من احتياطي الشركة المستقلة	deep-pocket view
احتياطي للطوارىء	contingency reserve
احتياطي للكارثة	catrastrophe reserve
احتياطيات قابلة للتوزيع	distributable reserves
احتيال	fraud
احساس العلامات بالكمبيوتر	computer mark-sensing
احسن النية	utmost good faith
احصاء	census
احصاء المستمعين	audience measurement
احصائيات	statistics
احصائيات الترتيب	order statistics
احصائيات تطبيقية	applied statistics
احصائيات الحوادث	accident statistics
احصائيات مقارنة	comparative statistics
الاحوال الشخصية	vital statistics
اختبار	test *(n)*
اختبار اتلافي	destructive test
اختبار التجانس	homogeneity test
اختبار السوق	market test
اختبار ميداني	field testing
اختبارات نفسية	psychological tests
اختباري	experimental

capital-saving invention	اختراع يخفض الرأسمال المطلوب
market penetration	اختراق السوق
shorthand	الاختزال
stockpiling	اختزان البضائع الاستراتيجية
grab	اختطاف
embezzlement, misappropriation	اختلاس
petty pilfering	اختلاس طفيف
diversity, variance	اختلاف
price differential	الاختلاف بين سعرين
short interest	اختلاف بين قيمة البضائع و المبلغ المؤمن
yield gap	اختلاف المردود
choice, selection	اختيار
porfolio choice	اختيار الاستثمارات
put and call	الاختيار في السعر الشرطي
personnel selection	اختيار الموظفين
vocational selection	اختيار مهني
port selection	اختيار الميناء
media selection	اختيار وسائل الاتصال
activity sampling	اخذ عينات الفعالية
talon	آخر قسيمة سند لحامله
specialist	اخصائي
notice *(n)*	اخطار
notice to quit	اخطار باخلاء العقار
notice of dismissal	اخطار بتسريح
final notice	اخطار نهائي
withholding the truth	اخفاء الحقيقة
breach of the peace	اخلال بالسلام
breach of warranty	اخلال بالضمان
breach of contract	اخلال بالعقد
performance	اداء
earnings performance	اداء بنسبة المكاسب
job performance	اداء عمل
standard performance	الاداء المعياري

performance against objectives ____ اداء مقارن بالاهداف
product performance ____ اداء المنتجات
management ____ ادارة
investment management ____ ادارة استثمار
supervisory management ____ ادارة اشرافية
business administration, business management ____ ادارة الأعمال
property management ____ ادارة الاملاك
management by exception ____ ادارة بالاستثناء
management by objectives ____ ادارة بالاهداف
credit management ____ ادارة التسليف
operating management ____ ادارة التشغيل
line management ____ ادارة تنفيذية
line and staff management ____ ادارة تنفيذية واستشارية
intuitive management ____ ادارة حدسية
participative management ____ ادارة ديمقراطية
market management ____ ادارة السوق
scientific management ____ ادارة علمية
top management ____ الادارة العليا
effective management ____ ادارة فعالة
financial administration, financial management ____ ادارة مالية
programmed management ____ الادارة المبرمجة
sales management ____ ادارة المبيعات
multiple management ____ ادارة متعددة
porfolio management ____ ادارة مجموعة سندات استثمارية
storekeeping ____ ادارة المخزن
traffic management ____ ادارة المرور
integrated project management ____ ادارة مشروع متكاملة
office management ____ ادارة المكتب
personnel management, staff administration ____ ادارة الموظفين
harbour authorities ____ ادارة الميناء
middle management ____ الادارة الوسطى
functional management ____ ادارة وظيفية
save-as-you-earn ____ الادخار من الاجر مباشرة

awareness	ادراك
cost awareness	ادراك التكلفة
brand awareness	ادراك الماركة
allegation, claim	إدعاء
cash and carry	ادفع وانقل
circumstantial evidence	ادلة عرضية
written evidence	ادلة مكتوبة
minimum wage	ادنى حد للاجر
weather permitting	اذا سمحت الظروف الجوية
radio broadcast	اذاع لاسلكيا
permit *(n)*, warrant *(n)*	إذن
landing order	اذن انزال
scrip dividend	ارباح بشكل اسهم
gains from trade	ارباح تجارية
capital gains	ارباح رأسمالية
surplus profit	ارباح فائضة
profit and loss	الارباح والخسائر
profitability	الاربحية
product profitability	اربحية المنتج
correlation	ارتباط
auto-correlation	ارتباط المتغيرات المتتالية
upswing	ارتفاع
rally	ارتفاع الثمن
stock appreciation	ارتفاع قيمة البضائع
easement	ارتفاق
hereditament	ارث
adjournment	ارجاء
interleaving	ارسال اقحامي بيني
sending mail	ارسال البريد
bulk mailing	ارسال البريد بالجملة
half duplex	ارسال مزدوج وحيد الاتجاه
data transmission	ارسال معطيات
financial telecommunication	ارسال معلومات مالية عن بعد

consignment	ارسالية
vocational guidance	ارشاد مهني
sterling balances	ارصدة الاسترليني
bank debits	ارصدة مصرفية مدينة
leasehold	ارض مستأجرة
demurrage	ارضية
terrorism	الارهابية
counterfoil	ارومة
debug *(v)*	ازالة الاخطاء
escalation	ازدياد
price escalation	ازدياد الاسعار
hidden price increase	ازدياد اسعار مخفي
inventory investment	ازدياد جرد البضائع
price increase	ازدياد السعر
public nuisance	ازعاج عام
crisis	ازمة
economic crisis	ازمة اقتصادية
financial crisis	ازمة مالية
remittance basis	اساس تحويل
fundamental	اساسي
management techniques	اساليب ادارية
flexible working	اساليب العمل المرنة
restrictive labour practice	اساليب العمل المقيدة
week	اسبوع
weekly	اسبوعي
road haulage contract hire	استئجار سيارات النقل البري لفترة متعاقد عليها
contract hire	استئجار لفترة متعاقد عليها
replacement	استبدال
investment	استثمار
gross investment	استثمار اجمالي
trade investment	استثمار تجاري
foreign investment, overseas investment	استثمار خارجي
autonomous investment	استثمار ذاتي الدوافع

استثمار زائد	overinvestment
استثمار عقاري	real investment
استثمار قصير الاجل	short-term investment
استجابة صوتية	voice response
استجواب	cross-examination
استحثاث	brainstorming
استحقاق	maturity
استخدام	recruitment
استراتيجية	strategy
استراتيجية الابقاء	survival strategy
استراتيجية تجارية	business strategy
استراتيجية ترويج الماركة	brand strategy
استراتيجية تطوير الموظفين التنفيذيين	executive manpower strategy
استراتيجية تنافسية	competitive strategy
استراتيجية التنويع	diversification strategy
استراتيجية التوسيع	expansion strategy
استراتيجية دفاعية	defensive strategy
استراتيجية الدفع	push strategy
استراتيجية الربح	profit stategy
استراتيجية الشركة	corporate strategy
استراتيجية في المفاوضات	negotiation strategy
استراتيجية مالية	financial strategy
استراتيجية المساومة	bargaining strategy
استراتيجية وضع الاسعار	pricing strategy
استرجاع	pay off
استرداد	repossession
استرداد الديون	recovery of debts
استرداد مبلغ مدفوع	drawback
استرداد المصاريف	recovery of expenses
استرداد الملكية	regain possession
استرليني	sterling
استرليني حسابي اخضر	green pound
استرليني خارجي	external sterling

legal opinion	استشارة قانونية
employee counselling	استشارة الموظفين
market survey	استطلاع السوق
means test	استطلاع الموارد المالية
enquiry	استعلام
status inquiry	استعلام حول الوضع المالي
use of cars	استعمال السيارات
capacity utilisation	استعمال الطاقة
personal computing	استعمال كمبيوتر شخصي
time sharing	استعمال متزامن للكمبيوتر
computerization	استعمال نظام الكمبيوتر
arbitrage	استغلال تفاوت الاسعار بين سوق وآخر
leading and lagging	استغلال التقدم والتأخر في دفعات دولية
confidence trick	استغلال الثقة
profiteer	استغلالي
tax benefit	استفادة ضريبية
questionnaire	استفتاء
referendum	استفتاء عام
information retrieval	استقاء معلومات
resignation	استقالة
stability	استقرار
fact-finding	استقصاء الحقائق
independence	استقلال
dictating	استكتاب
centralized dictation	استكتاب مركزي
market exploration	استكشاف السوق
receipt	استلام
visitor's forms and passes	استمارات الزوار واذونهم
promotion survey form	استمارة استفتاء الترويج
transfer form	استمارة تحويل
shipping bill	استمارة جمركية للتصدير
freight forwarding form	استمارة شحن البضائع
order-form	استمارة الطلب

استمرار الشركة	perpetual succession
استنساخ	duplicating, induction
استنساخ الكتروستاتي	electrostatic copying
استنساخ باستعمال الكحول	spirit duplicating
استنساخ البطاقات	card duplicating
استنساخ حبري	ink duplicating
استنساخ ديازو	dyeline copying
استنساخ فوتوغرافي	photocopying
استنساخ متعدد	multiple copying
استنساخ مصغر	microcopying
استنساخ ملون	colour copying
استنسل	stencil
استنسل حبري	ink stencil
استهلاك	consumption, depreciation, redemption
استهلاك بارز	conspicuous consumption
الاستهلاك بالاستعمال العادي	wear and tear
استهلاك بالنسبة الثابتة	straight-line depreciation
استهلاك داخلي	domestic consumption
استهلاك الدين	amortization
استهلاك رأسمالي	capital consumption
استهلاك الرصيد المتناقص	reducing balance depreciation
استهلاك سنوي	annual consumption
استهلاك عادي معقول	fair wear and tear
استهلاك عالمي	world consumption
استهلاك عند الذروة	peak consumption
استهلاك غير محدد المدة	free depreciation
الاستهلاك المتزايد	accelerated depreciation
استهلاك محلي	home consumption
استيراد	import
استيراد مباشر	direct importation
استيرادات	imports
استيرادات زراعية	agricultural imports
استيلاء	takeover

استيلاء شركة كبيرة بشركة صغرى ________ reverse take-over
الاستيلاء على شركة للحصول على ارباح اسهمها ________ dividend stripping
اسراف ________ extravagance
اسطوانة ________ disk
اسطوانة صلبة ________ rigid disk
اسطوانة غير مرنة ________ hard disk
اسطوانة فيديو ________ video disk
اسطوانة مرنة ________ diskette, flexible disk, floppy disk
اسطوانة مغنطيسية ________ magnetic drum
اسطوانة منقسمة للالة الكاتبة ________ split platen
اسعار تنافسية ________ competitive prices, keen prices
اسعار الصادرات مقارنة باسعار الواردات ________ terms of trade
اسعار الصرف غير المحددة ________ free exchange rates
اسعار مضمونة ________ guaranteed prices
اسعار منخفضة ________ knockdown prices
اسعار نسبية ________ relative prices
اسعاف اولي ________ first-aid
اسلوب ________ mode, technique
اسلوب الاستهلاك بالمجموعة ________ group depreciation method
اسلوب الاسقاط ________ projective technique
اسلوب اقل المربعات ________ least squares method
اسلوب اقل المربعات ذو مرحلتين ________ two-stage least squares
اسلوب تجاري مقيد ________ restrictive trade practice
اسلوب التخطيط ________ planning techniques
اسلوب تخطيط المصنع ________ plant layout techniques
اسلوب التدريب الجماعي ________ group method of training
اسلوب تقدير الرتب ________ ranking method
اسلوب تقييم البضائع حسب سعر الشراء ________ base stock system
اسلوب الرصيد الحقيقي ________ real-balance effect
اسلوب عمل مقيد ________ restrictive practice
اسلوب المراقبة الفعلية ________ physical controls
اسلوب الملاحظة العشوائية ________ random observation method
الاسم بالكامل ________ full name

business name, trade name ______ اسم تجاري
registered business name ______ اسم تجاري مسجل
name of the company ______ اسم الشركة
brand name ______ اسم الماركة
name insured ______ اسم المؤمن عليه
name and address ______ اسم وعنوان
nominal ______ اسمي
equity, stock *(n)* ______ اسهم
stock *(n)* ______ اسهم
second-line equities ______ اسهم ثانوية
capital stock ______ اسهم الرأسمال
oil shares ______ اسهم شركات النفط
ordinary shares ______ اسهم عادية
subscription shares ______ اسهم مدفوعة باقساط
fully paid shares ______ اسهم مدفوعة بالكامل
shareholders' equity ______ اسهم المساهمين
guaranteed stocks ______ اسهم مضمونة بالحكومة
preference shares ______ اسهم ممتازة
world markets ______ اسواق عالمية
home markets ______ اسواق محلية
paypips ______ اشارة دفع هاتفية
bulk buying ______ اشتراء بالجملة
subscription ______ اشتراك
profit-sharing ______ اشتراك بالربح
air consignment note ______ اشعار الارسال الجوي
consignment note ______ اشعار ارسالية
export consignment note ______ اشعار ارسالية تصدير
goods received note ______ اشعار بضائع مستلمة
cover note ______ اشعار تأمين
renewal notice ______ اشعار تجديد
collection note ______ اشعار تحصيل
mate's receipt ______ إشعار تحميل من نائب ربان
remittance advice ______ اشعار تحويل

delivery note	اشعار تسليم
dispatch note	اشعار تصدير
credit note	اشعار دائن
formal notice	اشعار رسمي
freight note	اشعار شحن
shipping note	اشعار الشحن
bought note	اشعار الشراء
contract note	اشعار العقد
debit note	اشعار مدين
berth note	اشعار المرسى
inchoate note	اشعار ناقص
cart note	اشعار نقل
declaration of bankruptcy	اشهار افلاس
declaration of solvency	اشهار يسر
non-essentials	اشياء غير ضرورية
injury	اصابة
personal injury	اصابة شخصية
industrial injury	اصابة صناعية
rights issue	اصدار أسهم بامتياز الاكتتاب
new issue of shares	اصدار اسهم جديد
forward dating	اصدار اوراق مالية مؤجلة
reissue	اصدار ثان
issue by tender	اصدار حسب العرض
conversion issue	اصدار سندات بديلة
placing	اصدار سندات عبر وسيط
stranding	اصطدام السفينة بالشاطىء
term	اصطلاح
origin	أصل
capital asset	اصل راسمالي
residual asset	اصل صافي
monetary reform	اصلاح نقدي
net assets	اصول صافية
invisible assets	اصول غير منظورة

tangible assets	اصول مادية
intangible assets	اصول معنوية
artificial lighting	اضاء صناعي
detergent additives	اضافات مزيلة للاوساخ
mark-up	اضافة
filing	اضبار
horizontal filing	اضبار افقي
electronic filing	اضبار الكتروني
automatic filing	اضبار اوتوماتي
daily scanning filing	اضبار بمسح يومي
lateral filing	اضبار جانبي
geographical filing	اضبار جيوغرافي
alphanumeric filing	اضبار حرفي رقمي
subject filing	اضبار حسب المواضيع
numerical filing	اضبار رقمي
chronological filing	اضبار زمني
blank filing	اضبار على بياض
vertical filing	الاضبار العمودي
archival filing	اضبار المحفوظات
strike *(n)*	اضراب
sit-down strike	اضراب احتلالي
wildcat strike	اضراب بغير موافقة النقابة
sympathetic strike	اضراب تأييدي
go-slow	اضراب تباطؤ العمل
token strike	اضراب رمزي
general strike	اضراب عام
unofficial strike	اضراب غير رسمي
walk-out	اضراب فوري
damages	اضرار
consequential damages	اضرار استتباعية
cumulative damages	اضرار تراكمية
compensatory damages	اضرار تعويضية
liquidated damages	اضرار مقطوعة

launch *(n)*	اطلاق
atlas	اطلس
re-election	اعادة الانتخاب
resale	اعادة البيع
reinsurance	اعادة تأمين
retraining	إعادة تدريب
refuel	اعادة تزويد بالوقود
re-entry	اعادة التسجيل
redesign	اعادة تصميم
reclassification	اعادة تصنيف
renegotiation	اعادة التفاوض
reappraisal	اعادة تقدير
company reconstruction	اعادة تكوين الشركة
reflation	اعادة تنشيط الاقتصاد
reorganization	اعادة تنظيم
redirection	اعادة توجيه
redeployment	اعادة توزيع
redistribution of income	اعادة توزيع الدخل
redeployment of labour	اعادة توزيع القوى العاملة
reinstatement	اعادة التوظيف
rediscount	اعادة الخصم
redraft	اعادة كتابة
high seas	اعالي البحار
bounty, subsidy	اعانة
unemployment benefit	اعانة العاطلين عن العمل
objection	اعتراض
recognition	إعتراف
voice recognition	اعتراف بالصوت
brand recognition	اعتراف الماركة
advertising appropriation	اعتماد الاعلانات
commercial credit	اعتماد تجاري
irrevocable credit	اعتماد غير قابل للنقض

اعتماد قابل للنقض	revocable credit
اعتماد قبول	acceptance credit
اعتماد قصير الاجل	short-term credit
اعتماد متجدد	revolving credit
اعتماد متساوٍ	countervailing credit
اعتماد مستند باعتماد آخر	back to back credit
اعتماد مستندي	documentary credit
اعتماد مصرفي	bank credit
اعداد المستندات	vouching
اعداد معطيات	data preparation
اعداد معطيات الكمبيوتر	computer data preparation
اعداد الميزانية	budgeting
اعداد ميزانية الراسمال	capital budgeting
اعداد ميزانية النقد	cash budgeting
إعسار	insolvency
اعضاء مشتركون	associate members
اعفاء ضرائب حدي	marginal relief
اعفاء الضريبة على بيع الموجودات وشراء موجودات جديدة	roll-over relief
اعفاء عن الرسوم الجمركية	exemption for customs duties
اعفاء من الضرائب	tax exemption
اعفاء من الضريبة المزدوجة	double taxation relief
اعلان	advertising, announcement, notice *(n)*
اعلان اغرائي	persuasive advertising
اعلان ببريد مباشر	direct mail advertising
اعلان بالبريد المباشر	direct mail shot
اعلان تجاري	trade advertising
اعلان لتشجيع الطلب البريدي	mail-order advertising
اعلان تنافسي	competitive advertising
اعلان جمركي	customs declaration
إعلان رسمي	official announcement
اعلان السياسة	policy statement
اعلان الشركة	corporate advertising
اعلان صحفي	advertisement in press, newspaper advertisement

national advertising	اعلان عام
media advertising	اعلان كتابي
consumer advertising	اعلان للمستهلكين
local advertising	اعلان محلي
product advertising	اعلان المنتجات
handbill	اعلان موزّع باليد
informative advertising	اعلان موضوعي
ceiling price	اعلى حد للسعر
works	اعمال
work-in-progress	اعمال تحت التنفيذ
new business	اعمال جديدة
dumping	اغراق
lock-out	اغلاق العمل
overwhelming majority	اغلبية ساحقة
leader merchandising	اغواء بالسعر المنخفض
false pretenses	افادة غير صحيحة
slander	افتراء
stagnation thesis	افتراض الركود
virtual	افتراضي
overtrading	افراط النشاط التجاري
best price	افضل سعر
fraudulent preference	افضلية احتيالية
time preference	افضلية الاستهلاك الحاضر او المستقبل
liquidity preference	افضلية السيولة على الاستثمار
bankruptcy	افلاس
residence	اقامة
tentative suggestion	اقتراح تجريبي
counterproposal	اقتراح مضاد
poll *(n)*	اقتراع
secret ballot	اقتراع سري
managerial economics	اقتصاد الادارة
positive economics	اقتصاد ايجابي
applied economics	اقتصاد تطبيقي

اقتصاد تنافسي	competitive economy
اقتصاد حر	free economy, free enterprise
اقتصاد الحركة	motion economy
الاقتصاد الخاص	microeconomics
اقتصاد سياسي	political economy
الاقتصاد العالمي	world economy
اقتصاد عام	macroeconomics
اقتصاد غير مستقر	unstable economy
اقتصاد متوازن	balanced economy
اقتصاد مختلط	mixed economy
اقتصاد معياري	normative economics
اقتصاد مفتوح	open economy
اقتصاد مقفل	closed economy
اقتصاد موجه	planned economy
اقتصاد نقدي	monetary economy
اقتطاع	retention, withholding
اقدمية	seniority
اقراض بفائدة مرتفعة	dear money
اقراض بفائدة منخفضة	cheap money
اقرب الاقارب	next of kin
اقعد دائم عن العمل	permanent disablement
اقل الجودة	down-market
الاقلال من تنويع الاصناف	variety reduction
اقلية الاسهم	minority interest
اكتتاب	subscription
الاكتتاب الادنى	minimum subscription
اكتساب المعطيات	data acquisition
اكتفاء ذاتي	self-sufficiency
الاكثر عرضاً	highest bidder
اكثرية	majority
اكثرية الاسهم	majority interest
اكثرية مطلقة	absolute majority
اكثرية واضحة	clear majority

اكراه	duress
آلات	machinery
الات زراعية	agricultural machinery
الالبان	dairy products
آلة	machine
آلة الاجابة التلفونية	telephone answering machine
الة البريد	mail machine
آلة بيع	vending-machine
آلة تثقيب بلوحة مفاتيح	key-punch machine
آلة تجميع	collating machine
الة تسجيل النقد	cash register
آلة تسجيل النقد الميكانيكية	mechanized till
آلة جدولة	tabulating machine
آلة حاسبة	calculating machine
آلة دمغ الرسائل	franking-machine
الة ربط البريد	mail-tying machine
الة ضجيجية	noisy machine
آلة طابعة غير صدمية	non-impact printer
آلة طباعة بالليزر	laser printer
آلة طباعة بنافورة حبرية	ink-jet printer
الة طباعة تويجية	petal printer
آلة طباعية تصادمية	impact printer
الة فتح مظاريف	letter-opening machine
الة كاتبة	typewriter
آلة كاتبة الكترونية	electronic typewriter
الة كاتبة اوتوماتية	automatic typewriter
آلة كاتبة ذات ذاكرة	memory typewriter
آلة كاتبة كهربائية	electric typewriter
آلة كاتبة نقالية	portable typewriter
الة لغة	language machine
آلة نسخ جاف	dry copier
آلة نسخ مزدوجة الطيف	dual spectrum copier
آلة وزن	weighing-machine

liability, obligation	التزام
contractual obligation	التزام تعاقدي
current liability	التزام حالي
contingent liability	التزام طارىء
short-term liabilities	التزامات قصيرة الاجل
business games	العاب الاعمال
cancellation, rescission	الغاء
phonetic alphabet	الألف باء الصوتية
electronic	الكتروني
optical fibre	الياف بصرية
price mechanism	آلية الاسعار
security	امان
industrial security	امان صناعي
oral examination	امتحان شفهي
qualifying examination	امتحان القبول
passengers' luggage	امتعة الركاب
luggage in advance	امتعة مشحونة مقدماً
concession, franchise	امتياز
oil concession	امتياز نفطي
supply *(n)*	امداد
water-supply	امدادات الماء
oil supplies	امدادات النفط
command *(n)*, decree, question	امر
garnishee order	امر الى المحجوز لديه
winding-up order	امر بالتصفية
search warrant	امر بالتفتيش
stop-loss order	امر البيع بعد هبوط معين
adjudication order	امر بشهر الافلاس
at limit	امر تحديد السعر الاقصى
receiving-order	امر تعيين حارس قضائي
decree of sequestration	امر حجز
question of life or death	امر حيوي
standing order	امر دائم

shipping order	امر الشحن
writ	امر قضائي
injunction	امر المحكمة الزجري
temporary injunction	امر محكمة مؤقت
question of time	امر الوقت
productive potential	امكانيات الانتاج
surplus capacity	امكانيات الانتاج الزائدة
development potential	امكانيات التنمية
market potential	امكانيات السوق
daily capacity	امكانية الانتاج اليومي
sales potential	امكانية المبيعات
tandem dictation	املاء ترادفي
personal estate	املاك منقولة
chose in possession	اموال غير منقولة
chose in action	اموال منقولة
treasurer	امين الخزينة
cashier	امين الصندوق
head cashier	امين صندوق رئيسي
I.O.U. (I owe you)	انا مدين لك
natural lighting	انارة طبيعية
cathode-ray tube	انبوب الاشعة الكاثودية
pneumatic tube	انبوبة رئوية
output	انتاج
gross output	انتاج اجمالي
nominal output	انتاج اسمي
maximum output	الانتاج الاقصى
electrostatic platemaking	انتاج الالكتروستاتي للالواح
optimum output	الانتاج الامثل
flow production	انتاج انسيابي
continuous flow production	انتاج بتسلسل مستمر
mass production	انتاج بالجملة
batch production	انتاج بالدفعات
pilot production	انتاج تجريبي

secondary production	انتاج ثانوي
tertiary production	انتاج ثلاثي
line production	انتاج خطي
gross domestic product	انتاج داخلي اجمالي
net domestic product	الانتاج الداخلي الصافي
primary production	انتاج السلع الاولية
net output	الانتاج الصافي
underproduction	انتاج ضعيف
peak output	انتاج عند الذروة
side line	انتاج غير رئيسي
indirect production, roundabout production	انتاج غير مباشر
gross national product	انتاج قومي اجمالي
direct production	انتاج مباشر
continuous manufacture	انتاج مستمر
outwork	انتاج منزلي
daily output	انتاج يومي
average daily output	الانتاج اليومي المتوسط
daily average production	انتاج يومي متوسط
productivity	الانتاجية
decreasing productivity	انتاجية متناقصة
throughput	انتاجية النظام
labour productivity	انتاجية اليد العاملة
by-election	انتخاب ثانوي
entropy	انتروبيا
deployment	انتشار
staff discipline	انتظام الموظفين
boom	انتعاش
staff transfers	انتقال الموظفين
violation	انتهاك
deviation, variance	انحراف
spending variance	انحراف الانفاق
materials cost variance	انحراف تكلفة المواد
volume variance	انحراف حجمي

انحراف ربعي	quartile deviation
انحراف كمية المواد	materials usage variance
الانحراف المتوسط	mean deviation
انحراف المردود	yield variance
انحراف المصاريف الرأسية	overhead variance
الانحراف المعياري	standard deviation
انخفاض قيمة البضائع	stock depreciation
انذار تلفوني	telephone alarm call
انسجة	textiles
انسحاب جزئي	partial withdrawal
انظمة	regulations
انظمة بناء	building regulations
انظمة تعويضات العمال	workmen's compensation acts
انظمة جمركية	customs regulations
انظمة المرور	traffic regulations
انظمة الميناء	port regulations
الانظمة والاساليب	organization and methods
انفاق	expenditure, outlay
انفاق مسموح به	allowable expenditure
انفاق منتج	productive expenditure
انفجار السكان	population explosion
انكماش	deflation, shrinkage
انهاء	termination
انهاء سريان الكمبيالة	retiring a bill
انهاء العقد	termination of contract
انهيار اقتصادي	crash
اهانة المحكمة	contempt of court
اهتمام الوظيفة	job interest
اهداف الانتاج	production targets
اهداف الشركة	company objectives
اهداف طويلة الاجل	long-range objectives
اهلية	competence, qualification
اهلية الموظف التنفيذي	executive competence

negligence, omission	اهمال
criminal negligence	اهمال جنائي
wilful negligence	اهمال عمدي
contributory negligence	اهمال مساعد
significance	اهمية
automation	الاوتوماتية
office automation	اوتوماتية المكتب
bills payable	اوراق دفع
ship's papers	اوراق السفينة
bill receivable	اوراق قبض
eligible paper	اوراق مالية مقبولة
gilt-edged securities	اوراق مالية من الدرجة الاولى
printed papers	اوراق مطبوعة
quarter-day	اول يوم في الفصل مخصص للدفع
lay-days	ايام تفريغ بضائع
clear days	ايام خالصة
working days	أيام العمل
any other business	اية اعمال اخرى
Ethernet	ايثرنت
leasing, rent *(n)*	ايجار
peppercorn rent	ايجار أسمي
economic rent	ايجار اقتصادي
plant hire	ايجار الآلات
rack-rent	ايجار باهظ
export leasing	ايجار الصادرات
voyage charter	ايجار على اساس عدد رحلات
time charter	ايجار مركب لاجل
abridgement	ايجاز
warehousing	ايداع
indirect labour	ايدي عاملة غير مباشرة
direct labour	ايدي عاملة مباشرة
revenue	ايراد
total revenue	ايراد اجمالي

net income	الايراد الصافي
available earnings	ايراد صافي للشركة
deferred credit	ايراد مؤجل
retained earnings	الايرادات المحتفظة
required earnings	ايرادات مطلوبة
oil revenues	ايرادات النفط
receipt	ايصال استلام
warehouse receipt	ايصال ايداع
wharfinger receipt	ايصال صاحب مستودع الرصيف
disclosures	إيضاحات
estoppel, parking	ايقاف
stop payment	ايقاف الدفع
stoppage in transitu	ايقاف شحن بضائع الى مشترى معسر

ب

salesman, sales representative, vendor	بائع
tallyman	بائع بالتقسيط
retailer	بائع بالمفرق
travelling salesman	بائع متجول
at best	بالاحسن
steamer	باخرة
exploration well	بئر استكشافية
dry well	بئر غير منتجة
oil well	بئر النفط
parameter	بارامتر
cut-price	باسعار منخفضة
invalid, null, out of date, void	باطل
profit motive	باعث الربح
on consignment	بالامانة
byte	بايت
via airmail	بالبريد الجوي
bit	بت
bits per second	بتات في الثانية
petrodollar	بترو دولار
petrochemicals	بتروكيماويات
petroleum	بترول
bulk	بالجملة
crew	بحارة
research *(n)*	بحث
advertising research	بحث الاعلان

بحث التشغيل	**operational research**
بحث دوافع المشتر	**motivational research**
بحث العمليات	**operations research**
بحث عن كلمة دليلية	**keyword search**
بحث نووي	**nuclear research**
بحر مغلق	**mare clausum**
بحسن نية	**bona fide**
بحوث اقتصادية	**economic research**
بحوث في المستهلكين	**consumer research**
بحوث ميدانية	**field research**
بدء عملية التفريغ	**breaking bulk**
بدائرات دائمة	**hardwired**
بَدَل	**quid pro quo**
بدل الاجر	**wage rate**
بدل تعب	**fatigue allowance**
بدل السفر	**travelling allowance**
بدل طعام	**food allowance**
بدل العمل الخطر	**danger money**
بدل مرض	**sickness benefit**
بدون فائدة	**ex interest**
بدون وقوف	**non-stop**
بديل	**subsitute** *(n)*
براءة اختراع	**patent** *(n)*
برامج الانظمة	**systems software**
برامج التجميع	**assembler**
برامج عرض ورقة عمل مفصلة	**spreadsheet software**
برامج فرعية مساعدة	**housekeeping routines**
برامج الكمبيوتر	**software, computer software**
برامج نقل الملفات	**utility software**
براميل في اليوم	**barrel per day**
برج المراقبة	**control tower**
برقية	**cable** *(n)*, **telegram**
برمجة	**programming**

برمجة بارامترية	parametric programming
برمجة تنقيبية	heuristic programming
برمجة خطية	linear programming
برمجة رياضية	mathematical programming
برمجة غير خطية	non-linear programming
برمجة الكمبيوتر	computer programming
برمجة متعددة	multi-programming
برمجة هيكلية	structured programming
برميل	barrel
برميل ميل	barrel mile
برنامج	program, routine
برنامج ابادة الاضبارات	filing destruction programme
برنامج استثمار	investment programme
برنامج التنمية	development programme
برنامج التوسيع	expansion programme
برنامج توليد تقارير	report generator
برنامج محول الى دائرة دائمة	firmware
بروتستو السفينة	ship's protest
بروتوكول	protocol
بريد	mail *(n)*
بريد استلام مسجل	recorded delivery
بريد الكتروني	electronic mail
بريد جوي	airmail
بريد درجة اولى	first-class post
بريد سريع	express mail
بريد الطرود	parcel post
بريد مباشر	direct mail
بريد مسجل	registered mail
بريد من الدرجة الثانية	second-class mail, second-class post
البريد والاتصالات	post and telecommunications
بسبب	on account of
بشرط الاستشارة	ad referendum
بشكل لا يمكن اصلاحه	beyond repair

fibre optics	بصريات ليفية
merchandise, wares	بضائع
single-use goods	بضائع احادية الاستعمال
original goods	بضائع اصلية
goods in transit	بضائع بالطريق
finished goods	بضائع تامة الصنع
industrial goods	بضائع تصنيع
dangerous goods	بضائع خطرة
stock-in-trade	البضائع السائرة
wet goods	بضائع سائلة
intermediate goods	بضائع شبه منتوجة
public goods	بضائع عامة
goods on approval	بضائع عند الموافقة
unclaimed goods	بضائع غير مطالب بها
undated stock	بضائع غير مؤرخة
seasonal articles	بضائع فصلية
goods in stock	بضائع في المستودع
perishable goods	بضائع قابلة للتلف
slow-moving stock	بضائع كاسدة
actuals, spot goods	بضائع للتسليم الفوري
abandoned goods	بضائع متروكة
stock *(n)*	بضائع مخزونة
jetsam	بضائع مطروحة من سفينة
free goods	بضائع معفاة
branded goods	بضائع معلمة
visible goods, visibles	بضائع منظورة
bonded goods	بضائع مودعة باشراف الحكومة
non-durable goods	بضائع هالكة
goods inward	بضائع واردة
complements	بضائع وثيقة الترابط
complementary good	بضاعة تكميلية
inferior good	بضاعة قليلة الجودة
out of stock	بضاعة نفدت

label *(n)*	بطاقة
credit card	بطاقة استدانة
ballot-paper	بطاقة الاقتراع
postcard	بطاقة بريدية
progress record card	بطاقة تسجيل التقدم
cost card	بطاقة تكلفة
guide card	بطاقة دليلية
time-card	بطاقة الدوام
route sheet	بطاقة سير العمل
bin card	بطاقة الصندوق
job card, job ticket	بطاقة عمل
operation job card	بطاقة العملية
sales ticket	بطاقة مبيعات
punched card	بطاقة مثقبة
edge-punched card	بطاقة مثقوبة الهامش
cheque card	بطاقة مصرف
filing guide card	بطاقة مؤشرة للملف
unemployment	بطالة
frictional unemployment	بطالة احتكاكية
residual unemployment	البطالة الدائمة
seasonal unemployment	بطالة فصلية
disguised unemployment	بطالة مسترة
technological unemployment	البطالة الناجمة عن التقدم التكنولوجي
structural unemployment	بطالة هيكلية
back door	بطرق غير مألوفة
under the counter	بطريقة غير مشروعة
obsolescence	بطلان الاستعمال
machine obsolescence	بطلان استعمال الالة
planned obsolescence	بطلان استعمال مخطط
built-in obsolescence	بطلان الاستعمال المصمم
nullity of contract	بطلان عقد
lapsed	بطلان لمرور الزمن
after sight	بعد الاطلاع

economic mission ________ بعثة اقتصادية
with interest ________ بفائدة
remainder, residue, residiuum ________ بقية
sans recours ________ بلا رجوع
without question ________ بلا شك
official communique ________ بلاغ رسمي
communication by management ________ بلاغ من الادارة
place of origin ________ بلد المنشأ
developing country ________ بلد نامي
under-developed nations ________ البلدان الاقل نمواً
local authority ________ بلدية
retroactive ________ بمفعول رجعي
intra vires, under the law ________ بموجب القانون
shipbuilding ________ بناء السفن
exceptional item ________ بند استثنائي
below the line item ________ بند غير محاسب
gasoline, petrol ________ بنزين
World Bank ________ البنك الدولي
databank ________ بنك معطيات
state bank ________ بنك الولاية
bancor ________ بنكور
articles of partnership ________ بنود شركة تضامن
extraordinary items ________ بنود غير عادية
price structure ________ بنية الاسعار
care of ________ بواسطة
paid-up policies ________ بواليص تأمين مدفوعة
baud ________ بود
bourse, Stock Exchange ________ بورصة
commodity exchange ________ بورصة السلع
with profits policy ________ بوليصة تأمين بارباح
floating policy ________ بوليصة تأمين عائمة
first-loss policy ________ بوليصة تأمين على الخسارة المحتملة الكبرى
non-participating policy ________ بوليصة تأمين غير مساهمة

بوليصة تأمين لرحلة	voyage insurance policy
بوليصة تأمين محددة القيمة	valued policy
بوليصة تأمين مفتوحة	open policy
بوليصة تحميل الشحنة	shipped bill
بوليصة شاملة	blanket policy
بوليصة شحن	bill of lading
بوليصة الشحن المباشرة	direct bill of lading
بوليصة شحن نظيفة	clean bill of lading
بوليصة معينة	named policy
البوليصة نفسها برهان المصلحة	policy proof of interest
بونانزا	bonanza
بيان	representation, statement
بيان الاوضاع المالية	statement of affairs
بيان تسوية مصرفي	bank reconciliation statement
بيان تصدير	export declaration
بيان توزيع التلف البحري	average statement
بيان جمركي للسفينة	ship's report
بيان رسمي	official statement
بيان شحن	way bill
بيان الشحن للسفينة	ship's manifest
بيان ضريبي منفصل	separate return
بيان عجز	deficiency account
بيان قيد	narration
بيان القيمة المضافة	value added statement
بيان كاذب	misrepresentation
بيان المخزون الموجود	stock record card
بيان المصاريف	statement of expenses
بيان مصدر	exporter's declaration
بيان المصرف	bank statement
بيان مطابقة	reconciliation statement
بيان الوزن	weight note
بيان وضع المصرف	bank return
بيئة	environment

بيئة التسويق	marketing environment
بيئة العمل	work environment
بيت القطع	discount house
بيت مالي	finance house
بيروقراطية	bureaucracy
بيع	sale
البيع	selling
بيع آجل	sale on credit
بيع اسهم المشترى المتخلف	selling out
بيع اوتوماتي	automatic vending
البيع أو الرد	sale or return
بيع بالأمانة	sale on consignment
البيع بخيار الرد	sale and return
بيع بشرط استئجار لاحق	renting back
بيع البضائع	sale of goods
البيع بالمفرق	retail
البيع بالمفرق	retailing, retail selling
البيع التابع	piggy-back selling
بيع التصفية	clearance sale
بيع الديون	factoring
بيع سهل	soft sell
بيع سري للديون	undisclosed factoring
بيع شرطي	tie-in-sale
بيع صعب	hard sell
بيع للتصفية	sell off
بيع للحصول على الربح	profit-taking
بيع مباشر	direct selling
البيع المباشر من المنتج	direct-response selling
البيع المتجول	switch selling
بيع مشروط	conditional sale
البيع المعلق على قبول	sale on approval
البيع المكشوف	short selling
بيع منزلي	doorstep sale

بيع نقدي ____ **cash sale**
البيع الهرمي ____ **pyramid selling**
البيع والشراء المتزامن ____ **put through**

ت

substitution effect	تأثير التبديل على الطلب
scale effect	تأثير حجم الانتاج
income effect	تأثير دخل
price effect	تأثير السعر
undue influence	تأثير غير مشروع
ratchet effect	تأثير لا رجعي
spin-off effects	تأثيرات جانبية ايجابية
dealer, trader	تاجر
wholesaler	تاجر بالجملة
stockist	تاجر بضاعة خاصة
floor trader	تاجر عضو البورصة
chandler, ship chandler	تاجر لوازم السفن
sole trader	التاجر الوحيد
chartering	تأجير
marine chartering	تأجير السفن
car hire	تأجير السيارات
bareboat charter	تأجير مركب عار
equipment leasing	تأجير المعدات
hold-up	تاخير
accountability	تأدية الحساب
date of effect, due date, date of maturity, maturity date	تاريخ الاستحقاق
redemption date	تاريخ الاستهلاك
closing date	تاريخ الاقفال
expiry date	تاريخ انقضاء

starting date	تاريخ البدء
date of acquisition	تاريخ الحصول على
effective date	تاريخ سريان المفعول
target date	تاريخ محدد
promotion	تأسيس
formation of company	تأسيس شركة
visa	تأشيرة
entry visa	تأشيرة دخول
taxi	تاكسي
official confirmation	تأكيد رسمي
nationalization, insurance	تأميم
marine insurance	تأمين بحري
workmen's compensation insurance	تأمين تعويضات العمال
indemnity insurance	تأمين تعويضي
tontine	تأمين تكافلي
workmen's accident insurance	تأمين حوادث العمال
over-insurance	تأمين زائد
travel insurance	تأمين السفر
comprehensive insurance	تأمين شامل
credit insurance	تأمين ضد تخلف المدينين عن الدفع
all risks insurance	تأمين ضد جميع الاخطار
fire insurance	تأمين ضد الحريق
accident insurance	التأمين ضد الحوادث
burglary insurance	تأمين ضد السطو
contingency insurance	تأمين ضد الطوارىء
third party insurance	تأمين ضد الغير
flood insurance	تأمين ضد الفيضان
contract guarantee insurance	تأمين ضمان للعقد
medical insurance	تأمين طبي
private health insurance	تأمين طبي خاص
ordinary life assurance	تأمين عادي على الحياة
hull insurance	تأمين على بدن السفينة
goods in transit insurance	تأمين على البضائع بالطريق

cargo insurance ________ تأمين على الحمولة
assurance, life assurance, life insurance ________ تأمين على الحياة
annuity assurance ________ تأمين على الحياة بمعاش سنوي
industrial life assurance ________ تأمين على الحياة في الصناعة
holiday and travel insurance ________ تأمين على السفر والعطلة
freight insurance ________ تأمين على شحن
aviation insurance ________ تأمين على الطيران
livestock insurance ________ تأمين على المواشي
air transport insurance ________ تأمين على نقل جوي
short-term insurance ________ تأمين قصير الاجل
household insurance ________ تأمين منزلي
temporary insurance ________ تأمين مؤقت
retention money ________ تأمين نهائي
executive development ________ تأهيل الموظف التنفيذي
global exchange ________ تبادل عالمي
swap ________ تبادل عملات
staff interchange ________ تبادل الموظفين
permutations ________ تباديل
refrigeration ________ تبريد
job simplification ________ تبسيط عمل
work simplification ________ تبسيط العمل
official notification ________ تبليغ رسمي
product costing ________ تثمين المنتجات
commerce, trade *(n)* ________ تجارة
fraudulent trading ________ تجارة احتيالية
entrepot trade ________ تجارة اعادة التصدير
wholesale trade ________ التجارة بالجملة
sea trade ________ تجارة بحرية
retail trade ________ تجارة البيع بالمفرق
bilateral trade ________ تجارة ثنائية
free trade ________ تجارة حرة
foreign trade ________ تجارة خارجية
international trade ________ تجارة دولية

تجارة ساحلية	coastal trade
تجارة السلع	ring trading
التجارة السياحية	tourist trade
تجارة عادلة	fair trading
التجارة العالمية	world trade
تجارة قانونية	lawful trade
تجارة الكماليات	luxury trade
تجارة متعددة الاطراف	multilateral trade
التجارة المنظورة	visible trade
تجديد	modernization, renewal
تجديد العقد	novation
تجربة تسويقية	marketing experimentation
تجزئة اسهم	bonus issue, script issue
تجسس	espionage
تجسس تجاري	commercial espionage
تجسس صناعي	industrial espionage
تجمع الذهب	gold pool
تجمع مشاغب	riot *(n)*
تجميد الاجور	wage freeze
تجميد الاسعار	price freeze
تجميد مستوى الرواتب	pay pause
تجميع	collating
تجميع المستندات	document assembly
تجميع معطيات	data gathering
تجهيزات وتركيبات	fixtures and fittings
التجوية المتسارعة	accelerated weathering
تجيير على بياض	blank endorsement
تحات	erosion
تحالف	alliance
تحت اليد	on hand
تحدي العمل	job challenge
تحديث	modernization
تحديد الاسعار	price-fixing

job costing	تحديد تكلفة العمل
rationing by price	تحديد التوزيع نتيجة الاسعار
wage restraint	تحديد رفع الاجور
colour coding	تحديد رموز الصورة اللونية
price determination	تحديد السعر
job definition	تحديد مواصفات العمل
location of industry	تحديد موقع مصانع
margination	تحديد الهامش
import restrictions	تحديدات استيراد
staff mobility	تحركية الموظفين
editing	تحرير
window-dressing	تحريف الحقائق المالية
betterment	تحسين
land improvement	تحسين اراضي
profit improvement	تحسين الارباح
market improvement	تحسين السوق
product improvement	تحسين المنتجات
job improvement	تحسين وظيفة
recovery of damages	تحصيل العطل والضرر
qualification	تحفظ
verification	تحقق
investigation	تحقيق
initial investigation, preliminary investigation	تحقيق ابتدائي
managerial control	تحكم اداري
numerical control	تحكم بواسطة كمبيوتر
arbitration	تحكيم
trend analysis	تحليل الاتجاهات
general equilibrium analysis	تحليل الاتزان العام
payroll cash analysis	تحليل اجمالي الرواتب
profitability analysis	تحليل الاربحية
investment analyis	تحليل استثمارات
critical path analysis	تحليل الاعمال الحرجة
variance analysis	تحليل الانحراف

systems analysis	تحليل الانظمة
automatic data processing	تحليل بيانات اوتوماتي
regression analysis	تحليل التراجع
multiple regression analysis	تحليل التراجع المتعدد
break-even analysis	تحليل التعادل
differential cost analysis	تحليل التكاليف التفاضلية
cost analysis	تحليل التكلفة
gap analysis	تحليل الثغرة
marginal analysis	تحليل حدي
funds flow analysis	تحليل حركة الموجودات المتداولة
input-output analysis	تحليل الدخل والخرج
depth analysis	تحليل دقيق
network analysis	التحليل الشبكي
readership analysis	تحليل قُراء جريدة
decision analysis	تحليل القرارات
value analysis	تحليل القيمة
financial analysis	تحليل مالي
sales analysis	تحليل المبيعات
needs analysis	تحليل المتطلبات
mean-variance analysis	تحليل متوسط الانحراف
breakdown *(n)*	تحليل محاسبي
risk analysis	تحليل المخاطر
contribution analysis	تحليل المساهمات
project analysis	تحليل المشاريع
problem analysis, problem solving	تحليل المعضلات
cross-section analysis	تحليل مقطعي
competitor analysis	تحليل المنافس
product analysis	تحليل المنتجات
cost-benefit analysis	تحليل منفعة التكاليف
skills analysis	تحليل المهارات
qualitative analysis	تحليل نوعي
media analysis	تحليل وسائل الاتصال
job analysis	تحليل وظائف

تحليل وظيفة رئيسية	key task analysis
تحليل وظيفي	functional analysis
تحمّل	absorption
تحميل ابتدائي للبرامج	bootstrap
تحميل الالة	machine loading
تحميل من اعلى	top loading
تحميل من جانب	side-loading
تحميل وتفريغ بالسيارة	roll-on, roll-off
تحول الدائرة	circuit switching
تحويل	conversion, virement
تحويل احتيالي	fraudulent conversion
تحويل الاستثمارات	switching
تحويل الاسهم	stock transfer
تحويل اعتماد	credit transfer
تحويل الى النظام المتري	metrication
تحويل اوتوماتي	automatic transfer
تحويل بالدولار	dollar exchange
تحويل بين طريقتي انتاج	double switching
تحويل الرأسمال الى مصدره	repatriation
تحويل رأسمال في الخارج	export of capital
تحويل رزم المعطيات	packet switching
تحويل على بياض	blank transfer
تحويل قرض	loan conversion
تحويل مالي	remittance
تحويل المدين الاوتوماتي	automatic debit transfer
تحويلات العمال المهاجرين	immigrant remittances
تخريب سري	sabotage
التخريبية	vandalism
تخزين افتراضي	virtual storage
تخزين بالجملة	mass storage
تخزين البضائع السائبة	bulk storage
تخزين بالكمبيوتر	computer storage
تخزين دعم	backing storage

تخزين قلبي	core storage
تخزين المحفوظات	archival storage
تخزين مؤقت في مخزن الدعم	spooling
التخصص	specialization
تخصيص الاسهم	allotment of shares
تخصيص السوق	market appropriation
تخصيص الموارد	resource allocation
تخصيص وظائف	job assignment
التخطيط الاستراتيجي	strategic planning
تخطيط الانتاج ومراقبته	production planning and control
تخطيط التشغيل	operational planning
تخطيط التوزيع	distribution planning
تخطيط حكومي مركزي	state planning
تخطيط الربح	profit planning
تخطيط الشركة	company planning
تخطيط عضوي	organic planning
تخطيط العمل	work planning
تخطيط في الشركة	corporate planning
تخطيط في القسم	departmental planning
تخطيط قصير الاجل	short-term planning
تخطيط مالي	financial planning
تخطيط المبنى	building layout
تخطيط المبيعات	sales planning
تخطيط المرافق	facility planning
تخطيط مستقبلي	forward planning
تخطيط المصنع	plant layout
تخطيط المهنة	career planning
تخفيض	devaluation, markdown
تخفيض الانتاج بتقيد باللوائح	working to rule, work to rule
تخفيض التضخم	disinflation
تخفيض تكلفة الانتاج بازدياد الانتاج	economy of scale
تخفيض سعر الشراء المتوسط	averaging
تخفيض الضريبة	tax relief

تخفيض ضريبة شركة مجموعة ____ group relief
تخفيض الضريبة العقارية ____ rate rebate
تخفيض فصلي ____ seasonal drop
تخل ____ abandonment
تخل عن المنتج ____ product abandonment
تخلف زمني ____ time-lag
تخليص جمركي ____ customs clearance
تخليص الميناء ____ port clearance
تخويل ____ authorization
تداخل ____ interference, overlap
تداول معلومات ____ access
تداول الوظائف ____ job rotation
تدبيس ____ stapling
تدريب ____ training
تدريب اثناء العمل ____ on-the-job training
تدريب اساسي ____ basic training
التدريب بمساعدة الكمبيوتر ____ computer-aided training
تدريب تحليلي ____ analytical training
تدريب تعزيز ____ booster training
تدريب خارج العمل ____ off-the-job training
تدريب صناعي ____ industrial training
تدريب على تحليل القيمة الاصلية ____ par-analysis training
تدريب في الحساسية ____ sensitivity training
التدريب في الصناعة ____ training within industry
تدريب المتدرجين ____ apprentice training
تدريب مهني ____ occupational training, vocational training
تدريب الموظفين ____ staff training
تدريج ____ grading
تدريج وظائف ____ job grading
تدفئة ____ heating
تدفئة منزلية ____ domestic heating
تدفق معلومات ____ information flow
تدقيق الادارة ____ management audit

audit *(n)* ——— تدقيق الحسابات
internal audit ——— تدقيق حسابات داخلي
external audit ——— تدقيق خارجي
annual audit ——— تدقيق سنوي
manpower audit ——— تدقيق القوى العاملة
binary notation ——— تدوين ثنائي
reminder, ticket ——— تذكرة
index-linking ——— ترابط حسب معدل التضخم
covariance ——— ترابط متغيرين
auto-regression ——— تراجع ذاتي
accord and satisfaction ——— تراض وأداء
capital formation ——— تراكم الراسمال
transistor ——— ترانزستور
therblig ——— « تربلق »
cattle breeding ——— تربية المواشي
order of precedence ——— ترتيب حسب الاسبقية
order of merit ——— ترتيب حسب الاستحقاق
weighting ——— الترجيح
letters patent ——— ترخيص احتكار
licensing overseas manufacturer ——— ترخيص صانع خارجي
cross licence ——— ترخيص متبادل
sales talk ——— الترغيب على الشراء
promotion ——— ترقية
lamination ——— ترقيق
electronic dialling ——— ترقيم الكتروني
installation ——— تركيب
overhaul ——— ترميم
below the line advertising ——— الترويج
promotion ——— ترويج
sales promotion ——— ترويج المبيعات
increment ——— تزايد
tooling ——— تزويد بالعدد
water *(v)* ——— تزويد بالماء

forgery	تزوير
falsification of accounts	تزييف حسابات
tolerance	تسامح
stowage	تستيف البضائع
registration	تسجيل
land registration	تسجيل الاراضي
logging off	تسجيل انتهاء العمل
logging on	تسجيل بدء العمل
mail time-stamping	تسجيل ساعة الارسال البريدي
redemption, repayment, settlement	تسديد
underpayment	تسديد باقل من القيمة الحقيقية
leakage	تسريب
redundancy	تسريح
lay-offs	تسريح عمال
unfair dismissal, wrongful dismissal	تسريح غير عادل
summary dismissal	تسريح فوري
staff dismissal	تسريح الموظفين
quotation	تسعير
average cost pricing	تسعير حسب التكلفة المتوسطة
zone pricing	تسعير حسب المنطقة
double-pricing	تسعير مزدوج
special crossing	تسطير خاص
chain of distribution	تسلسل التوزيع
chain of command	تسلسل السلطات
free overside	تسليم حر لغاية الرصيف
f.a.s., free alongside ship	تسليم رصيف ميناء التصدير
free on quay	تسليم على الرصيف
f.o.b., free on board	تسليم على السفينة (فوب)
f.o.r., free on rail	تسليم على السكة الحديدية
wrong delivery	تسليم غير صحيح
bad delivery	تسليم فاسد
immediate delivery	تسليم فوري
late delivery	تسليم متأخر

تسليم المجرمين	extradition
تسليم من السفينة في ميناء الوصول	free overboard
تسليم ناقص	short delivery
تسهيلات ائتمانية	accepting credit
تسهيلات اقتراض	borrowing facility
تسهيلات مناولة الحمولة	cargo facilities
تسهيلات الميناء	port facilities
تسوية	settlement
تسوية خاصة	private arrangement
تسوية ودية	amicable settlement
تسوية يومية	daily settlement
تسويق	marketing
تسويق تجريبي	test marketing
تسويق خلاق	creative marketing
تسويق مستقبلي	forward marketing
تشاور	joint consultation
تشاور سابق	prior consultation
تشبع رأسمالي	capital saturation
تشبع السوق	market saturation
تشتت	dispersion
تشجيع	incentive
تشجيع ذاتي	self-motivation
تشجيعات استثمار	investment incentives
التشجيعات الجماعية	group incentive scheme
تشريح مصطلحات فنية	glossary
تشريع	legislation
تشريعات البرلمان	statute law
تشغيل الكمبيوتر	computer operation
تشكيل السياسة	policy formation
تشكيل نماذج	modelling
تشكيلة بضائع	range of goods
تشهير	defamation, libel
تشويه	distortion

تصادم	impact
تصانيف الاضبار الرئيسية	main classifications for filing
تصحيح	correcting
تصدير	dispatching, exporting
تصريح انزال	landing permit
تصريح بالاعفاء الجمركي	bill of store
تصريح بناء	building permit
تصريح التفريغ الكامل الجمركي	jerque note
تصريح للمعاينة الجمركية	bill of sight
تصرف تنظيمي	organizational behaviour
تصرفات الادارة	management practices
تصرفات غير شرعية	illegal practices
تصريف البضائع	merchandising
تصفية	liquidation, winding-up
تصفية اجبارية	compulsory liquidation, compulsory winding-up
تصفية اختيارية	voluntary liquidation
تصميم	design, layout
تصميم اجتماعي تقني	socio-technical design
تصميم الانظمة	systems design
التصميم بمساعدة الكمبيوتر	computer-aided design
تصميم المنتجات	product design
تصميم النماذج	form design
تصميم هيكلي	structured design
تصميم وظيفة	job design
تصميم وظيفي	functional layout
التصنيع بمساعدة الكمبيوتر	computer-aided manufacturing
تصنيف بارقام	indexing
تصنيف البريد	sorting mail
التصنيف الصناعي المعياري	standard industrial classification
تصنيف العمل	work classification
تصنيف مهنة	classification of occupation
تصنيف وظائف	job classification
التصويت	voting

unanimous vote		تصويت بالاجماع
vote by ballot		تصويت باقتراع سري
vote by proxy		تصويت بالنيابة
vote of confidence		تصويت على الثقة
memomotion photography		تصوير بطيء
inflation		تضخم
unexpected inflation		تضخم غير متوقع
suppressed inflation		التضخم المقمع
repressed inflation		التضخم المكبوت
monetary inflation		تضخم نقدي
organizational development		تطور تنظيمي
personal growth		تطور شخصي
product development		تطوير المنتجات
new product development		تطوير المنتوجات الجديدة
passing off		تظاهر
endorsement		تظهير
freight release		تظهير اجور الشحن مدفوعة مقدماً
special endorsement		تظهير خاص
restrictive endorsement		تظهير مقيد
indirect parity		تعادل غير مباشر
wholesale cooperation		تعاون في التجارة بالجملة
packaging		التعبئة
partial disablement		تعجيز جزئي
adjustment, amendment, gearing		تعديل
wage adjustment		تعديل الاجور
capital gearing		تعديل راسمالي
rectification of register		تعديل سجل المساهمين
seasonal adjustment		تعديل فصلي
adjustment of rate		تعديل نسبة الفائدة
major alterations		تعديلات اساسية
prior year adjustments		تعديلات من السنة السابقة
character recognition		تعرف الحروف
optical character recognition		تعرف الحروف بصرياً

تعرفة	tariff
تعرفة تفضيلية	preferential tariff
تعرفة ثنائية	two-part tariff
تعرفة خارجية مشتركة	common external tariff
تعرفة للحماية الجمركية	protective duty
تعرفة مانعة	prohibitive tariff
تعرفة نوعية	specific tariff
تعريفة تأمين	insurance tariff
تعريفة جمركية	customs tariff
تعريفة ضمنية	implicit tariff
تعريفة مميزة	discriminating tariff
تعظيم الارباح	profit maximization
تعظيم الموارد	maximize resources
التعليم بمساعدة الكمبيوتر	computer-aided learning
التعليم الفني	technical education
تعليم مبرمج	programmed learning
تعليمات	instructions
تعليمات ارشادية	guide-line
تعليمات التشغيل	operating instructions
تعليمات شحن لحمولة تصدير	export cargo shipping instruction
تمثيل تخطيطي	graphic representation
تعهد	commitment, covenant, undertaking
تعهد راسمالي	capital commitment
تعهد مشترك	joint undertaking
تعهد مقيد	restrictive covenant
تعويض	compensation, indemnity, reparations
تعويض اسقاط المنصب	compensation for loss of office
تعويض اعتباري	nominal damages
تعويض انهاء عقد خدمة	golden handshake
تعويض التسريح	lay-off pay
تعويض التوقيف	severance pay
تعويض الخسارة	compensation for loss
تعويض سكن	housing allowance

maintenance allowance	تعويض صيانة
family allowances	تعويض عائلي
just compensation	تعويض عادل
general damages	تعويض عام
dismissal compensation	تعويض عزل
exemplary damages	تعويضات استثنائية لغرض معاقبة
travel allowances	تعويضات السفر
workmen's compensation	تعويضات العمال
substantial damages	تعويضات ملموسة
dirty float	تعويم غير حر
appointment, identification	تعيين
feedback	تغذية مرتدة
backing, cover *(n)*	تغطية
forward exchange	تغطية لاجل
sales coverage	تغطية المبيعات
overheads recovery	تغطية المصاريف الرأسية
absenteeism	التغيب
organizational change	تغير تنظيمي
seasonal fluctuation, seasonal variation	تغير فصلي
shift *(n)*	تغيير
variation of products	تغيير المنتجات
mutual understanding	تفاهم متبادل
joint negotiation	تفاوض
inspection	تفتيش
spot check	تفتيش فجائي
staff inspection	تفتيش الموظفين
search and replace	التفتيش والاستبدال
nuclear test	تفجير نووي اختباري
creative thinking	تفكير خلاق
competitive advantage	تفوق تنافسي
delegation	تفويض
delegation of authority	تفويض السلطات
delegation of responsibility	تفويض المسؤوليات

carte blanche	تفويض مطلق
statutory limitation	التقادم القانوني
statutory returns	تقارير قانونية
retirement	تقاعد
breakthrough *(n)*	تقدم باهر
technological change	تقدم تكنولوجي
leads and lags	تقدم وتأخر في دفعات دولية
appraisment, assessment, estimate *(n)*, rating	تقدير
performance appraisal, performance rating	تقدير الاداء
vendor appraisal	تقدير البائع
undervaluation	تقدير باقل من القيمة الحقيقية
self-appraisal	التقدير بالنفس
cost estimate	تقدير التكاليف
differential costing	تقدير التكاليف التفاضلية
batch costing	تقدير تكاليف الدفعات
merit rating	تقدير الجدارة
market appraisal	تقدير السوق
group capacity assessment	تقدير طاقة المجموعات
demand assessment	تقدير الطلب
interpolation	تقدير قيم متوسطة
discouting back	تقدير القيمة الحالية
sales estimate	تقدير المبيعات
conservative estimate	تقدير متحفظ
risk assessment	تقدير المخاطر
project assessment	تقدير المشاريع
overestimate	تقدير مفرط
personnel rating, staff appraisal	تقدير الموظفين
quality gauging	تقدير النوعية
introduction	تقديم
bid filing	تقديم عروض
collusive tendering	تقديم العطاءات بتواطؤ
presentation of information	تقديم المعلومات
report *(n)*	تقرير

weekly report	تقرير اسبوعي
qualified report	تقرير تحفظي
supplementary report	تقرير تكميلي
confidential report	تقرير سري
annual report	تقرير سنوي
quality report	تقرير عن النوعية
examination report	تقرير الفحص
statutory report	تقرير قانوني
verbatim report	تقرير كامل للجلسة
report of the directors	تقرير مجلس الادارة
directors' report	تقرير المدراء
auditor's report	تقرير مدقق حسابات
detailed report	تقرير مفصل
flash report	تقرير موجز
provisional report	تقرير مؤقت
interim report	تقرير نصف سنوي
apportionment, division	تقسيم
division of labour	تقسيم الاعمال
division of activities	تقسيم الانشطة
market segmentation	تقسيم السوق
default	تقصير
laches	تقصير في مطالبة بحق
fluctuation of prices	تقلب الاسعار
price fluctuation	تقلب السعر
flurry of prices	تقلب قصير الاجل في الاسعار
tax avoidance	تقليل عبء الضريبة المدفوعة
calendar	تقويم
restraint of trade	تقييد التجارة
direct debiting	تقييد مباشر على
evaluation, valuation	تقييم
performance, evaluation	تقييم الاداء
investment appraisal	تقييم استثمارات
fleet rating	تقييم الاسطول

stock valuation	تقييم البضائع
dynamic evaluation	تقييم ديناميكي
financial appraisal	تقييم مالي
project evaluation	تقييم المشاريع
professional valuation	تقييم مهني
job evaluation	تقييم وظيفة
par of exchange	تكافؤ اسعار العملات
administration cost	تكاليف الادارة
recovery costs	تكاليف استرداد
selling costs	تكاليف البيع
conversion cost	تكاليف التحويل
promotion money	تكاليف الترويج
development costs	تكاليف تطوير
running costs	تكاليف جارية
decreasing marginal cost	تكاليف حدية متناقصة
service costs	تكاليف الخدمة
prior charges	التكاليف السابقة
net costs	التكاليف الصافية
hourly costs	تكاليف في ساعة واحدة
programmed costs	تكاليف مبرمجة
accrued charges	تكاليف متجمعة
variable costs	التكاليف المتغيرة
predetermined costs	تكاليف محددة مقدماً
joint costs	تكاليف مشتركة
factory costs	تكاليف المصنع
cost of living	تكاليف المعيشة
reproduction cost	تكاليف النسخ
transport costs	تكاليف النقل
integration	تكامل
horizontal integration	تكامل افقي
backward integration	التكامل العكسي
vertical integration	التكامل العمودي
racial integration	التكامل العنصري

forward integration	تكامل المنتج والبائع
tactic	تكتيك
competitive tactics	تكتيك تنافسي
thermal cracking	التكسير الحراري
marginal social cost	تكلفة اجتماعية حدية
total cost	تكلفة اجمالية
occupancy cost	تكلفة اشغال عقار
first cost	تكلفة اصلية
cost of production, production cost	تكلفة الانتاج
initial cost, prime cost	تكلفة اولية
opportunity cost	التكلفة البديلة
engineered cost	تكلفة بعد عمل الهندسة
tooling cost	تكلفة التزويد بالعدد
approximate cost	تكلفة تقريبية
fixed cost, unavoidable cost	تكلفة ثابتة
economic cost	تكلفة حالية
marginal cost	تكلفة حدية
cost overhead	تكلفة راسية
semi-fixed cost	تكلفة شبه ثابتة
abnormal cost	تكلفة غير عادية
uncontrollable cost	تكلفة غير قابلة للتحكم فيها
indirect cost	تكلفة غير مباشرة
unabsorbed cost	تكلفة غير مغطاة
direct cost	تكلفة مباشرة
average cost	التكلفة المتوسطة
anticipated cost	تكلفة متوقعة
related cost	تكلفة مرتبطة
standard cost	التكلفة المعيارية
retail cost	تكلفة المفرق
estimated cost	تكلفة مقدّرة
managed cost	تكلفة موجهة
sunk cost	تكلفة هالكة
subpoena	تكليف بالحضور

تكليف حدي	marginal costing
تكليف عام	floating charge
تكنولوجيا المعلومات	information technology
تكوين زمني للعمل	work content
تكييف الهواء	air-conditioning
تلتكس	teletex
تلتكست	teletext
تلف البضائع	perishing of goods
تلف مائي	water damage
تلفون	telephone *(n)*
تلفون لاسلكي	radio telephone
تلكس	telex *(n)*
تلوث الماء	water pollution
تلوث الهواء	air pollution
تمثيل	representation
تمثيل بالقياس	analog representation
تمثيل مشترك	joint representation
تمديد اجل الدين	funding
تمركز	centralization
تمهيد	introduction
تمويل	finance *(n)*
تمويل العجز	deficit financing
تمويل مصرفي	banking finance
تموين السفن بالوقود	bunkering
تميز تجاري	trade discrimination
تميز ملاحي	flag discrimination
تمييز	discrimination
التمييز الجنسي	sex discrimination
التمييز العنصري	race discrimination
تمييز المنتجات	product differentiation
تنازع القوانين	conflict of law
تنازل	assignment, renunciation, waiver
تنازل عن وثيقة تأمين على حياة	nomination

non-price competition	تنافس بغير الاسعار
falling off	تناقص
forecasting	التنبؤ
prediction	تنبؤ
extrapolation	تنبؤ احصائي
environmental forecasting	تنبؤ البيئة
business forecasting	تنبؤ تجاري
profit projection	تنبؤ الربح
market forecast	تنبؤ السوق
cash forecast	تنبؤ السيولة
forecasting long range	تنبؤ طويل المدى
population projection	تنبؤ عدد السكان
forecasting short range	تنبؤ قصير المدى
sales forecast, sales forecasting	تنبؤ المبيعات
budget forecasting	تنبؤ الميزانية
coordination	تنسيق
planning coordination	تنسيق التخطيط
coordination in production planning	تنسيق في تخطيط الانتاج
coordination of functions	تنسيق الوظائف
cleaning	تنظيف
process equipment layout	تنظيم اجهزة المعالجة
tabulation	تنظيم الجداول
salary structuring	تنظيم الرواتب
industrial organisation	تنظيم صناعي
rationalization	التنظيم المنطقي
staff organization	تنظيم الموظفين
pyramiding	تنظيم هرمي
functional organisation	تنظيم وظيفي
strategy implementation	تنفيذ الاستراتيجية
policy execution	تنفيذ السياسة
specific performance	تنفيذ شروط العقد
enforcement of law	تنفيذ القانون
variety	تنوع

تنويع	diversification
تنويع المنتجات	product diversification
تهجئة	spelling
تهديد	threat
تهذيب	trimming
تهرب من دفع الضرائب	tax evasion
تهريب	smuggling
تهمة كاذبة	false accusation
تهوية	ventilation
تواتر التوزيع	frequency distribution
تواتر غاما	gamma distribution
تواطؤ	collusion
توافق	consistency
توافقيات	combinations
توجيه	direction, orientation
توجيه السوق	rigging the market
توحيد	consolidation, standardization
توحيد حمولات صغيرة	unitization
توحيد وثيقة تجارية	standardization of trade document
توزيع	distribution
توزيع أسي	exponential distribution
توزيع إلى مراكز انفاق	departmentalization
توزيع البضائع	distribution of goods
توزيع بمتغيرين عشوائين	bivariate distribution
توزيع تراكمي	cumulative distribution
توزيع تشي مربع	chi-square distribution
توزيع التكاليف	allocation of costs
توزيع حدي	marginal distribution
توزيع طبيعي	normal distribution
توزيع عام	general circulation
توزيع المسؤوليات	allocation of responsibilities
توزيع مشروط	conditional distribution
توزيع الموارد	allocation of resources

mediation	توسط
job enrichment	توسع افق الوظيفة
job enlargement	توسع وظيفة
expansion	توسيع
recommendation	توصية
trade reference	توصية تجارية
banker's reference	توصية مصرفية
employment, recruitment	توظيف
hidden employment	توظيف مخفي
stoppage	توقف
failure to pay	توقف عن الدفع
stop for freight	توقف للتحميل
standard time	التوقيت الموحد
signature	توقيع
specimen signature	توقيع نموذجي
procuration, proxy	توكيل
dividend mandate	توكيل بدفع ربح السهم

ث

ثبوت	invariance
ثروة	wealth
ثروة شخصية	personal wealth
ثروة نفطية	oil wealth
ثغرة استراتيجية	strategic gap
ثغرة انكماشية	deflationary gap
ثغرة الدولار	dollar gap
ثقب حفر غير منتج	dry hole
ثمن البضائع مع التأمين والشحن (سيف)	cost, insurance, freight (c.i.f.)
ثمن البضائع واجور شحنها	cost and freight
الثمن والتضخم	cost-plus inflation
ثمين	valuable
ثنائي	binary
ثنائي الاتجاه	bi-directional

ج

جاب الضرائب	tax-collector
الجاري	instant
جانب الايسر	larboard
جاهز	ready-made
جباية الضرائب	tax collection
جدّة	novelty
جدول	schedule *(n)*, table
جدول أعمال	agenda
جدول اعمال مؤقت	provisional agenda
جدول الانتاج	production schedule
جدول تحميل الالة	machine-loading schedule
جدول رسوم الميناء	port rates schedule
جدول زمني	timetable
جدول سفر	itinerary
جدول الطلب	demand schedule
جدول الطوارىء	contingency table
جدول العرض	supply schedule
جدول الكميات	bill of quantities
جدول المحتويات	table of contents
جدول نموذجي	specimen chart
جديد	novel
جرح مميت	fatal injury
جرد	inventory
جرد البضائع	stock-taking
جرد المخزونات المستمر	continuous stocktaking

perpetual inventory	جرد مستمر
crime	جريمة
penalty	جزاء
Customs and Excise	جمرك
landing cargo customs	جمرك تفريغ بضائع
airport customs	جمرك المطار
association	جمعية
general assembly	جمعية عامة
wholesale	الجملة
felony	جناية
nationality	جنسية
pound	جنيه
pound sterling	جنيه استرليني
answering machine	جهاز الاجابة الاوتوماتيكية
two-way radio	جهاز ارسال واستقبال لاسلكي
dictating machine	جهاز استكتاب
infra-red copier	جهاز استنساخ باشعة دون الحمراء
intelligent copier/printer	جهاز استنساخ/طباعة ذكي
telecopier	جهاز استنساخ عن بعد
fire-alarm	جهاز انذار الحريق
refrigerator	جهاز تبريد
disk drive	جهاز تدوير الاسطوانة
magnetic tape encoder	جهاز ترميز الشريط المغنطيسي
document shredder	جهاز تمزيق الاوراق
cash dispenser	جهاز توزيع النقد
new device	جهاز جديد
output device	جهاز خرج
output peripheral	جهاز خرج مساعد
character printer	جهاز طباعة الحروف
line-printer	جهاز الطباعة الخطية
teleprinter	جهاز الطباعة عن بعد
processor	جهاز معالجة البيانات
word processor	جهاز معالجة النصوص

جواز سفر ________ passport
جودة رديئة ________ poor quality
جودة الصنع ________ workmanship
جيل المنتجات ________ product generation

ح

حاجة ماسة	urgent need
حاجز للتجارة	trade barrier
حاجز منع الدخول	barrier to entry
حادث	accident
حادث غير متوقع	rogue event
حادث لا يمكن تجنبه	unavoidable accident
حادث مميت	fatal accident
حارس	caretaker
حارس الامن	security guard
حارس قضائي	receiver
حارس الليل	night watchman
حارس المستودع	warehouse keeper
حاسب	calculator
حاسبة الكترونية	electronic calculator
حاسم	conclusive
حاصل صافي	net yield
حافز	incentive
حافز الاجر	wage incentive
حافز تصدير	export incentive
حافز تنافسي	competitive stimulus
حافز مالي	financial incentive
حافظ الوديعة	bailee
حاكم محاكمة	trial judge
حالة صلبة	solid-state
حالة طبيعية	normal state of affairs

intestacy	حالة وفاة بلا وصية
bearer, holder	حامل
ticket holder	حامل التذكرة
storekeeper	حانوتي
container	حاوية
refrigeration container	حاوية تبريد
tare	الحاوية الفارغة
igloo container	حاوية مبرّدة
ink	حبر
imprisonment	حبس
masking	حجب
masking of master document	حجب وثيقة رئيسية
distraint, seizure, sequestration	حجز
attachment	حجز تحفظي
foreclose	حجز الرهن
safe custody	حجز في محل مأمون
total volume	حجم اجمالي
volume of business	حجم الاعمال
optimum size	الحجم الامثل
volume of production	حجم الانتاج
batch size	حجم الدفعة
lot size	حجم الدفعة
sales volume	حجم المبيعات
standard volume	الحجم المعياري
paper size	حجم الورق
acoustic booth	حجيرة صوتية
limit *(n)*, margin	حد
intensive margin	حد الانتاج
action limit	حد جودة
time-limit	حد زمني
margin of safety	حد السلامة
split-off point	الحد الفاصل
competitive edge	حدة منافسة

حدود اقليمية	territorial limits
حدود سعر الصرف بين عملتين في نظام عيار الذهب	gold points
حديث	up to date
حراسة	caretaking
حرب الاسعار	price war
الحرب الباردة	cold war
حرف طباعي	type *(n)*
حرف طباعي « إيليت »	elite typeface
حرفي	artisan
حرفيا	verbatim
حرفي رقمي	alphanumeric
حركة	motion
حركة الجمعيات التعاونية	cooperative movement
حركة نقد تزايدية	incremental cash flow
حركة النقد المعدل	discounted cash flow
حركية العمال	labour mobility, mobility of labour
حروف « بيكا »	pica typeface
حرية الاختيار	freedom of choice
حرية الرأي	freedom of speech
حريق متعمد	arson
حزب شيوعي	communist party
حزمة عرض خاص	banded pack
حساب	account *(n)*
حساب اجمالي	total account
حساب الاحتياطي	reserve account
حساب الارباح والخسائر	profit and loss account, revenue account
حساب الاطفاء المستثمر	sinking-fund
حساب التصفية	realization account
حساب التصفية للشركة	company's liquidation account
حساب التكاليف التحميلي	absorption costing
حساب التكاليف التحميلي الكامل	total absorption costing
حساب تكاليف المبيعات	cost of sales account
حساب التكاليف المنسق	uniform costing

حساب توفير	savings account
حساب جاري	current account
حساب الخزينة العامة	exchequer account
حساب دائن	accounts payable, credit account
حساب الراسمال	capital account
حساب سري مرقّم	numbered account
حساب السلفة المستديمة	imprest account
حساب شخصي	personal account
حساب شهري	monthly account
حساب علاوة اصدار	share premium account
حساب عميل	charge account
حساب غير قابل للتحصيل عليه	uncollectable account
حساب غير نشط	dead account
حساب قروض	loan account
حساب مبيعات	account sales
حساب المتاجرة	trading account
حساب مجمّد	blocked account
حساب مدين	accounts receivable
حساب مستفيد	account payee
حساب مستودع الميناء	landing account
حساب مشترك	joint account
حساب مصرفي	bank account
حساب المصروفات	expense account
حساب معلق	suspense account
حساب مكشوف	bank overdraft, overdrawn account
حساب موازنة العملة الاجنبية	exchange equalisation account
حساب الميزانية الشخصية	budget account
حساب النقد	cash account
حساب ودائع	deposit account
حسابات سنوية	annual accounts
حسابات ضبط	control accounts
حسابات مجموعة	group accounts
حسابات الموجودات	real accounts

حسابات موحدة	**consolidated accounts**
حسابنا لديكم	**nostro account**
حساس للكهرباء	**electrosensitive**
حسب القيمة	**ad valorem**
حسم ضريبي للاستهلاك	**capital allowance**
حسن النية	**good faith**
حصانات دبلوماسية	**diplomatic immunities**
حصة ارباح تراكمية	**cumulative dividend**
حصة ارباح مستحقة	**accrued dividend**
حصة استيراد	**import quota**
حصة السوق	**market share**
حصة نسبية	**quota**
الحصول على الرأسمال	**capital raising**
حصيلة البيع	**proceeds of sale**
حظر	**ban** *(n)*, **embargo**
حظر استيراد	**import ban**
حظر تصدير	**export embargo**
حفظ	**safe-keeping**
حفظ دفتر اليوميات	**diarizing**
حفظ القيمة	**store of value**
حق إعادة البيع	**right of resale**
حق الانتفاع	**beneficial interest**
حق التأليف والنشر	**copyright**
حق التصويت	**voting right**
حق حجز	**lien**
حق صاحب السفينة لحجز الشحنة	**shipowner's lien**
حق في موجودات	**equity**
حق المرور	**right of way**
حق الوصول	**right of access**
حق الوكيل للحجز	**agent's lien**
حقائق اساسية	**basic facts**
حقائق واضحة	**naked facts**
حقق ارباح	**made money**

حقل النفط	oilfield
حقوق تجارية	trade rights
حقوق دستورية	constitutional rights
حقوق الشركاء الصافية	tangible net worth
حقوق مدنية	civil rights
حقوق المساومة	bargaining rights
حقوق المستخدم	rights of employer
الحقيقة الاساسية	ultimate truth
حكم	arbitrator, referee, umpire
حكم	verdict
حكم محكمة اجنبية	foreign judgement
حكومة الاغنياء	plutocracy
حل	dissolution
حل تقاطع المحورين	corner solution
حل جزئي	partial solution
حل شركة	dissolve a company
حلف ثلاثي الاطراف	tripartite alliance
حلقة	ring *(n)*
حلقة مطاط	rubber band
حلقة مفرغة للاجور والاسعار	wage-price spiral
حلقة مفرغة للتضخم	inflationary spiral
حلقة مقفلة	closed loop
حلول	subrogation
الحمل الآجر	payload
الحمل الاقصى	maximum load
حمل العمل	work-load
حملة	campaign
حملة ازدياد المبيعات	sales expansion effort
حملة اعلانية	advertising campaign, advertising campaign
حملة البيع	sales drive
حملة تحسين الانتاجية	productivity campaign, productivity drive
حمولة	cargo
حمولة جافة	dry bulk

part load ________ حمولة جزئية
dead weight ________ حمولة ساكنة
deadweight tonnage ________ حمولة ساكنة بالطن
truckload ________ حمولة شاحنة
carload ________ حمولة العربة
registered tonnage ________ حمولة مسجلة
tariff barriers ________ حواجز جمركية
unforeseen events ________ حوادث غير متوقعة
industrial accidents ________ حوادث موظفين
mail transfer ________ حوالة بريدية
money order, postal order ________ حوالة بريدية
telegraphic money order ________ حوالة بريدية برقية
international money order ________ حوالة بريدية دولية
telegraphic transfer ________ حوالة برقية
banker's draft ________ حوالة مصرفية
dry dock, graving dock ________ حوض جاف
service life ________ حياة الاصل النافعة
vacant possession ________ حيازة شاغرة

خ

خاتم توثيقي ______ **notarial seal**
خادم ______ **servant**
خارج عن السيطرة ______ **out of hand**
خاصّة ______ **attribute**
خاضع لرسوم ______ **liable to duties**
خاضع لضريبة ______ **liable for tax**
خاضع للكوتا ______ **subject to quota**
خالص الاجرة ______ **franco**
خبرة ______ **experience, know-how**
خبير حسابات تأمين ______ **actuary**
خبير في الاقتصاد ______ **economist**
خبير في اقتصاد الاعمال ______ **business economist**
خبير في الكفاية ______ **efficiency expert**
خبير مؤهل ______ **qualified expert**
ختم ______ **seal** *(n)*
ختم تاريخ ______ **date stamp**
ختم التوزيع ______ **distribution stamp**
ختم الشركة ______ **company seal**
الخدمات الاجتماعية ______ **social services**
خدمات استشارية ______ **advisory services, consultancy**
خدمات الخط الفرعي ______ **extension services**
خدمات طبية ______ **medical service**
الخدمات العامة ______ **public services**
خدمات غير مسددة ______ **unpaid services**
خدمات الكمبيوتر ______ **computer services**

aids to trade	خدمات مساعدة للتجارة
service *(n)*	خدمة
postal service	خدمة البريد
business reply service	خدمة البريد المجانية
self-service	خدمة ذاتية
express service	خدمة سريعة
after-sales service	خدمة العملاء
customer service	خدمة العميل
output	خرج
nominal output	خرج اسمي
matrix output	خرج مصفوفة
computer output	خرج الكمبيوتر
computer output on microfilm	خرج الكمبيوتر على ميكروفيلم
print-out	خرج مطبوع للكومبيوتر
scrap *(n)*	خردة
cartridge	خرطوشة
scatter chart	خريطة التفرق
storage	خزن
store and forward	خزن وشحن
capital loss	خسائر رأسمالية
terminal loss	خسائر الشركة للسنة النهائية
heavy losses	خسائر فادحة
maximum loss	الخسائر القصوى
loss	خسارة
overall loss	خسارة اجمالية
outage	خسارة بسبب النقل والتخزين
constructive total loss	خسارة تبعية كلية
operating loss	خسارة التشغيل
partial loss	خسارة جزئية
net loss	الخسارة الصافية
tax loss	خسارة ضريبية
general average	خسارة عامة
total loss	خسارة كلية

actual total loss ________ خسارة كلية حقيقية
particular average loss ________ خسارة معينة
consequential loss ________ خسارة ناتجة
characteristics of goods ________ خصائص بضائع
five characteristics ________ الخصائص الخمسة
deduction, discount, rebate ________ خصم
commercial discount, trade discount ________ خصم تجاري
quantity discount, quantity rebate ________ خصم على الكمية
discounting bills of exchange ________ خصم الكمبيالات
writing down allowance ________ خصم مسموح للاستهلاك
deferred rebate ________ خصم مؤجل
cash discount ________ خصم نقدي
pipeline ________ خط انابيب
undersea pipeline ________ خط انابيب مغمور
production line ________ خط الانتاج
Plimsoll line ________ خط بلمسول
assembly line ________ خط التجميع
load line ________ خط التحميل
telephone extension ________ خط التلفون الفرعي
telephone intercom link ________ خط تلفوني للاتصال الداخلي
line of balance ________ خط التوازن
main line ________ خط رئيسي
line of command ________ خط السلطة
flow line ________ خط السير
border line, demarcation line ________ خط فاصل
magnetic stripe ________ خط مغنطيسي
mistake ________ خطأ
design fault ________ خطأ التصميم
printer's error ________ خطأ الطباعة
standard error ________ الخطأ المعياري
compensating error ________ خطأ مكافىء
letter ________ خطاب
letter of resignation ________ خطاب استقالة

letter of credit	خطاب اعتماد
letter of acknowledgement	خطاب افادة استلام
letter of licence	خطاب امهال
letter of confirmation	خطاب تثبيت
letter of allotment	خطاب تخصيص اسهم
letter of indemnity	خطاب تعهد بضمان تعويض
convering letter	خطاب تفسيري
letters of administration	خطاب تفويض بادارة تركة المتوفي
letter of introduction	خطاب تقديم
letter of renunciation	خطاب تنازل
letter of signature	خطاب توقيع
unsealed letter	خطاب غير مختوم
sealed letter	خطاب مختوم
registered letter	خطاب مسجل
dead letter	خطاب مهمل
plan *(n)*	خطة
marketing plan	خطة تسويق
incentive scheme	خطة تشجيعية
contingency plan	خطة للحالة الطارئة
hazard, threat	خطر
fire-risk	خطر حريق
special risk	خطر خاص
political risk	خطر سياسي
abnormal risk	خطر غير عادي
insurable risk	خطر قابل للتأمين
threat to peace	خطر للسلام
variable risk	خطر متغير
conference lines	خطوط المؤتمر الملاحي
linear	خطي
summary	خلاصة
abstract of account	خلاصة الحساب
disagreement	خلاف
management succession	خلافة ادارية

خلط العمل	job mix
خلف	successor
خلوة	privacy
خيار	option
خيط	string

د

دائرة اختصاص	jurisdiction
دائرة تسجيل براءات الاختراع	Patent Office
دائرة تنفيذية	line organization
دائرة حكومية	government department
دائرة الضرائب	inland revenue
دائرة ضمان عقود تصدير	Export Credit Guarantee Department
دائرة مفتوحة	open circuit
دائرة النفوذ	sphere of influence
دائن	creditor
دائن تجاري	trade creditor
دائن غير مضمون	unsecured creditor
دائن قانوني	judgement creditor
دائن ممتاز	preferential creditor, secured creditor
دار التصدير	export house
دار سك العملة	mint
دار مال متخصص في قبول الكمبيالات	accepting house
داعم	backer
الدافع	payer
دالة ادخار	savings schedule
دالة الاستهلاك	consumption function
دالة أسية	exponential function
دالة الانتاج	production function
دالة الربح	profit function
دالة الكثافة المشتركة	joint density function
دالة الكثيفة	density function

cubic function ________ دالة كعبية
quadratic function ________ دالة من الدرجة الثانية
additive utility function ________ دالة المنفعة الاضافية
indirect utility function ________ دالة نفعية غير مباشرة
diplomat ________ دبلوماسي
paper-clip ________ دبوس
input *(n)*, revenue ________ دخل
gross income, total income ________ دخل اجمالي
average weekly earnings ________ الدخل الاسبوعي المتوسط
investment income ________ دخل استثماري
nominal income ________ دخل اسمي
franked investment income ________ دخل بشكل ارباح مدفوعة الضريبة عليها
marginal revenue ________ دخل حدي
real income ________ دخل حقيقي
taxable income ________ دخل خاضع للضريبة
yearly income ________ دخل سنوي
disposable income ________ دخل صافي
net earnings ________ الدخل الصافي
unearned income ________ دخل غير مكتسب بخدمات شخصية
statutory income ________ دخل قانوني
national income ________ دخل قومي
computer input ________ دخل الكمبيوتر
tax-free income ________ دخل معفي من الضريبة
earned income ________ دخل مكتسب
entry ________ دخول
illegal entry ________ دخول غير شرعي
unlawful entry ________ دخول غير مشروع
lawful entry ________ دخول قانوني
direct access دخول مباشر
direct data entry ________ دخول مباشر للمعطيات
free entry ________ دخول مجاناً
outsider ________ دخيل
degrees of freedom ________ درجات الحرية

درجة مئوية	centigrade
درجة منخفضة	low grade
دراسات بعد الثانوية	further education
دراسة الاساليب	methods study
دراسة الجدوى	feasibility study
دراسة الحالات الفردية	case-study
دراسة الحركات الدقيقة	micromotion study
دراسة الحركة	motion study
دراسة السوق	market research, market study
دراسة العمل	work study
دراسة العمل المكتبي	clerical work study
دراسة ميدانية	field study
دراسة وسائل الاتصال	media research
دراسة الوقت	time study
دراسة الوقت والحركة	time and motion study
دعاية	publicity
دعم	backing, back-up *(n)*, subsidy
دعم الاسعار	price support
دعم حكومي لخدمات بلدية	rate support grant
دعم رسمي	official support
دعوة عطاءات	invitation to tender
دعوة مفاوضة	invitation to treat
دعوى	lawsuit, plea
دعوى متقادمة	belated claim
دعوى مدنية	civil action
دعوى مضادة	counterclaim
دعوى نموذجية	test case
دلال	auctioneer
دليل	directory
دليل الاسعار	price index
دليل اسعار المستهلكين	consumer price-index
دليل الاسعار المفرقة	Retail Price Index
دليل التلفون	telephone directory

telephone electronic index	دليل تلفون الكتروني
out-guide	دليل الخرج
travel guide	دليل المسافر
staff handbook	دليل الموظفين
books of account	دفاتر حسابات
statutory books	دفاتر قانونية
ledger	دفتر استاذ
sales ledger	دفتر استاذ المبيعات
purchase ledger	دفتر استاذ المشتريات
filing book	دفتر اضبار
paying-in book	دفتر ايداع
postage book	دفتر البريد
analysis book	دفتر التحليل
ready reckoner	دفتر جداول حسابية
passbook	دفتر حساب
nominal ledger	دفتر حسابات رئيسي
cheque-book	دفتر شيكات
cash-book	دفتر الصندوق
scrap pad	دفتر كشكول
minute book	دفتر محاضر
daybook	دفتر اليومية
journal	دفتر يومية
purchase journal	دفتر يومية للمشتريات
competitive thrust	دفع تنافسي
payment by results	الدفع حسب الانتاج
quarterly payment	دفع ربع سنوي
charges forward	دفع الرسوم مقدماً
payment on account	دفع على الحساب
C.O.D., cash on delivery	دفع عند التسليم
cash on receipt of goods	دفع عند تسليم البضائع
cash with order	دفع عند الطلب
payment-in-lieu	دفع عوضاً
payment in kind	دفع عيناً

cash before delivery	دفع قبل التسليم
P.A.Y.E., pay-as-you-earn	دفع مباشر لضريبة الدخل
advance payment	دفع مسبق
cash against document	دفع مقابل تسليم المستندات
prepayment	دفع مقدم
payment in advance	دفع مقدماً
payment stopped	دفع موقوف
pay as you go	دفع النفقات عند تكبدها
prompt cash payment	دفع نقداً فورياً
cash in advance	دفع نقداً مقدماً
preferential payments	دفعات تفضيلية
annuities	دفعات سنوية لمدى الحياة
below the line payments and receipts	دفعات وايرادات غير محاسبة
batch	دفعة
weekly payment	دفعة اسبوعية
token payment	دفعة رمزية
deferred annuity	دفعة سنوية مؤجلة
monthly payment	دفعة شهرية
residual payment	الدفعة الصافية
ex gratia payment	دفعة غير اجبارية
down payment	دفعة مبدئية
outstanding payment, overdue payment	دفعة متأخرة
deferred payment	دفعة مؤجل
cash payment	دفعة نقدية
final payment	دفعة نهائية
amalgamation, merger	دمج
franking	دمغ
hallmark	دمغة المصوغات
drug on the market	دواء مسوّق
motivation	دوافع عمل
business hours	الدوام
rotation of directors	دوران أعضاء مجلس الادارة
stock turnover	دوران البضائع

trainee turnover	دوران المتدربين
staff turnover	دوران الموظفين
production cycle	دورة الانتاج
business cycle, trade cycle	دورة تجارية
operating cycle	دورة التشغيل
life cycle	دورة الحياة
capital turnover	دورة الرأسمال
work cycle	دورة العمل
sandwich course	دورة عملية نظرية
scheduled territories	دول منطقة الاسترليني
welfare state	دولة الرفاه الاجتماعي
host country	الدولة المضيفة
without delay	دون التأخير
without reserve	دون تحفظ
without recourse	دون حق الرجوع
free of capture	دون شرط الاسر
above-board	دون مراوغة
demography	ديمغرافيا
industrial democracy	ديمقراطية صناعية
debt	دين
book debt	دين دفتري
deadweight debt	دين غير انتاجي
outstanding debt	دين غير مسدد
bad debt	دين هالك
dynamics	ديناميات
market dynamics	دينامية السوق
product dynamics	دينامية المنتجات
group dynamics	الديناميكية الجماعية
industrial dynamics	ديناميكية صناعية
unfunded debt	ديون حكومية ثابتة الاجل

ذ

ذات سيادة — **sovereign**
ذاتي التمويل — **self-financing**
ذاكرة — **memory**
ذاكرة افتراضية — **virtual memory**
الذاكرة الدائمة — **read only memory**
ذاكرة رئيسية — **main memory**
ذاكرة فقاعية — **bubble memory**
ذروة — **peak** *(n)*
ذكاء — **intelligence**
ذكاء صناعي — **artificial intelligence**
ذمم مدينة — **receivables**
ذو اخطار — **risky**

ر

رائد	pioneer
راتب	salary
الراتب الصافي	take-home pay
راتب متأخر	back pay
راتب مرض	sick-pay
راسمال	capital
راسمال	principal
راسمال احتياطي	reserve capital
الرأسمال الادنى	minimum capital
راسمال اسمي	nominal capital
راسمال اسهم	share capital
رأسمال بشري	human capital
راسمال حر	free capital
رأسمال ذو اخطار	risk capital
رأسمال سائل	liquid capital
الراسمال العامل	net current assets
راسمال عامل	working capital
راسمال غير كافٍ	under-capitalization
راسمال قرضي	loan capital
راسمال قصير الاجل	short-term capital
راسمال متداول	circulating capital
راسمال مدفوع	paid-up capital
رأسمال مصدر	issued capital
رأسمال مصرح به	authorized capital
راسمال مطلوب	called-up capital

registered capital, subscribed capital ———— الرأسمال المكتتب به
refugee capital ———— رأسمال هاجر
capitalism ———— راسمالية
passenger ———— راكب
option of the court ———— رأي المحكمة
president ———— رئيس
head of a delegation ———— رئيس بعثة
head of department ———— رئيس قسم
chairman of the board ———— رئيس مجلس الادارة
chief accountant ———— رئيس محاسبة
chief buyer ———— رئيس مشتريين
usury ———— ربا فاحش
gain, profit *(n)* ———— ربح
gross profit, margin of profit, mark-up ———— ربح اجمالي
operating profit ———— ربح التشغيل
capital profit ———— ربح رأسمالي
quick profit ———— ربح سريع
dividend ———— ربح السهم
interim dividend ———— ربح سهم نصف سنوي
final dividend ———— ربح السهم اخر العام
net profit, clear profit ———— ربح صاف
normal profit ———— ربح عادي
windfall profit ———— ربح غير متوقع
preacquisition profit ———— ربح قبل الاستيلاء
scoop ———— ربح « لقطة »
anticipated profit ———— ربح متوقع
realized profit ———— ربح محقق
profit target ———— الربح المستهدف
ploughed-back profit ———— الربح المعيد توظيفه
cross-reference ———— ربط سابق او لاحق
quartile ———— ربع احصائي
quarterly ———— ربع سنوي
personal grade ———— رتبة شخصية

coastguard	رجال خفر السواحل
retrospective	رجعي
refer to drawer	الرجوع للساحب
scheduled flight	رحلة مقررة
licence *(n)*, **pass** *(n)*	رخصة
building licence	رخصة بناء
export licence	رخصة تصدير
quota licence	رخصة كوتا
inexpensive	رخيص
restitution	رد
reply paid	رد خالص الاجرة
refund *(n)*	رد المال
package	رزمة
allotment note	رسالة تخصيص
telephone message	رسالة تلفونية
confidential letter	رسالة سرية
keelage	رسم ارساء
import duty	رسم استيراد
excise duty	رسم انتاج
chart *(n)*, **diagram, graph**	رسم بياني
bar chart	رسم بياني باعمدة
therblig chart	رسم بياني تربلق
linear responsibility chart	رسم بياني خطي للمسؤولية
pie chart	رسم بياني دائري
simo chart	رسم بياني « سيمو »
semi-logarithmic chart	رسم بياني شبه لوغاريتمي
band chart	رسم بياني شريطي
management chart	رسم بياني للادارة
planning and control chart	رسم بياني للتخطيط والمراقبة
break-even chart	رسم بياني للتعادل
sales progress chart	رسم بياني لتقدم المبيعات
flow process chart	رسم بياني لحركة العمليات
flow chart	رسم بياني لسير الاعمال

رسم بياني لسير العمل ______ process flow chart
رسم بياني للعملية ______ process chart
رسم بياني للفعالية ______ activity chart
رسم بياني لوغاريثمي ______ logarithmic chart, ratio chart, ratio scale graph
رسم بياني مراقبة النوعية ______ quality control chart
رسم تأجيل ______ contango
رسم ترانزيت ______ transit fee
رسم التسجيل ______ registration fee
رسم التفرق ______ scatter diagram
رسم جمركي تعويضي ______ countervailing duty
رسم جمركي تفضيلي ______ preferential duty
رسم جمركي نوعي ______ specific duty
رسم الرصيف ______ quayage, wharfage charge
رسم غانت البياني ______ Gantt chart
رسم مصرفي ______ bank charge
رسملة ______ capitalisation
رسملة زائدة ______ overcapitalization
رسول ______ messenger
رسوم جمركية مدفوعة ______ duty-paid
رسوم دمغة ______ stamp-duty
رسوم الرصيف ______ quay dues
رسوم سحب السفينة ______ wharfage dues
رسوم شحن ______ loading charges
رسوم المرسى ______ anchorage
رسوم الملاحة ______ navigation dues
رسوم الميناء ______ dock dues, harbour dues, port dues
رشوة ______ bribe *(n)*
رشوة اسكات ______ hush money
رصيد ______ balance
رصيد دائن ______ credit balance
رصيد ساكن ______ dormant balance
رصيد غير كاف ______ insufficient funds
رصيد في المصرف ______ bank balance

diminishing balance	رصيد متناقص
balance carried forward	رصيد مرحَّل
wharf	رصيف
quay	رصيف الميناء
job satisfaction	رضاء العمل
consumer satisfaction	رضاء المستهلكين
staff welfare	رفاهية الموظفين
refuse to take delivery	رفض الاستلام
objection overrruled	رُفِض الاعتراض
revaluation	رفع سعر العملة
internal control	رقابة داخلية
reference number	رقم الاسناد
binary digit, bit	رقم ثنائي
customs assigned number	رقم جمركي
index number	رقم دليلي
job number	رقم عمل
record figure	رقم قياسي
share index	رقم قياسي لسوق الاسهم
serial number	رقم متسلسل
digital	رقمي
depression, recession	ركود
stagflation	الركود التضخمي
slump *(n)*	ركود حاد
post-code	رمز بريدي
telecode	رمز تلفوني
account code	رمز الحساب
Kitemark	رمز معهد القياسات المعيارية البريطانية
port mark	رمز ميناء الوصول
commercial codes	رموز تجارية
mortgage *(n)*, pledge	رهن
second mortgage	الرهن الثاني
respondentia	رهن ضمان شحنة السفينة
general equitable charge	رهن مستند ملكية عام

hostage	رهينة
equal pay	رواتب مساوية
staff salaries	رواتب الموظفين
routine	روتين
red tape	روتين اداري
diagnostic routine	روتين تشخيصي
morale	روح معنوية
econometrics	رياضيات الاقتصاد

ز

زائد الاكتتاب	over-subscribed
زائد الموظفين	over-staffed
زائر	visitor
زمن تحويل طريقة الانتاج	set-up time
زمن تداول معلومات	access time
زمن الطيران	flight time
الزمن المتاح	available time
زميل	colleague
زيادة غير مكتسبة بقيمة الاصل	unearned increment
زيادة فاحشة للاسعار	overcharge
زيادة قيمة الاملاك	appreciation value
زيادة قيمة العملة	currency appreciation
زيارة	visit *(n)*
زيارة رسمية	official visit
زيروكس	Xerox (TM)
زينة	decoration

س

bulk	سائب
correction fluid	سائل ازال الاخطاء
precedent	سابقة
drawer	ساحب
marshalling yard	ساحة فرز قاطرات
valid	ساري المفعول
backdated	ساري المفعول من تاريخ سابق
office hours, working hours	ساعات العمل
driver's hours	ساعات عمل السائق
short time	ساعات العمل المنخفضة
leisure time	ساعات الفراغ من العمل
time-clock	ساعة دوام
zero hour	ساعة الصفر
standard hour	الساعة المعيارية
valid reason	سبب معقول
channels of distribution	سبل التوزيع
bullion	سبيكة
collective bargaining agency	سبيل المساومة الجماعية
statics	الستاتية
log book	سجل
share register	سجل الاسهم
register of members	سجل الاعضاء
register of mail	سجل البريد
dispatch register	سجل التصديرات
visitors' register	سجل الزوار

driver's log-sheet	سجل السائق
register of charges	سجل السندات
order book	سجل الطلبات التجارية
export assistance register	سجل المساعدة للمصدرين
purchasing record	سجل المشتريات
personnel records	سجلات الموظفين
incomplete records	سجلات ناقصة
jail	سجن
withdrawal	سحب
sight draft	سحب بالاطلاع
overdraft	سحب على المكشوف
charisma	سحر شخصية
part-payment, partial payment	سداد جزئي
water tight	سدود للماء
trade secret	سر المهنة
floor to floor time	سرعة بين طبقتين
income velocity of circulation	سرعة تداول العملة
velocity of circulation	سرعة الدوران
typing speed	سرعة الطباعة على الطابعة
shop-lifting	سرق من مخزن
larceny, theft	سرقة
top secret	سري للغاية
rate	سعر
fall-back price	سعر احتياطي
rock-bottom, upset price	السعر الادنى
minimum lending rate	السعر الادنى للاقراض
base price	سعر اساس
basic price	سعر اساسي
replacement cost	سعر الاستبدال
nominal price	سعر اسمي
share price	سعر الاسهم
quoted price	سعر الاسهم في البورصة
resale price	سعر اعادة البيع

سعر الافتتاح	opening price
السعر الافتراضي	shadow price
سعر الاقفال	close price, closing price
سعر الالغاء	settlement price
السعر البيع المفرق الموصى به	recommended retail selling price
سعر التحفظ	reservation price, reserve price
سعر التسليم	delivered price
سعر تسليم في المرفأ	free docks price
سعر ثابت	firm price
سعر تفاضلي	load factor pricing
سعر التكلفة	cost price
سعر التوازن	equilibrium price
سعر الجملة	trade price, wholesale price
السعر الحقيقي	true rate
سعر خاص	special price
سعر خالص الاجرة	franco price
سعر الخصم	discount rate, rate of discount
سعر الخصم الرسمي	official rate
سعر الخصم السوقي	market rate of discount
سعر خطاب بريدي	letter rate
سعر زائد	excessive price
سعر زهيد	give-away price
سعر سائد	going price, going rate
سعر السوق	market price
سعر الشراء	purchase price
سعر صافي	net price
سعر الصرف	exchange rate, rate of exchange
سعر الصرف الثابت	fixed exchange rate
سعر الصرف دون التعادل	exchange at a discount
سعر الصرف العائم	floating exchange rate
سعر الصرف فوق التعادل	exchange at a premium
سعر الصرف المشتق	cross rate
سعر عادل	just price

سعر عادي	normal price
سعر العرض	bid price
سعر عمل	job rate
سعر الفائدة	rate of interest
سعر الفائدة الاجمالية	gross finance charge
سعر الفائدة قصير الاجل	short-term rate of interest
سعر في مكان الانتاج	loco price
سعر القطع	bank rate
سعر متضخم	inflated price
السعر المتوسط	mean price
سعر محدد	fixed price
سعر المصنع	mill pricing
سعر معروض	offer price
سعر معروض للصادرات	export quotation
السعر المعروض	price offered
سعر معلن	list price
سعر معياري	guide price
السعر المعياري	standard rate, target price
سعر المفرق	retail price
سعر ملائم	favourable rate
سعر منخفض	reduced price
السعر الموجه	administered price
سعر موحد	flat rate
سعر الوحدة	unit price
سعر وحيد للسهم	one-way price
سفارة	embassy
سفير	ambassador
سفينة تجارية	merchantman
سفينة ركاب	passenger liner
سفينة ساحلية	coaster
سفينة شحن	freighter
سفينة شحن برحلات مقررة	cargo liner
سفينة لشحنات سائبة	bulk carrier

سفينة متجولة	tramp *(n)*
سفينة مجهزة بصندل	barge-carrying vessel, lighter aboard ship
سفينة مسجلة في قطر اجنبي	flag of convenience
سفينة موصولة	arrived ship
سقوط حق	forfeiture
سكة حديدية	railway
سكرتير	secretary
سكرتير خاص	private secretary
سكرتير سري خاص	private confidential secretary
سكرتير شخصي	personal secretary
سكينة فتح البريد	paper-knife
سلاح نووي	nuclear weapon
سلب	robbery
سلة المهملات	waste-paper basket
سلسلة	string
سلسلة زمنية	time series
سلسلة السلطة	authority structure
سلسلة منتجات	product range
سلطة	authority
سلطة تنفيذية	line authority
سلطة ظاهرة	ostensible authority
سلطة مركزية	central authority
سلع استهلاكية	consumer goods
سلع استهلاكية غير متينة	consumer non-durables
سلع استهلاكية متينة	consumer durables
سلع انتاجية	capital goods, producer goods
سلع كمالية	luxury articles
سلع متنافسة	rival commodities
سلع متينة	durable goods
سلع مهربة	contraband
سلعة	commodity
سلعة جانبية	by-product
سلعة مجتذبة	loss-leader

سلعة معيارية	numeraire
سلف ذاتي الاستهلاك	self-liquidating advance
سلفة	advance
سلفة مصرفية	bank advance
سلم الاجور	wage scale
سلم الافضلية	scale of preference
سلم الرواتب	salary range
سلوك عقلي	rational behaviour
سلوك المستهلكين	consumer behaviour
سلوك المشتر	buying behaviour
سماح	allowance
سماح معياري	standard allowance
سماعة دعوى	hearing
سمسار	broker
سمسار اراضي	land-agent
سمسار اسهم	stockbroker
سمسار اسهم بالجملة	stockjobber
سمسار اسهم مرخص	licensed dealer
سمسار اوراق مالية	bill-broker
سمسار برامج الكمبيوتر	software broker
سمسار تأمين	insurance broker
سمسار خصم	discount broker
سمسار سلع	commodity broker, produce broker
سمسار شحن	loading broker
سمسار صفقات لاجل	option dealer
سمسار عقاري	estate agent
سمسار عملات اجنبية	foreign exchange broker
سمسار الملاحة	ship-broker
سمعي	audio
سناهية متحولة	variable annuity
سنة	year
سنة اساس	base year
السنة التجارية	trading year

calendar year ——— سنة تقويمية
financial year, fiscal year ——— سنة مالية
electronic telephone switchboard ——— سنترال الكتروني
exchange to extension ——— سنترال الى خط فرعي
telephone exchange ——— سنترال تلفوني
bill *(n)* ——— سند
foreign bond ——— سند أجنبي
premium bond ——— سند ادخار حكومي
promissory note ——— سند اذني
bill of sale ——— سند بيع
conditional bill of sale ——— سند بيع مشروط
absolute bill of sale ——— سند بيع مطلق
trade bill ——— سند تجاري
renewal bond ——— سند تجديد
treasury bill ——— سند على الخزينة
demand note ——— سند عند الطلب
negotiable bond ——— سند قابل للتداول
redeemable security ——— سند قابل للتسديد
debenture ——— سند قرض
fixed debenture ——— سند قرض ثابت
period bill ——— سند لاجل
bearer bond ——— سند لحامله
security ——— سند مالي
bank bill ——— سند مصرفي
title-deed ——— سند الملكية
consols ——— سندات دين حكومية
callable bonds ——— سندات قابلة للتسديد
deposited securities ——— سندات مودعة
user friendly ——— سهل الاستعمال
share *(n)* ——— سهم
non-voting share ——— سهم صامت
bearer security ——— سهم لحامله
voting stock ——— سهم لحامله حق التصويت

cumulative preference share ____ سهم ممتاز تراكمي
deferred share ____ سهم مؤجل الربح
active stock ____ سهم نشط
poor performance ____ سوء الاداء
malpractive ____ سوء تصرف
barratry ____ سوء تصرف ربان السفينة او بحارتها الضار بمصالح اصحابها
misunderstanding ____ سوء الفهم
bad faith ____ سوء النية
question ____ سؤال
market *(n)*, shopping centre ____ سوق
share market ____ سوق الاسهم
over-the-counter market ____ سوق اسهم غير رسمية
stockmarket ____ سوق الاوراق المالية
secondary market ____ سوق ثانوية
free market, open market ____ سوق حرة
sensitive market ____ سوق حساسية
discount market ____ سوق الخصم
gold market ____ سوق الذهب
capital market ____ سوق الرأسمال
depressed market ____ سوق راكد
gold bullion market ____ سوق السبائك الذهبية
commodity market ____ سوق السلع
terminal market ____ سوق سلع طرفية
black market ____ السوق السوداء
air freight market ____ سوق الشحن الجوي
hypermarket ____ سوق ضخمة
weak market ____ سوق ضعيفة
narrow market ____ سوق ضيقة
foreign exchange market ____ سوق العملات الاجنبية
money market ____ سوق العملة
imperfect market ____ سوق غير كاملة
strong market ____ سوق قوية
limited market ____ سوق محدودة

سوق مشتركة	common market
سوق المعادن الثمينة	bullion market
سوق مفتوحة	market ouvert
سوق ملائمة للبائع	seller's market
سوق مناسبة للمشترين	buyer's market
سوق المنتج	product market
سوق منظمة	organized market
سوق المواشي	cattle market
سوق النفط	oil market
سوق هابطة	bear market
سوق اليد العاملة	labour-market
سيادة المستهلك	consumer sovereignty
سيارة	vehicle
سياسة الاجور	wage policy
سياسة استثمار	investment policy
سياسة الاعمال	business policy
سياسة اقتصادية	economic policy
سياسة البيع	selling policy
سياسة تحديد نسبة ازدياد الاسعار والاجور	prices and incomes policy
سياسة تخفيض الاقراض	credit squeeze
سياسة ترويج	promotional policy
سياسة تسويق	marketing policy
سياسة التوزيع	distribution policy
سياسة توزيع ارباح الاسهم	dividend policy
سياسة توسع الاقتصاد وانكماشه	stop-go
سياسة الحرية الاقتصادية	laissez-faire
سياسة حماية المنتوجات المحلية	protectionism
سياسة دخل	incomes policy
السياسة الزراعية المشتركة	Common Agricultural Policy
سياسة الشركة	company policy
سياسة شؤون الموظفين	personnel policy
سياسة مالية	financial policy, fiscal policy
سياسة المبيعات	sales policy

سياسة نقدية	monetary policy
السياسة النقدية	monetarism
سياسة وضع الاسعار	pricing policy
سير الناقلة	conveyor belt
سيف	c.i.f.
سيكلوستيل	cyclostyle
سيليكون	silicon
سيولة	liquidity
سيولة نقدية	cash flow, ready money
سيولة نقدية سلبية	negative cash flow

ش

shipper	شاحن
truck	شاحنة
electric truck	شاحنة كهربائية
split screen	شاشة منقسمة
vacant	شاغر
witness *(n)*	شاهد
competent witness	شاهد ذو اهلية
network	شبكة
distribution network	شبكة توزيع
network of roads	شبكة طرق
value added network	شبكة القيمة المضافة
local network	شبكة محلية
information network	شبكة معلومات
communications network	شبكة مواصلات
wide area network	شبكة واسعة المنطقة
quasi-conract	شبه عقد
semiconductor	شبه موصل
near money	شبه النقد
decision tree	شجرة القرارات
freight	شحن
partial shipment	شحن جزئي
air freighting	شحن جوي
local freight	شحن محلي
long-distance transport	شحن مسافة طويلة
shipment	شحنة

shipment of goods	شحنة بضائع
corrosive load	شحنة حاتة
bulk cargo, bulk shipment	شحنة سائبة
deck cargo	شحنة على ظهر المركب
palletized load	شحنة على منصات نقالة
person	شخص
personality	شخصية
body corporate	شخصية اعتبارية
compulsory purchase	شراء اجباري
call option	شراء اختياري في المستقبل
hire-purchase	شراء بالتقسيط
impulse buying	شراء بدون سابق تفكير
forestalling	شراء بضائع قبل وصولها
scare buying	شراء مذعور
buying in	شراء من قبل صاحب السلعة
time buying	شراء الوقت
chip	شرحة رقيقة
condition, term	شرط
green clause	شرط اخضر
escalation clause	شرط ازدياد
continuation clause	شرط استمرار
name clause	شرط الاسم
running down clause	شرط اصطدام تسببه السفينة المؤمنة
sister-ship clause	شرط اصطدام سفينتين من نفس الصاحب
escape clause	شرط انسحاب
cesser clause	شرط انهاء مسؤولية
negligence clause	شرط اهمال
arbitration clause	شرط التحكيم
collision clause	شرط التصادم
acceleration clause	شرط التعجيل
waiver clause	شرط التنازل
penalty clause	شرط الجزاء
red clause	شرط الدفعة المقدمة

شرط الدولة الاكثر رعاية	most-favoured nation clause
شرط راسمالي	capital clause
شرط سابق	condition precedent
شرط العجز	disability clause
شرط عدم المسؤولية	non-liability clause
شرط عقد تأمين الشحن البحري	institute cargo clause
شرط فرعي	subsidiary clause
شرط لاحق	condition subsequent
شرط مسؤولية بالتلف الجزئي	with average
شرط المعدل	average clause
شرط منع تنفيذ	frustration clause
شرطة	police *(n)*
شرعي	valid
شركات التأمين الاتحادية	tariff companies
شركات جديدة	new entrants
شركات خارجية	overseas companies
شركة	company, corporation
الشركة الاكثر نجاحاً	market leader
شركة استثمار	investment company
الشركة الام	parent company
شركة ايداع مرخصة	authorized depository
شركة برامج الكمبيوتر	software firm
شركة بناء السفن	shipbuilder
شركة بيع بالتقسيط	hire-purchase company
شركة تابعة	affiliated company
شركة تجارية	trading company
شركة تسويق	marketing company
شركة تضامن	partnership
شركة تضامن رأسمالية	capital partnership
شركة تعاونية للتأمين على الحياة	mutual life assurance company
شركة تمويل	finance company
شركة خاصة	private company
شركة طلب بريدي	mail-order firm

airline	شركة طيران
public company, quoted company	شركة عامة
subsidiary company	شركة فرعية
holding company	شركة قابضة
immediate holding company	شركة قابضة مباشرة
chartered company	شركة مأذونة
multinational company	شركة متعددة الجنسيات
limited company	شركة محدودة
associated company	شركة مرتبطة
stock company	شركة مساهمة
private limited company	شركة مساهمة محدودة خاصة
registered company	شركة مسجلة
close company	شركة مقفلة
merchant shipper, shipping company	شركة الملاحة
incorporated company	شركة مؤسسة
statutory company	شركة مؤسسة بقانون
defunct company	شركة ميتة
oil company	شركة نفط
representative firm	شركة نموذجية
fundamental terms	شروط اساسية
conditions of sale, terms of sale	شروط البيع
terms of delivery	شروط التسليم
conditions of employment	شروط التوظيف
special conditions	شروط خاصة
conditions of payment, terms of payment	شروط الدفع
implied terms	شروط ضمنية
usual terms	شروط عادية
terms and conditions	الشروط العامة
wage bracket	شريحة الاجر
transparency	شريحة مصورة
tape *(n)*	شريط
newsreel	شريط اخباري
key-to-disk tape	شريط تحويل بيانات من مفتاح الى اسطوانة

شريط كاربوني	carbon ribbon
شريط لاصق شفاف	sellotape
شريط مثقب	punched tape
شريط مغنطيسي	magnetic tape
شريط ورقي	paper tape
شريك	associate
شريك اصغر	junior partner
شريك متضامن	general partner
شفعة	pre-emption
شفوي	verbal
شكل	format *(n)*
شكل احصائي مختزل	reduced form
شكل حروف الطباعة	type-face
شكليات	formalities
شكوى	complaint, grievance
شكوى شفهية	oral complaint
شهادات شخصية	references
شهادة	certificate, testimony
شهادة اسهم	share certificate, stock certificate
شهادة اسهم مؤقتة	scrip certificate
شهادة بريد	certificate of posting
شهادة تأسيس شركة	certificate of incorporation
شهادة تأمين	insurance certificate
شهادة تجارية	trading certificate
شهادة تسجيل	certificate of registry
شهادة تفريغ بضائع	landing certificate
شهادة التنمية الصناعية	industrial development certificate
شهادة حركة	movement certificate
شهادة دفع زائد للرسوم	over entry certificate
شهادة دفع الضرائب	tax certificate
شهادة الزور	perjury
شهادة شفهية	oral evidence
شهادة صحية	bill of health, health certificate

certificate of damage	شهادة ضرر
certificate of inspection	شهادة فحص
certificate of survey	شهادة مسح
survey certificate	شهادة المسح
affidavit	شهادة مشفوعة بقسم
certificate of origin	شهادة منشأ
death certificate	شهادة وفاة
calendar month	شهر تقويمي
ultimo	الشهر السابق
next month	الشهر القادم
goodwill	شهرة المحل
cheque	شيك
mutilated cheque	شيك تالف
blank cheque	شيك على بياض
order cheque	شيك لامر
bearer cheque	شيك لحامله
stale cheque	شيك متقادم
dishonoured cheque, returned cheque	شيك مرفوض
crossed cheque	شيك مسطّر
open cheque	شيك مفتوح
post-dated cheque	شيك مؤرخ في تاريخ لاحق
marked cheque	شيك مؤشر
outstanding cheque	شيك موقوف
travellers' cheques	شيكات سياحية
stolen cheques	شيكات مسروقة
communist	شيوعي
communism	شيوعية

ص

صابورة	ballast
صاحب ارض	landowner
صاحب براءة الاختراع	patentee
صاحب بوليصة التأمين	policyholder
صاحب عقار	landlord
صاحب متجر	tradesman
صاحب مشروع	entrepreneur
صادرات	exports
صادرات داخلية	domestic exports
صادرات غير مطلوبة	unrequired exports
صادرات غير منظورة	invisible exports
صادرات منظورة	visible exports
صاف	net, residual
صافي حد الربح	net margin
صافي اصول المؤسسة	going concern value
صافي الانتاج القومي	net national product
صافي الايراد بعد الضرائب	net income after tax
صافي العوائد	net proceeds
صالح للابحار	seaworthy
صالح للتسويق	merchantable quality
صالح للمراسلات	correspondence quality
صامد للنار	fireproof
صحيفة	newspaper
صراخ تنبيه	hue and cry
صراف	cambist, money broker, teller

purser	صراف السفينة
folio	صفحة
progress sheet	صفحة التقدم
continuation sheet	صفحة المتابعة
ruled sheet	صفحة مسطرة
information sheet	صفحة معلومات
side deals	صفقات غير شرعية من مدراء الشركة
bargain *(n)*, deal, transaction	صفقة
odd lot	صفقة باقل من مئة اسهم
outright deal	صفقة تسليم في تاريخ محدد
inter-account deal	صفقة في حساب واحد
hard bargain	صفقة قاسية الشروط
letter of hypothecation	صك رهن
job competence	صلاحية وظيفة
compounding with creditors	صلح واق مع دائنين
heavy industry	صناعات ثقيلة
oil processing industries	صناعات معالجة النفط
extractive industry	صناعة استخراجية
constructive industry	الصناعة الانشائية
petrochemical industry	صناعة البتروكيماويات
light industry	صناعة خفيفة
canning industry	صناعة التعليب
motor car industry	صناعة السيارات
capital-intensive industry	صناعة كثيفة الاستثمار
nationalized industry	صناعة مؤممة
infant industry	صناعة ناشئة
textile industry	صناعة النسيج
oil industry	صناعة النفط
nuclear industry	الصناعة النووية
lighter	صندل
reserve fund	صندوق الاحتياطي
ballot-box	صندوق الاقتراع
night safe	صندوق ايداع ليلي

electronic mailbox	صندوق بريد الكتروني
private letter-box	صندوق بريد خاص
safe	صندوق حديدي
road fund	صندوق ضريبة الطرق
contingency fund	صندوق الطوارىء
guaranteed fund	صندوق مضمون
pension fund	صندوق معاشات التقاعد
consolidated fund	صندوق موحد
petty cash	صندوق النثرية
cash till	صندوق الوحدات النقدية
safe deposit	صندوق ودائع في المصرف
brand *(n)*	صنف
product line	صنف منتجات
storage tank	صهريج خزن
casting vote	صوت مرجّح
facsimile copies	صور طبق الاصل
icon	صورة
first of exchange	الصورة الاولى من الكمبيالة
x-ray *(n)*	صورة بالاشعة السينية
second via	صورة ثانية من بوليصة الشحن
corporate image	صورة الشركة
true and fair view	صورة صحيحة وصادقة
duplicate document, true copy	صورة طبق الاصل
blue-print	صورة عن تصميم
brand image	صورة الماركة
offset illustration	صورة مطبوعة بالاوفسيت
product image	صورة المنتج
strategy formulation	صياغة الاستراتيجية
maintenance	صيانة
vehicle maintenance	صيانة السيارات
aircraft maintenance	صيانة الطائرات
planned maintenance	صيانة مخططة
preventative maintenance	صيانة وقائية
filing tray	صينية ملفات

ض

officer	ضابط
landing officer	ضابط انزال
training officer	ضابط تدريب
process control	الضبط الاحصائي
pacing	ضبط الخطوات
noise	ضجيج
external noise	ضجيج خارجي
internal noise	ضجيج داخلي
communal noise	ضجيج عام
anti-dumping	ضد الاغراق
against all risks	ضد جميع الاخطار
tax arrears	ضرائب غير المدفوعة
direct taxation	ضرائب مباشرة
back taxes	ضرائب متأخرة
damage *(n)*	ضرر
fire damage	ضرر حريق
tort	ضرر مدني
sea damage	ضرر من البحر
agent's torts	ضرر الوكيل المدني
necessities	ضرورات
primary wants	ضرورات اولية
tax *(n)*	ضريبة
wages tax	ضريبة الاجور
profits tax	ضريبة الارباح
supertax, surcharge, surtax	ضريبة اضافية

ضريبة اضافية على الاستيرادات — import surcharge
ضريبة الاملاك — property tax
ضريبة تراجعية — regressive taxation
ضريبة التركات — death duties
ضريبة تركات — inheritance tax
ضريبة تركة — estate duty
ضريبة تصاعدية — progressive tax
ضريبة الدخل — income tax
ضريبة الدخل التصاعدية — graduated pension scheme
ضريبة الدخل السلبية — negative income tax
ضريبة الرأس — poll-tax
ضريبة الراسمال — capital levy
ضريبة شراء — purchase tax
ضريبة على اجمالي الرواتب — payroll tax
ضريبة على الارباح الراسمالية — capital gains tax
ضريبة على الارباح الزائدة — excess profits tax
ضريبة على تحويل الرأسمال — capital transfer tax
ضريبة على الدخل الخارجي — overseas income taxation
ضريبة على الشركات — corporation tax
الضريبة على القيمة المضافة — value added tax
ضريبة على المنفعة — benefit taxation
ضريبة غير مباشرة — indirect tax
ضريبة المبيعات — sales tax
ضريبة مخفية — hidden tax
ضريبة معينة — specific tax
ضريبة الملاهي — entertainment tax
ضريبة مؤجلة — deferred taxation
ضغط — pressure *(n)*
ضمان — guarantee, security, warranty
الضمان الاجتماعي — social security
ضمان اضافي — collateral security
ضمان امانة — fidelity bond
ضمان عائم — floating warranty

ضمان الوظيفة ____ **job security**
ضياع ____ **wastage**
ضيق ____ **hardship**
ضيق النطاق ____ **narrowband**

ط

طائش	reckless
طابع	printer
طابع البريد	postage stamp
طابع تشجيع المبيعات	trading stamp
طابعة	typewriter
طابعة مجدولة	typewriter tabulator
طارىء	contingency
طاقة	capacity, energy
طاقة ذرية	atomic energy
الطاقة الشمسية	solar energy
طاقة عاطلة	idle capacity
طاقة قصوى	full capacity
الطاقة القصوى	maximum capacity
طاقة مائية	water-power
طاقة نووية	nuclear energy, nuclear power
طاقم حروف الطباعة	font
طالب	applicant
طباعة بالاوفسيت	offset printing
طباعة حجرية بالاوفسيت	offset lithography
الطباعة الحرارية	thermal printing
الطباعة السمعية	audio-typing
طباعة صالحة للمراسلة	letter quality
طباعة	copy-typist
طباعة سمعية	audio-typist
طبعة	template

working class	الطبقة العاملة
doctor	طبيب
nature of business	طبيعة العمل
flotation	طرح سندات في السوق
parcel	طرد
willing party	طرف راغب
visual display terminal	طرف عرض بصري
dumb terminal	طرف غير معالج
terminal	طرف كمبيوتر
intelligent terminal	طرف كمبيوتر ذكي
executive terminal	طرف كمبيوتر للموظف التنفيذي
accommodation party	الطرف المسعف
trade routes	طرق التجارة
diplomatic channels	طرق دبلوماسية
inland waterways	طرق مواصلات مائية داخلية
freeway	طريق رئيسي
motorway	طريق سريع
highway	طريق عام
statistical method	طريقة احصائية
critical path method	طريقة الاعمال الحرجة
voting method	طريقة التصويت
points assessment, points rating method	طريقة التقدير بالنقط
traditional method	طريقة تقليدية
pay back method	طريقة تقييم المشروع حسب مدة استرجاع الراسمال
straight-line method	طريقة تقييم الموجودات حسب استهلاك بالنسبة الثابتة
method of payment	طريقة الدفع
buoyancy	الطفوية
application, order *(n)*	طلب
unitary demand	طلب احادي
precautionary demand for money	طلب احتياطي على النقد
bankruptcy petition	طلب اشهار افلاس
stores requisition	طلب اصدار بضائع
mail order	طلب بريدي

public demand	طلب الجماهير
domestic demand	طلب داخلي
requisition	طلب رسمي
excess demand	طلب زائد
purchase requisition	طلب شراء
open indent	طلب شراء مفتوح
overtime request	طلب شغل وقت اضافي
derived demand	الطلب على عوامل الانتاج
effective demand	طلب فعال
follow-up order	طلب لاحق
sales order	طلب مبيعات
reciprocal demand	طلب متبادل
composite demand	الطلب المركب
joint demand	طلب مشترك
conditional order	طلب مشروط
ton	طن
ton-mile	طن منقول مسافة ميل واحد
tonnage	الطنية
gross tonnage	طنية اجمالية
under-deck tonnage	الطنية حتى سطح الطنية
net tonnage	طنية صافية
long run, long-term	طويل الاجل
aviation and travel	الطيران والسفر

ظ

envelope	ظرف
window envelope	ظرف ذو شبيكة للعنوان
exceptional circumstances	ظروف استثنائية
working conditions	ظروف العمل
unforeseen circumstances	ظروف غير متوقعة
extenuating circumstances, mitigating circumstances	ظروف مخففة

ع

annual return	عائدات سنوية
bottle-neck	عائق
ordinary	عادي
research scientist	عالم ابحاث
third world	العالم الثالث
worldwide	عالمي النطاق
factor, operator, worker, workman	عامل
diversity factor	عامل الاختلاف
principal budget factor	العامل الاساسي الموجه للميزانية
specific factor of production	عامل الانتاج المعين
journeyman	عامل بارع
stevedore	عامل تحميل السفن
repetition factor	عامل التكرار
telephone operator	عامل التلفون
key worker	عامل رئيسي
time factor	عامل الزمن
safety factor	عامل السلامة
casual worker	عامل عرضي
part-time worker	عامل غير متفرغ
cost factor	عامل الكلفة
skilled worker	عامل ماهر
limiting factor	عامل محددٌ
factory worker	عامل مصنع
job factor	عامل وظيفة
shop floor workers	العاملون

factorial	عاملي
burden of proof	عبء الاثبات
burden of debt	عبء الديون
down the line	عبر الخط
shortfall	عجز
total disablement	عجز اجمالي
dollar deficit	عجز بالدولار
disintermediation	عجز تنفيذ عمل الوسيط المالي
budget deficit	عجز في الميزانية
deficit	عجز مالي
temporary disablement	عجز مؤقت
trade gap	عجز الميزان التجاري
public sector deficit	عجز ميزانية القطاع العام
daisywheel	عجلة حروف
postage meter	عداد اجرة البريد
usage meter	عداد استعمال
tachograph	عداد تشغيل الشاحنة
tool	عدة
machine tool	عدة مكنية
seller's over	عدد الباعة يزيد على المشترين
mips	عدد التعليمات الدقيقة في الثانية
working population	عدد السكان العاملين
readership	العدد الشامل لقراء جريدة
median	العدد المتوسط
fair play	عدل
natural justice	عدل طبيعي
instability	عدم الاستقرار
non-aggression	عدم الاعتداء
non-disclosure	عدم ايضاح
no sale	عدم البيع
non-interference, non-intevention	عدم التدخل
non-delivery of goods	عدم تسليم بضائع

non-involvement	**عدم التورط**
non-appearance	**عدم الحضور**
non-payment	**عدم الدفع**
no reply	**عدم الرد**
no bid	**عدم العرض**
free of all average	**عدم المسؤولية**
non-existence	**عدم وجود**
absence of consideration	**عدم وجود مصلحة مالية**
non-fulfilment	**عدم الوفاء**
fork-lift truck, pallet loader	**عربة بمرفاع شوكي**
rail carriage	**عربة السكة الحديدية**
freight car	**عربة شحن بضائع**
articulated vehicle	**عربة مفصلية**
demonstration, display, offer *(n)***, quotation**	**عرض**
single-line display	**عرض احادي السطر**
statistical presentation	**عرض احصائي**
menu	**عرض اختيارات**
opening bid	**عرض اصلي**
positive presentation	**عرض ايجابي**
offer by tender	**عرض بالمناقصة**
firm offer	**عرض ثابت**
outside tender	**عرض خارجي**
scrolling	**عرض رأسي الحركة**
excess supply	**عرض زائد**
premium offer	**عرض شراء خاص**
verbal offer	**عرض شفوي**
full page display	**عرض الصفحة الكاملة**
general offer	**عرض عام**
info quote	**عرض غير رسمي**
offer for sale	**عرض للبيع**
tabular presentation	**عرض مجدول**
counterbid, counter-offer, cross offer	**عرض مضاد**
paper bid	**عرض مدفوع باسهم شركة للاستيلاء على شركة اخرى**

rival supply	عرض منافس
bandwidth	عرض النطاق الترددي
supply and demand	العرض والطلب
custom of trade	عرف التجارة
commercial custom	عرف تجاري
local custom	عرف محلي
broadband, wideband	عريض النطاق
petition	عريضة
dismissal	عزل
thermal insulation	العزل الحراري
distress	عسر
tithe	عشر
auction ring	عصبة توجيه المزاد
member	عضو
senior member	عضو أقدم
membership	عضوية
ex-officio membership	عضوية بحكم الوظيفة
union membership	عضوية النقابة
tender	عطاء
competitive bid	عطاء تنافسي
staggered holidays	العطل المتداخلة
holidays, vacation	عطلة
bank holiday	عطلة المصارف
real estate	عقارات
contract, knot *(n)*	عقد
fixed-term contract	عقد اجل محدود
buying contract	عقد اشتراء
lease	عقد ايجار
sublease	عقد ايجار فرعي
charter party	عقد ايجار مركب
void contract	عقد باطل
contract of sale	عقد بيع
consumer hire agreement	عقد بيع بالتقسيط

عقد بيع عقاراً بشرط استيجار لاحق	leaseback
عقد حكومي	government contract
عقد الخدمة الشخصية	service contract
عقد الخدمة الشخصية	contract of personal service
عقد خياري	alternative contract
عقد سابق	prior contract
عقد شحن بضائع	contract of affreightment
عقد شراء بالتقسيط	hire-purchase agreement
عقد شراكة	deed of partnership
عقد شرعي	valid contract
عقد شركة	deed of association
عقد شفهي	oral contract
عقد على اساس رسوم جمركية مدفوعة	duty-paid contract
عقد عمل بحارة السفينة	ship's articles
عقد غير رسمي	simple contract
عقد غير مشروع	unlawful contract
عقد قابل للابطال	voidable contract
عقد قابل للتقسيم	severable contract
عقد متخصص	speciality contract
عقد متدرِّج	indenture
عقد مثبت كتابيا	contract evidenced in writing
عقد مع اجنبي	contract with alien
عقد مفتوح	open-ended contract
عقد مقامرة	gaming contract
عقد مكتوب	written contract
عقد من الباطن	subcontract
عقد مؤتمر بفيديو	video-conferencing
عقد مؤتمرات عن بعد	tele-conferencing
عقد وكالة	agency agreement
عقدة	node
عقوبة	sanction *(n)*
علاج	remedy
علاقات انسانية	human relations

business connections, business relations, trade relations	علاقات تجارية
public relations	العلاقات العامة
labour relations	علاقات العمل
press relations	علاقات مع الصحافة
employee relations	علاقات الموظفين
functional relations	علاقات وظيفية
relationship	علاقة
lagged relationship	علاقة متأخرة
sign *(n)*	علامة
bench mark	علامة الاسناد
trade mark	علامة تجارية
registered trade mark	علامة تجارية مسجلة
distinguishing mark	علامة مميزة
tax-free allowances	علاوات معفية من الضريبة
premium, increment	علاوة
depreciation allowance	علاوة الاستهلاك
share premium	علاوة اصدار للاسهم
redemption premium	علاوة تسديد
export bounty	علاوة تصدير
dollar premium	علاوة الدولار
net premium	علاوة صافية
statistics	علم الاحصاء
management science	علم الادارة
pure economics	علم الاقتصاد النظري
cybernetics	علم التحكم الاوتوماتي
ergonomics	علم دراسة الطاقات
behavioural science	علم السلوك
psychology	علم النفس
industrial psychology	علم النفس الصناعي
at arms' length	على اساس تجاري
on account	على الحساب
on the berth	على الرصيف

owner's risk	على مسؤولية المالك
office premises	عمارة مكاتب
semi-skilled labour	عمال شبه مؤهلون
casual labour	عمال عرضيون
unskilled labour	عمال غير مهرة
native labour	عمال محليون
labour turnover	عمال مستعاضون
organized labour	عمال منظمون في نقابات
skilled labour	عمال مهرة
full employment	عمالة تامة
over-full employment	عمالة زائدة
useful life	عمر انتاجي
product life expectancy	العمر المتوقع للمنتج
product life	عمر المنتج
work *(n)*	عمل
relief work	عمل اعانة
noting a bill	عمل بروتستو
piecework	العمل بالقطعة
differential piecework	عمل بالقطعة تفاضلي
team-work	عمل جماعي
act of war	عمل حربي
small business	عمل صغير
columnar working	عمل عمودي
unpaid labour	عمل غير مسدد
unlawful act	عمل غير مشروع
clerical work, office work	عمل مكتبي
homework	عمل منزلي
work and materials	عمل ومواد
foreign exchange	عملات اجنبية
currency	عملة
foreign currency	عملة اجنبية
reserve currency	عملة احتياطية
property currency	عملة احتياطية لشراء العقار في الخارج

overseas currency	عملة خارجية
bancor	عملة دولية
base currency	عملة زائفة
soft currency	عملة سهلة
hard currency	عملة صعبة
decimal currency	عملة عشرية
non-convertible currency	عملة غير قابلة للتحويل
blocked currency	عملة مجمدة
local currency	عملة محلية
coinage	عملة معدنية
over-valued currency	عملة مفرط تثمينها
fiat money	عملة منخفضة القيمة
managed currency	عملة موجهة
paper money	عملة ورقية
original procedures	عمليات اصلية
ancillary operations	عمليات تابعة
commercial operations	عمليات تجارية
funding operations	عمليات تمديد اجل الدين
standard procedures	عمليات نظامية
process *(n)*	عملية
decision process	عملية اتخاذ القرار
production process	عملية الانتاج
standard operating procedure	عملية تشغيل معياري
evolutionary operation	عملية تطورية
thermal process	عملية حرارية
market operation	عملية السوق
bargain purchasing	عملية شراء اسهم
open market operation	عملية في السوق الحرة
financial operation	عملية مالية
logistic process	عملية النمو
commission	عمولة
brokerage	عمولة السمسار
bank commission	عمولة مصرفية

client, customer, patron	عميل
special agent	عميل خاص
pro forma customer	عميل صوري
remote	عن بعد
via	عن طريق
at sight	عند الاطلاع
on delivery	عند التسليم
on demand, on application, on request	عند الطلب
on approval	عند الموافقة
address *(n)*, **headline, title**	عنوان
telegraphic address	عنوان برقي
wrong address	عنوان غير صحيح
addressing	عنونة
factors of production	عوامل انتاج
consideration	عوض
gold standard	عيار الذهب
inherent vice	عيب ذاتي
anniversary	عيد سنوي
sample *(n)*	عيّنة
quota sample	عينة بالكوتا
random sample	عينة عشوائية
cluster sample	عينة عنقودية
systematic sample	عينة منتظمة

غ

up-market	غالي
ambiguous	غامض
glue	غراء
nominal fine	غرامة اسمية
backwardation	غرامة تأخير
screening	غربلة
waiting-room	غرفة الانتظار
chamber of commerce, chamber of trade	غرفة التجارة
strong-room	غرفة محصنة
clearing-house	غرفة مقاصة
chamber of shipping	غرفة الملاحة
typing pool	غرفة موظفي الطابعة
shipwreck	غرق السفينة
alien	غريب
filing folder	غلاف اضبار
shut down	غلق
leave of absence	غياب باذن
non-productive	غير انتاجي
free of stamp	غير خاضع لرسم الدمغة
non-taxable	غير خاضع للضرائب
zero rating	غير خاضع للضريبة الاضافية
informal, unofficial	غير رسمي
illegal	غير شرعي
unseaworthy	غير صالح للابحار

غير صالح للتسويق	unmerchantable
غير صحيح	incorrect
غير فعال	non-effective
غير قابل للتحويل	non-transferable
غير قابل للتداول	non-negotiable, not negotiable
غير قابل للخصم	non-deductible
غير مباشر	remote
غير متغير	non-variable
غير متفرغ	part-time
غير متكامل	indecomposable
غير متوفر	non-available
غير محدود	unlimited
غير مربوط بالكمبيوتر	off line
غير مرخص	unauthorized
غير مرن	inelastic
غير مستجيب	non-cooperative
غير مستحق	unaccrued
غير مسجل	unregistered
غير مسدد	outstanding, unpaid
غير مسمى	nameless
غير مشروط	unconditional
غير مشمول بالضريبة	non-assessable
غير مقبول	not acceptable, unacceptable
غير مقيد	unrestricted
غير مقيم	non-resident
غير مميّز	non-discriminatory
غير موجود	unavailable
غير موظف باكمله	underemployed
غير مؤهل	incompetent, unqualified

ف

freight rates	فئات اجور الشحن
socio-economic grouping	فئة اجتماعية اقتصادية
class of insurance	فئة تأمين
tax schedule	فئة ضريبية
advantage, interest	فائدة
social benefit	فائدة اجتماعية
gross interest	فائدة اجمالية
fringe benefit	فائدة اضافية
simple interest	فائدة بسيطة
annual interest	الفائدة السنوية
net interest	فائدة صافية
insurable interest	فائدة قابلة للتأمين
back interest	فائدة متأخرة
accrued interest	فائدة متجمعة
fixed interest	فائدة محددة
compound interest	فائدة مركبة
surplus	فائض
overall surplus, total surplus	فائض اجمالي
trade surplus	فائض تجاري
capital surplus	فائض الرأسمال
consumer surplus	فائض المستهلك
budget surplus	فائض الميزانية
bill, invoice *(n)*	فاتورة
final invoice	فاتورة اخيرة
consular invoice	فاتورة قنصلية

فاتورة مبدئية	pro forma invoice
فاتورة المبيعات	sales invoice
فاحص	examiner
فاريتايبر	varityper
فاشل	abortive
فاصل زمني بين طلب وتسليم	lead time
فاصل زمني للتنبؤ	forecast interval
فتح البريد	opening mail
فترة الالغاء	period of cancellation
فترة الانتظار	waiting period
فترة انتقالية	transitional period
فترة تسكين	cooling off period
فترة تغطية المبيعات	stock cover
فترة تمهيدية	exploratory period
فترة حرجة	critical period
فترة زمنية	time-span
الفترة اللازمة لانهاء عملية التفريغ والتحميل	turn-round time
فترة مالية	fiscal period
فحص	examination
فحص بالاشعة السينية	x-ray examination
فحص باللجنة	panel-testing
فحص طبي	medical examination
فحص فرض	hypothesis testing
فحص الكفاءة	ability test
فحص لياقة	aptitude test
فحص المساواة	parity check
فحص المنتجات	product testing
فحص هوايات	interest test
فحوص معرفة الوظيفة	job-knowledge tests
فدان انجليزي	acre
فراغ	space, vacuity
فراغات غير مشغولة	broken stowage
فرصة السوق	market opportunity

فرض	hypothesis
فرضة تحميل النفط	oil terminal
فرط الانتاج	over-production
فرط التضخم	hyperinflation
فرط السكان	over-population
فرط الوزن	overweight
فرق في اجور فئات العمال	wage differential
فريق اداري	management team
فسخ	recision, rescission
فشل	failure, fiasco
فصل الرزم	unbundling
فضاء	space
فعالية	viability
فعالية الاعلان	advertising effectiveness
فعالية التكاليف	cost-effectiveness
فعالية تنظيمية	organizational effectiveness
فعالية مالية	leverage
فعل غير جائز	wrongful act
فعل متأخر	lag response
فقد الوزن	loss in weight
فقدان حسب الخسارة العامة	general average loss
فقدان السمعة	loss of reputation
فقر لا هروب منها	poverty trap
فن البيع	salesmanship
فني	technician
فهرس	page index
فهرس البطاقات	card index
فهرس البطاقات الدوار	rotary card index
فهرس بطاقات منظور	visible card index
فهرس دوار	wheel index
فهرس كتاب باوراق سائبة	loose-leaf book index
فهرس هامشي	panel strip index
فهم	conception

free on board and trimmed	فوب مع شريط تستيف البضائع
photostat	فوتوستات
summary	فوري
steel	فولاذ
foolscap	فولسكاب
pending	في انتظار
pending receipt	في انتظار التسليم
under bond	في الايداع
in due course	في تاريخ الاستحقاق
abroad	في الخارج
hourly	في ساعة واحدة
per annum	في السنة
proximo	في الشهر التالي
in transit	في الطريق
per cent	في المئة
within a limited time	في وقت محدد
interactive video	فيديو متفاعل
videotex	فيديوتكس
fiche	فيش
flood	فيضان

ق

قائمة الاسعار	price-list
قائمة البضائع الصادرة	outward manifest
قائمة بضائع في الميناء	dock warrant
قائمة الحمولة	manifest
قائمة الركاب	passenger list
القائمة السوداء	blacklist
قائمة عناوين	mailing list
قائمة المطالبين	list of applicants
قابل	acceptor
قابل للالغاء	defeasible
قابل للتداول	negotiable
قابل للتسويق	marketable
قابل للتنفيذ	executory
قابل للخصم	deductible
قابلية التحويل	convertibility
قابلية للعمل الاداري	management potential
قارىء بطاقات مثقبة	punched card reader
قارىء الحروف البصري	optical character reader
قارىء الحروف المطبوعة بالحبر المغنطيسي	magnetic ink character reader
قارىء العلامات	mark reader
قارىء المستندات	document reader
قارىء وثائق	computer document reader
قاعة المحكمة	courtroom
قاعدة ائتمان	credit base
قاعدة البيانات النسبية	relational database

قاعدة خارجية للمبيعات	overseas sales base
قاعدة معطيات	database
قانون	law
قانون الاخلاق	code of ethics
قانون تجاري	commercial law, mercantile law
قانون التقادم	limitation of actions, statutes of limitation
قانون التوظيف	employment law
قانون جنائي	criminal law
قانون الشركات	company law
قانون عام	common law
قانون الأعداد الكبيرة الاحصائية	law of large numbers
قانون العقود	law of contract
قانون غير مكتوب	unwritten law
قانون المتوسطات	law of averages
قانون النسب	law of proportions
قانونياً	within the law
قبطان السفينة	ship's master
قبل دفع الضرائب	pre-tax
قبول	acceptance, admission
قبول بدون شروط	non-conditional acceptance
قبول ضمني	tacit consent
قبول الماركة	brand acceptance
قبول المخاطر	risk-taking
قبول المستهلكين	consumer acceptance
قبول مشروط	qualified acceptance
قتل خطأ	manslaughter
قدرة الانتاج الزائدة	excess capacity
قدرة انتاجية	production capacity
قدرة حصانية	horsepower
قدرة زائدة	overcapacity
قدرة الصنع	manufacturing capacity
قدرة الكسب	earning power
قدرة مساومة	bargaining power

plant capacity	قدرة المصنع
hydraulic power	قدرة هيدرولية
decision, resolution	قرار
management decision	قرار اداري
far-reaching decision	قرار بعيد الاثر
arbitration award	قرار التحكم
special resolution	قرار خاص
make-or-buy decision	قرار صنع الاجهزة او شرائها
ordinary resolution	قرار عادي
extraordinary resolution	قرار غير عادي
tablet	قرص
magnetic disk	قرص مغنطيسي
Winchester disk	قرص « وينشيستر »
loan	قرض
bottomry bond	قرض بحري
fiduciary loan	قرض بدون ضمان
soft loan	قرض بفائدة منخفضة
Eurobond	قرض بيورودولارات
customs debenture	قرض جمركي
government loan	قرض حكومي
personal loan	قرض شخصي
floating debenture	قرض الشركة العائم
tied loan	قرض شرطي
short-term loan	قرض قصير الاجل
bridging loan	قرض قصير الاجل لاستكمال الشراء
overnight loan	قرض ليوم واحد
secured loan	قرض مضمون
revolving loan	قرض مفتوح بحد أعلى
printed stationery	قرطاسية مطبوعة
corporation stock	قروض بلدية
local loans	قروض البلدية
outstanding loans	قروض مستحقة
instalment premium	قسط

basic premium ______ قسط اساسي
final instalment ______ قسط اخير
average premium ______ قسط تأمين بحري
voyage premium ______ قسط تأمين الرحلة
quarterly instalment ______ قسط ربع سنوي
annual premium, yearly premium ______ قسط سنوي
department ______ قسم
research department ______ قسم الابحاث
general administration department ______ قسم ادارة عامة
advertising department ______ قسم الاعلان
cashier department ______ قسم امين الصندوق
production department ______ قسم الانتاج
post department ______ قسم البريد
costing department ______ قسم تثبيت سعر التكلفة
planning department ______ قسم التخطيط
operating division ______ قسم تشغيلي
dispatch department ______ قسم التصدير
claims department ______ قسم التعويضات
packaging and despatch department ______ قسم الحزم والشحن
accounts department ______ قسم الحسابات
service department, servicing department ______ قسم الخدمات
shipping department ______ قسم الشحن
welfare department ______ قسم الشؤون الاجتماعية
legal department ______ قسم شؤون قانونية
personnel department ______ قسم شؤون الموظفين
export department ______ قسم الصادرات
maintenance department ______ قسم الصيانة
order department ______ قسم الطلبات
Customer Relations Department ______ قسم العلاقات مع العملاء
sales department ______ قسم المبيعات
traffic department ______ قسم المرور
purchasing department ______ قسم المشتريات
banking department ______ قسم مصرفي

engineering department	قسم الهندسة
coupon, slip *(n)*	قسيمة
advertisement coupon	قسيمة اعلان
pay advice slip, paying in slip	قسيمة الايداع
passenger coupon	قسيمة الراكب
dividend warrant	قسيمة ربح سابق متراكم
reply coupon	قسيمة رد
luncheon voucher	قسيمة طعام
flight coupon	قسيمة الطيران
petty cash slip	قسيمة مصاريف نثرية
newspaper cutting	قصاصة صحفية
myopia	قصر البصر
short	قصير
short-term	قصير الاجل
act of God	قضاء وقدر
outstanding matters	قضايا معلقة
sector	قطاع
foreign sector	القطاع الاجنبي
investment sector	قطاع الاستثمار
private enterprise, private sector	القطاع الخاص
service industry	قطاع الخدمات
key sector	قطاع رئيسي
public sector	القطاع العام
oil sector	قطاع النفط
tax haven	قطر ذو ضرائب ملائمة
sterling-area country	قطر منطقة الاسترليني
rectangular hyperbola	قطع زائد قائم
spare parts	قطع غيار
interchangeable parts	قطع قابلة للتبادل
hereditament	قطعة ارض
sea bed	قعر البحر
core	قلب
pencil	قلم

قلم بحبر جاف	ballpoint
قلم ضوئي	light pen
قمر مواصلات	communications satellite
قناة	canal
قناة التسويق	marketing channel
قناة ملاحية	waterway
قنصل	consul
قنوات الاتصال	channels of communication, communication channels
قواعد	criteria
قواعد استثمار	investment criteria
قواعد لاهاي	Hague rules
قوانين تنظيم الهجرة	immigration laws
قوانين جمركية	tariff laws
قوانين مكافحة الاحتكار	anti-trust laws
قوانين الملاحة	navigation laws
قوة شرائية	purchasing power
قوة عاملة	labour force
القوة العاملة	work-force
قوة قاهرة	force majeure
قوة ملزمة	binding force
قوى السوق	market forces
قوى عاملة	manpower
قوى عقلية	mental capacity
قيادة	leadership
قيادة الاسعار	price leadership
قياس	measurement
قياس الاداء	performance measurement
قياس الانتاجية	productivity measurement
قياس العمل	work measurement
قياس العمل المكتبي	clerical work measurement
قيد	entry
قيد اصلي	original entry
قيد الانتاج	now in production

قيد التحميل	now loading
قيد التخزين	entry for warehousing
قيد التشغيل	now operating
قيد الربان	captain's entry
قيد مباشر	prime entry
قيد مزدوج	double entry
قيد المستهلك	tying arrangement
قيد المفاوضة	under negotiation
قيراط	carat
القيّم على الحمولة	supercargo
قيمة	value *(n)*
قيمة الاستبدال	replacement value
قيمة اسمية	face value, nominal value
قيمة اصلية	par
قيمة اعادة البيع	resale value
القيمة بعد الاستهلاك	written-down value
قيمة تضرر	nuisance value
قيمة تقريبية	approximate value
قيمة جارية	current value
قيمة جزئية	part value
القيمة الحالية	present value
قيمة حالية صافية	net present value
قيمة حالية معدلة	discount present value
قيمة حقيقية	real value
القيمة الحقيقية للرصيد	real balance
قيمة الخردة	salvage value, scrap value
قيمة دفترية	book value
قيمة ذاتية	intrinsic value
قيمة السوق	market value
قيمة الشيء كخردة	breaking-up value
قيمة صافية	net worth
قيمة عددية	numerical value
القيمة الفائضة	surplus value

قيمة لغرض الضريبة العقارية ______ rateable value
قيمة مئوية ترتيبية ______ percentile
قيمة متوقعة ______ expected value
القيمة المستردة ______ surrender value
القيمة المضافة ______ value added
قيمة الموجودات ______ asset value

ك

catalogue	كاتالوج
mail-order catalogue	كاتالوج الطلب البريدي
clerk	كاتب
filing clerk	كاتب اضبار
time clerk	كاتب الدوام
company secretary	كاتب السر للشركة
shorthand typist	كاتب طابعة/مختزل
notary public	كاتب العدل
authorized clerk	كاتب مخول
hectograph carbon	كاربون هكتوغرافي
cartel	كارتل
carnet	كارنيه
magnetic tape cassette	كاسيت شريط مغنطيسي
canteen	كافتيريا
kip	كب (الف رطل انكليزي)
zero suppression	كبت الصفر
chief executive	كبير الاداريين
circular letter of credit	كتاب اعتماد دوري
loose-leaf book	كتاب باوراق سائبة
confirmation note	كتاب تثبيت
official letter	كتاب رسمي
reprint *(n)*	كتاب مطبوع ثانياً
form letter	كتاب موحد الشكل
telewriting	الكتابة عن بعد
trade bloc	كتلة تجارية

كثير العمال	labour-intensive
كحول	alcohol
كرة حروف	golf ball
كساد	slow-down
كسب اجمالي	overall gain
كشف استيراد	bill of entry
كشف الحساب	statement of account
كشف حساب مطبوع بالكمبيوتر	mechanized statement
كشف الرواتب	payroll
كفافي	hand-to-mouth
كفالة	guarantee, surety
كفالة امانة	fidelity guarantee
كفاية	efficiency, sufficiency
كفيل	guarantor, sponsor
كل الحقوق محفوظة	all rights reserved
كلفة هاتفية يدفعها الطرف الثاني	transferred charge
كلفة الوحدة	unit cost
كلمة	word
كلمة السر	password
كمبيالة	bill of exchange
كمبيالة اجنبية	foreign domicile bill
كمبيالة احادية	solo
كمبيالة الاطلاع	sight bill
كمبيالة داخلية	inland bill
كمبيالة طلب	demand draft
كمبيالة طويلة الاجل	long-dated bill
كمبيالة قصيرة الاجل	short bill
كمبيالة مجاملة	accommodation bill
كمبيالة مستندية	documentary bill
كمبيالة مظهرة	made bill
كمبيالة نظيفة	clean bill of exchange
كمبيوتر	computer
كمبيوتر رقمي	digital computer

كمبيوتر شخصي	personal computer
كمبيوتر ضخم	number cruncher
كمبيوتر نسبي	analog computer
كمية	quantity
كمية الانتاج الاقتصادية	economic manufacturing quantity
كمية تافهة	negligible quantity
كمية الدفعة الاقتصادية	economic batch quantity
كمية الطلب الاقتصادية	economic order quantity
كمية النقد المثلى	optimal quantity of money
كهرباء	electricity
كوتا	quota
كوتا معينة للمبيعات	sales quota
كونسورتيوم	consortium
كيروسين	kerosene
كيلو	kilo
كيماوي	chemist

ل

not exceeding	لا اكثر
non-profit-making	لا تستهدف الربح
decentralization	لا مركزية
undeniable	لا يمكن انكاره
unavoidable	لا يمكن تجنبه
unsaleable	لا يمكن تسويقه
byelaw	لائحة داخلية
null and void	لاغ وباطل
on sale or return	للبيع او للرد
committee	لجنة
advisory committe, consulative committee	لجنة استشارية
board of inquiry	لجنة التحقيق
committe of inquiry	لجنة تحقيق
steering committee	لجنة توجيهية
committee of experts, working party	لجنة خبراء
standing committee	لجنة دائمة
atomic energy commission	لجنة الطاقة الذرية
committee of inspection	لجنة المراقبة
works council	لجنة مشتركة للادارة والنقابة
for account of	لحساب ...
role-playing	لعب دوراً
machine code	لغة الالة
programming language	لغة البرمجة
assembly language	لغة التجميع
computer language	لغة الكمبيوتر

لغة كمبيوتر دنيا المستوى	low-level language
لغة كمبيوتر عالية المستوى	high-level language
لغة كوبول	common business oriented language
لغة المستخدم الاخير	end-user language
لغة مشتركة	common language
للفرد الواحد	per capita
لوجستية التسويق	marketing logistics
لوح اعلانات	hoarding
لوح الكتابة	writing board
لوحة اعلانات	notice-board
لوحة تحكم بالكمبيوتر	computer console
لوحة توزيع تلفوني	telephone switchboard
لوحة مفاتيح	keyboard
لوحة مفاتيح تشغل باليد	manual telephone switchboard
لوحة مفاتيح التلفون الاوتوماتية	automatic telephone switchboard
لوحة مفاتيح دقيقة	micropad
لوحة مفاتيح رموز	keypad
لوحة مفاتيح الطابعة	typewriter keyboard
ليحترس المشتري	caveat emptor
ليفة	fibre

م

ما يدخل اخيراً يصرّف اولاً	last in, first out
ما يرد اولا يصرف اولا	first in, first out
ماء	water *(n)*
مادة اغراض الشركة	objects clause
مادة نووية	nuclear material
ماركة	brand
الماركة الأنجح	brand leader
ماركة مرموقة	choice brand
ماعون ورق	ream
مال تحت الطلب	call money
مال التصدير	dispatch money
مال داخلي	inside money
مال العوض	consideration money
مال غير موزع	unappropriated funds
مال مخصص	appropriation
مال مقترض بفائدة منخفضة	easy money
مال منقول	hot money
مالك	owner
المالك المستفيد	beneficial owner
المالك الوحيد	sole proprietor
مأمور تصفية	liquidator
مأمور التصفية الرسمي	official receiver
مأمور تصفية مؤقت	provisional liquidator
المالية العامة	public finance
مبادلة عادلة	fair trade

مبادىء توجيهية	guiding principles
مباعدة نسبية	proportional spacing
مبالغة	puff
مبدأ اساسي	basic principle
مبدأ التعجيل	acceleration principle
مبدأ التعويض	compensation principle
مبدأ التكلفة المقارنة	comparative cost principle
مبدأ التناظر	corresponding principle
مبدأ عددي	scalar principle
مبراة اقلام	pencil-sharpener
مبرمج	programmer
مبلغ اجمالي	lump sum, total amount
مبلغ تافه	negligible amount
مبلغ التغطية	coverage
مبلغ رأسمالي	capital sum
مبلغ مستحق	amount due
مبلغ مستحق عند التسوية	amount payable on settlement
مبلغ مؤمن	amount insured
المبلغ المؤمن	sum insured
مبيد الحشرات	pesticide
المبيعات الاجمالية	turnover
مبيعات البضائع الموجودة	inventory turnover
مبيعات صافية	net turnover
مبيعات المتجر	counter sales
المبيعات المتوقعة	sales expectations
متأخر	overdue
متأخرات	arrears
متبادل	reciprocal
متبق	residual
متجر الاقسام	department store
متجر بضائع معفية من الرسوم الجمركية	duty-free shop
متجر خدمة ذاتية	self-service store
متجر الخدمة الذاتية	supermarket

متجر خصم	bucket shop
متجر للبيع بالمفرق	retail store
متجر مقيد البضائع	tied shop
متحدث باسم	spokesman
متحري الخلل	trouble-shooter
متحول	variable
متدرب	trainee
متدرج	apprentice
مترجم	interpreter, translator
متزامنية	concurrency
متسلسلة لا متناهية	infinite series
متطلبات قومية	national requirement
متطلبات متنافسة	rival demands
متطوع	volunteer
متعدد الشبابيك	multi-window
متعهد	contractor
متغير	variable
متغير تابع	dependent variable
متغير عشوائي	random variable
متغير فارغ	dummy variable
متغير محدد سلفاً	predetermined variable
متفاعل	interactive
متقاعد	pensioner
متقادم	out of date
متقدم محتمل	potential entrant
متنازل اليه	assignee
متوال	consecutive
متوالية هندسية	geometric progression
متوسط الاجل	medium-term
متوسط الايراد	average revenue
متوسط تاريخ الاستحقاق	average due date
متوسط متحرك	moving average
متوسط من الدرجة الثانية	quadratic mean

متوقعات عملية	job expectations
مثال ايضاحي	illustration
مثبط للعزيمة	disincentive
مثقب	perforator
مجال	domain
مجال البحث	terms of reference
مجال للعمل	working space
مجال المعضلة	problem area
مجال المنتج	product area
مجال نمو	growth area
مجاملة	accommodation
مجتمع مرفه	affluent society
مجرى ثقالي	gravity chute
مجرى جانبي	by-pass
مجلس ادارة	board of directors
مجلس تنفيذي	executive board
مجلة الشركة	house magazine
مجمّع	compiler
مجموعة استثمارات موازنة	balanced portfolio
مجموعة اسطوانات	disk pack
مجموعة الانتاج	production complex
مجموعة بتروكيماويات	petrochemical complex
مجموعة سندات استثمارية	portfolio
مجموعة سياسات مختلفة	policy mix
مجموعة شركات	group of companies
مجموعة شركات مختلفة الاغراض	conglomerate
مجموعة منتجات	product group
مجموعة مؤمنين	insurance syndicate
محاباة بالسعر	price discrimination
محادثات	talks
محادثات تمهيدية	exploratory talks
محاسب	accountant
محاسب اداري	management accountant

articled clerk	محاسب تحت التمرين
cost accountant	محاسب التكاليف
chartered accountant	محاسب قانوني
financial accountant	محاسب مالي
certified accountant	محاسب معتمد
social accounting	المحاسبة الاجتماعية
management accounting	محاسبة ادارية
mechanical accounting	محاسبة آلية
process costing	محاسبة التكاليف الصناعية
multiple costing	محاسبة التكاليف المركبة
current cost accounting	محاسبة على اساس الكلفة الجارية
lecture	محاضرة
maintenance of order	محافظة على النظام
emulation, simulation	محاكاة
computer simulation	محاكاة بواسطة الكمبيوتر
fair trial	محاكمة عادلة
advocate, attorney, barrister, Queen's Counsel, Solicitor	محام
trial lawyer	محامي محاكمة
takeover bid	محاولة الاستيلاء
trial and error	المحاولة والخطأ
contents	محتويات
garnishee	المحجوز لديه
convex	محدب
determinant	محدِّد
limited	محدود
limited and reduced	محدودة المسؤولية وبرأسمال اسمي منخفض
editor, reporter	محرر
diesel engine	محرك ديزل
jet engine	محرك نفاث
taboo	محرم
minutes, report of meeting	محضر الاجتماع
radio station	محطة اذاعة لاسلكية
power-station	محطة توليد الكهرباء

boarding station	محطة الركوب
pumping station	محطة ضخ
multifunction workstation	محطة عمل متعددة الوظائف
investment portfolio	محفظة مستندات الاستثمار
court, tribunal	محكمة
commercial court	محكمة تجارية
court of inquiry	محكمة التحقيق
court of arbitration	محكمة التحكيم
industrial tribunal	محكمة تحكيم صناعي
court of cassation	محكمة التمييز
court of law	محكمة القانون العام
outlet of trade	محل تجارة
outlet	محل تصريف
retail outlet	محل تصريف للمفرق
tied outlet	محل تصريف مقيد البضائع
currency exchange	محل صيارفة للعملات
chain store	محلات السلسلة
systems analyst	محلل الانظمة
chartist	محلل رسوم بيانية لحركة اسعار الاسهم
local	محلي
homemade	محلي الصنع
collision risks	مخاطر تصادم
non-insurable risks	مخاطر غير قابلة للتأمين
occupational hazards	مخاطر مهنية
risk *(n)*	مخاطرة
adventure	مخاطرة مالية
infringement	مخالفة
ultra vires	مخالف للنظام
reporter	مخبر
language laboratory	مختبر لغة
shorthand writer	مختزل
hijacker	مختطف
sealed and delivered	مختوم وتم تسليمه

natural outlet for exports ______ مخرج طبيعي للصادرات
shop *(n)* ______ مخزن
entrepot ______ مخزن استيداع
bonded store ______ مخزن ايداع باشراف الحكومة
cold store ______ مخزن تبريد
backing store ______ مخزن دعم
main store ______ مخزن رئيسي
magnetic store ______ مخزن مغنطيسي
buffer stock ______ المخزون الاحتياطي
minimum stock ______ مخزونات احتياطية
provision ______ مخصص
depreciation provision ______ مخصص الاستهلاك
budget appropriation ______ مخصصة الميزانية
plotter ______ مخطط
histogram ______ مخطط توزيع التواتر
manuscript ______ مخطوطة
assessor ______ مخمن الضرائب
bus ______ مدار توزيع
motivator ______ مدافع
random access ______ مداولة عشوائية
serial access ______ مداولة متسلسلة
stapler ______ مدبِّسة
duration, term ______ مدة
base period, basis period ______ مدة اساس
pay back period ______ مدة استرجاع الراسمال
period of insurance ______ مدة التأمين
allocation period ______ مدة تخصيص
share life ______ مدة السهم
term of office ______ مدة شغل منصب
accounting period ______ مدة المحاسبة
gateway ______ مدخل
multi-access ______ مدخل متعدد
polytechnic ______ مدرسة الفنون

claimant	المدعي
district attorney	مدعي عام المنطقة
prepaid	مدفوع مقدماً
payee	المدفوع له
paid in advance	مدفوع مقدماً
carriage paid	مدفوع النقل
auditor	مدقق حسابات
internal auditor	مدقق حسابات داخلي
range	مدى
price range	مدى الاسعار
span of control	مدى التحكم
classical range	المدى الكلاسيكي
administrator, director, manager	مدير
advertising manager	مدير الاعلان
production director, production manager	مدير الانتاج
commercial director	مدير تجاري
merchandising manager	مدير تصريف البضائع
executive director, line executive, line manager	مدير تنفيذي
distribution manager	مدير التوزيع
special manager	مدير خاص
publicity manager	مدير الدعاية
company director	مدير شركة
personnel manager	مدير شؤون الموظفين
first-line manager	مدير الصف الاول
general manager, managing director	مدير عام
account executive	مدير العلاقات بالعملاء
top level manager	مدير على مستوى عال
non-executive director, outside director	مدير غير تنفيذي
branch manager	مدير الفرع
technical director	مدير فني
computer manager	مدير قسم الكمبيوتر
sales manager	مدير المبيعات
traffic manager	مدير المرور

مدير المصنع	plant manager
مدير مصنع	works manager
مدير معطيات	data administrator
مدير المكتب	office manager
مدير المنتج	product manager
مدير المنطقة	area manager
مدير الموظفين	staff manager
مدين	debtor
مدين قانوني	judgement debtor
مدين رهون	pawnbroker
مدينة صناعية	industrial estate
مديونية	indebtedness
مذكرة	memorandum
مذكرة اتفاق	articles of agreement
مذكرة اشعار	advice note
مذكرة بيع	sold note
مرابط	picket *(n)*
مرابطة	picketing
مرابطة مسالمة	peaceful picketing
مراجعة بالمناداة	call over
مراجعة ربع سنوية	quarterly review
مراجعة مالية	financial review
مراسلات مبرمجة	programmed correspondence
مراسلة	correspondence
مراسم	protocol
مراعاة الدوام	time-keeping
مراعي للزبون	customer orientated
المرافق العامة	public utilities
مراقب	controller
مراقب مالي	comptroller
مراقب المكتب	office supervisor
مراقبة	censorship
مراقبة احصائية	statistical control

price control ———— مراقبة الاسعار
production control ———— مراقبة الانتاج
stock control ———— مراقبة البضائع
credit control ———— مراقبة التسليف
export control ———— مراقبة التصدير
progress control ———— مراقبة التقدم
cost control ———— مراقبة التكاليف
inventory control ———— مراقبة جرد البضائع
external control ———— مراقبة خارجية
batch control ———— مراقبة الدفعات
standard batch control ———— مراقبة الدفعة المعيارية
Exchange Control ———— مراقبة الصرف الاجنبي
manufacturing control ———— مراقبة الصنع
quantity control ———— مراقبة الكمية
adaptive control ———— مراقبة متكيفة
air traffic control ———— مراقبة المرور الجوي
materials control ———— مراقبة المواد
budgetary control ———— مراقبة الميزانية
form control ———— مراقبة النماذج
quality control ———— مراقبة النوعية
real-time control ———— مراقبة الوقت الحقيقي
wager *(n)* ———— مراهنة
lucrative ———— مربح
on-line ———— مربوط بالكمبيوتر
bi-monthly ———— مرتين في الشهر
reference book ———— مرجع
last resort ———— المرجع الاخير
transition stage ———— مرحلة الانتقال
return, yield *(n)* ———— مردود
gross yield ———— مردود اجمالي
flat yield ———— مردود اساسي
weekly return ———— مردود اسبوعي
return on investment ———— مردود الاستثمار

nominal yield ________ مردود اسمي
return on equity ________ مردود الأسهم
constant returns ________ مردود ثابت
current yield ________ مردود حالي
risk yield ________ مردود حسب الاخطار
return on capital ________ مردود الرأسمال
factor-price frontier ________ مردود الرأسمال الاقصى عند معدل الاجور الثابت
broker's return ________ مردود السمسار
redemption yield ________ مردود عند التسديد
coupon yield ________ مردود القسيمة
return on sales ________ مردود المبيعات
decreasing returns, diminishing return ________ مردود متناقص
expected payoff ________ المردود المتوقع
earnings yield ________ مردود المكاسب
sales return ________ مردودات المبيعات
variable returns ________ مردودات متغيرة
consignor ________ مرسل
consignee ________ مرسل اليه
transceiver ________ مرسل مستقبل
berth *(n)* ________ مرسى
conventional cargo berth ________ مرسى شحنات تقليدي
nominee ________ مرشّح
industrial disease ________ مرض صناعي
occupational disease ________ مرض مهني
crane ________ مرفاع
gantry crane ________ مرفاع قنطري متحرك
annexed ________ مرفق
enclosures ________ مرفقات
lash ship ________ مركب مجهز بصندل
complex ________ مركب
status ________ مركز
private branch exchange ________ مركز تبادل فرعي خاص
assessment centre ________ مركز تقدير

مركز تكاليف التشغيل	**process cost centre**
مركز التكلفة	**cost centre**
مركز التكلفة الشخصي	**personal cost centre**
مركز تمركزية الكمبيوتر	**computer centralization centre**
مركز جمركي	**customs house**
مركز دبلوماسي	**diplomatic status**
مركز رئيسي	**head office**
مركز الشركة	**registered office**
مركز قانوني	**legal position**
مركز معلومات	**information centre**
مركز المنتج	**product centre**
مركز نقدي	**cash position**
مرن	**elastic**
مرور	**traffic**
مرور الزمن	**lapse of time**
مرونة	**elasticity**
مرونة الاستبدال	**elasticity of substitution**
مرونة الدخل	**elasticity of income**
مرونة الطلب	**elasticity of demand**
مرونة الطلب النسبية	**cross-elasticity of demand**
مرونة العرض	**elasticity of supply**
مرونة نقطية	**point elasticity**
مزاد	**auction** *(n)*
مزاد بالمناقصة	**Dutch auction**
مزاد علني	**public auction**
مزاولة وظيفتين	**moonlighting**
مزدوج	**duplex**
مزرعة	**farm**
مزود بعدد موظفين غير كافي	**understaffed**
مزية	**advance note**
مزيج المبيعات	**sales mix**
مزيج المنتجات	**product mix**
مزيف	**counterfeit**

مساح الكميات	quantity surveyor
مساحة	floor space
مساحة تخزين	stacking area
مساعد	contributory
مساعد تنفيذي	line assistant
مساعد لوح التوزيع	switchboard assistant
مساعدات حكومية	government aid
مساعدات شرطية	tied aid
مساعدة غير مباشرة	indirect assistance
مساعدة فنية	technical assistance
مساعدة مباشرة	direct assistance
مساعدة الموظفين	staff assistance
مساعدو الباعة	shop assistance
مسافر	traveller
مسألة	question
مسألة تتعلق بوقائع الدعوى	question of fact
مسألة قانونية	question of law
مساهم	shareholder, stockholder
مساهم مالك اقلية الاسهم	minority shareholder
مساهمة	contribution
مساومة جماعية	collective bargaining
مسبقا	ex ante
مستأجر	charterer, lessee
المستأجر الوحيد	sole tenant
مستحق عند الطلب	payable on demand
مستحق مقدماً	payable in advance
مستحيل	out of the question
مستخدم اخير	end-user
مستشار	consultant
مستشار اداري	management consultant
مستشار اقتصادي	economic adviser
مستشار ضريبي	tax consultant
مستشار علمي	scientific adviser

مستشار فني	technical adviser
مستشار مالي	financial adviser
مستعمل	secondhand
مستغل الثقة	con-man
مستقل	free-lance, stand alone
مستلم للشحن	received for shipment
مستلم مع شكر	received with thanks
مستند	document
مستند شراء باقساط	shopping cheque
مستند قيد	voucher
مستند قيد ضريبي	tax voucher
مستند مقابل دفع	document against payment
مستند مقابل قبول	document against acceptance
مستندات خاصة	private documents
مستهلك	consumer
مستودع	depot, warehouse
مستودع ايداع باشراف الحكومة	bonded warehouse
مستورد	importer
مستوى اساس	base level
مستوى الاسعار	price level
مستوى جرد البضائع	stock level
مستوى الجودة المقبول	acceptable quality level
مستوى الطلب	level of demand
مستوى الماء	level of water, water-level
المستوى المتوسط لنوعية البضاعة الخارجة	average outgoing quality level
مستوى المعيشة	standard of living
مستوى المعيشة الادنى	subsistence level
مستويات الادارة	strata of management
مسجل	on record
مسجِّل	registrar
مسجل الشركة	company registrar
مسجل الوقت	time recorder
مسح	survey *(n)*

preliminary survey ________ مسح ابتدائي
geophysical survey ________ مسح جيوفيزيائي
geological survey ________ مسح جيولوجي
drawee ________ مسحوب عليه
ruler ________ مسطرة
book-keeping ________ مسك الدفاتر
air duct ________ مسلك الهواء
draft ________ مسودة
draft agreement ________ مسودة اتفاقية
rough draft ________ المسودة الأولى
draft agenda ________ مسودة جدول الاعمال
amended draft ________ مسودة معدلة
administration officer ________ مسؤول اداري
safety officer ________ مسؤول الأمان
government official ________ مسؤول حكومي
personnel officer ________ مسؤول شؤون الموظفين
public-relations officer ________ مسؤول العلاقات العامة
progress chaser ________ مسؤول متابعة تقدم العمل
warehouse officer ________ مسؤول المستودع
purchasing officer ________ مسؤول المشتريات
liability ________ مسؤولية
employer's liability, liability of employer ________ مسؤولية الآجر
shipowner liability ________ مسؤولية صاحب السفينة
third party liability ________ مسؤولية ضرر الغير
public liability ________ مسؤولية عامة
financial responsibility ________ مسؤولية مالية
limited liability ________ مسؤولية محدودة
limited by guarantee ________ مسؤولية محدودة بضمان
joint liability, joint responsibility ________ مسؤولية مشتركة
functional responsibility ________ مسؤولية وظيفية
average adjuster ________ مسوي الخسائر
employees pension schemes ________ مشاريع معاشات التقاعد للموظفين
export problems ________ مشاكل تصدير

مشاور	tipster
مشبك مسنن	bulldog clip
مشترٍ	buyer, vendee
مشترك	subscriber
المشتريات	purchasing
مشتريات نقدية	cash purchases
مشرف	supervisor
مشرف التدريب	training supervisor
مشروع	enterprise scheme
مشروع تجريبي	pilot project
مشروع تصدير تابع	piggy-back export scheme
مشروع تكتيكي	tactical plan
مشروع مشترك	joint venture
مشغّل	shop *(n)*
مشغل مفتوح	open shop
مشغل مقفل	closed shop
مشكلة لغوية	language problem
مشكوك	questionable
مصادر طبيعية	natural resources
مصادر النفط	oil resources
مصادرة ملك	confiscation of property
مصادقة	ratification
مصاريف انتقال	removal expenses
مصاريف التأسيس	establishment charges
مصاريف جارية	running expenses
مصاريف جيب	out-of-pocket expenses
مصاريف خاصة	private costs
مصاريف رأسية	overhead expenses, overheads
مصاريف رأسية للمصنع	factory overheads
مصاريف السفر	travel expenses, travelling expenses
مصاريف الشحن	shipping charges
مصاريف ضيافة	entertainment expenses
مصاريف غير مباشرة	indirect expenses

direct expenses ______ مصاريف مباشرة
variable expenses ______ المصاريف المتغيرة
sundry expenses ______ مصاريف متنوعية
court costs ______ مصاريف المحكمة
non-recurring expenses ______ مصاريف نادرة
over-riding interests ______ مصالح عليا
concilation ______ مصالحة
loss maker ______ مصدر خسارة
source of income ______ مصدر الدخل
information provider ______ مصدر معلومات
oil exporter ______ مصدر النفط
bank *(n)* ______ مصرف
investment bank ______ مصرف استثمار
bank of issue ______ مصرف إصدار
commercial bank ______ مصرف تجاري
collecting banker ______ مصرف التحصيل
agricultural bank ______ مصرف زراعي
bank confirming house ______ مصرف صادرات
joint stock bank ______ مصرف مساهمة
clearing bank ______ مصرف مقاصة
national bank ______ مصرف وطني
current expense ______ مصروف حالي
deferred expenditure ______ مصروف مؤجل
outgoings ______ مصروفات
administration expenses ______ مصروفات ادارية
exploration expenses ______ مصروفات استكشاف
revenue expenditure ______ مصروفات ايرادية
capital expenditure, capital outlay ______ مصروفات رأسمالية
carriage costs ______ مصروفات النقل
elevator, lift *(n)* ______ مصعد
document lift ______ مصعد المستندات
refinery ______ مصفاة
progressive matrix ______ مصفوفة تصاعدية

مصفوفة معززة	enhanced matrix
مصفوفة نقط	dot matrix
مصلحة قومية	national interest
مصلحة الميناء	port authority
مصمّم	designer
مصمم الانظمة	systems designer
مصنع	works
مصنع فولاذ	steelworks
مصادر جديدة	new resources
مصنع كيماوي	chemical works
مصور توضيحي	pictogram
مصيب	casualty
مصيدة السيولة	liquidity trap
مضارب	speculator
مضاربة	speculation
مضاربة بالسعر	price cutting
مضاربون دوليون	gnomes of Zurich
مضاعف تجارة خارجية	foreign trade multiplier
مضاعف تصدير	export multiplier
المضروب فيه	multiplier
مضلع التواتر	frequency polygon
مطابقة	reconciliation, tally
مطابقة الاهداف	goal congruence
مطالبة بتعويض	insurance claim
مطالبة دورية	cycle billing
مطبوعات	printed matter
مطفأة للحريق	extinguisher
مطلع على معلومات سرية	insider
مظاهرة سلمية	peaceful demonstration
مع الاحتجاج	under protest
مع زيادة	above par
مع عدم الاخلال بـ	without prejudice
معادلة طبيعية	normal equation

budget equation	معادلة الميزانية
pension	معاش التقاعد
non-contributory pension	معاش التقاعد المدفوع بالشركة
single life pension	معاش تقاعدي احادي المستفيد
immediate annuity	معاش فوري
communicating word processors	معالجات كلمات اتصالية
on-line processing	معالجة البيانات الفورية
distributed data processing	معالجة البيانات الموزعة
medical treatment	معالجة طبية
real-time processing	معالجة في الوقت الحقيقي
batch processing	معالجة متتالية للبرامج
integrated processing	معالجة متكاملة
data processing	معالجة معطيات
electronic data processing	معالجة المعطيات بالات الكترونية
information handling, information processing	معالجة معلومات
file processing	معالجة الملفات
distributed processing	المعالجة الموزعة
text processing, word processing	معالجة النصوص
word processing linked with computerisation	معالجة النصوص مرتبطة بالكمبيوتر
coefficient	معامل
revision variance	معامل التعديل
coefficient of variation	معامل التغير
currency dealings	معاملات بالعملات
transaction	معاملة
business transaction	معاملة تجارية
arm's length transaction	معاملة على اساس تجاري
spot transaction	معاملة فورية
treaty	معاهدة
treaty of alliance	معاهدة التحالف
treaty of arbitration	معاهدة التحكيم
inspection	معاينة
quota sampling	المعاينة بالكوتا

performance standards	معايير الاداء
production standards	معايير الانتاج
current standards	معايير جارية
financial standards	معايير مالية
budget standards	معايير الميزانية
ferry	معبرة
packer	معبّىء
dictionary	معجم
equipment	معدات
office equipment	معدات المكتب
average, rate	معدل
rate of pay	معدل الاجر
basic rate of payment	معدل الاجر الاساسي
marginal rate of substitution	معدل استبدال حدي
internal rate of return	معدل داخلي للمردود
rate of turnover	معدل دوران
asset turnover	معدل دوران الموجودات
middle price	معدل سعر البيع و الشراء
loose time	معدل عمل زائد
high-interest rate	معدل فائدة عال
hourly rate	معدل في ساعة واحدة
weighted average	معدل مرجح
birth rate	معدل المواليد
growth rate	معدل نمو
death rate	معدل الوفيات
precious metal	معدن ثمين
exhibition	معرض
insolvent	معسر
data	معطيات
basic data	معطيات اساسية
pending	معلق
tip *(n)*	معلومات
statistical information	معلومات احصائية

management information	معلومات ادارية
further information	معلومات اضافية
economic intelligence	معلومات اقتصادية
market intelligence	معلومات السوق
norm	معيار
sliding scale	معيار متحرك
defective	معيب
part-time help	معين غير متفرغ
venture	مغامرة
accounting concepts	مفاهيم المحاسبة
negotiator	مفاوض
negotiations	مفاوضات
preliminary negotiations	مفاوضات ابتدائية
productivity bargaining	مفاوضات تحسين الانتاجية
negotiations are in progress, negotiations are proceeding	المفاوضات جارية
repeat key	مفتاح تكرار
surveyor of customs	مفتش الجمرك
jerquer, land waiter	مفتش جمركي
tax inspector	مفتش ضرائب
factory inspector	مفتش مصانع
open-sided	مفتوح جانبيا
blackleg	مفسد الاضراب
out of time	مفقودة
bankrupt *(n)*	مفلس
undischarged bankrupt	مفلس لم يرد اعتباره
marketing concept	مفهوم التسويق
consistency concept	مفهوم التوافق
flow concept	مفهوم سير الاعمال
accruals concept	مفهوم المحاسبة على اساس الاستحقاق
production conception	مفهوم المنتج
going concern concept	مفهوم المؤسسة العاملة
interview	مقابلة

staff selection interview	مقابلة اختيار موظف
telephone interviewing	المقابلة بالتلفون
unstructured interview	مقابلة حرة
depth interview	مقابلة دقيقة
inter-firm comparison	مقارنة اداء شركات
factor comparison	مقارنة عوامل
clearance	مقاصة
credit clearing	مقاصة ائتمان
clearance inwards	مقاصة داخلية
bank clearing	مقاصة مصرفية
boycott *(n)*	مقاطعة
punter	مقامر البورصة
building contractor, contractor	مقاول
drilling contractor	مقاول حفر
independent contractor	مقاول مستقل
consumer resistance	مقاومة المستهلكين
trade in	مقايضة
basic standards	مقاييس اساسية
lender	مقرض
money lender	مقرض نقود
scissors	مقص
guillotine	مقطع ورق
measurement	مقياس
measure of dispersion	مقياس الانتشار
yardstick	مقياس معياري
resident	مقيم
computerized offices	مكاتب منظمة بالكمبيوتر
earnings per share	مكاسب عن كل سهم
earnings on assets	مكاسب الموجودات
directors' emoluments	مكافاءات المدراء
bonus, gratuity, remuneration, reward *(n)*	مكافأة
reversionary bonus	مكافأة بوليصة التأمين
no-claims bonus	مكافأة تأمينية

مكافأة التسريح	redundancy payment
مكافأة جماعية	group bonus
مكافأة زائدة	premium bonus
مكالمة تلفونية	telephone call
مكالمة خط رئيسي	trunk-call
مكان الاجتماع	venue
مكان ايقاف	parking facilities
مكان العمل	shop-floor
مكبر صوت جمهوري	public-address system
مكتب	bureau, desk, office
مكتب ادارة عامة	general administration office
مكتب الاستعلامات	enquiry office, inquiry office
مكتب استقبال	reception office
مكتب الكتروني	electronic office
مكتب بانورامي	panoramic office
مكتب البريد	post office
مكتب تحويل العملة	bureau de change
مكتب التصدير	dispatch office
مكتب تصميم الانظمة	systems house
مكتب تكاليف	cost office
مكتب تلغرافي	telegraph office
مكتب الحسابات	accounts office
مكتب خاص	private office
مكتب خدمات	service bureau
مكتب الخطابات المهملة	dead letter office
مكتب الدوام	time office
مكتب الرواتب	pay office
مكتب السكرتير	secretary's office
مكتب سياحة	tourist office
مكتب الشحن	shipping office
مكتب ضرائب	tax office
مكتب فرعي	branch office
مكتب المدير	manager's office

مكتب مركزي	central office
المكتب المسيّج	enclosed office
مكتب مكشوف	landscaped office, open office, open-plan office
مكتب المنطقة	area office
مكتب الهجرة	emigration office
مكتتب	subscriber
مكتتب مضارب	stag
مكس	toll
مكشوف التصميم	open-plan
مكنة الاشعة السينية	x-ray machine
مكنة صف الاحرف الطباعية	composing machine
مكننة	mechanization
ملاءة	credit rating, credit worthiness
ملائمة	compatibility
ملاحة ساحلية	cabotage
ملاحظ عمال	foreman
ملاحظ مصنع	works foreman
ملاحظة	observation
ملحق	appendix
ملحق تظهير للكمبيالة	allonge
ملحق تفسيري	rider
ملحق وصية	codicil
ملخص شخصي	curriculum vitae
ملخص القضية	briefing
ملزم	binding
ملك شخصي	personal property
ملك عام	public property
ملك عقاري	real property
ملك منقول	chattel
ملكي	proprietary
ملكية	ownership, title
ملكية افتراضية	reputed ownership
ملكية الدولة	state ownership

ملكية عامة	public ownership
ملكية عقارية مطلقة المدة	freehold
ملكية مشتركة	joint ownership
ملكية منفصلة	separate property
ملف	file *(n)*
ملف اكورديوني	concertina file
ملف بحلقتين	ring-binder file
ملف برافعة	lever-arch file
ملف رئيسي	master file
ملف صندوقي	box file
ملف فهرس منظور	visible index file
ملف فيستافان	vistafan file
ملف مصغر	microfile
ممثل	sales representative
ممثل تجاري	commercial traveller
ممثل تكنولوجي	technology representative
ممثل شخصي	personal representative
ممثل الصانع	manufacturer's representative
ممثل محلي للعمال	shop steward
ممحاة	eraser
ممنوع الدخول	no admittance
ممنوع المرور	no thoroughfare
مموّل	financier
من تاريخه	after date
من الدرجة الاولى	blue chip
من رصيف الميناء	ex quay
من السفينة	ex ship
من المستودع	ex warehouse
من المصنع	ex-works
من مهنة حرة	self-employed
منازعة	dispute
منازعة صناعية	industrial dispute
منازعة عمالية	labour dispute

sales territories	مناطق البيع
competition	منافسة
free competition	منافسة حرة
keen competition	منافسة شديدة
fair competition	منافسة عادلة
unfair competition	منافسة غير عادلة
imperfect competition	منافسة غير كاملة
cut-throat competition	منافسة فتاكة
perfect competition	منافسة مثلى
pure competition	المنافسة المثلى
tender	مناقصة
shift *(n)*	مناوبة
materials handling	مناولة المواد
cash handling	مناولة النقد
tickler	منبه
producer, product	منتج
price-taker	منتج خاضع تماما لسعر السوق
finished product	منتجات تامة
related products	منتجات مرتبطة
oil producers	منتجو النفط
new product	منتوج جديد
marginal product	منتوج حدي
unfinished product	منتوج غير منجز الصنع
homogeneous product	منتوج متجانس
manufactured goods	منتوجات
high-grade products	منتوجات جيدة الصنف
joint products	منتوجات مشتركة
curve	منحني
investment-saving curve	منحني استثمارات/مدخرات
contract curve	منحني الانتاج الامثل
isoquant	منحنى تساوى الانتاج
isoprofit curve	منحنى تساوي الربح
isocost curve	منحنى تساوي سعر بضاعتين

learning curve ________ منحنى تعلم
average cost curve ________ منحنى التكلفة المتوسطة
budget constraint, budget line ________ منحنى حصر الميزانية
salary curve ________ منحنى الرواتب
liquidity-money curve ________ منحنى سيولة/نقد
normal curve ________ منحنى طبيعي
wrapround ________ منحنى الطرفين
demand curve ________ منحني الطلب
kinked demand curve ________ منحنى طلب ملوى
regressive supply curve ________ منحنى الطلب التراجعي
envelope curve ________ منحنى ظرفي
offer curve, supply curve ________ منحنى العرض
salary progression curve ________ منحنى متوالي للراتب
indifference curve ________ منحنى محايدة المستهلك
reactive curve ________ منحنى مفاعل
growth curve, logistic curve ________ منحنى نمو
water installations ________ منشآت ماء
business premises ________ منشآت تجارية
heating installations ________ منشآت تدفئة
vacancy ________ منصب شاغر
executorship ________ منصب منفذ وصية
phototypesetter ________ منضد حروف الطباعة الفوتوغرافية
shared logic ________ منطق مساهم
area, zone ________ منطقة
test area ________ منطقة الاختبار
sterling area ________ منطقة الاسترليني
maritime industrial development area ________ منطقة بحرية للتنمية الصناعية
foreign trade zone ________ منطقة تجارة خارجية
trading area ________ منطقة تجارية
free zone ________ منطقة حرية
sales area ________ منطقة للمبيعات
development area ________ منطقة معينة للتنمية الاقتصادية
forbidden area ________ منطقة ممنوعة

منظمة الدول المصدرة للنفط	OPEC
منع تنفيذ	frustration
منع تنفيذ عقد	frustration of contract
منع الحرائق	fire prevention
منع الحوادث	accident prevention
منفذ تهرب	loophole
منفذ الوصية	executor
منفعة	benefit *(n)*
منفعة حدية	marginal utility
منفعة حدية متناقصة	diminishing marginal utility
منفعة حسب الترتيب	ordinal utility
منفعة عينية	benefit in kind
مهجّر	emigrant, expatriate
مهجور	outdated
مهلة	days of grace, grace period, period of grace
مهما كانت العيوب	will all faults
المهمة العليا	high task
مهمة مؤقتة	temporary assignment
مهنة	career, occupation, profession
مهندس الانتاج	production engineer
مهندس مدني	civil engineer
مهندس المصنع	plant engineer
مهندس مصنع	works engineer
مهندس معماري	architect
مهندس ميكانيكي	mechanical engineer
مواد انشائية	building materials
مواد التعبئة	packet material
مواد خام	raw materials
مواد كيماوية زراعية	agricultural chemicals
مواد مختلفة تباع بالجملة	job lot
موازنات اقتصادية تلقائية	built-in stabilizers
موازنة حسابات	set off
موازنة خط التجميع	assembly line balancing

الموازين والمكاييل	weights and measures
مواش	cattle, livestock
مواصفات	specification
مواصفات الموظفين	personnel specification
مواصفات وظيفة	job specification
مواطن	citizen
مواطنة	citizenship
موافقة بالاجماع	unanimous approval
موافقة رسمية	formal consent
موافقة ضمنية	tacit approval
موافقة كتابية	written consent
موافقة مشروطة	qualified approval
مؤالفة دقيقة	fine tuning
مؤتمر	conference
مؤتمر خطوط ملاحة	liner conference
مؤتمر شركات الملاحة	shipping conference
مؤتمن	fiduciary
مؤثرات استتباعية	consequential effects
مؤجر عقار	lessor
موجودات	assets
موجودات ثابتة	fixed assets
موجودات سائلة	liquid assets
موجودات متداولة	circulating assets, current assets, quick assets
موجودات مجمدة	frozen assets
موجودات وهمية	fictitious assets
موديم	acoustic coupler
مؤذ للصحة	prejudicial to health
مورد	supplier
مورد النفط	oil importer
موزع	distributor
موسر	solvent
مؤسس شركة	company promoter
مؤسسة استثمار اموال مشتركة	fixed trust

مؤسسة استثمار عامة	unit trust
مؤسسة اصدار اسهم	issuing house
مؤسسة بلدية	municipal undertaking
مؤسسة تجارية	business enterprise
مؤسسة تسهيلات للتجارة الخارجية	confirming house
مؤسسة عامة	public corporation
مؤسسة عاملة	going concern
مؤسسة القطاع الخاص	private sector enterprise
مؤسسة متعددة الجنسيات	multinational corporation
مؤسسة مقصرة	lame duck
مؤشر	indicator
مؤشر حروف العلة	vowel index
مؤشر الخرج	out-marker
مؤشر شاشة	cursor
مؤشر الشاشة	ghost cursor
مؤشر المركز	status symbol
مؤشر نمو	growth index
موضع قانوني	legal position
موضوع الاعلان	advertising theme
موضوع المحادثة	topic of discussion
موظف	civil servant, employee
موظف اداري	white-collar worker
موظف استقبال	receptionist
موظف شؤون اجتماعية	welfare worker
موظف مأجور	salaried employee
موظفو المبيعات	sales force
موظفو المكتب	office staff
موظفون خارجيون	outdoor staff
موظفون متجولون	roving staff
موعد اقصى	deadline
موفر للوقت	time-saving
موفر للعمل	labour-saving
مؤقت	temporary

موقع	location
موقع المصنع	plant location
موقع الموظفين	staff location
موقف سلبي	negative attitude
موكِّل	principal
مولّد	generator
مؤلف اعلانات	copy-writer
مؤمن	underwriter
مؤمن مشترك	co-insurer
مؤمن	insured
المؤمن عليه	insured
المياه الاقليمية	territorial waters
مياه خاضعة للمد والجذر	tidal waters
مياه صالحة للملاحة	navigable waters
ميزان تجارة غير منظورة	invisible balance
ميزان تجاري	balance of trade, trade balance
ميزان تجاري عاجز	adverse balance of trade
ميزان تجاري نشط	active trade balance
ميزان تحقق	trial balance
ميزان عاجز	adverse balance
ميزان المدفوعات	balance of payments
ميزانية الادارة	administrative budget
ميزانية الاعلان	advertising budget
ميزانية البرنامج	programme budget
ميزانية تجارية سلبية	passive trade balance
ميزانية التسويق	marketing budget
ميزانية التشغيل	operating budget
ميزانية ثابتة	fixed budget
ميزانية عمومية	balance sheet
ميزانية المبيعات	sales budget
ميزانية متوازنة	balanced budget
ميزانية مرنة	flexible budget, variable budget
ميزانية مؤقتة	provisional budget

cash budget	ميزانية النقد
micro	ميكرو
microprocessor	ميكرو بروسسر
microfiche	ميكروفيش
microfilm	ميكرو فيلم
micro-computer	ميكرو كمبيوتر
nautical mile	ميل بحري
starboard	الميمنة
harbour, port	ميناء
port of shipment	ميناء الارسال
nearest port	الميناء الاقرب
port of embarkation	ميناء التحميل
port of transit	ميناء الترانزيت
port of discharge	ميناء التفريغ
free port	ميناء حر
port of entry	ميناء الدخول
loading port, port of loading, shipping port	ميناء الشحن
neutral port	ميناء محايد
port of destination	ميناء الوصول

ن

نائب	deputy, locum tenens, proxy
نائب رئيس	vice-chairman, vice-president
نائب رئيس التحرير	sub-editor
ناتج	consequential
ناتج اخير	end-product
ناحية قانونية	legal aspect
ناشر	publisher
ناشيء	infant
ناقص العمال	shorthanded
ناقل	carrier, conveyor, transporter
ناقل الالة الكاتبة	typewriter carriage
ناقل بري	road haulier
ناقل خاص	private carrier
ناقل عام	common carrier
ناقلة حمولات سائلة او سائبة	combination carrier
ناقلة ميثان	methane carrier
ناقلة نفط	oil tanker, tanker
نبيطة خزن	storage device
نبيطة غشاء اوتوماتية	automatic overlay device
نتيجة	outcome
نزاع بين نقابتين حول تعريف الوظيفة	demarcation dispute
نزاع تجاري	trade dispute
نزاع دولي	international dispute
نزاع شخصي	personal conflict
نزاع مسبب بالادارة	conflict caused by management

نزوع الى الادخار	propensity to save
نزوع الى الاستهلاك	propensity to consume
نزول	stopover
نسب ادارية	management ratios
نسب الربح حسب الاولوية	priority percentages
نسبة	ratio
نسبة الاختبار الحاسم	acid-test ratio
نسبة اسهم	shareholding
نسبة التداول	current ratio
نسبة التشغيل	operating ratio
نسبة التمويل الذاتي	self-financing ratio
نسبة الحجم	volume ratio
نسبة الخسائر	loss ratio
نسبة الديون الى الراسمال	gearing
نسبة ربح اجمالية	gross profit percentage
نسبة الربح الى الحجم	profit volume ratio
نسبة الراسمال الى العمال	capital-labour ratio
نسبة السعر الى الايراد	price earnings ratio
نسبة السيولة	liquidity ratio
نسبة صافي الدخل الى الفائدة	times interest earned ratio
نسبة الطاقة	capacity ratio
نسبة العائد	rate of return
نسبة الفائدة السنوية	annual percentage rate
نسبة فعالية	activity ratio
نسبة مالية	financial ratio
نسبة مئوية	percentage
نسبة المبيعات الى البضائع المخزونة	sales inventory ratio
نسبة الموجودات المتداولة	quick assets ratio
نسبة نقدية	cash ratio
نسبي	analog
النسخ بالتصوير	reprography
نسخ كاربونية	carbons
نسخة اصلية	original copy

نسخة دائمة	hard copy
نسخة كاربونية	carbon copy
نسخة مصدقة	attested copy
نسخة المكتب	office copy
نسق	mode
نشاط شبه اضرابي	irregular industrial action
نشرة	publication
نشرة الاكتتاب	prospectus
نشرة الانباء	news bulletin
نشرة دورية	circular
نشرة مهنية	trade publication
نص	provision
نص اصلي	original text
نص التعديل	text of an amendment
نص معياري	standard text
نصاب قانوني	quorum
نصف السعر	half price
نصف سنوي	bi-annual
نصف ونصف	half-and-half
نضوب	depletion
نظام ابوي	paternalism
نظام اتصال داخلي	internal communicating system
نظام استقاء معلومات	information retrieval system
نظام الاضبار الدائري الدوار	circular rotary filing
نظام الاضبار السريع	speed-file
نظام الاقتراحات	suggestion scheme
نظام اوزان تروي	troy weight
نظام البطاقة الخضراء للتأمين	green card system
نظام تثبيت سعر التكلفة	costing system
نظام التخطيط والبرمجة ووضع الميزانية	planning programming budgeting system
نظام تدريب الموظفين	staff training scheme
نظام تسويق بخصم متزايد	aggregated rebate scheme

added value incentive scheme	نظام تشجيع بالقيمة المضافة
operating system	نظام التشغيل
voting system	نظام التصويت
tariff system	نظام التعاريف
government pensions scheme	نظام تقاعد حكومي
tied-in cost system	نظام التكلفة الشرطية
Taylorism	نظام تيلر للادارة العلمي
honour policy	نظام الثقة
two-tier system	نظام ثنائي المستوى
double account system	نظام الحساب المزدوج
decision support system	نظام دعم القرارات
rate for age scale	نظام دفع الاجور حسب العمر
periodic reordering system	نظام دوري للطلب
consecutive digit system	نظام الرقم المتتابع
stock option plan	نظام شراء اختياري للاسهم
Articles of Association	نظام الشركة الاساسي
cheque system	نظام شيكات
algorithm	نظام غولي
two-bin system	نظام القسمين لمراقبة البضائع
quota system	نظام الكوتا
follow-up system	نظام المتابعة
expert system	نظام متخصص
metric system	النظام المتري
adaptive system	نظام متكيف
voucher system	نظام مستندات القيد
recursive system	نظام معاود
computerized information system	نظام المعلومات المنظم بالكمبيوتر
key-to-disk system	نظام مفتاح الى اسطوانة
open system	نظام مفتوح
bonus scheme, remuneration system	نظام المكافأة
tickler system	نظام المنبه
avoirdupois	نظام موازين افواديبوا
paging system	نظام نداء

fractional banking	نظام النسب المصرفية
monetary system	نظام نقدي
freightliner	نظام نقل الحاويات بالسكة الحديدية
real-time system	نظام الوقت الحقيقي
predetermined motion time system	نظام الوقت المقرر للحركة سلفا
on account of	نظراً لـ
decision theory	نظرية اتخاذ القرارات
communication theory	نظرية الاتصال
sampling theory	نظرية اخذ عينات
management theory	نظرية الادارة
price theory	نظرية الاسعار
games theory	نظرية الالعاب
production theory	نظرية الانتاج
second-best theory	نظرية تلي الافضل مباشرة
queueing theory	نظرية الصف
theory of demand	نظرية الطلب
quantity theory of money	نظرية كمية للنقد
information theory	نظرية المعلومات
monetary theory	نظرية النقد
viewdata systems	نظم عرض البيانات
buzzer systems	نظم ازاز
radioactive waste	نفايات اشعاعية
out of print	نفدت طبعته
crude oil	نفط خام
tunnel	نفق
preliminary expenses	نفقات تأسيس
packing charges	نفقات التعبئة
service charge	نفقات الخدمة
net outlay	النفقات الصافية
legal charges	نفقات قضائية
outstanding expenses	نفقات مستحقة الدفع
livery companies	نقابات مهنية لندنية
syndicate	نقابة

craft union	نقابة حرفية
trade union	نقابة عمال
portability	نقالية
cash, hard cash, ready cash	نقد
tight money	نقد بسعر الفائدة المرتفعة
constructive criticism	نقد بنائي
outside money	نقد خارجي
token coin	نقد رمزي
cash in hand	نقد في الصندوق
legal tender	نقد قانوني
cash in bank	نقد لدى البنوك
shortage, shortfall	نقص
natural wastage	نقص طبيعي
ullage	النقص عن حد الامتلاء
point-of-sale	نقطة البيع
break-even point	نقطة التعادل
deadlock	نقطة جمود
peril point	نقطة خطر للتعرفة
main point	نقطة رئيسية
workstation	نقطة عمل
shut-down point	نقطة غلق
bliss point	نقطة المنفعة القصوى
transport *(n)*	نقل
share transfer	نقل الاسهم
removing files	نقل الاضابير
containerization	نقل باستخدام الحاويات
transport by sea	نقل بحري
road haulage, transport by road	نقل بري
carriage by rail	نقل بسكة الحديد
bulk transport	نقل البضائع السائبة
carriage by road	نقل بطريق
carriage by air	نقل جواً
air transport, transport by air	نقل جوي

rail freightliner — نقل الحاويات بالسكة الحديدية
coastal transport — نقل ساحلي
express delivery — نقل سريع
express all the way — نقل سريع كامل
deep-sea transport — نقل على اعالي البحار
water transport — نقل مائي
short haul — نقل لمسافة قصيرة
document conveyance — نقل المستندات
conveyance — نقل ملكية
motor transport — نقل ميكانيكي
growth — نمو
economic growth — نمو اقتصادي
optimal economic growth — النمو الاقتصادي الامثل
capital deepening — نمو الرأسمال بالنسبة للعمال
corporate growth — نمو الشركة
natural growth — نمو طبيعي
balanced growth — نمو متوازن
form, model *(n)* — نموذج
dynamic management model — نموذج اداري ديناميكي
market model — نموذج السوق
application form, form of application — نموذج طلب
decision model — نموذج القرار
two-sector model — نموذج قطاعين
simultaneous model — نموذج متزامن
memo form — نموذج مذكرة
terminal — نهائي
night shift — نوبة ليلية
day shift — نوبة النهار
type of outlet — نوع محل تصريف
quality — نوعية
nuclear — نووي
per pro — نيابة عن

هـ

هالك	non-durable
هامش الربح	profit margin
هبة	gift
هبوط بالاسعار	fall in prices, slump in prices
هبوط بالانتاج	fall in output
هبوط الثمن	decrease in value
هبوط العملة	currency depreciation
هجرة	immigration
هجرة القوى العاملة	migration of labour
هدف	target
هدف المبيعات	sales goal
الهدف النهائي	ultimate objective
هرتز	hertz
هرم السكان	population pyramid
هندسة	engineering
هندسة الانتاج	production engineering
هندسة البترول	petroleum engineering
هندسة بشرية	human engineering
هندسة التصميم	design engineering
هندسة صناعية	industrial engineering
هندسة عوامل بشرية	human factors engineering
هولرث	Hollerith
هيئات اقليمية	regional boards
هيئة التحكيم	arbitration board

air transport licensing board	هيئة الترخيص للنقل الجوي
wages board	هيئة تعيين المستوى الادنى للاجور
dock labour board	هيئة عمال الميناء
jury	هيئة محلفين
consumer panel	هيئة مستهلكين
consumers' panel	هيئة المستهلكين
professional body	هيئة مهنية
wages structure	هيكل الاجور
basic structure	هيكل اساسي
organizational structure	هيكل تنظيمي
executive structure	هيكل تنظيمي للموظفين التنفيذيين
capital structure	هيكل رأسمالي
salary structure	هيكل الرواتب
market structure	هيكل السوق
corporate structure	هيكل الشركة
operations breakdown	هيكل العمليات
vertical structure	هيكل عمودي

و

وارث بقية التركة	residuary legatee
واسع النطاق	large-scale
واعية للتكلفة	cost consciousness
وتر	string
وثائق ترانزيت	transit documents
وثائق تصدير	export documentation
وثائق رسمية سرية	official secrets
وثائق قابلة للتداول	negotiable documents
وثيقة	deed
وثيقة اثبات الخسارة	proof of loss
وثيقة اساس	basic document
وثيقة امتياز الاكتتاب	rights letter
وثيقة تأمين	insurance policy
وثيقة التأمين الشامل	comprehensive policy
وثيقة تحويل	transfer deed
وثيقة تصدير	export document
وثيقة تعهد	deed of covenant
وثيقة تنازل	deed of arrangement
وثيقة الخدمة	service document
وثيقة رسمية	official document
وثيقة شحن	shipping document
وثيقة الشحن البحري	sea-way bill
وثيقة الشحن الجوي	air waybill
وثيقة ضريبة	taxation document
وثيقة محاذاة	aligned document

وثيقة مراقبة الانتاج	production control document
وثيقة نقل	transport document
وثيقة نقل ملكية الى الوصي	trust-deed
وثيقة نموذجية	specimen document
وجهة النظر	point of view
وحدة	module
وحدة تجارية	business unit
وحدة توليد نووي	nuclear plant
وحدة الدخل المحيطية	input peripheral
وحدة رئيسية	master unit
وحدة عرض بصري	visual display unit
وحدة لا تستهدف الربح	non-profit-making unit
وحدة مترية	metric unit
وحدة مسح	scanner unit
وحدة المعالجة المركزية	central processing unit, computer mainframe
وحدة معالجة مركزية	mainframe
وحدة معيارية	standard unit
وحدة نقدية	monetary unit
وحدة نقدية معيارية	standard coin
وحيد الانتاج	one-off production
ودائع خاصة	special deposits
ودائع قصيرة الاجل	short-term deposits
وديعة	bailment, deposit
وديعة لاجل	time deposit
وديعة معلقة التسليم	escrow
وراثة	heredity
ورشة	workshop
ورشة بناء السفن	shipbuilding yard
ورق	paper
ورق ازال الاخطاء	correction paper
ورق بدون كاربون	carbonless paper
ورق خطابات مروس	letterhead paper
ورق الصحف	newsprint

plain paper	ورق عادي
spot carbon	ورق كاربون نقطي
'one-time' carbon paper	ورق كاربوني يستعمل مرة واحدة
continuous stationery	ورق متصل الصفحات
carbon-backed paper	ورق مكربن
voting paper	ورقة الانتخاب
negotiable instrument	ورقة تجارية قابلة للتداول
fine trade bill	ورقة تجارية ممتازة
misfeasance summons	ورقة تكليف بالحضور نتيجة إساءة التصرف
banknote	ورقة مصرفية
ministry of production	وزارة الانتاج
ministry of petroleum	وزارة البترول
Board of Trade, department of trade, ministry of commerce	وزارة التجارة
ministry of external trade	وزارة التجارة الخارجية
ministry of supply	وزارة التموين
ministry of internal affairs, ministry of the interior	وزارة الداخلية
ministry of agriculture	وزارة الزراعة
ministry of industry	وزارة الصناعة
ministry of justice	وزارة العدل
ministry of labour	وزارة العمل
ministry of finance	وزارة المالية
ministry of transport	وزارة النقل
gross weight	وزن اجمالي
tare weight	وزن الحاوية الفارغة
net weight	وزن صافي
live weight	الوزن المستفاد
standard weight	الوزن المعياري
short weight	وزن ناقص
means of communication	وسائل الاتصال
mass media	وسائل الاتصال بالجمهور
advertising media	وسائل الاعلان
means of payment	وسائل الدفع

harmonic mean	وسط توافقي
geometric mean	وسط هندسي
jobber, middleman	وسيط
financial intermediary	وسيط مالي
input device	وسيلة دخل
trust *(n)*	وصاية
discretionary trust	وصاية اختيارية
earnings profile	وصف الدخل
company profile	وصف الشركة
customer profile	وصف العميل
risk profile	وصف المخاطر
job description	وصف وظيفة
dock receipt	وصل بضائع في الميناء
hyphenation	وصل كلمتين بشرطة
trustee	وصي
public trustee	الوصي العام
will *(n)*	وصية
dynanic programming	وضع البرامج ديناميكيا
standard costing	وضع التكاليف المعيارية
competitive position	وضع تنافسي
grave situation, vulnerable position	وضع خطير
run on the bank	وضع عدم ثقة بمصرف
branding	وضع الماركات
status	وضع مالي
programme budgeting	وضع ميزانيات حسب البرامج
performance budget	وضع ميزانية اداء
output budgeting	وضع ميزانية الانتاج
situations vacant	وظائف خالية
situations wanted	وظائف مطلوبة
functions of money	وظائف النقد
function	وظيفة
key job	وظيفة رئيسية
demand function	وظيفة طلب

وظيفة لا تتطلب التفرغ	part-time job
وظيفة المنتج	product job
والعكس بالعكس	vice versa
وفاء	satisfaction
وفرة	glut
وقت اضافي	overtime
وقت التعطيل	down time
الوقت الحقيقي	real time
وقت الرد	response time
وقت الساعة	clock-time
وقت فائض	spare time
الوقت المسموح به	allowed time
وقت معقول	reasonable time
وقت يُدفع عنه	time paid for
وقف	endowment
وقود	fuel *(n)*
وقود ديزل	diesel fuel
وقود طائرات	aviation fuel
وقود نووي	nuclear fuel
وكالة	agency, power of attorney
وكالة الائتمان	credit agency
وكالة انباء	news agency
وكالة بيع	selling agency
وكالة تجارية	mercantile agency, trade agency
وكالة توظيف خاصة	private employment bureau
وكالة السفر	travel agency
وكالة اعلان	advertising agency
وكالة عامة	general agency
وكالة وحيدة	exclusive dealing
وكيل	agent, deputy
وكيل استيراد	import agent
وكيل براءات الاختراع	patent agent
وكيل بالعمولة	commission agent

وكيل بالعمولة للاستيراد	**import commission agent**
وكيل البيع	**sales agent**
وكيل تأجير	**chartering agent**
وكيل تأمين	**insurance agent**
وكيل تجاري	**commercial agent**
وكيل تصدير	**export agent**
وكيل خارجي	**overseas agent**
وكيل شحن	**forwarding agent, freight forwarding agent**
وكيل الشحن	**shipping agent**
وكيل الشراء	**buying agent**
وكيل الصانع	**manufacturer's agent**
وكيل ضامن	**del credere agent**
وكيل عن وكيل	**sub-agent**
وكيل غير متفرغ	**part-time agent**
وكيل محلي	**local agent**
وكيل مشتريات	**purchasing agent**
وكيل نقل	**transport agent**
الوكيل الوحيد	**sole agent**
ولاء المستهلكين للماركة	**brand loyalty**

ي

يأخذ الاصوات	**poll** *(v)*
يأخذ عينات	**sample** *(v)*
يأذن	**permit** *(v)*
ياردة	**yard**
يأمر	**command** *(v)*
يباشر بـ	**go ahead** *(v)*
يباشر مفاوضات	**enter into negotiations**
يبحث	**research** *(v)*, **rummage**
يبدل	**substitute** *(v)*
يبرق	**cable** *(v)*
يبطل العقد	**invalidate the contract**
يبطل	**abolish** *(v)*
يبقى في منصب	**continue in office**
يبلغ الذروة	**peak** *(v)*
يبيع	**sell** *(v)*
يبيع بسعر ادنى من السعر الحقيقي	**undercharge**
يتاجر	**trade** *(v)*
يتبنى	**adopt** *(v)*
يتجاوز	**exceed** *(v)*
يتحدث هاتفيا	**speaking on telephone**
يتحقق	**verify** *(v)*
يتحمل خسائر فادحة	**sustain heavy losses**
يتخذ الاجراءات	**take measures**
يتخذ الاحتياطات	**take precautions**
يتخذ في عين الاعتبار	**take account of, take into account**

jettison *(v)*	يتخلص من البضائع
slip *(v)*	يتراجع
take the chair	يترأس
compromise *(v)*	يتراض
shop *(v)*	يتسوق
malinger *(v)*	يتعارض
assign *(v)*	يتنازل
take office	يتولى منصباً
substantiate a claim	يثبت الدعوى بالبرهان
strike a bargain	يثبت صفقة
trust *(v)*	يثق
punch *(v)*	يثقب
renew	يجدد
freeze *(v)*	يجمد
protest *(v)*	يحتج
reserve *(v)*	يحتفظ
take care of	يحتفظ بـ
limit *(v)*	يحدد
name a price *(v)*	يحدد سعراً
write off *(v)*	يحذف اصلاً
misinterpret *(v)*	يحرف تفسير
obtain an extension of time	يحصل على تطويل المدة
ban *(v)*	يحظر
police *(v)*	يحفظ الامان
poste restante	يحفظ بمكتب البريد
hold as security	يحفظ كضمان
work out	يحل
break down *(v)*	يحلل
award *(v)*	يحول
telephone *(v)*	يخاطب بالتلفون
risk *(v)*	يخاطر
infringe *(v)*	يخالف
test *(v)*	يختبر

recapitulate, sum up *(v)*	يختصر
seal *(v)*	يختم
exit *(v)*	يخرج
stock *(v)*	يخزن
plan *(v)*	يخطط
schedule *(v)*	يخطط العمل
reduce the output	يخفض الانتاج
reduce costs	يخفض التكاليف
reduce the pressure	يخفض الضغط
write down *(v)*	يخفض قيمة الاصل
vacate *(v)*	يخلي
labour	يد عاملة
productive labour	اليد العاملة المنتجة
input *(v)*	يدخل
back-up *(v)*	يدعم
payable to order	يدفع حسب الامر
pay on delivery	يدفع عند التسليم
foot the bill *(v)*	يدفع قيمة السند
audit *(v)*	يدقق الحسابات
carry over *(v)*	يدوّر
manual	يدوي
manage *(v)*, run *(v)*	يدير
run a business	يدير عملا
picket *(v)*	يرابط
review *(v)*	يراجع
chair *(v)*	يرأس
censor *(v)*, control *(v)*, monitor	يراقب
bug *(v)*	يراقب الكترونياً
wager *(v)*	يراهن
profit *(v)*	يربح
resell at a profit	يربح باعادة البيع
carry forward *(v)*	يرحل لما بعد
license *(v)*	يرخص

refund *(v)*	يرد المال
transmit *(v)*	يرسل
mail *(v)*	يرسل بالبريد
telex *(v)*	يرسل بالتلكس
bill *(v)*	يرسل فاتورة حساب
remit *(v)*	يرسل مالاً
graph *(v)*	يرسم خطاً بيانيا
berth *(v)*	يرسي
bribe *(v)*	يرشي
dishonour *(v)*	يرفض قبول
report *(v)*	يرفع تقريراً
write up *(v)*	يرفع قيمة الاصل
ring *(v)*	يرن
mortgage *(v)*	يرهن
auction *(v)*	يزاد
fuel *(v)*	يزود بالوقود
visit *(v)*	يزور
share *(v)*	يساهم
bargain *(v)*, **haggle**	يساوم
charter *(v)*, **rent**	يستاجر
extract *(v)*	يستخرج
recoup	يسترد
computerize	يستعمل نظام الكمبيوتر
scrap *(v)*	يستغنى عن
benefit *(v)*	يستفيد
patent *(v)*	يسجل براءة الاختراع
tape *(v)*	يسجل على الشريط
sign on	يسجل كعاطل عن العمل
overdraw	يسحب على المكشوف
solvency	يسر
steal *(v)*	يسرق
market *(v)*	يسوق
settle a dispute	يسوى نزاعاً

take part ______ يشترك
buy earnings ______ يشتري اسهم في انتظار نمو دخلها
charge *(v)* ______ يشتري على الحساب
riot *(v)* ______ يشغب
model *(v)* ______ يشكل نماذجا
witness *(v)* ______ يشهد
impound *(v)* ______ يصادر
sanction *(v)* ______ يصادق
validate *(v)* ______ يصادق رسمياً
run into debt ______ يصبح مديوناً
export *(v)* ______ يصدر
raise a loan ______ يصدر قرضا
lift *(v)* ______ يصعد
wind up ______ يصفى
make good *(v)* ______ يصلح
manufacture *(v)* ______ يصنع
sort *(v)* ______ يصنف
x-ray *(v)* ______ يصور بالاشعة السينية
maintain *(v)*, service ______ يصون
file *(v)* ______ يضبر
strike *(v)* ______ يضرب
damage *(v)* ______ يضرر
pressure *(v)* ______ يضغط على
warrant *(v)* ______ يضمن
claim *(v)* ______ يطالب
type *(v)* ______ يطبع
indent *(v)*, order *(v)* ______ يطلب
tip *(v)* ______ يطلع على معلومات
launch *(v)* ______ يطلق
process *(v)* ______ يعالج
trespass *(v)* ______ يعتدي
raise an objection ______ يعترض
expedite *(v)* ______ يعجل

exhibit *(v)*, **offer** *(v)* —— يعرض
underbid —— يعرض بسعر اقل من
knot *(v)* —— يعقد
negotiate a loan —— يعقد قرضاً
work *(v)* —— يعمل
address *(v)* —— يعنون
compensate *(v)*, **recompense, reimburse** —— يعوّض
float *(v)* —— يعوم
restore —— يعيد
re-establish —— يعيد اقامة
re-export —— يعيد تصدير
plough back —— يعيد توظيف الارباح
reprint *(v)* —— يعيد الطبع
re-examine —— يعيد معاينة
appoint *(v)* —— يعين
dump *(v)* —— يغرق
cover *(v)* —— يغطي
shift *(v)* —— يغير
negotiate *(v)* —— يفاوض
negotiate a bargain —— يفاوض على صفقة
open an account —— يفتح حساباً
take for granted —— يفترض
search *(v)* —— يفتش
levy *(v)* —— يفرض
tax *(v)* —— يفرض ضريبة
overspend *(v)* —— يفرط في الانفاق
over-simplify *(v)* —— يفرط التبسيط
overstock *(v)* —— يفرط في التخزين
unload *(v)* —— يفرغ
bankrupt *(v)* —— يفلس
sue *(v)* —— يقاضي
black *(v)*, **boycott** *(v)*, **interrupt** *(v)* —— يقاطع
gamble *(v)* —— يقامر

barter *(v)*	يقايض
borrow *(v)*	يقترض
estimate *(v)*	يقدر
break off *(v)*	يقطع
close an account	يقفل حساباً
value *(v)*	يقوم
credit *(v)*	يقيد بالحساب
debit *(v)*	يقيد على
quantify	يقيس الكمية
reward *(v)*	يكافىء
write a letter	يكتب كتاباً
will *(v)*	يكتب وصية
subscribe *(v)*	يكتتب
append	يلحق
label *(v)*	يلصق بطاقة على
call off a deal	يلغي صفقة
abstain *(v)*	يمتنع
supply *(v)*	يمدد
pass *(v)*	يمر
survey *(v)*	يمسح
grant immunity *(v)*	يمنح حصانة
finance *(v)*	يمول
conflict *(v)*	ينازع
compete with *(v)*	ينافس
overspill *(v)*	ينتشر خارج الحدود
take advantage	ينتهز الفرصة
spread *(v)*	ينشر
fulfill a contract	ينفذ عقداً
salvage *(v)*	ينقذ
cut back *(v)*	ينقص
transport *(v)*	ينقل
repudiate	ينكر
slump *(v)*	يهبط

farm out	يؤجر من الباطن
pre-date *(v)*	يؤرخ في تاريخ سابق
post-date *(v)*	يؤرخ في تاريخ لاحق
antedate *(v)*	يؤرخ مسبقاً
yield *(v)*	يورد
Eurodollars	اليورودولارات
reinvest	يوظف المال ثانية
put	يوظف مالاً
countersign *(v)*, **sign** *(v)*	يوقّع
sign a letter	يوقع كتاباً
assure *(v)*	يؤكد
generate growth *(v)*	يولد النمو
declaration day	يوم الاشهار
settling day	يوم التصفية
account day	يوم الحساب
prompt day	يوم الدفع
pay-day	يوم دفع الرواتب
market-day	يوم السوق
weather working day	يوم عمل تسمح به الظروف الجوية
normal working day	يوم العمل العادي
underwrite *(v)*	يؤمن على
diary	يوميات
sales journal	يومية المبيعات

Contents

Introduction

THIS dictionary is a practical translation dictionary which sets out in two parts an English-Arabic and Arabic-English translation of those words and terms frequently used by anyone who is connected with office practice, business administration and management, or with commerce and trade.

In the English-Arabic part of the dictionary, each Arabic word has its corresponding easy-to-follow pronunciation aid (transliteration) for those unfamiliar with the Arabic script.

Over 5,000 entries, more than 12,000 words, cover the most important aspects of office practice and procedure, organisation and management, staff and equipment. Related activities, including taxation, accounting, transport and shipping, banking and finance, customs, import and export, are also included in the dictionary.

Because of the selection of words and terms, the dictionary will be an invaluable tool on secretarial and managerial courses, to translators, interpreters, academic and other training institutions and office equipment suppliers.

Terms and words have been carefully selected during the compilation of the dictionary in order to keep the size manageable and in many cases words have been presented as part of a term in frequent use. The process of selection has resulted in a deliberate exclusion of certain words and terms, but there will be omissions which were not intended. The compilers would welcome constructive comments which would lead to improvements in subsequent editions.

Using this dictionary

Words and terms are arranged in strict alphabetical order. The alphabetic arrangement is adhered to throughout the entire term, ignoring any key word or breaks between words.

Arabic is written from right to left.

The transliteration of the Arabic words is simple and easy to use. The following table sets out each of the twenty-nine basic letters in the Arabic language, together with the changed shape of the letters when joined together, and the corresponding English sound.

أ (بـ)	*a*	ذ	*dh*	ظ	*ẓ*	ن (نـ) ن	*n*
ب	*b*	ر	*r*	ع (عـ) ع	ʿ	هـ (ـه)	*h*
ت (تـ) ت	*t*	ز	*z*	غ (غـ) غ	*gh*	و	*w*
ث (ثـ) ث	*th*	س (سـ) س	*s*	ف (فـ) ف	*f*	ي (يـ) ي	*y*
ج (جـ) ج	*j*	ش (شـ) ش	*sh*	ق (قـ) ق	*q*	ء	ʾ
ح (حـ) ح	*ḥ*	ص (صـ) ص	*ṣ*	ك (کـ) ك	*k*		
خ (خـ) خ	*kh*	ص (ضـ) ص	*ḍ*	ل	*l*		
د	*d*	ط	*ṭ*	م (مـ) م	*m*		

Many letters are pronounced like their English equivalents:

بـ	*b*	ر	*r*	ز	*z*	يـ	*y*
د	*d*	فـ	*f*	کـ	*k*	جـ	*j*
شـ	*sh*	هـ	*h*	و	*w*	ذ	*dh*
نـ	*n*	ثـ	*th*	سـ	*s*	(as in *the*)	
تـ	*t*	(as in *thin*)		لـ	*l*	مـ	*m*

The following characters need special attention:

ح — transliterated *(ḥ)*, is a throaty sound like *h* in a loud whisper;

خ — transliterated *(kh)* is another throaty sound, as heard in the Scottish word *loch*;

ء — transliterated *(ʿ)*. This is a glottal stop, It can be heard in Cockney English, for example *bread and bu-ʾer*";

ع — transliterated *(ʿ)*. This is a throaty sound. To produce it, make a long sound *aaa* while pressing on the throat;

غ — transliterated *(gh)* is a gargling sound like a long *r*;

ق — transliterated *(q)*. It sounds like a *k* pronounced in the back of the throat.

ص *(ṣ)*, ض *(ḍ)*, ط *(ṭ)*, and ظ *(ẓ)*, are strong sounds and pronounced as if they are followed by the vowel *u,* giving *ṣu* for ص.

There are three short vowels in Arabic: *a, i* and *u* as in *fat, fit* and *full* respectively.

Vowels are usually not written in Arabic but they have been shown in the transliteration. Similarly there are three equivalent long vowels *ā, ī,* and *ū*, sounding as in *path, feet* and *pool* respectively. It is important to sound short vowels short and long vowels long to ensure the correct meaning will be interpreted. Similarly double consonants must be sounded as double, e.g. *darasa,* to learn, and *darrasa,* to teach.

THE OFFICE DICTIONARY

in

ENGLISH and ARABIC

Compiled by
Multi-Lingual International
Publishers Limited

a

abandoned goods	*baḍāʾiʿ matrūka*	بضائع متروكة
abandonment	*takhallin*	تخلٍ
ability test	*faḥṣ al-kafāʾa*	فحص الكفاءة
abnormal cost	*taklifa ghayr ʿādīya*	تكلفة غير عادية
abnormal risk	*khaṭr ghayr ʿādī*	خطر غير عادي
abolish *(v)*	*yubaṭṭil*	يبطل
abortive	*fāshil*	فاشل
above-board	*dūna murāwagha*	دون مراوغة
above par	*maʿa ziyāda*	مع زيادة
abridgement	*ījāz*	ايجاز
abroad	*fil-khārij*	في الخارج
absence of consideration	*ʿadam wujūd maṣlaḥa mālīya*	عدم وجود مصلحة مالية
absenteeism	*at-taghayyub*	التغيب
absolute bill of sale	*sanad bayʿ muṭlaq*	سند بيع مطلق
absolute majority	*aktharīya muṭlaqa*	اكثرية مطلقة
absolute monopoly	*iḥtikar muṭlaq*	احتكار مطلق
absorption	*taḥammul*	تحمّل
absorption costing	*ḥisāb at-takālīf at-taḥmīlī*	حساب التكاليف المتحميلي
abstain *(v)*	*yamtaniʿ*	يمتنع
abstract of account	*khulāṣat al-ḥisāb*	خلاصة الحساب
accelerated depreciation	*al-istihlāk al-mutazāyid*	الاستهلاك المتزايد
accelerated weathering	*at-tajwiya al-mutasāriʿa*	التجوية المتسارعة
acceleration clause	*sharṭ at-taʿjīl*	شرط التعجيل
acceleration principle	*mabdaʾ at-taʿjīl*	مبدأ التعجيل
acceptable quality level	*mustawa al-jawda al-maqbūl*	مستوى الجودة المقبول

acceptance	*qabūl*	قبول
acceptance credit	*iʿtimād qabūl*	اعتماد قبول
accepting credit	*tashīlāt iʿtimānīya*	تسهيلات ائتمانية
accepting house	*dār māl mutakhaṣṣaṣ fi-qabūl al-kambiyālāt*	دار مال متخصص في قبول الكمبيالات
acceptor	*qābil*	قابل
access	*tadāwul maʿlūmāt*	تداول معلومات
access time	*zaman tadāwul maʿlūmāt*	زمن تداول معلومات
accident	*ḥādith*	حادث
accident insurance	*at-taʾmīn ḍidd al-ḥawādith*	التأمين ضد الحوادث
accident prevention	*manʿ al-ḥawādith*	منع الحوادث
accident statistics	*iḥṣāʾīyāt al-ḥawādith*	احصائيات الحوادث
accommodation	*mujāmala*	مجاملة
accommodation bill	*kambiyālat mujāmala*	كمبيالة مجاملة
accommodation party	*aṭ-ṭaraf al-musʿif*	الطرف المسعف
accord and satisfaction	*tarāḍin wa adāʾ*	تراضٍ وأداء
account *(n)*	*ḥisāb*	حساب
accountability	*taʾdīyat al-ḥisāb*	تأدية الحساب
accountant	*muḥāsib*	محاسب
account code	*ramz al-ḥisāb*	رمز الحساب
account day	*yawm al-ḥisāb*	يوم الحساب
account executive	*mudīr al-ʿalāqāt bil-ʿumalāʾ*	مدير العلاقات بالعملاء
accounting concepts	*mafāhīm al-muḥāsaba*	مفاهيم المحاسبة
accounting period	*muddat al-muḥāsaba*	مدة المحاسبة
account payee	*ḥisāb mustafīd*	حساب مستفيد
account sales	*ḥisāb mabīʿāt*	حساب مبيعات
accounts department	*qism al-ḥisābāt*	قسم الحسابات
accounts office	*maktab al-ḥisābāt*	مكتب الحسابات
accounts payable	*ḥisāb dāʾin*	حساب دائن
accounts receivable	*ḥisāb mudīn*	حساب مدين
accruals concept	*mafhūm al-muḥāsaba ʿala asās al-istiḥqāq*	مفهوم المحاسبة على اساس الاستحقاق
accrued charges	*takālīf mutajammiʿa*	تكاليف متجمعة
accrued dividend	*ḥiṣṣat arbāḥ mustaḥaqqa*	حصة ارباح مستحقة
accrued interest	*fāʾida mutajammiʿa*	فائدة متجمعة
acid-test ratio	*nisbat al-ikhtibār al-ḥāsim*	نسبة الاختبار الحاسم

acoustic booth	*ḥujayra ṣawtīya*	حجيرة صوتية
acoustic coupler	*mūdīm*	موديم
acre	*faddān inglīzī*	فدان انجليزي
action limit	*ḥadd jawda*	حد جودة
active stock	*sahm nashiṭ*	سهم نشط
active trade balance	*mīzān tijārī nashiṭ*	ميزان تجاري نشط
activity chart	*rasm bayānī lil-faᶜᶜālīya*	رسم بياني للفعالية
activity ratio	*nisbat faᶜᶜālīya*	نسبة فعالية
activity sampling	*akhdh ᶜayyināt al-faᶜᶜālīya*	اخذ عينات الفعالية
act of God	*qaḍāʾ wa qadar*	قضاء وقدر
act of war	*ᶜamal ḥarbī*	عمل حربي
actuals	*baḍāʾiᶜ lit-taslīm al-fawrī*	بضائع للتسليم الفوري
actual total loss	*khasāra kullīya ḥaqīqīya*	خسارة كلية حقيقية
actuary	*khabīr ḥisābāt taʾmīn*	خبير حسابات تأمين
adaptive control	*murāqaba mutakayyifa*	مراقبة متكيفة
adaptive system	*niẓām mutakayyif*	نظام متكيف
added value incentive scheme	*niẓām tashjīᶜ bil-qīma al-muḍāfa*	نظام تشجيع بالقيمة المضافة
additive utility function	*dāllat al-manfaᶜa al-iḍāfīya*	دالة المنفعة الاضافية
address *(n)*	*ᶜunwān*	عنوان
address *(v)*	*yuᶜanwin*	يعنون
addressing	*ᶜanwana*	عنونة
adjournment	*irjāʾ*	ارجاء
adjudication order	*amr bi-shahr al-iflās*	امر بشهر الافلاس
adjustment	*taᶜdīl*	تعديل
adjustment of rate	*taᶜdīl nisbat al-fāʾida*	تعديل نسبة الفائدة
administered price	*as-siᶜr al-muwajjah*	السعر الموجه
administration cost	*takālīf al-idāra*	تكاليف الادارة
administration expenses	*maṣrūfāt idārīya*	مصروفات ادارية
administration officer	*masʾūl idārī*	مسؤول اداري
administrative budget	*mīzānīyat al-idāra*	ميزانية الادارة
administrator	*mudīr*	مدير
admission	*qabūl · iqrār*	قبول . إقرار
adopt *(v)*	*yatabannā*	يتبنى
ad referendum	*bi-sharṭ al-istishāra*	بشرط الاستشارة

ad valorem	*ḥasb al-qīma*	حسب القيمة
advance	*sulfa*	سلفة
advance freight	*ujrat shaḥn muʿajjala*	اجرة شحن معجلة
advance note	*mazīya*	مزية
advance payment	*dafʿ musabbaq*	دفع مسبق
advantage	*fāʾida*	فائدة
adventure	*mukhāṭara mālīya*	مخاطرة مالية
adverse balance	*mīzān ʿājiz*	ميزان عاجز
adverse balance of trade	*mīzān tijārī ʿājiz*	ميزان تجاري عاجز
advertisement coupon	*qasīmat iʿlān*	قسيمة اعلان
advertisement in press	*iʿlān ṣuḥufī*	اعلان صحفي
advertising	*iʿlān*	اعلان
advertising agency	*wakālat iʿlān*	وكالة اعلان
advertising appropriation	*iʿtimād al-iʿlānāt*	اعتماد الاعلانات
advertising budget	*mīzānīyat al-iʿlān*	ميزانية الاعلان
advertising campaign	*ḥamla iʿlānīya*	حملة اعلانية
advertising department	*qism al-iʿlān*	قسم الاعلان
advertising drive	*ḥamla iʿlānīya*	حملة اعلانية
advertising effectiveness	*faʿʿālīyat al-iʿlān*	فعالية الاعلان
advertising manager	*mudīr al-iʿlān*	مدير الاعلان
advertising media	*wasāʾil al-iʿlān*	وسائل الاعلان
advertising research	*baḥth al-iʿlān*	بحث الاعلان
advertising theme	*mawḍūʿ al-iʿlān*	موضوع الاعلان
advice note	*mudhakkirat ishʿār*	مذكرة اشعار
advisory committee	*lajna istishārīya*	لجنة استشارية
advisory services	*khadamāt istishārīya*	خدمات استشارية
advocate	*muḥāmin*	محام
affidavit	*shahāda mashfūʿa bi-qasam*	شهادة مشفوعة بقسم
affiliated company	*sharika tābiʿa*	شركة تابعة
affirmation of contract	*ithbāt al-ʿaqd*	اثبات العقد
affluent society	*mujtamaʿ muraffah*	مجتمع مرفه
after date	*min tārīkhihi*	ن تاريخه
after-sales service	*khidmat al-ʿumalāʾ*	دمة العملاء

after sight	*baʿd al-iṭṭilāʿ*	بعد الاطلاع
against all risks	*ḍidda jamīʿ al-akhṭār*	ضد جميع الاخطار
agency	*wakāla*	وكالة
agency agreement	*ʿaqd wakāla*	عقد وكالة
agenda	*jadwal aʿmāl*	جدول أعمال
agent	*wakīl*	وكيل
agent's lien	*ḥaqq al-wakīl lil-ḥajz*	حق الوكيل للحجز
agent's torts	*ḍarar al-wakīl al-madanī*	ضرر الوكيل المدني
aggregated rebate scheme	*niẓām taswīq bi-khaṣm mutazāyid*	نظام تسويق بخصم متزايد
agricultural bank	*maṣrif zirāʿī*	مصرف زراعي
agricultural chemicals	*mawādd kīmāwīya zirāʿīya*	مواد كيماوية زراعية
agricultural imports	*istīrādāt zirāʿīya*	استيرادات زراعية
agricultural machinery	*ālāt zirāʿīya*	الات زراعية
aids to trade	*khadamāt musāʿida lit-tijāra*	خدمات مساعدة للتجارة
air-conditioning	*takyīf al-hawāʾ*	تكييف الهواء
air consignment note	*ishʿār al-irsāl al-jawwī*	اشعار الارسال الجوي
aircraft maintenance	*ṣiyānat aṭ-ṭāʾirāt*	صيانة الطائرات
air duct	*maslak al-hawāʾ*	مسلك الهواء
air freighting	*shaḥn jawwī*	شحن جوي
air freight market	*sūq ash-shaḥn al-jawwī*	سوق الشحن الجوي
airline	*sharikat ṭayarān*	شركة طيران
airmail	*barīd jawwī*	بريد جوي
air pollution	*talawwuth al-hawāʾ*	تلوث الهواء
airport customs	*jumruk al-maṭār*	جمرك المطار
air traffic control	*murāqabat al-murūr al-jawwī*	مراقبة المرور الجوي
air transport	*naql jawwī*	نقل جوي
air transport insurance	*taʾmīn ʿala naql jawwī*	تامين على نقل جوي
air transport licensing board	*hayʾat at-tarkhīṣ lin-naql al-jawwī*	هيئة الترخيص للنقل الجوي
air waybill	*wathīqat ash-shaḥn al-jawwī*	وثيقة الشحن الجوي
alcohol	*kuḥūl*	كحول
algorithm	*niẓām ghūlī*	نظام غولي
alien	*gharīb*	غريب

aligned document	*wathīqa muḥādhāh*	وثيقة محاذاة
allegation	*iddiʿāʾ*	إدِّعاء
alliance	*taḥāluf*	تحالف
allocation of costs	*tawzīʿ at-takālīf*	توزيع التكاليف
allocation of resources	*tawzīʿ al-mawārid*	توزيع الموارد
allocation of responsibilities	*tawzīʿ al-masʾūlīyāt*	توزيع المسؤوليات
allocation period	*muddat takhṣīṣ*	مدة تخصيص
allonge	*mulḥaq taẓhīr lil-kambiyāla*	ملحق تظهير للكمبيالة
allotment note	*risālat takhṣīṣ*	رسالة تخصيص
allotment of shares	*takhṣīṣ al-ashum*	تخصيص الاسهم
allowable expenditure	*infāq masmūḥ bihi*	انفاق مسموح به
allowance	*samāḥ*	سماح
allowed time	*al-waqt al-masmūḥ bihi*	الوقت المسموح به
all rights reserved	*kull al-ḥuqūq maḥfūẓa*	كل الحقوق محفوظة
all risks insurance	*taʾmīn ḍidd jamīʿ al-akhṭār*	تأمين ضد جميع الاخطار
alphanumeric	*ḥarfī raqmī*	حرفي رقمي
alphanumeric filing	*iḍbār ḥarfī raqmī*	اضبار حرفي رقمي
alternative contract	*ʿaqd khiyārī*	عقد خياري
amalgamation	*damj*	دمج
ambassador	*safīr*	سفير
ambiguous	*ghāmiḍ*	غامض
amended draft	*musawwada muʿaddala*	مسودة معدلة
amendment	*taʿdīl*	تعديل
amicable settlement	*taswiya waddīya*	تسوية ودية
amortization	*istihlāk ad-dayn*	استهلاك الدين
amount due	*mablagh mustaḥaqq*	مبلغ مستحق
amount insured	*mablagh muʾamman*	مبلغ مؤمَّن
amount payable on settlement	*mablagh mustaḥaqq ʿind at-taswiya*	مبلغ مستحق عند التسوية
analog	*nisbī*	نسبي
analog computer	*kumbyūtar nisbī*	كمبيوتر نسبي
analog representation	*tamthīl bil-qiyās*	تمثيل بالقياس
analysis book	*daftar at-taḥlīl*	دفتر التحليل
analytical training	*tadrīb taḥlīlī*	تدريب تحليلي
anchorage	*rusūm al-marsā*	رسوم المرسى

ancillary operations	*ʿamalīyāt tābiʿa*	عمليات تابعة
annexed	*murfaq*	مرفق
anniversary	*ʿīd sanawī*	عيد سنوي
announcement	*iʿlān*	اعلان
annual accounts	*ḥisābāt sanawīya*	حسابات سنوية
annual audit	*tadqīq sanawī*	تدقيق سنوي
annual consumption	*istihlāk sanawī*	استهلاك سنوي
annual fees	*ujūr sanawīya*	اجور سنوية
annual general meeting	*ijtimāʿ ʿāmm sanawī*	اجتماع عام سنوي
annual interest	*al-fāʾida as-sanawīya*	الفائدة السنوية
annual percentage rate	*nisbat al-fāʾida as-sanawīya*	نسبة الفائدة السنوية
annual premium	*qisṭ sanawī*	قسط سنوي
annual report	*taqrīr sanawī*	تقرير سنوي
annual return	*ʿāʾidāt sanawīya*	عائدات سنوية
annuities	*dafaʿāt sanawīya li-mada al-ḥayāh*	دفعات سنوية لمدى الحياة
annuity assurance	*taʾmīn ʿalal-ḥayāh bi-maʿāsh sanawī*	تأمين على الحياة بمعاش سنوي
annulment	*ibṭāl*	ابطال
answering machine	*jihāz al-ijāba al-ūtumātīkīya*	جهاز الاجابة الاوتوماتيكية
antedate *(v)*	*yuʾarrikh musbaqan*	يؤرخ مسبقاً
anticipated cost	*taklifa mutawaqqaʿa*	تكلفة متوقعة
anticipated profit	*ribḥ mutawaqqaʿ*	ربح متوقع
anti-dumping	*ḍidd al-ighrāq*	ضد الاغراق
anti-trust laws	*qawānīn mukāfahat al-iḥtikār*	قوانين مكافحة الاحتكار
any other business	*ayya aʿmāl ukhra*	اية اعمال اخرى
append	*yulḥiq*	يلحق
appendix	*mulḥaq*	ملحق
applicant	*ṭālib*	طالب
application	*ṭalab*	طلب
application form	*namudhaj ṭalab*	نموذج طلب
applied economics	*iqtiṣād taṭbīqī*	اقتصاد تطبيقي
applied statistics	*iḥṣāʾīyāt taṭbīqīya*	احصائيات تطبيقية
appoint *(v)*	*yuʿayyin*	يعين

appointment	*taʿyīn*	تعين
apportionment	*taqsīm*	تقسيم
appraisement	*taqdīr*	تقدير
appreciation value	*ziyādat qīmat al-amlāk*	زيادة قيمة الاملاك
apprentice	*mutadarrij*	متدرج
apprentice training	*tadrīb al-mutadarrijīn*	تدريب المتدرجين
appropriation	*māl mukhaṣṣaṣ*	مال مخصص
approximate cost	*taklifa taqrībīya*	تكلفة تقريبية
approximate value	*qīma taqrībīya*	قيمة تقريبية
aptitude test	*faḥṣ liyāqa*	فحص لياقة
arbitrage	*istighlāl tafawwut al-asʿār bayna sūq wa ākhar*	استغلال تفاوت الاسعار بين سوق وآخر
arbitration	*taḥkīm*	تحكيم
arbitration award	*qarār at-taḥkīm*	قرار التحكم
arbitration board	*hayʾat at-taḥkīm*	هيئة التحكيم
arbitration clause	*sharṭ at-taḥkīm*	شرط التحكيم
arbitration proceedings	*ijrāʾāt at-taḥkīm*	اجراءات التحكيم
arbitrator	*ḥakam*	حكم
architect	*muhandis miʿmārī*	مهندس معماري
archival filing	*iḍbār al-maḥfūẓāt*	اضبار المحفوظات
archival storage	*takhzīn al-maḥfūẓāt*	تخزين المحفوظات
area	*minṭaqa*	منطقة
area manager	*mudīr al-minṭaqa*	مدير المنطقة
area office	*maktab al-minṭaqa*	مكتب المنطقة
arm's length transaction	*muʿāmala ʿala asās tijārī*	معاملة على اساس تجاري
arrears	*mutaʾakhkhirāt*	متأخرات
arrived ship	*safīna mawṣūla*	سفينة موصولة
arson	*ḥarīq mutaʿammid*	حريق متعمد
articled clerk	*muḥāsib taḥt at-tamrīn*	محاسب تحت التمرين
articles of agreement	*mudhakkirat ittifāq*	مذكرة اتفاق
Articles of Association	*niẓām ash-sharika al-asāsī*	نظام الشركة الاساسي
articles of partnership	*bunūd sharikat taḍāmum*	بنود شركة تضامن
articulated vehicle	*ʿaraba mafṣilīya*	ربة مفصلية
artificial intelligence	*dhakāʾ ṣināʿī*	اء صناعي
artificial lighting	*iḍāʾ ṣināʿī*	اء صناعي

artisan	*ḥirafī*	حرفي
assembler	*barāmij at-tajmīʿ*	برامج التجميع
assembly language	*lughat at-tajmīʿ*	لغة التجميع
assembly line	*khaṭṭ at-tajmīʿ*	خط التجميع
assembly line balancing	*muwāzanat khaṭṭ at-tajmīʿ*	موازنة خط التجميع
assessment	*taqdīr*	تقدير
assessment centre	*markaz taqdīr*	مركز تقدير
assessor	*mukhammin aḍ-ḍarāʾib*	مخمن الضرائب
assets	*mawjūdāt*	موجودات
asset turnover	*muʿaddal dawarān al-mawjūdāt*	معدل دوران الموجودات
asset value	*qīmat al-mawjūdāt*	قيمة الموجودات
assign *(v)*	*yatanāzal*	يتنازل
assignee	*mutanāzal ilayhi*	متنازل اليه
assignment	*tanāzul*	تنازل
associate	*sharīk*	شريك
associated company	*sharika murtabiṭa*	شركة مرتبطة
associate members	*aʿḍāʾ mushtarikūn*	اعضاء مشتركون
association	*jamʿīya*	جمعية
assurance	*taʾmīn ʿalal-ḥayāh*	تأمين على الحياة
assure *(v)*	*yuʾakkid*	يؤكد
at arms' length	*ʿala asās tijārī*	على اساس تجاري
at best	*bil-aḥsan*	بالاحسن
atlas	*aṭlas*	اطلس
at limit	*amr taḥdīd as-siʿr al-aqṣa*	امر تحديد السعر الاقصى
atomic energy	*ṭāqa dharrīya*	طاقة ذرية
atomic energy commission	*lajnat aṭ-ṭāqa adh-dharrīya*	لجنة الطاقة الذرية
at sight	*ʿind al-iṭṭilāʿ*	عند الاطلاع
attachment	*ḥajz taḥaffuẓī*	حجز تحفظي
attested copy	*nuskha muṣaddaqa*	نسخة مصدقة
attorney	*muḥāmin*	محام
attribute	*khāṣṣa*	خاصّة
auction *(n)*	*mazād*	مزاد
uction *(v)*	*yuzād*	يزاد
ıctioneer	*dallāl*	دلال
ction ring	*ʿuṣbat tawjīh al-mazād*	عصبة توجيه المزاد

audience measurement	*iḥṣāʾ al-mustamiʿīn*	احصاء المستمعين
audio	*samʿī*	سمعي
audio-typing	*aṭ-ṭibāʿa as-samʿīya*	الطباعة السمعية
audio-typist	*ṭabbāʿa samʿīya*	طباعة سمعية
audit *(n)*	*tadqīq al-ḥisābāt*	تدقيق الحسابات
audit *(v)*	*yudaqqiq al-ḥisābāt*	يدقق الحسابات
auditor	*mudaqqiq ḥisābāt*	مدقق حسابات
auditor's report	*taqrīr mudaqqiq ḥisābāt*	تقرير مدقق حسابات
authority	*sulṭa*	سلطة
authority structure	*silsilat as-sulṭa*	سلسلة السلطة
authorization	*takhwīl*	تخويل
authorized capital	*raʾs māl muṣarraḥ bihi*	رأسمال مصرح به
authorized clerk	*kātib mukhawwal*	كاتب مخول
authorized depository	*sharikat īdāʿ murakhkhaṣa*	شركة ايداع مرخصة
auto-correlation	*irtibāṭ al-mutaghayyirāt al-mutatālīya*	ارتباط المتغيرات المتتالية
automatic data processing	*taḥlīl bayānāt ūtūmātī*	تحليل بيانات اوتوماتي
automatic debit transfer	*taḥwīl al-madīn al-ūtūmātī*	تحويل المدين لاوتوماتي
automatic filing	*iḍbār ūtūmātī*	اضبار اوتوماتي
automatic overlay device	*nabīṭat ghishāʾ ūtūmātīya*	نبيطة غشاء اوتوماتية
automatic telephone switchboard	*lawḥat mafatīḥ at-tilifūn al-ūtūmātīya*	لوحة مفاتيح التلفون الاوتوماتية
automatic transfer	*taḥwīl ūtūmātī*	تحويل اوتوماتي
automatic typewriter	*āla kātiba ūtūmātīya*	الة كاتبة اوتوماتية
automatic vending	*bayʿ ūtūmātī*	بيع اوتوماتي
automation	*al-ūtūmātīya*	الاوتوماتية
autonomous investment	*istithmār dhātī ad-dawāfiʿ*	استثمار ذاتي الدوافع
auto-regression	*tarājuʿ dhātī*	تراجع ذاتي
available earnings	*īrād ṣāfī lish-sharika*	ايراد صافي للشركة
available time	*az-zaman al-mutāḥ*	الزمن المتاح
average	*muʿaddal · mutawassiṭ*	عدل . متوسط
average adjuster	*musawwi al-khasāʾir*	سوي الخسائر
average clause	*sharṭ al-muʿaddal*	ط المعدل

average cost	*at-taklifa al-mutawassiṭa*	التكلفة المتوسطة
average cost curve	*munḥana at-taklifa al-mutawassiṭa*	منحني التكلفة المتوسطة
average cost pricing	*tasʿīr ḥasb at-taklifa al-mutawassiṭa*	تسعير حسب التكلفة المتوسطة
average daily output	*al-intāj al-yawmī al-mutawassiṭ*	الانتاج اليومي المتوسط
average due date	*mutawassiṭ tārīkh al-istiḥqāq*	متوسط تاريخ الاستحقاق
average outgoing quality level	*al-mustawa al-mutawassiṭ li-nawʿīyat al-bidāʿa al-khārija*	المستوى المتوسط لنوعية البضاعة الخارجة
average premium	*qisṭ taʾmīn baḥrī*	قسط تأمين بحري
average revenue	*mutawassiṭ al-īrād*	متوسط الايراد
average statement	*bayān tawzīʿ at-talaf al-baḥrī*	بيان توزيع التلف البحري
average weekly earnings	*ad-dakhl al-usbūʿī al-mutawassiṭ*	الدخل الاسبوعي المتوسط
averaging	*takhfīḍ siʿr ash-shirāʾ al-mutawassiṭ*	تخفيض سعر الشراء المتوسط
aviation and travel	*aṭ-ṭayarān was-safar*	الطيران والسفر
aviation fuel	*wuqūd ṭāʾirāt*	وقود طائرات
aviation insurance	*taʾmīn ʿalaṭ-ṭayarān*	تأمين على الطيران
avoirdupois	*niẓām mawāzīn afwādībwā*	نظام موازين افواديبوا
award *(n)*	*iḥāla*	احالة
award *(v)*	*yuḥawil*	يحول
awareness	*idrāk*	ادراك

b

backdated	*sārī al-mafʿūl min tārīkh sābiq*	ساري المفعول من تاريخ سابق
back door	*bi-ṭuruq ghayr maʾlūfa*	بطرق غير مألوفة
backer	*dāʿim*	داعم
backing	*taghṭīya · daʿm*	تغطية . دعم
backing storage	*takhzīn daʿm*	تخزين دعم
backing store	*makhzan daʿm*	مخزن دعم
back interest	*fāʾiḍa mutaʾakhkhira*	فائدة متأخرة
back pay	*rātib mutaʾakhkhir*	راتب متأخر
back taxes	*ḍarāʾib mutaʾakhkhira*	ضرائب متأخرة
back to back credit	*iʿtimād mustanid bi-iʿtimād ākhar*	اعتماد مستند باعتماد آخر
back-to-work movement	*ittijāh istiʾnāf al-ʿamal*	اتجاه استئناف العمل
back-up *(n)*	*daʿm*	دعم
back-up *(v)*	*yadʿam*	يدعم
backwardation	*gharāmat taʾkhīr*	غرامة تأخير
backward integration	*at-takāmul al-ʿaksī*	التكامل العكسي
bad debt	*dayn hālik*	دين هالك
bad delivery	*taslīm fāsid*	تسليم فاسد
bad faith	*sūʾ an-nīya*	سوء النية
bailee	*ḥāfiẓ al-wadīʿa*	حافظ الوديعة
bailment	*wadīʿa*	وديعة
balance	*raṣīd*	رصيد
balance carried forward	*raṣīd muraḥḥal*	رصيد مرحّل
balanced budget	*mīzānīya mutawāzina*	ميزانية متوازنة
balanced economy	*iqtiṣād mutawāzin*	قتصاد متوازن
balanced growth	*numūw mutawāzin*	و متوازن

balanced portfolio	*majmūʿat istithmārāt muwāzina*	مجموعة استثمارات موازنة
balance of payments	*mīzān al-madfūʿāt*	ميزان المدفوعات
balance of trade	*mīzān tijārī*	ميزان تجاري
balance sheet	*mīzānīya ʿumūmīya*	ميزانية عمومية
ballast	*ṣābūra*	صابورة
ballot-box	*ṣundūq al-iqtirāʿ*	صندوق الاقتراع
ballot-paper	*biṭāqat al-iqtirāʿ*	بطاقة الاقتراع
ballpoint	*qalam bi-ḥibr jāff*	قلم بحبر جاف
ban *(n)*	*ḥaẓr*	حظر
ban *(v)*	*yaḥẓur*	يحظر
bancor	*bānkūr · ʿumla duwalīya*	بنكور . عملة دولية
band chart	*rasm bayānī sharīṭī*	رسم بياني شريطي
banded pack	*ḥuzmat ʿarḍ khāṣṣ*	حزمة عرض خاص
bandwidth	*ʿarḍ an-niṭāq at-taraddudī*	عرض النطاق الترددي
bank *(n)*	*maṣrif*	مصرف
bank account	*ḥisāb maṣrifī*	حساب مصرفي
bank advance	*sulfa maṣrifīya*	سلفة مصرفية
bank balance	*raṣīd fil-maṣrif*	رصيد في المصرف
bank bill	*sanad maṣrifī*	سند مصرفي
bank charge	*rasm maṣrifī*	رسم مصرفي
bank clearing	*muqāṣṣa maṣrifīya*	مقاصة مصرفية
bank commission	*ʿumūla maṣrifīya*	عمولة مصرفية
bank confirming house	*maṣrif ṣādirāt*	مصرف صادرات
bank credit	*iʿtimād maṣrifī*	اعتماد مصرفي
bank debits	*arṣida maṣrifīya madīna*	ارصدة مصرفية مدينة
banker's draft	*ḥawāla maṣrifīya*	حوالة مصرفية
banker's reference	*tawṣīya maṣrifīya*	توصية مصرفية
bank holiday	*ʿuṭlat al-maṣārif*	عطلة المصارف
banking department	*qism maṣrifī*	قسم مصرفي
banking finance	*tamwīl maṣrifī*	تمويل مصرفي
banknote	*waraqa maṣrifīya*	ورقة مصرفية
bank of issue	*maṣrif iṣdār*	مصرف إصدار
bank overdraft	*ḥisāb makshūf*	حساب مكشوف
bank rate	*siʿr al-qaṭʿ*	سعر القطع
bank reconciliation statement	*bayān taswīya maṣrifī*	بيان تسوية مصرفي

bank return	*bayān waḍʿ al-maṣrif*	بيان وضع المصرف
bankrupt *(n)*	*muflis*	مفلس
bankrupt *(v)*	*yuflis*	يفلس
bankruptcy	*iflās*	افلاس
bankruptcy petition	*ṭalab ishhār iflās*	طلب اشهار افلاس
bank statement	*bayān al-maṣrif*	بيان المصرف
bar chart	*rasm bayānī bi-aʿmida*	رسم بياني باعمدة
bareboat charter	*taʾjīr markab ʿārin*	تأجير مركب عارٍ
bargain *(n)*	*ṣafqa*	صفقة
bargain *(v)*	*yusāwim*	يساوم
bargaining agreement	*ittifāqīyat musāwama*	اتفاقية مساومة
bargaining power	*qudrat musāwama*	قدرة مساومة
bargaining rights	*ḥuqūq al-musāwama*	حقوق المساومة
bargaining strategy	*istrātijīyat al-musāwama*	استراتيجية المساومة
bargain purchasing	*ʿamalīyat shirāʾ ashum*	عملية شراء اسهم
barge-carrying vessel	*safīna mujahhaza bi-ṣandal*	سفينة مجهزة بصندل
barratry	*sūʾ taṣarruf rubbān as-safīna aw baḥḥāratiha aḍ-ḍār bi-maṣāliḥ aṣḥābiha*	سوء تصرف ربان السفينة او بحارتها الضار بمصالح اصحابها
barrel	*barmīl*	برميل
barrel mile	*barmīl mīl*	برميل ميل
barrel per day	*barāmīl fil-yawm*	براميل في اليوم
barrier to entry	*ḥājiz manʿ ad-dukhūl*	حاجز منع الدخول
barrister	*muḥamin*	محام
barter *(v)*	*yuqāyiḍ*	يقايض
base currency	*ʿumla zāʾifa*	عملة زائفة
base level	*mustawa asās*	مستوى اساس
base period	*muddat asās*	مدة اساس
base price	*siʿr asās*	سعر اساس
base rate	*al-ajr al-asāsī*	الاجر الاساسي
base stock system	*uslūb taqyīm al-baḍāʾiʿ ḥasba siʿr ash-shirāʾ*	اسلوب تقييم البضائع حسب سعر الشراء
base year	*sanat asās*	سنة اساس
basic agreement	*ittifāqīya asāsīya*	اتفاقية اساسية
basic data	*muʿṭayāt asāsīya*	معطيات اساسية
basic document	*wathīqat asās*	وثيقة اساس

basic facts	*ḥaqāʾiq asāsīya*	حقائق اساسية
basic pay	*ajr asāsī*	اجر اساسي
basic premium	*qisṭ asāsī*	قسط اساسي
basic price	*siʿr asāsī*	سعر اساسي
basic principle	*mabdaʾ asāsī*	مبدأ اساسي
basic rate	*ajr asāsi*	اجر اساسي
basic rate of payment	*muʿaddal al-ajr al-asāsī*	معدل الاجر الاساسي
basic standards	*maqāyīs asāsīya*	مقاييس اساسية
basic structure	*haykal asāsī*	هيكل اساسي
basic training	*tadrīb asāsī*	تدريب اساسي
basic wage	*al-ajr al-asāsī*	الاجر الاساسي
basis period	*muddat asās*	مدة اساس
batch	*dufʿa*	دفعة
batch control	*murāqabat ad-dufuʿāt*	مراقبة الدفعات
batch costing	*taqdīr takālīf ad-dufuʿāt*	تقدير تكاليف الدفعات
batch processing	*muʿālaja mutatālīya lil-barāmij*	معالجة متتالية للبرامج
batch production	*intāj bid-dufuʿāt*	انتاج بالدفعات
batch size	*hajm ad-dufʿa*	حجم الدفعة
baud	*būd*	بود
bearer	*ḥāmil*	حامل
bearer bond	*sanad li-ḥāmilihi*	سند لحامله
bearer cheque	*shīk li-ḥāmilihi*	شيك لحامله
bearer security	*sahm li-ḥāmilihi*	سهم لحامله
bear market	*sūq ħabiṭa*	سوق هابطة
behavioural science	*ʿilm as-sulūk*	علم السلوك
belated claim	*daʿwa mutaqādim*	دعوى متقادم
below the line advertising	*at-tarwīj*	الترويج
below the line item	*band ghayr muḥāsab*	بند غير محاسب
below the line payments and receipts	*dafaʿāt wa īrādāt ghayr muḥāsaba*	دفعات وايرادات غير محاسبة
bench mark	*ʿalāmat al-isnād*	علامة الاسناد
beneficial interest	*ḥaqq al-intifāʿ*	حق الانتفاع
beneficial owner	*al-mālik al-mustafīd*	المالك المستفيد
benefit *(n)*	*manfaʿa*	منفعة
benefit *(v)*	*yastafīd*	يستفيد

benefit in kind	*manfaʿa ʿaynīya*	منفعة عينية
benefit taxation	*ḍarība ʿalal-manfaʿa*	ضريبة على المنفعة
berth *(n)*	*marsa*	مرسى
berth *(v)*	*yursi*	يرسي
berthage	*ujūr istiʿmāl marsa as-safīna*	اجور استعمال مرسى السفينة
berth note	*ishʿār al-marsa*	اشعار المرسى
best price	*afḍal siʿr*	افضل سعر
betterment	*taḥsīn*	تحسين
beyond repair	*bi-shakl lā yumkin iṣlāḥuh*	بشكل لا يمكن اصلاحه
bi-annual	*niṣf sanawī*	نصف سنوي
bid filing	*taqdīm ʿuruḍ*	تقديم عروض
bi-directional	*thunāʾī al-ittijāh*	ثنائي الاتجاه
bid price	*siʿr al-ʿarḍ*	سعر العرض
bilateral agreement	*ittifāq thunāʾī*	اتفاق ثنائي
bilateral monopoly	*iḥtikār thunāʾī*	احتكار ثنائي
bilateral trade	*tijāra thunāʾīya*	تجارة ثنائية
bill *(n)*	*fātūra · sanad*	فاتورة . سند
bill *(v)*	*yursil fātūrat ḥisāb*	يرسل فاتورة حساب
bill-broker	*simsār awrāq mālīya*	سمسار اوراق مالية
bill of entry	*kashf istīrād*	كشف استيراد
bill of exchange	*kambiyāla*	كمبيالة
bill of health	*shahāda ṣiḥḥīya*	شهادة صحية
bill of lading	*būlīṣat shaḥn*	بوليصة شحن
bill of quantities	*jadwal al-kammīyāt*	جدول الكميات
bill of sale	*sanad bayʿ*	سند بيع
bill of sight	*taṣrīh lil-muʿāyana al-jumrukīya*	تصريح للمعاينة الجمركية
bill of store	*taṣrīh bil-iʿfāʾ al-jumrukī*	تصريح بالاعفاء الجمركي
bills payable	*awrāq dafʿ*	اوراق دفع
bills receivable	*awrāq qabḍ*	اوراق قبض
bi-monthly	*marratayn fish-shahr*	مرتين في الشهر
binary	*thunāʾī*	ثنائي
binary digit	*raqm thunāʾī*	رقم ثنائي
binary notation	*tadwīn thunāʾī*	تدوين ثنائي
bin card	*biṭāqat aṣ-ṣunduq*	بطاقة الصندوق
binding	*mulzim*	ملزم

binding agreement	*ittifāqīya mulzima*	اتفاقية ملزمة
binding force	*qūwa mulzima*	قوة ملزمة
birth rate	*muʿaddal al-mawālīd*	معدل المواليد
bit	*bit · raqm thunāʾī*	بت . رقم ثنائي
bits per second	*bitāt fi-thānya*	بتات في الثانية
bivariate distribution	*tawziʿ bi-mutaghayyirayn ʿashwāʾayn*	توزيع بمتغيرين عشوائين
black *(v)*	*yuqāṭiʿ*	يقاطع
blackleg	*mufsid al-iḍrāb*	مفسد الاضراب
blacklist	*al-qāʾima as-sawdāʾ*	القائمة السوداء
blackmail	*ibtizāz*	ابتزاز
black market	*as-sūq as-sawdāʾ*	السوق السوداء
blank cheque	*shīk ʿala bayāḍ*	شيك على بياض
blank endorsement	*tajyīr ʿala bayāḍ*	تجيير على بياض
blanket policy	*būlīṣa shāmila*	بوليصة شاملة
blank filing	*iḍbār ʿala bayāḍ*	اضبار على بياض
blank transfer	*taḥwīl ʿala bayāḍ*	تحويل على بياض
bliss point	*nuqṭat al-manfaʿa al-quṣwa*	نقطة المنفعة القصوى
blocked account	*ḥisāb mujammad*	حساب مجمّد
blocked currency	*ʿumla mujammada*	عملة مجمدة
blue chip	*min ad-daraja al-ūlā*	من الدرجة الاولى
blue-print	*ṣūra ʿan taṣmīm*	صورة عن تصميم
boarding station	*maḥaṭṭat ar-rukūb*	محطة الركوب
board meeting	*ijtimāʿ majlis idāra*	اجتماع مجلس ادارة
board of directors	*majlis idāra*	مجلس ادارة
board of inquiry	*lajnat at-taḥqīq*	لجنة التحقيق
Board of Trade	*wizārat at-tijāra*	وزارة التجارة
body corporate	*shakhṣīya iʿtibārīya*	شخصية اعتبارية
bona fide	*bi-ḥuṣni nīya*	بحسن نية
bonanza	*būnānza*	بونانزا
bonded goods	*baḍāʾiʿ mudaʿa bi-ishrāf al-ḥukūma*	بضائع مدعة باشراف الحكومة
bonded store	*makhzan īdāʿ bi-ishrāf al-ḥukūma*	مخزن إيداع باشراف الحكومة
bonded warehouse	*mustawdaʿ īdāʿ bi-ishrāf al-ḥukūma*	مستودع إيداع باشراف الحكومة
bonus	*mukāfaʾa*	مكافأة

bonus issue	*tajziʾat ashum*	تجزئة اسهم
bonus scheme	*niẓām al-mukāfaʾa*	نظام المكافأة
book debt	*dayn daftarī*	دين دفتري
book-keeping	*mask ad-dafātir*	مسك الدفاتر
books of account	*dafātir ḥisābāt*	دفاتر حسابات
book value	*qīma daftarīya*	قيمة دفترية
boom	*intiʿāsh*	انتعاش
booster training	*tadrīb taʿzīz*	تدريب تعزيز
bootstrap	*taḥmīl ibtidāʾī lil-barāmij*	تحميل ابتدائي للبرامج
border line	*khaṭṭ fāṣil*	خط فاصل
borrow *(v)*	*yaqtariḍ*	يقترض
borrowing facility	*tashīlāt iqtirāḍ*	تسهيلات اقتراض
bottle-neck	*ʿāʾiq*	عائق
bottomry bond	*qarḍ baḥrī*	قرض بحري
bought note	*ishʿār ash-shirāʾ*	اشعار الشراء
bounty	*iʿāna*	اعانة
bourse	*burṣa*	بورصة
box file	*milaff ṣundūqī*	ملف صندوقي
boycott *(n)*	*muqāṭaʿa*	مقاطعة
boycott *(v)*	*yuqāṭiʿ*	يقاطع
brainstorming	*istiḥthāth*	استحثاث
branch manager	*mudīr al-farʿ*	مدير الفرع
branch office	*maktab farʿī*	مكتب فرعي
brand *(n)*	*mārka · ṣinf*	ماركة . صنف
brand acceptance	*qabūl al-mārka*	قبول الماركة
brand awareness	*idrāk al-mārka*	ادراك الماركة
branded goods	*baḍāʾiʿ muʿallama*	بضائع معلمة
brand image	*ṣūrat al-mārka*	صورة الماركة
branding	*waḍʿ al-mārkāt*	وضع الماركات
brand leader	*al-mārka al-anjaḥ*	الماركة الانجح
brand loyalty	*walāʾ al-mustahlikīn lil-mārka*	ولاء المستهلكين للماركة
brand name	*ism al-mārka*	اسم الماركة
brand recognition	*iʿtirāf al-mārka*	اعتراف الماركة
brand strategy	*istrātījīyat tarwīj al-mārka*	استراتيجية ترويج الماركة
breach of contract	*ikhlāl bil-ʿaqd*	اخلال بالعقد
breach of the peace	*ikhlāl bis-salām*	اخلال بالسلام

breach of warranty	*ikhlāl biḍ-ḍamān*	اخلال بالضمان
breakdown *(n)*	*taḥlīl muḥāsibī*	تحليل محاسبي
break down *(v)*	*yuḥallil*	يحلل
break-even analysis	*taḥlīl at-taʿādul*	تحليل التعادل
break-even chart	*rasm bayānī lit-taʿādul*	رسم بياني للتعادل
break-even point	*nuqṭat at-taʿādul*	نقطة التعادل
breaking bulk	*badʾ ʿamalīyat at-tafrigh*	بدء عملية التفريغ
breaking-up value	*qīmat ash-shayʾ ka-khurda*	قيمة الشيء كخردة
break off *(v)*	*yaqṭaʿ*	يقطع
breakthrough *(n)*	*taqaddum bāhir*	تقدم باهر
bribe *(n)*	*rashwa*	رشوة
bribe *(v)*	*yarsha*	يرشي
bridging loan	*qarḍ qaṣīr al-ajal li-istikmal ash-shirāʾ*	قرض قصير الاجل لاستكمال الشراء
briefing	*mulakhkhaṣ al-qaḍīya*	ملخص القضية
broadband	*ʿarīḍ an-niṭāq*	عريض النطاق
broken stowage	*farāghāt ghayr mashghūla*	فراغات غير مشغولة
broker	*simsār*	سمسار
brokerage	*ʿumūlat as-simsār*	عمولة السمسار
broker's return	*mardūd as-simsar*	مردود السمسار
bubble memory	*dhākira fuqqāʿīya*	ذاكرة فقاعية
bucket shop	*matjar khaṣm*	متجر خصم
budget account	*ḥisāb al-mīzānīya ash-shakhṣīya*	حساب الميزانية الشخصية
budget appropriation	*mukhaṣṣaṣat al-mīzānīya*	مخصصة الميزانية
budgetary control	*murāqabat al-mīzānīya*	مراقبة الميزانية
budget constraint	*munḥana ḥaṣr al-mīzānīya*	منحني حصر الميزانية
budget deficit	*ʿajz fil-mīzānīya*	عجز في الميزانية
budget equation	*muʿādalat al-mīzānīya*	معادلة الميزانية
budget forecasting	*tanabbuʾ al-mīzānīya*	تنبؤ الميزانية
budgeting	*iʿdād al-mīzānīya*	اعداد الميزانية
budget line	*munḥana ḥaṣr al-mīzānīya*	منحني حصر الميزانية
budget standards	*maʿāyīr al-mīzānīya*	معايير الميزانية
budget surplus	*fāʾiḍ al-mīzānīya*	فائض الميزانية

buffer stock	*al-makhzūn al-iḥtiyāṭī*	المخزون الاحتياطي
bug *(v)*	*yurāqib iliktrūnīyan*	يراقب الكترونياً
building contractor	*muqāwil*	مقاول
building layout	*takhṭīṭ al-mabna*	تخطيط المبنى
building licence	*rukhṣat binā'*	رخصة بناء
building materials	*mawādd inshā'īya*	مواد انشائية
building permit	*taṣrīḥ binā'*	تصريح بناء
building regulations	*anẓimat binā'*	انظمة بناء
built-in furniture	*athāth mubayyita*	اثاث مبيتة
built-in obsolescence	*buṭlān al-istiʿmāl al-muṣammam*	بطلان الاستعمال المصمم
built-in stabilizers	*muwāzināt iqtiṣādīya tilqā'īya*	موازنات اقتصادية تلقائية
bulk	*bil-jumla · sā'ib*	بالجملة . سائب
bulk buying	*ishtirā' bil-jumla*	اشتراء بالجملة
bulk cargo	*shaḥna sā'iba*	شحنة سائبة
bulk carrier	*safīna li-shaḥnāt sā'iba*	سفينة لشحنات سائبة
bulk mailing	*irsāl al-barīd bil-jumla*	ارسال البريد بالجملة
bulk shipment	*shaḥna sā'iba*	شحنة سائبة
bulk storage	*takhzīn al-baḍā'iʿ as-sā'iba*	تخزين البضائع السائبة
bulk transport	*naql al-baḍā'iʿ as-sā'iba*	نقل البضائع السائبة
bulldog clip	*mishbak musannan*	مشبك مسنن
bullion	*sabīka*	سبيكة
bullion market	*sūq al-maʿādin ath-thamīna*	سوق المعادن الثمينة
bunkering	*tamwīn as-sufun bil-wuqūd*	تموين السفن بالوقود
buoyancy	*aṭ-ṭafwiya*	الطفوية
burden of debt	*ʿib' ad-duyūn*	عبء الديون
burden of proof	*ʿib' al-ithbāt*	عبء الاثبات
bureau	*maktab*	مكتب
bureaucracy	*bīrūqrāṭīya*	بيروقراطية
bureau de change	*maktab taḥwīl al-ʿumla*	مكتب تحويل العملة
burglary insurance	*ta'mīn ḍidd as-saṭw*	تأمين ضد السطو
bus	*madār tawzīʿ*	مدار توزيع
business administration	*idārat al-aʿmāl*	ادارة الأعمال

business connections	*ʿalāqāt tijārīya*	علاقات تجارية
business cycle	*dawra tijārīya*	دورة تجارية
business economist	*khabīr fī iqtiṣād al-aʿmāl*	خبير في اقتصاد الاعمال
business enterprise	*muʾassasa tijārīya*	مؤسسة تجارية
business forecasting	*tanabbuʾ tijārī*	تنبؤ تجاري
business games	*alʿāb al-aʿmāl*	العاب الاعمال
business hours	*ad-dawām*	الدوام
business management	*idārat al-aʿmāl*	ادارة الاعمال
business name	*ism tijārī*	اسم تجاري
business policy	*siyāsat al-aʿmāl*	سياسة الاعمال
business premises	*munshaʾāt tijārīya*	منشآت تجارية
business relations	*ʿalāqāt tijārīya*	علاقات تجارية
business reply service	*khidmat al-barīd al-majānīya*	خدمة البريد المجانية
business strategy	*istrātījīya tijārīya*	استراتيجية تجارية
business transaction	*muʿāmala tijārīya*	معاملة تجارية
business unit	*wiḥda tijārīya*	وحدة تجارية
buy earnings	*yashtari ashum fi-intiẓār numūw dakhliha*	يشتري اسهم في انتظار نمو دخلها
buyer	*mushtari*	مشتري
buyer's market	*sūq munāsiba lil-mushtarīn*	سوق مناسبة للمشترين
buying agent	*wakīl ash-shirāʾ*	وكيل الشراء
buying behaviour	*sulūk al-mushtarin*	سلوك المشتر
buying contract	*ʿaqd ishtirāʾ*	عقد اشتراءً
buying in	*shirāʾ min qibl ṣāḥib as-silʿa*	شراء من قبل صاحب السلعة
buzzer systems	*nuẓum azzāz*	نظم ازاز
byelaw	*lāʾiḥa dakhilīya*	لائحة داخلية
by-election	*intikhāb thānawī*	انتخاب ثانوي
by-pass	*majra jānibī*	مجرى جانبي
by-product	*silʿa jānibīya*	سلعة جانبية
byte	*bāyt*	بايت

C

cable *(n)*	*barqīya*	برقية
cable *(v)*	*yubriq*	يبرق
cabotage	*milāḥa sāḥilīya*	ملاحة ساحلية
calculating machine	*āla ḥāsiba*	آلة حاسبة
calculator	*ḥāsib*	حاسب
calendar	*taqwīm*	تقويم
calendar month	*shahr taqwīmī*	شهر تقويمي
calendar year	*sana taqwīmīya*	سنة تقويمية
callable bonds	*sanadāt qābila lit-tasdīd*	سندات قابلة للتسديد
called-up capital	*raʾs māl maṭlūb*	راس مال مطلوب
call money	*māl taḥt aṭ-ṭalab*	مال تحت الطلب
call off a deal	*yulghi ṣafqatan*	يلغي صفقة
call option	*shirāʾ ikhtiyārī fil-mustaqbal*	شراء اختياري في المستقبل
call over	*murājaʿa bil-munādāh*	مراجعة بالمناداة
cambist	*ṣarrāf*	صراف
campaign	*ḥamla*	حملة
canal	*qanāh*	قناة
cancellation	*ilghāʾ*	الغاء
canning industry	*ṣināʿat at-taʿlīb*	صناعة التعليب
canteen	*kāftīrya*	كافتيريا
capacity	*ṭāqa*	طاقة
capacity ratio	*nisbat aṭ-ṭāqa*	نسبة الطاقة
capacity utilisation	*istiʿmāl aṭ-ṭāqa*	استعمال الطاقة
capital	*raʾsmāl*	راسمال
capital account	*ḥisāb ar-raʾsmāl*	حساب الراسمال
capital allowance	*ḥasm ḍarībī lil-istihlāk*	حسم ضريبي للاستهلاك
capital asset	*aṣl raʾsmālī*	اصل راسمالي
capital budgeting	*iʿdād mīzānīyat ar-raʾsmāl*	اعداد ميزانية الراسمال

capital clause	*sharṭ raʾsmālī*	شرط راسمالي
capital commitment	*taʿahhud raʾsmālī*	تعهد راسمالي
capital consumption	*istihlāk raʾsmālī*	استهلاك راسمالي
capital deepening	*numūw ar-raʾsmāl bil-nisba lil-ʿummāl*	نمو الراسمال بالنسبة للعمال
capital expenditure	*maṣrufāt raʾsmālīya*	مصروفات راسمالية
capital formation	*tarākum ar-raʾsmāl*	تراكم الراسمال
capital gains	*arbāḥ raʾsmālīya*	ارباح راسمالية
capital gains tax	*ḍarība ʿalal-arbāḥ ar-raʾsmālīya*	ضريبة على الارباح الراسمالية
capital gearing	*taʿdīl rasmālī*	تعديل راسمالي
capital goods	*silaʿ intajīya*	سلع انتاجية
capital-intensive industry	*ṣināʿa kathīfat al-istithmār*	صناعة كثيفة الاستثمار
capitalisation	*rasmala*	رسملة
capitalism	*raʾsmālīya*	راسمالية
capital-labour ratio	*nisbat ar-raʾsmāl ilal-ʿummāl*	نسبة الراسمال الى العمال
capital levy	*ḍarībat ar-raʾsmāl*	ضريبة الراسمال
capital loss	*khasāʾir raʾsmālīya*	خسائر رأسمالية
capital market	*sūq ar-raʾsmāl*	سوق الرأسمال
capital outlay	*maṣrūfāt raʾsmālīya*	مصروفات رأسمالية
capital partnership	*sharikat taḍāmun raʾsmālīya*	شركة تضامن رأسمالية
capital profit	*ribḥ raʾsmālī*	ربح رأسمالي
capital raising	*al-ḥuṣūl ʿalar-raʾsmāl*	الحصول على الرأسمال
capital reserve	*iḥtiyāṭī ar-raʾsmāl*	احتياطي الرأسمال
capital saturation	*tashabbuʿ raʾsmālī*	تشبع رأسمالي
capital-saving invention	*ikhtirāʿ yukhaffiḍ ar-raʾsmāl al-maṭlūb*	اختراع يخفض الرأسمال المطلوب
capital stock	*ashum ar-raʾsmāl*	اسهم الرأسمال
capital structure	*haykal raʾsmālī*	هيكل رأسمالي
capital sum	*mablagh raʾsmālī*	مبلغ رأسمالي
capital surplus	*fāʾiḍ ar-raʾsmāl*	فائض الرأسمال
capital transfer tax	*ḍarība ʿala taḥwīl ar-raʾsmāl*	ضريبة على تحويل الرأسمال
capital turnover	*dawrat ar-raʾsmāl*	دورة الرأسمال
captain's entry	*qayd ar-rubbān*	قيد الربان
captain's protest	*iḥtijāj ar-rubbān*	احتجاج الربان

carat	*qīrāṭ*	قيراط
carbon-backed paper	*waraq mukarban*	ورق مكربن
carbon copy	*nuskha kārbūnīya*	نسخة كاربونية
carbonless paper	*waraq bi-dūn kārbūn*	ورق بدون كاربون
carbon ribbon	*sharīṭ karbūnī*	شريط كاربوني
carbons	*nusakh karbūnīya*	نسخ كاربونية
card duplicating	*istinsākh al-biṭāqāt*	استنساخ البطاقات
card index	*fihris al-biṭāqāt*	فهرس البطاقات
career	*mihna*	مهنة
career planning	*takhṭīṭ al-mihna*	تخطيط المهنة
care of	*bi-wāsiṭa*	بواسطة
caretaker	*ḥāris*	حارس
caretaking	*ḥirāsa*	حراسة
cargo	*ḥumūla*	حمولة
cargo facilities	*tashīlāt munāwalat al-ḥumūla*	تسهيلات مناولة الحمولة
cargo insurance	*taʾmīn ʿalal-ḥumūla*	تأمين على الحمولة
cargo liner	*safīnat shaḥn bi-riḥlāt muqarrara*	سفينة شحن برحلات مقررة
car hire	*taʾjīr as-sayyārāt*	تأجير السيارات
carload	*ḥumūlat al-ʿaraba*	حمولة العربة
carnet	*kārnay*	كارنيه
carriage	*ujrat an-naql*	اجرة النقل
carriage by air	*naql jawwan*	نقل جواً
carriage by rail	*naql bi-sikkat al-ḥadīd*	نقل بسكة الحديد
carriage by road	*naql bi-ṭarīq*	نقل بطريق
carriage costs	*maṣrūfāt an-naql*	مصروفات النقل
carriage paid	*madfūʿ an-naql*	مدفوع النقل
carrier	*nāqil*	ناقل
carry forward *(v)*	*yuraḥḥil li-mā baʿd*	يرحل لما بعد
carry over *(v)*	*yudawwir*	يدوّر
carte blanche	*tafwīḍ muṭlaq*	تفويض مطلق
cartel	*kārtil*	كارتل
cart note	*ishʿār naql*	اشعار نقل
cartridge	*khartūsha*	خرطوشة
case-study	*dirāsat al-ḥālāt al-fardīya*	دراسة الحالات الفردية
cash	*naqd*	نقد
cash account	*ḥisāb an-naqd*	حساب النقد

cash against document	*dafᶜ muqābil taslīm al-mustanadāt*	دفع مقابل تسليم المستندات
cash and carry	*idfaᶜ wa anqul*	ادفع وانقل
cash before delivery	*dafᶜ qabl at-taslīm*	دفع قبل التسليم
cash-book	*daftar aṣ-ṣunduq*	دفتر الصندوق
cash budget	*mīzānīyat an-naqd*	ميزانية النقد
cash budgeting	*iᶜdād mīzānīyat an-naqd*	اعداد ميزانية النقد
cash discount	*khaṣm naqdī*	خصم نقدي
cash dispenser	*jihāz tawzīᶜ an-naqd*	جهاز توزيع النقد
cash flow	*suyūla naqdīya*	سيولة نقدية
cash forecast	*tanabbuʾ as-suyūla*	تنبؤ السيولة
cash handling	*munāwalat an-naqd*	مناولة النقد
cashier	*amīn aṣ-ṣundūq*	امين الصندوق
cashier department	*qism amīn aṣ-ṣundūq*	قسم امين الصندوق
cash in advance	*dafᶜ naqdan muqaddaman*	دفع نقداً مقدماً
cash in bank	*naqd lada al-bunūk*	نقد لدى البنوك
cash in hand	*naqd fiṣ-ṣundūq*	نقد في الصندوق
cash on delivery	*dafᶜ ᶜind at-taslīm*	دفع عند التسليم
cash on receipt of goods	*dafᶜ ᶜinda taslīm al-baḍāʾiᶜ*	دفع عند تسليم البضائع
cash payment	*dafᶜa naqdīya*	دفعة نقدية
cash position	*markaz naqdī*	مركز نقدي
cash purchases	*mushtarayāt naqdīya*	مشتريات نقدية
cash ratio	*nisba naqdīya*	نسبة نقدية
cash register	*ālat tasjīl an-naqd*	الة تسجيل النقد
cash sale	*bayᶜ naqdī*	بيع نقدي
cash till	*ṣundūq al-wiḥdāt an-naqdīya*	صندوق الوحدات النقدية
cash with order	*dafᶜ ᶜind aṭ-ṭalab*	دفع عند الطلب
casting vote	*ṣawt murajjiḥ*	صوت مرجّح
casual labour	*ᶜummāl ᶜaraḍīyūn*	عمال عرضيون
casualty	*muṣīb*	مصيب
casual worker	*ᶜāmil ᶜaraḍī*	عامل عرضي
catalogue	*katalūg*	كاتالوج
catastrophe reserve	*iḥtiyāṭī lil-kāritha*	احتياطي للكارثة
cathode-ray tube	*unbūb al-ashiᶜᶜa al-kāthūdīya*	انبوب الاشعة الكاثودية

cattle	*mawāshi*	مواشي
cattle breeding	*tarbīyat al-mawāshi*	تربية المواشي
cattle market	*sūq al-mawāshi*	سوق المواشي
caveat emptor	*li-yaḥtaris al-mushtari*	ليحترس المشتري
ceiling price	*aʿla ḥadd lis-siʿr*	اعلى حد للسعر
censor *(v)*	*yurāqib*	يراقب
censorship	*murāqaba*	مراقبة
census	*iḥṣāʾ*	احصاء
centigrade	*daraja miʾawīya*	درجة مئوية
central authority	*sulṭa markazīya*	سلطة مركزية
centralization	*tamarkuz*	تمركز
centralized dictation	*istiktāb markazī*	استكتاب مركزي
central office	*maktab markazī*	مكتب مركزي
central processing unit	*wiḥdat al-muʿālaja al-markazīya*	وحدة المعالجة المركزية
certificate	*shahāda*	شهادة
certificate of damage	*shahādat ḍarar*	شهادة ضرر
certificate of incorporation	*shahādat taʾsīs sharika*	شهادة تأسيس شركة
certificate of inspection	*shahādat faḥṣ*	شهادة فحص
certificate of origin	*shahādat manshaʾ*	شهادة منشأ
certificate of posting	*shahādat barīd*	شهادة بريد
certificate of registry	*shahādat tasjīl*	شهادة تسجيل
certificate of survey	*shahādat masḥ*	شهادة مسح
certified accountant	*muḥāsib muʿtamad*	محاسب معتمد
cesser clause	*sharṭ inhāʾ masʾūlīya*	شرط انهاء مسؤولية
chain of command	*tasalsul as-sulṭāt*	تسلسل السلطات
chain of distribution	*tasalsul at-tawzīʾ*	تسلسل التوزيع
chain store	*maḥallāt as-silsila*	محلات السلسلة
chair *(v)*	*yaraʾs*	يرأس
chairman of the board	*raʾīs majlis al-idāra*	رئيس مجلس الادارة
chamber of commerce	*ghurfat at-tijāra*	غرفة التجارة
chamber of shipping	*ghurfat al-milāḥa*	غرفة الملاحة
chamber of trade	*ghurfat at-tijāra*	غرفة التجارة
chandler	*tājir lawāzim as-sufun*	تاجر لوازم السفن
channels of communication	*qanawāt al-ittiṣāl*	قنوات الاتصال

channels of distribution	*subul at-tawzī*ᶜ	سبل التوزيع
characteristics of goods	*khaṣā*ʾ*is baḍā*ʾ*i*ᶜ	خصائص بضائع
character printer	*jihāz ṭibā*ᶜ*at al-ḥurūf*	جهاز طباعة الحروف
character recognition	*ta*ᶜ*arruf al-ḥurūf*	تعرف الحروف
charge (*v*)	*yashtari* ᶜ*alal-ḥisāb*	يشتري على الحساب
charge account	*ḥisāb* ᶜ*amīl*	حساب عميل
charges forward	*daf*ᶜ *ar-rusūm muqaddaman*	دفع الرسوم مقدماً
charisma	*siḥr shakhṣīya*	سحر شخصية
chart (*n*)	*rasm bayānī*	رسم بياني
charter (*v*)	*yasta*ʾ*jir*	يستأجر
chartered accountant	*muḥāsib qānūnī*	محاسب قانوني
chartered company	*sharika ma*ʾ*dhūna*	شركة مأذونة
charterer	*musta*ʾ*jir*	مستأجر
chartering	*ta*ʾ*jīr*	تأجير
chartering agent	*wakīl ta*ʾ*jīr*	وكيل تأجير
charter party	ᶜ*aqd ījār markab*	عقد ايجار مركب
chartist	*muḥallil rusūm bayānīya li-ḥarakat as*ᶜ*ār al-ashum*	محلل رسوم بيانية لحركة اسعار الاسهم
chattel	*milk manqūl*	ملك منقول
cheap money	*iqrāḍ bi-fā*ʾ*ida munkhafiḍa*	اقراض بفائدة منخفضة
chemical works	*maṣna*ᶜ *kīmāwī*	مصنع كيماوي
chemist	*kīmāwī*	كيماوي
cheque	*shīk*	شيك
cheque-book	*daftar shīkāt*	دفتر شيكات
cheque card	*biṭāqat maṣrif*	بطاقة مصرف
cheque system	*niẓām shīkāt*	نظام شيكات
chief accountant	*ra*ʾ*īs muḥāsaba*	رئيس محاسبة
chief buyer	*ra*ʾ*īs mushtariyīn*	رئيس مشترين
chief executive	*kabīr al-idāriyīn*	كبير الاداريين
chip	*sharḥa raqīqa*	شرحة رقيقة
chi-square distribution	*tawzī*ᶜ *tshī murabba*ᶜ	توزيع تشي مربع
choice	*ikhtiyar*	اختيار
choice brand	*mārka marmūqa*	ماركة مرموقة

chose in action	*amwāl manqūla*	اموال منقولة
chose in possession	*amwāl ghayr manqūla*	اموال غير منقولة
chronological filing	*iḍbār zamanī*	اضبار زمني
c.i.f.	*sīf*	سيف
circuit switching	*taḥawwul ad-dā'ira*	تحول الدائرة
circular	*nashra dawrīya*	نشرة دورية
circularizing equipment	*ajhizat iṣdār nasharāt dawrīya*	اجهزة اصدار نشرات دورية
circular letter of credit	*kitāb iʿtimād dawrī*	كتاب اعتماد دوري
circular rotary filing	*niẓām al-iḍbār ad-dā'irī ad-dawwār*	نظام الاضبار الدائري الدوار
circulating assets	*mawjūdāt mutadāwala*	موجودات متداولة
circulating capital	*ra's māl mutadāwal*	رأس مال متداول
circumstantial evidence	*adilla ʿaraḍīya*	ادلة عرضية
citizen	*muwāṭin*	مواطن
citizenship	*muwāṭana*	مواطنة
civil action	*daʿwa madanīya*	دعوى مدنية
civil engineer	*muhandis madani*	مهندس مدني
civil rights	*ḥuqūq madanīya*	حقوق مدنية
civil servant	*muwaẓẓaf*	موظف
claim *(n)*	*iddʿā'*	ادعاء
claim *(v)*	*yuṭālib*	يطالب
claimant	*al-muddaʿī*	المدعي
claims department	*qism at-taʿwīḍāt*	قسم التعويضات
classical range	*al-mada al-klāsīkī*	المدى الكلاسيكي
classification of occupation	*taṣnīf mihna*	تصنيف مهنة
class of insurance	*fi'at ta'mīn*	فئة تأمين
clean bill of exchange	*kambiyāla naẓīfa*	كمبيالة نظيفة
clean bill of lading	*būlīṣat shaḥn naẓīfa*	بوليصة شحن نظيفة
cleaning	*tanẓīf*	تنظيف
clearance	*muqāṣṣa*	مقاصة
clearance inwards	*muqāṣṣa dākhilīya*	مقاصة داخلية
clearance sale	*bayʿ at-taṣfiya*	بيع التصفية
clear days	*ayām khāliṣa*	ايام خالصة
clearing bank	*maṣrif muqāṣṣa*	مصرف مقاصة
clearing-house	*ghurfat muqāṣṣa*	غرفة مقاصة

clear majority	*aktharīya wāḍiḥa*	اكثرية واضحة
clear profit	*ribḥ ṣāfī*	ربح صافي
clerical work	*ʿamal maktabī*	عمل مكتبي
clerical work measurement	*qiyās al-ʿamal al-maktabī*	قياس العمل المكتبي
clerical work study	*dirāsat al-ʿamal al-maktabī*	دراسة العمل المكتبي
clerk	*kātib*	كاتب
client	*ʿamīl*	عميل
clock-time	*waqt as-sāʿa*	وقت الساعة
close an account	*yuqfil ḥisāban*	يقفل حساباً
close company	*sharika muqfala*	شركة مقفلة
closed economy	*iqtiṣād muqfal*	اقتصاد مقفل
closed loop	*ḥalaqa muqfala*	حلقة مقفلة
closed shop	*mashghal muqfal*	مشغل مقفل
close price	*siʿr al-iqfāl*	سعر الاقفال
closing date	*tārīkh al-iqfāl*	تاريخ الاقفال
closing price	*siʿr al-iqfāl*	سعر الاقفال
cluster sample	*ʿayyina ʿunqūdīya*	عينة عنقودية
coastal trade	*tijāra sāḥilīya*	تجارة ساحلية
coastal transport	*naql sāḥilī*	نقل ساحلي
coaster	*safīna sāḥilīya*	سفينة ساحلية
coastguard	*rijāl khafar as-sawāḥil*	رجال خفر السواحل
c.o.d.	*dafʿ ʿind at-taslīm*	دفع عند التسليم
code of ethics	*qānūn al-ikhlāq*	قانون الاخلاق
codicil	*mulḥaq waṣīya*	ملحق وصية
coefficient	*muʿāmil*	معامل
coefficient of variation	*muʿāmil at-taghayyur*	معامل التغير
coinage	*ʿumla maʿdinīya*	عملة معدنية
co-insurer	*muʾammin mushtarak*	مومن مشترك
cold store	*makhzan tabrīd*	مخزن تبريد
cold war	*al-ḥarb al-bārida*	الحرب الباردة
collateral security	*ḍamān iḍāfī*	ضمان اضافي
collating	*tajmīʿ*	تجميع
collating machine	*ālat tajmīʿ*	آلة تجميع
colleague	*zamīl*	زميل
collecting banker	*maṣrif at-taḥsīl*	مصرف التحصيل
collection note	*ishʿār taḥṣīl*	اشعار تحصيل

collective bargaining	*musāwama jamāʿīya*	مساومة جماعية
collective bargaining agency	*sabīl al-musāwama al-jamāʿīya*	سبيل المساومة الجماعية
collision clause	*sharṭ at-taṣādum*	شرط التصادم
collision risks	*makhāṭir taṣādum*	مخاطر تصادم
collusion	*tawāṭuʾ*	تواطؤ
collusive duopoly	*iḥtikār thunāʾī bit-tawāṭuʾ*	احتكار ثنائي بالتواطؤ
collusive tendering	*taqdīm al-ʿaṭāʾāt bit-tawāṭuʾ*	تقديم العطاءات بتواطؤ
colour coding	*taḥdīd rumūz aṣ-ṣūra al-lawnīya*	تحديد رموز الصورة اللونية
colour copying	*istinsākh mulawwan*	استنساخ ملون
columnar working	*ʿamal ʿamūdī*	عمل عمودي
combination carrier	*nāqilat ḥumūlāt sāʾila aw sāʾiba*	ناقلة حمولات سائلة او سائبة
combination in restraint of trade	*ittiḥād bi-hadaf taqyīd at-tijāra*	اتحاد بهدف تقييد التجارة
combinations	*tawāfuqīyāt*	توافقيات
command *(n)*	*amr*	امر
command *(v)*	*yaʾmur*	يأمر
commerce	*tijāra*	تجارة
commercial agent	*wakīl tijārī*	وكيل تجاري
commercial agreement	*ittifāqīya tijārīya*	اتفاقية تجارية
commercial bank	*maṣrif tijārī*	مصرف تجاري
commercial codes	*rumūz tijārīya*	رموز تجارية
commercial court	*maḥkama tijārīya*	محكمة تجارية
commercial credit	*iʿtimād tijārī*	اعتماد تجاري
commercial custom	*ʿurf tijārī*	عرف تجاري
commercial director	*mudīr tijārī*	مدير تجاري
commercial discount	*khaṣm tijārī*	خصم تجاري
commercial espionage	*tajassus tijārī*	تجسس تجاري
commercial law	*qānūn tijārī*	قانون تجاري
commercial operations	*ʿamalīyāt tijārīya*	عمليات تجارية
commercial traveller	*mumaththil tijārī*	ممثل تجاري
commission	*ʿumūla*	عمولة
commission agent	*wakīl bil-ʿumūla*	وكيل بالعمولة
commitment	*taʿahhud*	تعهد

committee	*lajna*	لجنة
committee of experts	*lajnat khubarāʾ*	لجنة خبراء
committee of inquiry	*lajnat taḥqīq*	لجنة تحقيق
committee of inspection	*lajnat al-murāqaba*	لجنة المراقبة
commodity	*silʿa*	سلعة
commodity broker	*simsār silaʿ*	سمسار سلع
commodity exchange	*būrṣat as-silaʿ*	بورصة السلع
commodity market	*sūq as-silaʿ*	سوق السلع
common agricultural policy	*as-siyāsa az-zirāʿīya al-mushtaraka*	السياسة الزراعية المشتركة
common business oriented language	*lughat kūbūl*	لغة كوبول
common carrier	*nāqil ʿāmm*	ناقل عام
common external tariff	*taʿrifa khārijīya mushtaraka*	تعرفة خارجية مشتركة
common language	*lugha mushtaraka*	لغة مشتركة
common law	*qānūn ʿāmm*	قانون عام
common market	*sūq mushtaraka*	سوق مشتركة
communal noise	*ḍajīj ʿāmm*	ضجيج عام
communicating word processors	*muʿālijāt kalimāt al-ittiṣālīya*	معالجات كلمات الاتصالية
communication by management	*balāgh min al-idāra*	بلاغ من الادارة
communication channels	*qanawāt al-ittiṣāl*	قنوات الاتصال
communications network	*shabakat muwāṣalāt*	شبكة مواصلات
communications satellite	*qamr muwāṣalāt*	قمر مواصلات
communication theory	*naẓarīyat al-ittiṣāl*	نظرية الاتصال
communism	*shuyūʿīya*	شيوعية
communist	*shuyūʿī*	شيوعي
communist party	*ḥizb shuyūʿī*	حزب شيوعي
company	*sharika*	شركة
company director	*mudīr sharika*	مدير شركة
company law	*qānūn ash-sharikāt*	قانون الشركات
company objectives	*ahdāf ash-sharika*	اهداف الشركة

company planning	*takhṭīṭ ash-sharika*	تخطيط الشركة
company policy	*siyāsat ash-sharika*	سياسة الشركة
company profile	*waṣf ash-sharika*	وصف الشركة
company promoter	*muʾassis sharika*	مؤسس شركة
company reconstruction	*iʿādat takwīn ash-sharika*	اعادة تكوين الشركة
company registrar	*musajjil ash-sharika*	مسجل الشركة
company seal	*khatm ash-sharika*	ختم الشركة
company secretary	*kātib as-sirr lish-sharika*	كاتب السر للشركة
company's liquidation account	*ḥisāb at-taṣfīya lish-sharika*	حساب التصفية للشركة
comparative cost principle	*mabdaʾ at-taklifa al-muqārana*	مبدأ التكلفة المقارنة
comparative statistics	*iḥṣāʾīyat muqārana*	احصائيات مقارنة
compatibility	*mulāʾama*	ملائمة
compensate *(v)*	*yuʿawwiḍ*	يعوّض
compensating error	*khaṭaʾ mukāfiʾ*	خطأ مكافىء
compensation	*taʿwīḍ*	تعويض
compensation fee	*atʿāb taʿwīḍīya*	اتعاب تعويضية
compensation for loss	*taʿwīḍ al-khasāra*	تعويض الخسارة
compensation for loss of office	*taʿwīḍ isqāṭ al-manṣib*	تعويض اسقاط المنصب
compensation principle	*mabdaʾ at-taʿwīḍ*	مبدأ التعويض
compensatory damages	*aḍrār taʿwīḍīya*	اضرار تعويضية
competence	*ahlīya*	اهلية
competent witness	*shāhid dhū ahlīya*	شاهد ذو اهلية
compete with *(v)*	*yunāfis*	ينافس
competition	*munāfasa*	منافسة
competitive advantage	*tafawwuq tanāfusī*	تفوق تنافسي
competitive advertising	*iʿlān tanāfusī*	اعلان تنافسي
competitive bid	*ʿaṭāʾ tanāfusī*	عطاء تنافسي
competitive economy	*iqtiṣād tanāfusī*	اقتصاد تنافسي
competitive edge	*ḥidda munāfasa*	حدة منافسة
competitive position	*waḍʿ tanāfusī*	وضع تنافسي
competitive prices	*asʿār tanāfusīya*	اسعار تنافسية

competitive stimulus	*ḥāfiz tanāfusī*	حافز تنافسي
competitive strategy	*istrātījīya tanāfusīya*	استراتيجية تنافسية
competitive tactics	*taktīk tanāfusī*	تكتيك تنافسي
competitive thrust	*dafʿ tanāfusī*	دفع تنافسي
competitor analysis	*taḥlīl al-munāfis*	تحليل المنافس
compiler	*mujammiʿ*	مجمّع
complaint	*shakwa*	شكوى
complementary good	*biḍāʿa takmīlīya*	بضاعة تكميلية
complements	*baḍāʾiʿ wathīqat at-tarābuṭ*	بضائع وثيقة الترابط
complex	*murakkab*	مركب
composing machine	*makanat ṣaff al-aḥraf aṭ-ṭibāʿīya*	مكنة صف الاحرف الطباعية
composite demand	*aṭ-ṭalab al-murakkab*	الطلب المركب
compounding with creditors	*ṣulḥ wāqin maʿa dāʾinīn*	صلح واق مع دائنين
compound interest	*fāʾida murakkaba*	فائدة مركبة
comprehensive insurance	*taʾmīn shāmil*	تأمين شامل
comprehensive policy	*wathīqat at-taʾmīn ash-shāmil*	وثيقة التأمين الشامل
compromise *(v)*	*yatarāḍ*	يتراض
comptroller	*murāqib mālī*	مراقب مالي
compulsory liquidation	*taṣfiya ijbāriya*	تصفية اجبارية
compulsory purchase	*shirāʾ ijbārī*	شراء اجباري
compulsory winding-up	*taṣfiya ijbārīya*	تصفية اجبارية
computer	*kumbyūtar*	كمبيوتر
computer-aided design	*taṣmīm bi-musāʿadat al-kumbyūtar*	التصميم بمساعدة الكمبيوتر
computer-aided learning	*at-taʿlīm bi-musāʿadat al-kumbyūtar*	التعليم بمساعدة الكمبيوتر
computer-aided manufacturing	*at-taṣnīʿ bi-musāʿadat al-kumbyūtar*	التصنيع بمساعدة الكمبيوتر
computer-aided training	*at-tadrīb bi-musāʿadat al-kumbyūtar*	التدريب بمساعدة الكمبيوتر
computer centralization centre	*markaz tamarkazīyat al-kumbyūtar*	مركز تمركزية الكمبيوتر

computer console	*lawḥat taḥakkum bil-kumbyūtar*	لوحة تحكم بالكمبيوتر
computer data preparation	*iʿdād muʿṭayāt al-kumbyūtar*	اعداد معطيات الكمبيوتر
computer document reader	*qāriʾ wathāʾiq*	قارىء وثائق
computer hardware	*ajhizat al-kumbyūtar*	اجهزة الكمبيوتر
computer input	*dakhl al-kumbyūtar*	دخل الكمبيوتر
computerization	*istiʿmāl niẓām al-kumbyūtar*	استعمال نظام الكمبيوتر
computerize	*yastaʿmil niẓām al-kumbyūtar*	يستعمل نظام الكمبيوتر
computerized information system	*niẓām al-maʿlūmāt al-munaẓẓam bil-kumbyūtar*	نظام المعلومات المنظم بالكمبيوتر
computerized offices	*makātib munaẓẓama bil-kumbyūtar*	مكاتب منظمة بالكمبيوتر
computer language	*lughat al-kumbyūtar*	لغة الكمبيوتر
computer mainframe	*wiḥdat al-muʿālaja al-markazīya*	وحدة المعالجة المركزية
computer manager	*mudīr qism al-kumbyūtar*	مدير قسم الكمبيوتر
computer mark-sensing	*iḥsās al-ʿalāmāt bil-kumbyūtar*	احساس العلامات بالكمبيوتر
computer operation	*tashghīl al-kumbyūtar*	تشغيل الكمبيوتر
computer output	*kharj al-kumbyūtar*	خرج الكمبيوتر
computer output on microfilm	*kharj al-kumbyūtar ʿala mīkrūfīlm*	خرج الكمبيوتر على ميكروفيلم
computer programming	*barmajat al-kumbyūtar*	برمجة الكمبيوتر
computer services	*khadamāt al-kumbyūtar*	خدمات الكمبيوتر
computer simulation	*muḥākāh bi-wāsiṭat al-kumbyūtar*	محاكاة بواسطة الكمبيوتر
computer software	*barāmij al-kumbyūtar*	برامج الكمبيوتر
computer storage	*takhzīn bil-kumbyūtar*	تخزين بالكمبيوتر
conception	*fahm*	فهم
concertina file	*milaff akurdyūnī*	ملف اكورديوني
concession	*imtiyāz*	امتياز
conciliation	*muṣālaḥa*	مصالحة
conclusive	*ḥāsim*	حاسم

concurrency	*mutazāminīya*	متزامنية
condition	*sharṭ*	شرط
conditional bill of sale	*sanad bayʿ mashrūṭ*	سند بيع مشروط
conditional distribution	*tawzīʿ mashrūṭ*	توزيع مشروط
conditional order	*ṭalab mashrūṭ*	طلب مشروط
conditional probability	*iḥtimālīya mashrūṭa*	احتمالية مشروطة
conditional sale	*bayʿ mashrūṭ*	بيع مشروط
conditional-sale agreement	*ittifāqīyat bayʿ mashrūṭa*	اتفاقية بيع مشروطة
condition precedent	*sharṭ sābiq*	شرط سابق
conditions of employment	*shurūṭ at-tawẓīf*	شروط التوظيف
conditions of payment	*shurūṭ ad-dafʿ*	شروط الدفع
conditions of sale	*shurūṭ al-bayʿ*	شروط البيع
condition subsequent	*sharṭ lāḥiq*	شرط لاحق
conference	*muʾtamar*	مؤتمر
conference lines	*khuṭūṭ al-muʾtamar al-milāḥī*	خطوط المؤتمر الملاحي
confidence trick	*istighlāl ath-thiqa*	استغلال الثقة
confidential letter	*risāla sirrīya*	رسالة سرية
confidential report	*taqrīr sirrī*	تقرير سري
confirmation note	*kitab tathbīt*	كتاب تثبيت
confirming house	*muʾassasat tashīlāt lit-tijāra al-kharijīya*	مؤسسة تسهيلات للتجارة الخارجية
confiscation of property	*muṣādarat milk*	مصادرة ملك
conflict *(v)*	*yunāziʿ*	ينازع
conflict caused by management	*nizāʿ musabbab bil-idāra*	نزاع مسبب بالادارة
conflict of law	*tanāzuʿ al-qawānīn*	تنازع القوانين
conglomerate	*majmūʿat sharikāt mukhtalifat al-aghrāḍ*	مجموعة شركات مختلفة الاغراض
con-man	*mustaghill ath-thiqa*	مستغل الثقة
consecutive	*mutawālin*	متوالٍ
consecutive digit system	*niẓām ar-raqm al-mutatābiʿ*	نظام الرقم المتتابع
consequential	*nātij*	ناتج

consequential damages	aḍrār istitbāʿīya	اضرار استتباعية
consequential effects	muʾaththirāt istitbāʿīya	مؤثرات استتباعية
consequential loss	khasāra nātija	خسارة ناتجة
conservative estimate	taqdīr mutaḥaffiẓ	تقدير متحفظ
consideration	ʿiwaḍ	عوض
consideration money	māl al-ʿiwaḍ	مال العوض
consignee	mursal ilayhi	مرسل اليه
consignment	irsālīya	ارسالية
consignment note	ishʿār irsālīya	اشعار ارسالية
consignor	mursil	مرسل
consistency	tawāfuq	توافق
consistency concept	mafhūm at-tawāfuq	مفهوم التوافق
consolidated accounts	ḥisābāt muwaḥḥada	حسابات موحدة
consolidated fund	sundūq muwaḥḥad	صندوق موحد
consolidation	tawḥīd	توحيد
consols	sanadāt dayn ḥukūmīya	سندات دين حكومية
consortium	kunsurtyūm	كونسورتيوم
conspicuous consumption	istihlāk bāriz	استهلاك بارز
constant returns	mardūd thābit	مردود ثابت
constitutional rights	ḥuqūq dustūrīya	حقوق دستورية
constructive criticism	naqd bināʾī	نقد بنائي
constructive industry	aṣ-ṣināʿa al-inshāʾīya	الصناعة الانشائية
constructive total loss	khasāra tabaʿīya kullīya	خسارة تبعية كلية
consul	qunṣul	قنصل
consular invoice	fātūra qunṣulīya	فاتورة قنصلية
consultancy	khadamāt istishārīya	خدمات استشارية
consultant	mustashār	مستشار
consultative committee	lajna istishārīya	لجنة استشارية
consumer	mustahlik	مستهلك
consumer acceptance	qubūl al-mustahlikīn	قبول المستهلكين
consumer advertising	iʿlān lil-mustahlikīn	اعلان للمستهلكين
consumer behaviour	sulūk al-mustahlikīn	سلوك المستهلكين
consumer credit agreement	ittifāqīyat taslīf al-mustahlik	اتفاقية تسليف المستهلك
consumer durables	silaʿ istihlākīya matīna	سلع استهلاكية متينة

consumer goods	*silaʿ istihlākīya*	سلع استهلاكية
consumer hire agreement	*ʿaqd bayʿ bit-taqsīṭ*	عقد بيع بالتقسيط
consumer non-durables	*silaʿ istihlākīya ghayr matīna*	سلع استهلاكية غير متينة
consumer panel	*hayʾat mustahlikīn*	هيئة مستهلكين
consumer price-index	*dalīl asʿār al-mustahlikīn*	دليل اسعار المستهلكين
consumer research	*buḥūth fil-mustahlikīn*	بحوث في المستهلكين
consumer resistance	*muqāwamat al-mustahlikīn*	مقاومة المستهلكين
consumer satisfaction	*riḍāʾ al-mustahlikīn*	رضاء المستهلكين
consumer sovereignty	*siyādat al-mustahlik*	سيادة المستهلك
consumers' panel	*hayʾat al-mustahlikīn*	هيئة المستهلكين
consumer surplus	*fāʾiḍ al-mustahlik*	فائض المستهلك
consumption	*istihlāk*	استهلاك
consumption function	*dāllat al-istihlāk*	دالة الاستهلاك
container	*ḥāwiya*	حاوية
containerization	*naql bi-istikhdām al-ḥāwiyāt*	نقل باستخدام الحاويات
contango	*rasm taʾjīl*	رسم تأجيل
contempt of court	*ihānat al-maḥkama*	اهانة المحكمة
contents	*muḥtawayāt*	محتويات
contingency	*ṭāriʾ*	طارىء
contingency fund	*ṣunduq aṭ-ṭawāriʾ*	صندوق الطوارىء
contingency insurance	*taʾmīn ḍidd aṭ-ṭawāriʾ*	تأمين ضد الطوارىء
contingency plan	*khiṭṭa lil-ḥāla aṭ-ṭāriʾa*	خطة للحالة الطارئة
contingency reserve	*iḥtiyāṭī liṭ-ṭawāriʾ*	احتياطي للطوارىء
contingency table	*jadwal aṭ-ṭawāriʾ*	جدول الطوارىء
contingent liability	*iltizām ṭāriʾ*	التزام طارىء
continuation clause	*sharṭ istimrār*	شرط استمرار
continuation sheet	*ṣafḥat al-mutābaʿa*	صفحة المتابعة
continue in office	*yabqa fī manṣib*	يبقى في منصب
continuous flow production	*intāj bi-tasalsul mustamirr*	انتاج بتسلسل مستمر
continuous manufacture	*intāj mustamirr*	انتاج مستمر
continuous stationery	*waraq mutaṣṣil aṣ-ṣafaḥāt*	ورق متصل الصفحات
continuous stocktaking	*jard al-makhzūnāt al-mustamirr*	جرد المخزونات المستمر

contraband	*silaʿ muharraba*	سلع مهربة
contract	*ʿaqd*	عقد
contract curve	*munḥana al-intāj al-amthal*	منحني الانتاج الامثل
contract evidenced in writing	*ʿaqd muthabbat kitābīyan*	عقد مثبت كتابيا
contract guarantee insurance	*taʾmīn ḍamān lil-ʿaqd*	تأمين ضمان للعقد
contract hire	*istiʾjār li-fatra mutaʿāqad ʿalayha*	استئجار لفترة متعاقد عليها
contract note	*ishʿār al-ʿaqd*	اشعار العقد
contract of affreightment	*ʿaqd shaḥn baḍāʾiʿ*	عقد شحن بضائع
contract of personal service	*ʿaqd al-khidma ash-shakhṣīya*	عقد الخدمة الشخصية
contract of sale	*ʿaqd bayʿ*	عقد بيع
contractor	*muqāwil · mutaʿahhid*	مقاول . متعهد
contractual obligation	*iltizām taʿāqudī*	التزام تعاقدي
contract with alien	*ʿaqd maʿa ajnabī*	عقد مع اجنبي
contribution	*musāhama*	مساهمة
contribution analysis	*taḥlīl al-musāhamāt*	تحليل المساهمات
contributory	*musāʿid*	مساعد
contributory negligence	*ihmāl musāʿid*	اهمال مساعد
control *(v)*	*yurāqib*	يراقب
control accounts	*ḥisābāt ḍabṭ*	حسابات ضبط
controller	*murāqib*	مراقب
control tower	*burj al-murāqaba*	برج المراقبة
conventional cargo berth	*marsa shaḥnāt taqlīdī*	مرسى شحنات تقليدي
conversion	*taḥwīl*	تحويل
conversion cost	*takālīf at-taḥwīl*	تكاليف التحويل
conversion issue	*iṣdār sanadāt badīla*	اصدار سندات بديلة
convertibility	*qābilīyat at-taḥwīl*	قابلية التحويل
convex	*muḥaddab*	محدب
conveyance	*naql milkīya*	نقل ملكية
conveyor	*nāqil*	ناقل
conveyor belt	*sayr an-nāqila*	سير الناقلة
cooling off period	*fatrat taskīn*	فترة تسكين

cooperative movement	*ḥarakat al-jamʿīyāt at-taʿāwunīya*	حركة الجمعيات التعاونية
coordination	*tanṣīq*	تنسيق
coordination in production planning	*tanṣīq fī takhṭīṭ al-intāj*	تنسيق في تخطيط الانتاج
coordination of functions	*tanṣīq al-waẓāʾif*	تنسيق الوظائف
copyright	*ḥaqq at-taʾlīf wan-nashr*	حق التأليف والنشر
copy-typist	*ṭabbāʿa*	طباعة
copy-writer	*muʾallif iʿlānāt*	مؤلف اعلانات
core	*qalb*	قلب
core storage	*takhzīn qalbī*	تخزين قلبي
corner	*iḥtikār*	احتكار
cornering the market	*iḥtikār as-sūq*	احتكار السوق
corner solution	*ḥall taqāṭuʿ al-mihwarayn*	حل تقاطع المحورين
corporate advertising	*iʿlān ash-sharika*	اعلان الشركة
corporate growth	*numūw ash-sharika*	نمو الشركة
corporate image	*ṣūrat ash-sharika*	صورة الشركة
corporate planning	*takhṭīṭ fish-sharika*	تخطيط في الشركة
corporate strategy	*istrātījīyat ash-sharika*	استراتيجية الشركة
corporate structure	*haykal ash-sharika*	هيكل الشركة
corporation	*sharika*	شركة
corporation stock	*qurūḍ baladīya*	قروض بلدية
corporation tax	*ḍarība ʿalash-sharikāt*	ضريبة على الشركات
correcting	*taṣḥīḥ*	تصحيح
correction fluid	*sāʾil izāl al-akhṭāʾ*	سائل ازال الاخطاء
correction paper	*waraq izāl al-akhṭāʾ*	ورق ازال الاخطاء
correlation	*irtibāṭ*	ارتباط
correspondence	*murāsala*	مراسلة
correspondence quality	*ṣāliḥ li-murāsalāt*	صالح للمراسلات
corresponding principle	*mabdaʾ at-tanāẓur*	مبدأ التناظر
corrosive load	*shaḥna ḥātta*	شحنة حاتة
cost accountant	*muḥāsib at-takālīf*	محاسب التكاليف
cost accounting	*ijrāʾāt ḥisāb at-taklifa*	اجراءات حساب التكلفة
cost analysis	*taḥlīl at-taklifa*	تحليل التكلفة
cost and freight	*thaman al-baḍāʾiʿ wa ujūr shaḥniha*	ثمن البضائع واجور شحنها

cost awareness	*idrāk at-taklifa*	ادراك التكلفة
cost-benefit analysis	*taḥlīl manfaʿat at-takalīf*	تحليل منفعة التكاليف
cost card	*biṭāqat taklifa*	بطاقة تكلفة
cost centre	*markaz at-taklifa*	مركز التكلفة
cost consciousness	*wāʿīya lit-taklifa*	واعية للتكلفة
cost control	*murāqabat at-takālīf*	مراقبة التكاليف
cost-effectiveness	*faʿʿālīyat at-takālīf*	فعالية التكاليف
cost estimate	*taqdīr at-takālīf*	تقدير التكاليف
cost factor	*ʿāmil al-kulfa*	
costing department	*qism tathbīt siʿr at-taklifa*	قسم تثبيت سعر التكلفة
costing system	*niẓām tathbīt siʿr at-taklifa*	نظام تثبيت سعر التكلفة
cost, insurance, freight (c.i.f.)	*thaman al-baḍāʾiʿ maʿa at-taʾmīn wash-shaḥn (sīf)*	ثمن البضائع مع التأمين والشحن (سيف)
cost office	*maktab takālīf*	مكتب تكاليف
cost of living	*takālīf al-maʿīsha*	تكاليف المعيشة
cost of production	*taklifat al-intāj*	تكلفة الانتاج
cost of sales account	*ḥisāb takālīf al-mabīʿāt*	حساب تكاليف المبيعات
cost overhead	*taklifa raʾsīya*	تكلفة راسية
cost-plus inflation	*ath-thaman wat-taḍakhkhum*	الثمن والتضخم
cost price	*siʿr at-taklifa*	سعر التكلفة
counterbid	*ʿarḍ muḍadd*	عرض مضاد
counterclaim	*daʿwa muḍādda*	دعوى مضادة
counterfeit	*muzayyaf*	مزيف
counterfoil	*arūma*	ارومة
counteroffer	*ʿarḍ muḍādd*	عرض مضاد
counterproposal	*iqtirāḥ muḍādd*	اقتراح مضاد
counter sales	*mabīʿāt al-matjar*	مبيعات المتجر
countersign *(v)*	*yuwaqqiʿ*	يوقّع
countervailing credit	*iʿtimād*	اعتماد
countervailing duty	*rasm jumrukī taʿwīḍī*	رسم جمركي تعويضي
coupon	*qasīma*	قسيمة
coupon yield	*mardūd al-qasīma*	مردود القسيمة
court	*maḥkama*	محكمة
court costs	*maṣārīf al-maḥkama*	مصاريف المحكمة
court of arbitration	*maḥkamat at-taḥkīm*	محكمة التحكيم

court of cassation	*maḥkamat at-tamyīz*	محكمة التمييز
court of inquiry	*maḥkamat at-taḥqīq*	محكمة التحقيق
court of law	*maḥkamat al-qānūn al-ʿāmm*	محكمة القانون العام
courtroom	*qāʿat al-maḥkama*	قاعة المحكمة
covariance	*tarābuṭ mutaghayyirayn*	ترابط متغيرين
covenant	*taʿahhud*	تعهد
cover *(n)*	*taghṭīya*	تغطية
cover *(v)*	*yughaṭṭī*	يغطي
coverage	*mablagh at-taghṭīya*	مبلغ التغطية
covering letter	*khiṭāb tafsīrī*	خطاب تفسيري
cover note	*ishʿār taʾmīn*	اشعار تأمين
craft union	*niqāba ḥirafīya*	نقابة حرافية
crane	*mirfāʿ*	مرفاع
crash	*inhiyār iqtiṣādī*	انهيار اقتصادي
creative marketing	*taswīq khallāq*	تسويق خلاق
creative thinking	*tafkīr khallāq*	تفكير خلاق
credit *(n)*	*iʾtimān*	ائتمان
credit *(v)*	*yuqayyid bil-ḥisāb*	يقيد بالحساب
credit account	*ḥisab dāʾin*	حساب دائن
credit agency	*wakālat al-iʾtimān*	وكالة الائتمان
credit balance	*raṣīd dāʾin*	رصيد دائن
credit base	*qāʿidat iʾtimān*	قاعدة ائتمان
credit card	*biṭāqat istidāna*	بطاقة استدانة
credit clearing	*muqāṣṣat iʾtimān*	مقاصة ائتمان
credit control	*murāqabat at-taslīf*	مراقبة التسليف
credit insurance	*taʾmīn ḍidda takhalluf al-madīnīn ʿan ad-dafʿ*	تأمين ضد تخلف المدينين عن الدفع
credit management	*idārat at-taslīf*	ادارة التسليف
credit note	*ishʿār dāʾin*	اشعار دائن
creditor	*dāʾin*	دائن
credit rating	*malāʾa*	ملاءة
credit sale agreement	*ittifāqīyat bayʿ ājil*	اتفاقية بيع آجل
credit squeeze	*siyāsat takhfīḍ al-iqrāḍ*	سياسة تخفيض الاقراض
credit transfer	*taḥwīl iʿtimād*	تحويل اعتماد
creditworthiness	*malāʾa*	ملاءة
crew	*baḥḥāra*	بحارة
crime	*jarīma*	جريمة

criminal law	*qānūn janā'ī*	قانون جنائي
criminal negligence	*ihmāl janā'ī*	اهمال جنائي
crisis	*azma*	ازمة
criteria	*qawā'id*	قواعد
critical path analysis	*taḥlīl al-a'māl al-ḥarija*	تحليل الاعمال الحرجة
critical path method	*ṭarīqat al-a'māl al-ḥarija*	طريقة الاعمال الحرجة
critical period	*fatra ḥarija*	فترة حرجة
crossed cheque	*shīk musaṭṭar*	شيك مسطّر
cross-elasticity of demand	*murūnat aṭ-ṭalab an-nisbīya*	مرونة الطلب النسبية
cross-examination	*istijwāb*	استجواب
cross licence	*tarkhīṣ mutabādal*	ترخيص متبادل
cross offer	*'arḍ muḍād*	عرض مضاد
cross rate	*si'r aṣ-ṣarf al-mushtaqq*	سعر الصرف المشتق
cross-reference	*rabṭ sābiq aw lāḥiq*	ربط سابق او لاحق
cross-section analysis	*taḥlīl maqṭa'ī*	تحليل مقطعي
crude oil	*nafṭ khām*	نفط خام
cubic function	*dālla ka'bīya*	دالة كعبية
cumulative damages	*aḍrār tarākumīya*	اضرار تراكمية
cumulative distribution	*tawzi' tarakumī*	توزيع تراكمي
cumulative dividend	*ḥiṣṣat arbāḥ tarākumīya*	حصة ارباح تراكمية
cumulative preference share	*sahm mumtāz tarākumī*	سهم ممتاز تراكمي
currency	*'umla*	عملة
currency appreciation	*ziyādat qīmat al-'umla*	زيادة قيمة العملة
currency dealings	*mu'āmalāt bil-'umlāt*	معاملات بالعملات
currency depreciation	*hubuṭ al-'umla*	هبوط العملة
currency exchange	*maḥall ṣayārifa lil-'umlāt*	محل صيارفة للعملات
current account	*ḥisāb jārī*	حساب جاري
current assets	*mawjūdāt mutadāwala*	موجودات متداولة
current cost accounting	*muḥāsaba 'ala asās al-kulfa al-jārīya*	محاسبة على اساس الكلفة الجارية
current expense	*maṣrūf ḥālī*	مصروف حالي
current liability	*iltizām ḥālī*	التزام حالي
current ratio	*nisbat at-tadāwul*	نسبة التداول
current standards	*ma'āyīr jarīya*	عايير جارية
current value	*qīma jārīya*	مة جارية

current yield	*mardūd ḥālī*	مردود حالي
curriculum vitae	*mulakhkhaṣ shakhṣī*	ملخص شخصي
cursor	*muʾashshir shāsha*	مؤشر شاشة
curve	*munḥana*	منحني
customer	*ʿamīl*	عميل
customer orientated	*murāʿī liz-zabūn*	مراعي للزبون
customer profile	*waṣf al-ʿamīl*	وصف العميل
customer relations department	*qism al-ʿalāqāt maʿ al-ʿumalāʾ*	قسم العلاقات مع العملاء
customer service	*khidmat al-ʿamīl*	خدمة العميل
custom of trade	*ʿurf at-tijāra*	عرف التجارة
Customs and Excise	*jumruk*	جمرك
customs assigned number	*raqm jumrukī*	رقم جمركي
customs clearance	*takhlīṣ jumrukī*	تخليص جمركي
customs debenture	*qarḍ jumrukī*	قرض جمركي
customs declaration	*iʿlān jumrukī*	اعلان جمركي
customs formalities	*ijrāʾāt jumrukīya*	اجراءات جمركية
customs house	*markaz jumrukī*	مركز جمركي
customs regulations	*anẓima jumrukīya*	انظمة جمركية
customs tariff	*taʿrīfa jumrukīya*	تعريفة جمركية
customs union	*ittiḥād jumrukī*	اتحاد جمركي
cut back *(v)*	*yunqiṣ*	ينقص
cut-price	*bi-asʿar munkhafiḍa*	باسعار منخفضة
cut-throat competition	*munāfasa fattāka*	منافسة فتاكة
cybernetics	*ʿilm at-taḥakkum al-ūtūmātī*	علم التحكم الاوتوماتي
cycle billing	*muṭālaba dawrīya*	مطالبة دورية
cyclostyle	*sīklūstīl*	سيكلوستيل

d

daily average production	*intāj yawmī mutawassiṭ*	انتاج يومي متوسط
daily capacity	*imkānīyat al-intāj al-yawmī*	امكانية الانتاج اليومي
daily output	*intāj yawmī*	انتاج يومي
daily scanning filing	*iḍbār bi-masḥ yawmī*	اضبار بمسح يومي
daily settlement	*taswiya yawmīya*	تسوية يومية
daily wage	*ajr yawmī*	اجر يومي
dairy products	*al-albān*	الالبان
daisywheel	*ʿajalat ḥurūf*	عجلة حروف
damage *(n)*	*ḍarar*	ضرر
damage *(v)*	*yuḍarrir*	يضرر
damages	*aḍrar*	اضرار
danger money	*badal al-ʿamal al-khaṭir*	بدل العمل الخطر
dangerous goods	*baḍāʾiʿ khaṭira*	بضائع خطرة
data	*muʿṭayāt*	معطيات
data acquisition	*iktisāb al-muʿṭayāt*	اكتساب المعطيات
data administrator	*mudīr muʿṭayāt*	مدير معطيات
databank	*bank muʿṭayāt*	بنك معطيات
database	*qāʿidat muʿṭayāt*	قاعدة معطيات
data gathering	*tajmīʿ muʿṭayāt*	تجميع معطيات
data preparation	*iʿdād muʿṭayāt*	اعداد معطيات
data processing	*muʿālajat muʿṭayāt*	معالجة معطيات
data transmission	*irsāl muʿṭayāt*	ارسال معطيات
date of acquisition	*tārīkh al-ḥuṣūl ʿala*	تاريخ الحصول على
date of effect	*tarīkh al-istiḥqāq*	تاريخ الاستحقاق
date of maturity	*tārīkh al-istiḥqāq*	تاريخ الاستحقاق
date stamp	*khaṭm tārīkh*	ختم تاريخ
daybook	*daftar al-yawmīya*	دفتر اليومية

day shift	*nawbat an-nahār*	نوبة النهار
days of grace	*muhla*	مهلة
dead account	*ḥisāb ghayr nashiṭ*	حساب غير نشط
dead freight	*ujrat ash-shaḥn aḍ-ḍāʾiʿa*	اجرة الشحن الضائعة
dead letter	*khiṭāb muhmal*	خطاب مهمل
dead letter office	*maktab al-khiṭābāt al-muhmala*	مكتب الخطابات المهملة
deadline	*mawʿid aqṣa*	موعد اقصى
deadlock	*nuqṭat jumūd*	نقطة جمود
dead weight	*ḥumūla sākina*	حمولة ساكنة
deadweight debt	*dayn ghayr intājī*	دين غير انتاجي
deadweight tonnage	*ḥumūla sākina biṭ-ṭann*	حمولة ساكنة بالطن
deal	*ṣafqa*	صفقة
dealer	*tājir*	تاجر
dear money	*iqrāḍ bi-fāʾida murtafiʿa*	اقراض بفائدة مرتفعة
death certificate	*shahādat wafāh*	شهادة وفاة
death duties	*ḍarībat at-tarikāt*	ضريبة التركات
death rate	*muʿaddal al-wafayāt*	معدل الوفيات
debenture	*sanad qarḍ*	سند قرض
debit *(v)*	*yuqayyid ʿala*	يقيد على
debit note	*ishʿār madīn*	اشعار مدين
debt	*dayn*	دين
debtor	*madīn*	مدين
debug *(v)*	*izālat al-akhṭāʾ*	ازالة الاخطاء
decentralization	*lā-markazīya*	لا مركزية
decimal currency	*ʿumla ʿashrīya*	عملة عشرية
decision	*qarār*	قرار
decision analysis	*taḥlīl al-qarārāt*	تحليل القرارات
decision making	*ittikhādh al-qarārāt*	اتخاذ القرارات
decision model	*namūdhaj al-qarār*	نموذج القرار
decision process	*ʿamalīyat ittikhādh al-qarār*	عملية اتخاذ القرار
decision support system	*niẓām daʿm al-qarārāt*	نظام دعم القرارات
decision theory	*naẓarīyat ittikhādh al-qarārāt*	نظرية اتخاذ القرارات
decision tree	*shajarat al-qarārāt*	شجرة القرارات

deck cargo	*shaḥna ʿala ẓahr al-markab*	شحنة على ظهر المركب
declaration day	*yawm al-ishhār*	يوم الاشهار
declaration of bankruptcy	*ishhār iflās*	اشهار افلاس
declaration of solvency	*ishhār yusr*	اشهار يسر
decoration	*zīna*	زينة
decrease in value	*hubūṭ ath-thaman*	هبوط الثمن
decreasing marginal cost	*takālīf ḥaddīya mutanāqiṣa*	تكاليف حدية متناقصة
decreasing productivity	*intājīya mutanāqiṣa*	انتاجية متناقصة
decreasing returns	*mardūd mutanāqiṣ*	مردود متناقص
decree	*amr*	امر
decree of sequestration	*amr ḥajz*	امر حجز
deductible	*qābil lil-khaṣm*	قابل للخصم
deduction	*khaṣm*	خصم
deed	*wathīqa*	وثيقة
deed of arrangement	*wathīqat tanāzul*	وثيقة تنازل
deed of association	*ʿaqd sharika*	عقد شركة
deed of covenant	*wathīqat taʿahhud*	وثيقة تعهد
deed of partnership	*ʿaqd sharāka*	عقد شراكة
deep-pocket view	*al-iḥtiyāṭī lish-sharika al-farʿīya aʿẓam min iḥtiyaṭī ash-sharika al-mustaqilla*	الاحتياطي للشركة الفرعية اعظم من احتياطي الشركة المستقلة
deep-sea transport	*naql ʿala aʿāli al-biḥār*	نقل على اعالي البحار
defamation	*tashhīr*	تشهير
default	*taqṣīr*	تقصير
defeasible	*qābil lil-ilghāʾ*	قابل للالغاء
defective	*maʿīb*	معيب
defensive strategy	*istrātījīya difāʿīya*	استراتيجية دفاعية
deferred annuity	*dafʿa sanawīya muʾajjala*	دفعة سنوية مؤجلة
deferred credit	*īrād muʾajjal*	ايراد مؤجل
deferred expenditure	*maṣrūf muʾajjal*	مصروف مؤجل
deferred payment	*dafʿa muʾajjal*	دفعة مؤجل
deferred rebate	*khaṣm muʾajjal*	خصم مؤجل
deferred share	*sahm muʾajjal ar-ribḥ*	سهم مؤجل الربح

deferred taxation	*ḍarība mu'ajjala*	ضريبة مؤجلة
deficiency account	*bayān ʿajz*	بيان عجز
deficit	*ʿajz mālī*	عجز مالي
deficit financing	*tamwīl al-ʿajz*	تمويل العجز
deflation	*inkimāsh*	انكماش
deflationary gap	*thughra inkimāshīya*	ثغرة انكماشية
defunct company	*sharika mayyita*	شركة ميتة
degrees of freedom	*darajāt al-ḥurrīya*	درجات الحرية
del credere agent	*wakīl ḍāmin*	وكيل ضامن
delegation	*tafwīḍ*	تفويض
delegation of authority	*tafwīḍ as-sulṭāt*	تفويض السلطات
delegation of responsibility	*tafwīḍ al-mas'ūlīyāt*	تفويض المسؤوليات
delivered price	*siʿr at-taslīm*	سعر التسليم
delivery note	*ishʿār taslīm*	اشعار تسليم
demand assessment	*taqdīr aṭ-ṭalab*	تقدير الطلب
demand curve	*munḥana aṭ-ṭalab*	منحني الطلب
demand draft	*kambiyālat ṭalab*	كمبيالة طلب
demand function	*waẓīfat ṭalab*	وظيفة طلب
demand note	*sanad ʿind aṭ-ṭalab*	سند عند الطلب
demand schedule	*jadwal aṭ-ṭalab*	جدول الطلب
demarcation dispute	*nizāʿ bayna niqābatayn ḥawla taʿrīf al-waẓīfa*	نزاع بين نقابتين حول تعريف الوظيفة
demarcation line	*khaṭṭ fāṣil*	خط فاصل
democracy	*dīmuqrāṭīya*	ديمقراطية
demography	*dīmughrāfīya*	ديمغرافيا
demonstration	*ʿarḍ*	عرض
demurrage	*arḍīya*	ارضية
density function	*dāllat al-kathīfa*	دالة الكثيفة
department	*qism*	قسم
departmentalization	*tawzīʿ ila marākiz infāq*	توزيع الى مراكز انفاق
departmental planning	*takhṭīṭ fil-qism*	تخطيط في القسم
Department of Trade	*wizārat at-tijāra*	وزارة التجارة
department store	*matjar al-aqsām*	متجر الاقسام
dependent variable	*mutaghayyir tābiʿ*	متغير تابع
depletion	*nuḍūb*	نضوب

deployment	*intishār*	انتشار
deposit	*wadīʿa*	وديعة
deposit account	*ḥisāb wadāʾiʿ*	حساب ودائع
deposited securities	*sanadāt mūdaʿa*	سندات مودعة
depot	*mustawdaʿ*	مستودع
depreciation	*istihlāk*	استهلاك
depreciation allowance	*ʿalāwat al-istihlāk*	علاوة الاستهلاك
depreciation provision	*mukhaṣṣaṣ al-istihlāk*	مخصص الاستهلاك
depressed market	*sūq rākid*	سوق راكد
depression	*rukūd*	ركود
depth analysis	*taḥlīl daqīq*	تحليل دقيق
depth interview	*muqābala daqīqa*	مقابلة دقيقة
deputy	*wakīl · nāʾib*	وكيل . نائب
derived demand	*aṭ-ṭalab ʿala ʿawāmil al-intāj*	الطلب على عوامل الانتاج
design	*taṣmīm*	تصميم
design engineering	*handasat at-taṣmīm*	هندسة التصميم
designer	*muṣammim*	مصمّم
design fault	*khaṭaʾ at-taṣmīm*	خطأ التصميم
desk	*maktab*	مكتب
destructive test	*ikhtibār itlāfī*	اختبار اتلافي
detailed report	*taqrīr mufaṣṣal*	تقرير مفصل
detergent additives	*iḍāfāt muzīla lil-awsākh*	اضافات مزيلة للاوساخ
determinant	*muḥaddid*	محدِّد
devaluation	*takhfīḍ*	تخفيض
developing country	*balad nāmī*	بلد نامي
development area	*minṭaqa muʿayyana lit-tanmiya al-iqtiṣādīya*	منطقة معينة للتنمية الاقتصادية
development costs	*takālīf taṭwīr*	تكاليف تطوير
development potential	*imkānīyāt at-tanmīya*	امكانيات التنمية
development programme	*barnāmaj at-tanmīya*	برنامج التنمية
deviation	*inḥirāf*	انحراف
diagnostic routine	*rūtīn tashkhīṣī*	روتين تشخيصي
diagram	*rasm bayānī*	رسم بياني
diarizing	*ḥifẓ daftar al-yawmiyāt*	حفظ دفتر اليوميات
diary	*yawmiyāt*	يوميات

dictating	*istiktāb*	استكتاب
dictating machine	*jihāz istiktāb*	جهاز استكتاب
dictionary	*muʿjam*	معجم
diesel engine	*muḥarrik dīzl*	محرك ديزل
diesel fuel	*wuqūd dīzl*	وقود ديزل
differential cost analysis	*taḥlil at-takālīf at-tafāḍulīya*	تحليل التكاليف التفاضلية
differential costing	*taqdīr at-takālīf at-tafāḍulīya*	تقدير التكاليف التفاضلية
differential piecework	*ʿamal bil-qiṭʿa tafāḍulī*	عمل بالقطعة تفاضلي
digital	*raqmī*	رقمي
digital computer	*kumbyūtar raqmī*	كمبيوتر رقمي
diminishing balance	*raṣīd mutanāqiṣ*	رصيد متناقص
diminishing marginal utility	*manfaʿa ḥaddīya mutanāqiṣa*	منفعة حدية متناقصة
diminishing return	*mardūd mutanāqiṣ*	مردود متناقص
diplomat	*diblūmāsī*	دبلوماسي
diplomatic channels	*ṭuruq diblūmāsīya*	طرق دبلوماسية
diplomatic immunities	*ḥaṣānāt diblūmāsīya*	حصانات دبلوماسية
diplomatic status	*markaz diblūmāsī*	مركز دبلوماسي
direct access	*dukhūl mubāshir*	دخول مباشر
direct assistance	*musāʿada mubāshira*	مساعدة مباشرة
direct bill of lading	*būlīṣat ash-shaḥn al-mubāshira*	بوليصة الشحن المباشرة
direct cost	*taklifa mubāshira*	تكلفة مباشرة
direct data entry	*dukhūl mubāshir lil-muʿṭayāt*	دخول مباشر للمعطيات
direct debiting	*taqyīd mubāshir ʿala*	تقييد مباشر على
direct expenses	*maṣārīf mubāshira*	مصاريف مباشرة
direct importation	*istīrād mubāshir*	استيراد مباشر
direction	*tawjīh*	توجيه
direct labour	*aydī ʿāmila mubāshira*	ايدي عاملة مباشرة
direct mail	*barīd mubāshir*	بريد مباشر
direct mail advertising	*iʿlān bi-barīd mubāshir*	اعلان ببريد مباشر
direct mail shot	*iʿlān bil-barīd al-mubāshir*	اعلان بالبريد المباشر
director	*mudīr*	مدير

directors' emoluments	*mukāfāʾāt al-mudarāʾ*	مكافاءات المدراء
directors' fees	*atʿāb al-mudarāʾ*	اتعاب المدراء
directors' report	*taqrīr al-mudarāʾ*	تقرير المدراء
directory	*dalīl*	دليل
direct production	*intāj mubāshir*	انتاج مباشر
direct-response selling	*al-bayʿ al-mubāshir min al-muntij*	البيع المباشر من المنتج
direct selling	*bayʿ mubāshir*	بيع مباشر
direct taxation	*ḍarāʾib mubāshira*	ضرائب مباشرة
dirty float	*taʿwīm ghayr ḥurr*	تعويم غير حر
dirty money	*ajr al-ʿamal al-qadhir*	اجر العمل القذر
disability clause	*sharṭ al-ʿajz*	شرط العجز
disagreement	*khilāf*	خلاف
disciplinary measures	*ijrāʾāt taʾdībīya*	اجراءات تأديبية
disclosures	*īḍāḥāt*	إيضاحات
discount	*khaṣm*	خصم
discount broker	*simsār khaṣm*	سمسار خصم
discounted cash flow	*ḥarakat an-naqd al-muʿaddal*	حركة النقد المعدل
discounted present value	*qīma ḥalīya muʿaddala*	قيمة حالية معدلة
discount house	*bayt al-qaṭʿ*	بيت القطع
discounting back	*taqdīr al-qīma al-ḥālīya*	تقدير القيمة الحالية
discounting bills of exchange	*khaṣm al-kambiyālāt*	خصم الكمبيالات
discount market	*sūq al-khaṣm*	سوق الخصم
discount rate	*siʿr al-khaṣm*	سعر الخصم
discretionary trust	*wiṣāya ikhtiyārīya*	وصاية اختيارية
discriminating monopoly	*iḥtikār mumayyiz*	احتكار مميز
discriminating tariff	*taʿrīfa mumayyiza*	تعريفة مميزة
discrimination	*tamyīz*	تمييز
disguised unemployment	*baṭāla musattara*	بطالة مسترة
dishonour *(v)*	*yarfuḍ qabūl*	يرفض قبول
dishonoured cheque	*shīk marfūḍ*	شيك مرفوض
disincentive	*muthabbiṭ lil-ʿazīma*	مثبط للعزيمة
disinflation	*takhfīḍ at-taḍakhkhum*	تخفيض التضخم

disintermediation	*ʿajz tanfīdh ʿaml al-wasīṭ al-mālī*	عجز تنفيذ عمل الوسيط المالي
disk	*usṭuwāna*	اسطوانة
disk drive	*jihāz tadwīr al-usṭuwāna*	جهاز تدوير الاسطوانة
diskette	*usṭuwāna marina*	اسطوانة مرنة
disk pack	*majmūʿat usṭuwānāt*	مجموعة اسطوانات
dismissal	*ʿazl*	عزل
dismissal compensation	*taʿwīḍ ʿazl*	تعويض عزل
dispatch department	*qism at-taṣdīr*	قسم التصدير
dispatching	*taṣdīr*	تصدير
dispatch money	*māl at-taṣdīr*	مال التصدير
dispatch note	*ishʿār taṣdīr*	اشعار تصدير
dispatch office	*maktab at-taṣdīr*	مكتب التصدير
dispatch register	*sijill at-taṣdīrāt*	سجل التصديرات
dispersion	*tashattut*	تشتت
display	*ʿarḍ*	عرض
disposable income	*dakhl ṣāfī*	دخل صافي
dispute	*munāzaʿa*	منازعة
dissolution	*ḥall*	حل
dissolve a company	*ḥall sharika*	حل شركة
distinguishing mark	*ʿalāma mumayyiza*	علامة مميزة
distortion	*tashwīh*	تشويه
distraint	*ḥajz*	حجز
distress	*ʿusr*	عسر
distributable reserves	*iḥtiyāṭīyāt qābila lit-tawzīʿ*	احتياطيات قابلة للتوزيع
distributed data processing	*muʿālajat al-bayānat al-muwazzaʿa*	معالجة البيانات الموزعة
distributed processing	*al-muʿālaja al-muwazzaʿa*	المعالجة الموزعة
distribution	*tawzīʿ*	توزيع
distribution manager	*mudīr at-tawzīʿ*	مدير التوزيع
distribution network	*shabakat tawzīʿ*	شبكة توزيع
distribution of goods	*tawzīʿ al-baḍāʾiʿ*	توزيع البضائع
distribution planning	*takhṭīṭ at-tawzīʿ*	تخطيط التوزيع
distribution policy	*siyāsat at-tawzīʿ*	سياسة التوزيع
distribution stamp	*khatm at-tawzīʿ*	ختم التوزيع

distributor	*muwazzi'*	موزع
district attorney	*mudāʿī ʿāmm lil-minṭaqa*	مدعي عام للمنطقة
diversification	*tanwīʿ*	تنويع
diversification strategy	*istrātijīyat at-tanwīʿ*	استراتيجية التنويع
diversity	*ikhtilāf*	اختلاف
diversity factor	*ʿāmil al-ikhtilāf*	عامل الاختلاف
dividend	*ribḥ as-sahm*	ربح السهم
dividend mandate	*tawkīl bī-dafʿ ribḥ as-sahm*	توكيل بدفع ربح السهم
dividend policy	*siyāsat tawzīʿ arbāḥ al-ashum*	سياسة توزيع ارباح الاسهم
dividend stripping	*al-istīlāʾ ʿala sharika lil-ḥuṣūl ʿala arbāḥ ashumiha*	الاستيلاء على شركة للحصول على ارباح اسهمها
dividend warrant	*qasīmat ribḥ sābiq mutarākim*	قسيمة ربح سابق متراكم
division	*taqsīm*	تقسيم
division of activities	*taqsīm al-anshiṭa*	تقسيم الانشطة
division of labour	*taqsīm al-aʿmāl*	تقسيم الاعمال
dock dues	*rusūm al-mīnāʾ*	رسوم الميناء
dock labour board	*hayʾat ʿummāl al-mīnāʾ*	هيئة عمال الميناء
dock receipt	*waṣl baḍāʾiʿ fil-mīnāʾ*	وصل بضائع في الميناء
dock warrant	*qāʾimat baḍāʾiʿ fil-mīnāʾ*	قائمة بضائع في الميناء
doctor	*ṭabīb*	طبيب
document	*mustanad*	مستند
document against acceptance	*mustanad muqābil qubūl*	مستند مقابل قبول
document against payment	*mustanad muqābil dafʿ*	مستند مقابل دفع
documentary bill	*kambiyāla mustanadīya*	كمبيالة مستندية
documentary credit	*iʿtimād mustanadī*	اعتماد مستندي
document assembly	*tajmīʿ al-mustanadāt*	تجميع المستندات
document conveyance	*naql al-mustanadāt*	نقل المستندات
document lift	*miṣʿad al-mustanadat*	مصعد المستندات
document reader	*qāriʾ al-mustanadāt*	قارىء المستندات
document shredder	*jihāz tamzīq al-awrāq*	جهاز تمزيق الاوراق
dollar deficit	*ʿajz bid-dūlār*	عجز بالدولار
dollar exchange	*taḥwīl bid-dūlār*	تحويل بالدولار

dollar gap	*thughrat ad-dūlār*	ثغرة الدولار
dollar premium	*ʿalāwat ad-dūlār*	علاوة الدولار
domain	*majāl*	مجال
domestic consumption	*istihlāk dākhilī*	استهلاك داخلي
domestic demand	*ṭalab dākhilī*	طلب داخلي
domestic exports	*ṣādirāt dākhilīya*	صادرات داخلية
domestic heating	*tadfiʾa manzilīya*	تدفئة منزلية
doorstep sale	*bayʿ manzilī*	بيع منزلي
dormant balance	*raṣīd sākin*	رصيد ساكن
dot matrix	*maṣfūfat nuqaṭ*	مصفوفة نقط
double account system	*niẓām al-ḥisāb al-muzdawij*	نظام الحساب المزدوج
double entry	*qayd muzdawij*	قيد مزدوج
double-pricing	*tasʿīr muzdawij*	تسعير مزدوج
double switching	*taḥwīl bayna ṭarīqatay intāj*	تحويل بين طريقتي انتاج
double taxation relief	*iʿfāʾ min aḍ-ḍarība al-muzdawija*	اعفاء من الضريبة المزدوجة
down-market	*aqall jawda*	اقل الجودة
down payment	*dafʿa mabdaʾīya*	دفعة مبدئية
downside	*iḥtimal al-hubūṭ*	احتمال الهبوط
down the line	*ʿabr al-khaṭṭ*	عبر الخط
down time	*waqt at-taʿṭīl*	وقت التعطيل
downward trend	*ittijāh inkhifāḍī*	اتجاه انخفاضي
draft	*musawwada*	مسودة
draft agenda	*musawwadat jadwal al-aʿmāl*	مسودة جدول الاعمال
draft agreement	*musawwadat ittifāqīya*	مسودة اتفاقية
drawback	*istirdād mablagh madfūʿ*	استرداد مبلغ مدفوع
drawee	*masḥūb ʿalayhi*	مسحوب عليه
drawer	*sāḥib*	ساحب
drilling contractor	*muqāwil ḥafar*	مقاول حفر
drilling equipment	*ajhizat ḥafr*	اجهزة حفر
driver's hours	*sāʿāt ʿamal as-sāʾiq*	ساعات عمل السائق
driver's log-sheet	*sijill as-sāʾiq*	سجل السائق
drug on the market	*dawāʾ musawwaq*	دواء مسوّق
dry bulk	*ḥumūla jāffa*	حمولة جافة

dry copier	*ālat naskh jāff*	آلة نسخ جاف
dry dock	*ḥawḍ jāff*	حوض جاف
dry hole	*thaqb ḥafr ghayr muntij*	ثقب حفر غير منتج
dry well	*biʾr ghayr muntija*	بئر غير منتجة
dual spectrum copier	*ālat naskh muzdawijat aṭ-ṭayf*	آلة نسخ مزدوجة الطيف
due date	*tārīkh al-istiḥqāq*	تاريخ الاستحقاق
dumb terminal	*ṭaraf ghayr muʿālij*	طرف غير معالج
dummy variable	*mutaghayyir fārigh*	متغير فارغ
dump *(v)*	*yughriq*	يغرق
dumping	*ighrāq*	اغراق
duopoly	*iḥtikār bayna sharikatayn*	احتكار بين شركتين
duopsony	*iḥtikār mushtariyayn*	احتكار مشتريين
duplex	*muzdawij*	مزدوج
duplicate document	*ṣūra ṭibq al-aṣl*	صورة طبق الاصل
duplicating	*istinsākh*	استنساخ
durable goods	*silaʿ matīna*	سلع متينة
duration	*mudda*	مدة
duress	*ikrāh*	اكراه
Dutch auction	*mazād bil-munāqaṣa*	مزاد بالمناقصة
duty-free shop	*matjar baḍāʾiʿ maʿfiya min ar-rusūm al-jumrukīya*	متجر بضائع معفية من الرسوم الجمركية
duty-paid	*rusūm jumrukīya madfūʿa*	رسوم جمركية مدفوعة
duty-paid contract	*ʿaqd ʿala asās rusūm jumrukīya madfūʿa*	عقد على اساس رسوم جمركية مدفوعة
dyeline copying	*istinsākh diyāzū*	استنساخ ديازو
dynamic evaluation	*taqyīm dīnāmīkī*	تقييم ديناميكي
dynamic management model	*namūdhaj idārī dīnāmīkī*	نموذج اداري ديناميكي
dynamic programming	*waḍʿ al-barāmij dīnāmīkīyan*	وضع البرامج ديناميكيا
dynamics	*dīnāmīyāt*	ديناميات

e

earned income	*dakhl muktasab*	دخل مكتسب
earning power	*qudrat al-kasb*	قدرة الكسب
earnings on assets	*mukāsib al-mawjūdāt*	مكاسب الموجودات
earnings performance	*adāʾ bi-nisbāt al-mukāsib*	اداء بنسبة المكاسب
earnings per share	*mukāsib ʿan kull sahm*	مكاسب عن كل سهم
earnings profile	*waṣf ad-dakhl*	وصف الدخل
earnings yield	*mardūd al-mukāsib*	مردود المكاسب
easement	*irtifāq*	ارتفاق
easy money	*māl muqtaraḍ bi-fāʾida munkhafiḍa*	مال مقترض بفائدة منخفضة
econometrics	*riyāḍīyāt al-iqtiṣād*	رياضيات الاقتصاد
economic adviser	*mustashār iqtiṣādī*	مستشار اقتصادي
economic batch quantity	*kammīyat ad-dufʿa al-iqtiṣādīya*	كمية الدفعة الاقتصادية
economic cost	*taklifa ḥālīya*	تكلفة حالية
economic crisis	*azma iqtiṣādīya*	ازمة اقتصادية
economic growth	*numūw iqtiṣādī*	نمو اقتصادي
economic intelligence	*maʿlūmāt iqtiṣādīya*	معلومات اقتصادية
economic manufacturing quantity	*kammīyat al-intāj al-iqtiṣādīya*	كمية الانتاج الاقتصادية
economic mission	*baʿtha iqtiṣādīya*	بعثة اقتصادية
economic order quantity	*kammīyat aṭ-ṭalab al-iqtiṣādīya*	كمية الطلب الاقتصادية
economic policy	*siyāsa iqtiṣādīya*	سياسة اقتصادية
economic rent	*ījār iqtiṣādī*	ايجار اقتصادي
economic research	*buḥūth iqtiṣādīya*	بحوث اقتصادية
economic trend	*ittijāh iqtiṣādī*	اتجاه اقتصادي
economist	*khabīr fil-iqtiṣād*	خبير في الاقتصاد

economy of scale	*takhfīḍ taklifat al-intāj bi-izdiyād al-intāj*	تخفيض تكلفة الانتاج بازدياد الانتاج
edge-punched card	*biṭāqa mathqūbat al-hāmish*	بطاقة مثقوبة الهامش
editing	*taḥrīr*	تحرير
editor	*muḥarrir*	محرر
effective date	*tārīkh sarayān al-mafʿūl*	تاريخ سريان المفعول
effective demand	*ṭalab faʿʿāl*	طلب فعال
effective management	*idāra faʿʿāla*	ادارة فعالة
efficiency	*kifāya*	كفاية
efficiency expert	*khabīr fil-kifāya*	خبير في الكفاية
elastic	*marin*	مرن
elasticity	*murūna*	مرونة
elasticity of demand	*murūnat aṭ-ṭalab*	مرونة الطلب
elasticity of income	*murūnat ad-dakhl*	مرونة الدخل
elasticity of substitution	*murūnat al-istibdāl*	مرونة الاستبدال
elasticity of supply	*murūnat al-ʿarḍ*	مرونة العرض
electricity	*kahrabāʾ*	كهرباء
electric truck	*shāḥina kahrabāʾīya*	شاحنة كهربائية
electric typewriter	*āla kātiba kahrabāʾīya*	آلة كاتبة كهربائية
electronic	*iliktrūnī*	الكتروني
electronic calculator	*ḥāsiba iliktrūnīya*	حاسبة الكترونية
electronic data processing	*muʿālajat al-muʿṭayāt bi-ālāt iliktrūnīya*	معالجة المعطيات بالآلات الكترونية
electronic dialling	*tarqīm iliktrūnī*	ترقيم الكتروني
electronic filing	*iḍbār iliktrūnī*	اضبار الكتروني
electronic mail	*barīd iliktrūnī*	بريد الكتروني
electronic mailbox	*ṣundūq barīd iliktrūnī*	صندوق بريد الكتروني
electronic office	*maktab iliktrūnī*	مكتب الكتروني
electronic telephone switchboard	*sintrāl iliktrūnī*	سنترال الكتروني
electronic typewriter	*āla kātiba iliktrūnīya*	آلة كاتبة الكترونية
electrosensitive	*ḥassās lil-kahrabāʾ*	حساس للكهرباء
electrostatic copying	*istinsākh iliktrūstātī*	استنساخ الكتروستاتي
electrostatic platemaking	*intāj iliktrūstātī lil-alwāḥ*	انتاج الالكتروستاتي للالواح
elevator	*miṣʿad*	مصعد

eligible paper	*awrāq mālīya maqbūla*	اوراق مالية مقبولة
elite typeface	*ḥarf ṭibāʿī ilīt*	حرف طباعي « إيليت »
embargo	*ḥaẓr*	حظر
embassy	*sifāra*	سفارة
embezzlement	*ikhtilās*	اختلاس
emigrant	*muhajjir*	مهجّر
emigration office	*maktab al-hijra*	مكتب الهجرة
employee	*muwaẓẓaf*	موظف
employee counselling	*istishārat al-muwaẓẓafīn*	استشارة الموظفين
employee relations	*ʿalāqāt al-muwaẓẓafīn*	علاقات الموظفين
employees pension schemes	*mashārīʿ maʿāshat at-taqāʿud lil-muwaẓẓafīn*	مشاريع معاشات التقاعد للموظفين
employer	*ājir*	آجر
employer's liability	*masʾūlīyat al-ājir*	مسؤولية الآجر
employment	*tawẓīf*	توظيف
employment law	*qānūn at-tawẓīf*	قانون التوظيف
emulation	*muḥākāh*	محاكاة
enclosed office	*al-maktab al-musayyaj*	المكتب المسيّج
enclosures	*murfaqāt*	مرفقات
endorsement	*taẓhīr*	تظهير
endowment	*waqf*	وقف
end-product	*nātij akhīr*	ناتج اخير
end-user	*mustakhdim akhīr*	مستخدم اخير
end-user language	*lughat al-mustakhdim al-akhīr*	لغة المستخدم الاخير
energy	*ṭāqa*	طاقة
enforcement of law	*tanfīdh al-qānūn*	تنفيذ القانون
engineered cost	*taklifa baʿd ʿamal al-handasa*	تكلفة بعد عمل الهندسة
engineering	*handasa*	هندسة
engineering department	*qism al-handasa*	قسم الهندسة
enhanced matrix	*maṣfūfa muʿazzaza*	مصفوفة معززة
enquiry	*istiʿlām*	استعلام
enquiry office	*maktab al-istiʿlāmāt*	مكتب الاستعلامات
enter into negotiations	*yubāshir mufāwaḍāt*	يباشر مفاوضات
enterprise	*mashrūʿ*	مشروع
entertainment expenses	*maṣārīf ḍiyāfa*	مصاريف ضيافة

entertainment tax	*ḍarībat al-malāhī*	ضريبة الملاهي
entrepot	*makhzan istīdāʿ*	مخزن استيداع
entrepot trade	*tijārat iʿādat at-taṣdīr*	تجارة اعادة التصدير
entrepreneur	*ṣāḥib mashrūʿ*	صاحب مشروع
entropy	*intrūbya*	انتروبيا
entry	*dukhūl · qayd*	دخول . قيد
entry for warehousing	*qayd at-takhzīn*	قيد التخزين
entry visa	*taʾshīrat dukhūl*	تأشيرة دخول
envelope	*ẓarf*	ظرف
envelope curve	*munḥana ẓarfī*	منحنى ظرفي
environment	*bīʾa*	بيئة
environmental forecasting	*tanabbuʾ al-bīʾa*	تنبؤ البيئة
equal pay	*rawātib musāwīya*	رواتب مساوية
equilibrium price	*siʿr at-tawāzun*	سعر التوازن
equipment	*ajhiza · muʿaddāt*	اجهزة . معدات
equipment leasing	*taʾjīr al-muʿaddāt*	تأجير المعدات
equity	*ḥaqq fī mawjūdāt · ashum*	حق في موجودات . اسهم
eraser	*mimḥāh*	ممحاة
ergonomics	*ʿilm dirāsat aṭ-ṭāqāt*	علم دراسة الطاقات
erosion	*taḥātt*	تحات
escalation	*izdiyād*	ازدياد
escalation clause	*sharṭ izdiyād*	شرط ازدياد
escape clause	*sharṭ insiḥāb*	شرط انسحاب
escrow	*wadīʿa muʿallaqat at-taslīm*	وديعة معلقة التسليم
espionage	*tajassus*	تجسس
establishment charges	*maṣārīf at-taʾsīs*	مصاريف التأسيس
estate agent	*simsār ʿaqārī*	سمسار عقاري
estate duty	*ḍarībat tarika*	ضريبة تركة
estimate *(n)*	*taqdīr*	تقدير
estimate *(v)*	*yuqaddir*	يقدر
estimated cost	*taklifa muqaddara*	تكلفة مقدّرة
estoppel	*īqāf*	ايقاف
Ethernet	*ītharnit*	ايثرنت
Eurobond	*qarḍ bi-yūrūdūlārāt*	قرض بيورودولارات
Eurodollars	*al-yūrūdūlārāt*	اليورودولارات

evaluation	*taqyīm*	تقييم
evolutionary operation	*ʿamalīya taṭawwurīya*	عملية تطورية
examination	*faḥṣ*	فحص
examination report	*taqrīr al-faḥṣ*	تقرير الفحص
examiner	*fāḥiṣ*	فاحص
ex ante	*musbaqan*	مسبقا
exceed *(v)*	*yatajāwaz*	يتجاوز
exceptional circumstances	*ẓurūf istithnāʾīya*	ظروف استثنائية
exceptional item	*band istithnāʾī*	بند استثنائي
excess capacity	*qudrat al-intāj az-zāʾida*	قدرة الانتاج الزائدة
excess demand	*ṭalab zāʾid*	طلب زائد
excessive price	*siʿr zāʾid*	سعر زائد
excess profits tax	*ḍarība ʿalal-arbāḥ az-zāʾida*	ضريبة على الارباح الزائدة
excess supply	*ʿarḍ zāʾid*	عرض زائد
exchange at a discount	*siʿr aṣ-ṣarf dūn at-taʿādul*	سعر الصرف دون التعادل
exchange at a premium	*siʿr aṣ-ṣarf fawq at-taʿādul*	سعر الصرف فوق التعادل
exchange control	*murāqabat aṣ-ṣarf al-ajnabī*	مراقبة الصرف الاجنبي
exchange equalisation account	*ḥisāb muwāzanat al-ʿumla al-ajnabīya*	حساب موازنة العملة الاجنبية
exchange rate	*siʿr aṣ-ṣarf*	سعر الصرف
exchange to extension	*sintrāl ila khaṭṭ farʿī*	سنترال الى خط فرعي
exchequer account	*ḥisāb al-khazīna al-ʿāmma*	حساب الخزينة العامة
excise duty	*rasm intāj*	رسم انتاج
exclusive dealing	*wakāla waḥīda*	وكالة وحيدة
executive board	*majlis tanfīdhī*	مجلس تنفيذي
executive competence	*ahlīyat al-muwaẓẓaf at-tanfīdhī*	اهلية الموظف التنفيذي
executive development	*taʾhīl al-muwaẓẓaf at-tanfīdhī*	تأهيل الموظف التنفيذي
executive director	*mudīr tanfīdhī*	مدير تنفيذي
executive manpower strategy	*istrātījīyat taṭwīr al-muwaẓẓafīn at-tanfīdhīyīn*	استراتيجية تطوير الموظفين التنفيذيين

executive structure	*haykal tanẓīmī lil-muwaẓẓafīn at-tanfīdhīyīn*	هيكل تنظيمي للموظفين التنفيذيين
executive terminal	*ṭaraf kumbyūtar lil-muwaẓẓaf at-tanfīdhī*	طرف كمبيوتر للموظف التنفيذي
executor	*munaffidh al-waṣīya*	منفذ الوصية
executorship	*manṣib munaffidh waṣīya*	منصب منفذ وصية
executory	*qābil lit-tanfīdh*	قابل للتنفيذ
exemplary damages	*taʿwīḍāt istithnāʾīya li-gharḍ muʿāqaba*	تعويضات استثنائية لغرض معاقبة
exemption for customs duties	*iʿfāʾ ʿan ar-rusūm al-jumrukīya*	اعفاء عن الرسوم الجمركية
ex gratia payment	*dafʿa ghayr ijbārīya*	دفعة غير اجبارية
exhibit *(v)*	*yaʿriḍ*	يعرض
exhibition	*maʿriḍ*	معرض
ex interest	*bi-dūn fāʾida*	بدون فائدة
exit *(v)*	*yakhruj*	يخرج
ex-officio membership	*ʿuḍwīya bi-ḥukm al-waẓīfa*	عضوية بحكم الوظيفة
expansion	*tawsīʿ*	توسيع
expansion programme	*barnāmaj at-tawsīʿ*	برنامج التوسيع
expansion strategy	*istrātijīyat at-tawsīʿ*	استراتيجية التوسيع
expatriate	*muhajjir*	مهجر
expected payoff	*al-mardūd al-mutawaqqaʿ*	المردود المتوقع
expected value	*qīma mutawaqqaʿa*	قيمة متوقعة
expedite *(v)*	*yuʿajjil*	يعجل
expenditure	*infāq*	انفاق
expense account	*ḥisāb al-maṣrūfāt*	حساب المصروفات
experience	*khibra*	خبرة
experimental	*ikhtibārī*	اختباري
expert	*khabīr*	خبير
expert system	*niẓām mutakhaṣṣaṣ*	نظام متخصص
expiry date	*tārīkh inqiḍāʾ*	تاريخ القضاء
exploration expenses	*maṣrūfāt istikshāf*	مصروفات استكشاف
exploration well	*biʾr istikshāfīya*	بئر استكشافية
exploratory period	*fatra tamhīdīya*	فترة تمهيدية
exploratory talks	*muḥādathāt tamhīdīya*	محادثات تمهيدية

exponential distribution	*tawzīʿ ussī*	توزيع أسي
exponential function	*dālla ussīya*	دالة أسية
export *(v)*	*yuṣaddir*	يصدر
export agent	*wakīl taṣdīr*	وكيل تصدير
export assistance register	*sijill al-musāʿada lil-muṣaddirīn*	سجل المساعدة للمصدرين
export bounty	*ʿalāwat taṣdīr*	علاوة تصدير
export cargo shipping instruction	*taʿlīmāt shaḥn li-ḥumūlat taṣdīr*	تعليمات شحن لحمولة تصدير
export consignment note	*ishʿār irsālīyat taṣdīr*	اشعار ارسالية تصدير
export control	*murāqabat at-taṣdīr*	مراقبة التصدير
Export Credit Guarantee Department	*dāʾirat ḍamān ʿuqūd taṣdīr*	دائرة ضمان عقود تصدير
export declaration	*bayān taṣdīr*	بيان تصدير
export department	*qism aṣ-ṣādirāt*	قسم الصادرات
export document	*wathīqat taṣdīr*	وثيقة تصدير
export documentation	*wathāʾiq taṣdīr*	وثائق تصدير
export embargo	*ḥaẓr taṣdīr*	حظر تصدير
exporter's declaration	*bayān muṣaddir*	بيان مصدر
export house	*dār at-taṣdīr*	دار التصدير
export incentive	*ḥāfiz taṣdīr*	حافز تصدير
exporting	*taṣdīr*	تصدير
export leasing	*ījār aṣ-ṣādirāt*	ايجار الصادرات
export licence	*rukhṣat taṣdīr*	رخصة تصدير
export multiplier	*muḍāʿif taṣdīr*	مضاعف تصدير
export of capital	*taḥwīl raʾsmāl fil-khārij*	تحويل رأسمال في الخارج
export problems	*mashākil taṣdīr*	مشاكل تصدير
export quotation	*siʿr maʿrūḍ liṣ-ṣādirāt*	سعر معروض للصادرات
exports	*ṣādirāt*	صادرات
express all the way	*naql sarīʿ kāmil*	نقل سريع كامل
express delivery	*naql sarīʿ*	نقل سريع
express mail	*barīd sarīʿ*	بريد سريع
express service	*khidma sarīʿa*	خدمة سريعة
ex quay	*min raṣīf al-mīnāʾ*	من رصيف الميناء
ex ship	*min as-safīna*	من السفينة

extended credit	*iʾtimān mumtadd*	ائتمان ممتد
extended protest	*iḥtijāj mumtadd*	احتجاج ممتد
extension services	*khadamāt al-khaṭṭ al-farʿī*	خدمات الخط الفرعي
extenuating circumstances	*ẓurūf mukhaffifa*	ظروف مخففة
external audit	*tadqīq khārijī*	تدقيق خارجي
external control	*murāqaba khārijīya*	مراقبة خارجية
external noise	*ḍajīj khārijī*	ضجيج خارجي
external relations	*ʿalāqāt khārijīya*	علاقات خارجية
external sterling	*istirlīnī khārijī*	استرليني خارجي
extinguisher	*miṭfaʾa lil-ḥarīq*	مطفأة للحريق
extract *(v)*	*yastakhrij*	يستخرج
extractive industry	*ṣināʿa istikhrājīya*	صناعة استخراجية
extradition	*taslīm al-mujrimīn*	تسليم المجرمين
extraordinary general meeting	*ijtimāʿ ʿāmm ghayr ʿādī*	اجتماع عام غير عادي
extraordinary items	*bunūd ghayr ʿādīya*	بنود غير عادية
extraordinary resolution	*qarār ghayr ʿādī*	قرار غير عادي
extrapolation	*tanabbuʾ iḥṣāʾī*	تنبؤ احصائي
extravagance	*isrāf*	اسراف
ex warehouse	*min al-mustawdaʿ*	من المستودع
ex-works	*min al-maṣnaʿ*	من المصنع

f

face value	*qīma ismīya*	قيمة اسمية
facility planning	*takhṭīṭ al-marāfiq*	تخطيط المرافق
facsimile copies	*ṣuwar ṭibq al-aṣl*	صور طبق الاصل
fact-finding	*istiqṣāʾ al-ḥaqāʾiq*	استقصاء الحقائق
factor	*ʿāmil*	عامل
factor comparison	*muqāranat ʿawāmil*	مقارنة عوامل
factorial	*ʿāmilī*	عاملي
factoring	*bayʿ ad-duyūn*	بيع الديون
factor-price frontier	*mardūd ar-raʾs māl al-aqṣa ʿinda muʿaddal al-ujur ath-thābit*	مردود الرأسمال الاقصى عند معدل الاجور الثابت
factors of production	*ʿawāmil intāj*	عوامل انتاج
factory costs	*takālīf al-maṣnaʿ*	تكاليف المصنع
factory inspector	*mufattish maṣāniʿ*	مفتش مصانع
factory overheads	*maṣārīf raʾsīya lil-maṣnaʿ*	مصاريف رأسية للمصنع
factory worker	*ʿāmil maṣnaʿ*	عامل مصنع
failure	*fashal*	فشل
failure to pay	*tawaqquf ʿan ad-dafʿ*	توقف عن الدفع
fair competition	*munāfasa ʿādila*	منافسة عادلة
fair play	*ʿadl*	عدل
fair trade	*mubādala ʿādila*	مبادلة عادلة
fair trading	*tijāra ʿādila*	تجارة عادلة
fair trial	*muḥākama ʿādila*	محاكمة عادلة
fair wear and tear	*istihlāk ʿādī maʿqūl*	استهلاك عادي معقول
fall-back price	*siʿr iḥtiyāṭī*	سعر احتياطي
falling off	*tanāquṣ*	تناقص
fall in output	*hubuṭ bil-intāj*	هبوط بالانتاج
fall in prices	*hubuṭ bil-asʿār*	هبوط بالاسعار
false accusation	*tuhma kādhiba*	تهمة كاذبة

false pretenses	*ifāda ghayr ṣaḥīḥa*	افادة غير صحيحة
falsification of accounts	*tazyīf ḥisābāt*	تزييف حسابات
family allowances	*taʿwīḍ ʿāʾilī*	تعويض عائلي
farm	*mazraʿa*	مزرعة
farm out	*yuʾajjir min al-bāṭin*	يؤجر من الباطن
far-reaching decision	*qarār baʿīd al-athar*	قرار بعيد الاثر
f.a.s.	*taslīm raṣīf mīnāʾ at-taṣdīr*	تسليم رصيف ميناء التصدير
fatal accident	*ḥādith mumīt*	حادث مميت
fatal injury	*jurḥ mumīt*	جرح مميت
fatigue allowance	*badal taʿab*	بدل تعب
favourable rate	*siʿr mulāʾim*	سعر ملائم
feasibility study	*dirāsat al-jadwa*	دراسة الجدوى
feedback	*taghdhiya murtadda*	تغذية مرتدة
felony	*jināya*	جناية
ferry	*miʿbara*	معبرة
fiasco	*fashal*	فشل
fiat money	*ʿumla munkhafiḍat al-qīma*	عملة منخفضة القيمة
fibre	*līfa*	ليفة
fibre optics	*baṣariyāt līfīya*	بصريات ليفية
fiche	*fīsh*	فيش
fictitious assets	*mawjūdāt wahmīya*	موجودات وهمية
fidelity bond	*ḍamān amāna*	ضمان امانة
fidelity guarantee	*kafālat amāna*	كفالة امانة
fiduciary	*muʾtaman*	مؤتمن
fiduciary loan	*qarḍ bi-dūn ḍamān*	قرض بدون ضمان
field research	*buḥūth maydānīya*	بحوث ميدانية
field study	*dirāsa maydānīya*	دراسة ميدانية
field testing	*ikhtibār maydānī*	اختبار ميداني
file *(n)*	*milaff*	ملف
file *(v)*	*yaḍbur*	يضبر
file processing	*muʿālajat al-milaffāt*	معالجة الملفات
filing	*iḍbār*	اضبار
filing book	*daftar iḍbār*	دفتر اضبار
filing clerk	*kātib iḍbār*	كاتب اضبار

filing destruction programme	*barnāmaj ibādat al-iḍbārāt*	برنامج ابادة الاضبارات
filing equipment	*ajhizat iḍbār*	اجهزة اضبار
filing folder	*ghilāf iḍbār*	غلاف اضبار
filing guide card	*biṭāqa muʾashshira lil-milaff*	بطاقة مؤشرة للملف
filing tray	*ṣīnīyat milaffāt*	صينية ملفات
final dividend	*ribḥ as-sahm ākhir al-ʿāmm*	ربح السهم اخر العام
final instalment	*qisṭ akhīr*	قسط اخير
final invoice	*fātūra akhīra*	فاتورة اخيرة
final notice	*ikhṭār nihāʾī*	اخطار نهائي
final payment	*dafʿa nihāʾīya*	دفعة نهائية
finance *(n)*	*tamwīl*	تمويل
finance *(v)*	*yumawwil*	يمول
finance company	*sharikat tamwīl*	شركة تمويل
finance house	*bayt mālī*	بيت مالي
financial accountant	*muḥāsib mālī*	محاسب مالي
financial administration	*idāra mālīya*	ادارة مالية
financial adviser	*mustashār mālī*	مستشار مالي
financial analysis	*taḥlīl mālī*	تحليل مالي
financial appraisal	*taqyīm mālī*	تقييم مالي
financial crisis	*azma mālīya*	ازمة مالية
financial incentive	*ḥāfiz mālī*	حافز مالي
financial intermediary	*wasīṭ mālī*	وسيط مالي
financial management	*idāra mālīya*	ادارة مالية
financial operation	*ʿamalīya mālīya*	عملية مالية
financial planning	*takhṭīṭ mālī*	تخطيط مالي
financial policy	*siyāsa mālīya*	سياسة مالية
financial ratio	*nisba mālīya*	نسبة مالية
financial responsibility	*masʾūlīya mālīya*	مسؤولية مالية
financial review	*murājaʿa mālīya*	مراجعة مالية
financial standards	*maʿāyīr mālīya*	معايير مالية
financial strategy	*istrātījīya mālīya*	استراتيجية مالية
financial telecommunication	*irsāl maʿlūmāt mālīya ʿan buʿd*	ارسال معلومات مالية عن بعد
financial year	*sana mālīya*	سنة مالية

financier	*mumawwil*	مموّل
finder's fee	*atʿāb al-muktashif*	اتعاب المكتشف
fine trade bill	*waraqa tijārīya mumtāza*	ورقة تجارية ممتازة
fine tuning	*muʾālafa daqīqa*	مؤالفة دقيقة
finished goods	*baḍāʾiʿ tāmmat aṣ-ṣunʿ*	بضائع تامة الصنع
finished product	*muntajāt tāmma*	منتجات تامة
fire-alarm	*jihāz indhār al-ḥarīq*	جهاز انذار الحريق
fire damage	*ḍarar ḥarīq*	ضرر حريق
fire insurance	*taʾmīn ḍidd al-ḥarīq*	تأمين ضد الحريق
fire prevention	*manʿ al-ḥarāʾiq*	منع الحرائق
fireproof	*ṣāmid lin-nār*	صامد للنار
fire-risk	*khaṭr ḥarīq*	خطر حريق
firm offer	*ʿarḍ thābit*	عرض ثابت
firm price	*siʿr thābit*	سعر ثابت
firmware	*barnāmaj muḥawwal ila dāʾira dāʾima*	برنامج محول الى دائرة دائمة
first-aid	*isʿāf awwalī*	اسعاف اولي
first-class post	*barīd daraja ūla*	بريد درجة اولي
first cost	*taklifa aṣlīya*	تكلفة اصلية
first in, first out	*mā yaridd awwalan yuṣraf awwalan*	ما يرد اولا يصرف اولا
first-line manager	*mudīr aṣ-ṣaff al-awwal*	مدير الصف الاول
first-loss policy	*būlīṣat taʾmīn ʿalal-khasāra al-muḥtamala al-kubra*	بوليصة تأمين على الخسارة المحتملة الكبرى
first of exchange	*aṣ-ṣūra al-ūla min al-kambiyāla*	الصورة الاولى من الكمبيالة
fiscal drag	*al-athar al-kābiḥ liḍ-ḍarāʾib*	الاثر الكابح للضرائب
fiscal measures	*ijrāʾāt mālīya*	اجراءات مالية
fiscal period	*fatra mālīya*	فترة مالية
fiscal policy	*siyāsa mālīya*	سياسة مالية
fiscal year	*sana mālīya*	سنة مالية
five characteristics	*al-khaṣāʾiṣ al-khamsa*	الخصائص الخمسة
fixed assets	*mawjūdāt thābita*	موجودات ثابتة
fixed budget	*mīzānīya thābita*	ميزانية ثابتة
fixed cost	*taklifa thābita*	تكلفة ثابتة
fixed debenture	*sanad qarḍ thābit*	سند قرض ثابت
fixed exchange rate	*siʿr aṣ-ṣarf ath-thābit*	سعر الصرف الثابت

fixed interest	*fāʾida muḥaddada*	فائدة محددة
fixed price	*siʿr muḥaddad*	سعر محدد
fixed-term contract	*ʿaqd ajal maḥdūd*	عقد اجل محدود
fixed trust	*muʾassasat istithmār amwāl mushtaraka*	مؤسسة استثمار اموال مشتركة
fixtures and fittings	*tajhīzāt wa tarkībāt*	تجهيزات وتركيبات
flag discrimination	*tamayyuz milāḥī*	تميز ملاحي
flag of convenience	*safīna musajjala fī quṭr ajnabī*	سفينة مسجلة في قطر اجنبي
flash report	*taqrīr mūjaz*	تقرير موجز
flat rate	*siʿr muwaḥḥad*	سعر موحد
flat yield	*mardūd asāsī*	مردود اساسي
fleet rating	*taqyīm al-usṭūl*	تقييم الاسطول
flexible budget	*mīzānīya marina*	ميزانية مرنة
flexible disk	*usṭuwāna marina*	اسطوانة مرنة
flexible working	*asālīb al-ʿamal al-marina*	اساليب العمل المرنة
flight coupon	*qasīmat aṭ-ṭayarān*	قسيمة الطيران
flight time	*zaman aṭ-ṭayarān*	زمن الطيران
float *(v)*	*yuqawwim*	يقوم
floating charge	*taklīf ʿāmm*	تكليف عام
floating debenture	*qarḍ ash-sharika al-ʿāʾim*	قرض الشركة العائم
floating exchange rate	*siʿr aṣ-ṣarf al-ʿāʾim*	سعر الصرف العائم
floating policy	*būlīṣat taʾmīn ʿāʾima*	بوليصة تأمين عائمة
floating warranty	*ḍamān ʿāʾim*	ضمان عائم
flood	*fayḍān*	فيضان
flood insurance	*tāʾmīn ḍidd al-fayḍān*	تأمين ضد الفيضان
floor space	*misāḥa*	مساحة
floor to floor time	*surʿa bayna ṭabaqatayn*	سرعة بين طبقتين
floor trader	*tājir ʿuḍuw al-būrṣa*	تاجر عضو البورصة
floppy disk	*usṭuwāna marina*	اسطوانة مرنة
flotation	*ṭarḥ sanadāt fis-sūq*	طرح سندات في السوق
flow chart	*rasm bayānī li-sayr al-aʿmāl*	رسم بياني لسير الاعمال
flow concept	*mafhūm sayr al-aʿmāl*	مفهوم سير الاعمال
flow line	*khaṭṭ as-sayr*	خط السير
flow process chart	*rasm bayāni li-ḥarakat al-ʿamalīyāt*	رسم بياني لحركة العمليات
flow production	*intāj insiyābī*	انتاج انسيابي

fluctuation of prices	*taqallub al-asʿār*	تقلب الاسعار
flurry of prices	*taqallub qaṣīr al-ajal fil-asʿār*	تقلب قصير الاجل في الاسعار
f.o.b.	*taslīm ʿalas-safīna (fūb)*	تسليم على السفينة (فوب)
folio	*safḥa*	صفحة
follow-up order	*ṭalab lāḥiq*	طلب لاحق
follow-up system	*niẓam al-mutābaʿa*	نظام المتابعة
font	*ṭāqim ḥurūf aṭ-ṭibāʿa*	طاقم حروف الطباعة
food allowance	*badal ṭaʿām*	بدل طعام
foolscap	*fūlskāb*	فولسكاب
foot the bill *(v)*	*yadfaʿ qīmat as-sanad*	يدفع قيمة السند
f.o.r.	*taslīm ʿalas-sikka al-ḥadīdīya*	تسليم على السكة الحديدية
for account of	*li-ḥisāb . . .*	لحساب ...
forbidden area	*minṭaqa mamnūʿa*	منطقة ممنوعة
force majeure	*qūwa qāhira*	قوة قاهرة
forecasting	*at-tanabbuʾ*	التنبؤ
forecasting, long range	*tanabbuʾ ṭawīl al-mada*	تنبؤ طويل المدى
forecasting, short range	*tanabbuʾ qaṣīr al-mada*	تنبؤ قصير المدى
forecast interval	*fāṣil zamanī lit-tanabbuʾ*	فاصل زمني للتنبؤ
foreclose	*ḥajz ar-rahn*	حجز الرهن
foreign bond	*sanad ajnabī*	سند اجنبي
foreign currency	*ʿumla ajnabīya*	عملة اجنبية
foreign domicile bill	*kambiyāla ajnabīya*	كمبيالة اجنبية
foreigner	*ajnabī*	اجنبي
foreign exchange	*ʿumlāt ajnabīya*	عملات اجنبية
foreign exchange broker	*simsār ʿumlāt ajnabīya*	سمسار عملات اجنبية
foreign exchange market	*sūq al-ʿumlāt al-ajnabīya*	سوق العملات الاجنبية
foreign investment	*istithmār khārijī*	استثمار خارجي
foreign judgement	*ḥukm maḥkama ajnabīya*	حكم محكمة اجنبية
foreign sector	*al-qiṭāʿ al-ajnabī*	القطاع الاجنبي
foreign trade	*tijāra khārijīya*	تجارة خارجية
foreign trade multiplier	*muḍāʿif tijāra khārijīya*	مضاعف تجارة خارجية
foreign trade zone	*minṭaqa tijāra khārījīya*	منطقة تجارة خارجية

foreman	*mulāḥiẓ ʿummāl*	ملاحظ عمال
forestalling	*shirāʾ baḍāʾiʿ qabla wuṣūliha*	شراء بضائع قبل وصولها
forfeiture	*suqūṭ ḥaqq*	سقوط حق
forgery	*tazwīr*	تزوير
fork-lift truck	*ʿaraba bi-mirfāʿ shawkī*	عربة بمرفاع شوكي
form	*namūdhaj*	نموذج
formal consent	*muwāfaqa rasmīya*	موافقة رسمية
formalities	*shaklīyāt*	شكليات
formal notice	*ishʿār rasmī*	اشعار رسمي
format *(n)*	*shakl*	شكل
formation of company	*taʾsīs sharika*	تأسيس شركة
form control	*murāqabat an-namādhij*	مراقبة النماذج
form design	*taṣmīm an-namādhij*	تصميم النماذج
form letter	*kitāb muwaḥḥad ash-shakl*	كتاب موحد الشكل
form of application	*namūdhaj ṭalab*	نموذج طلب
forward dating	*iṣdār awrāq mālīya muʾajjala*	اصدار اوراق مالية مؤجلة
forward exchange	*taghṭiya li-ajal*	تغطية لاجل
forwarding agent	*wakīl shaḥn*	وكيل شحن
forward integration	*takāmul al-muntij wal-bāʾiʿ*	تكامل المنتج والبائع
forward marketing	*taswīq mustaqbalī*	تسويق مستقبلي
forward planning	*takhṭīṭ mustaqbalī*	تخطيط مستقبلي
fractional banking	*niẓām an-nusab al-maṣrifīya*	نظام النسب المصرفية
franchise	*imtiyāz*	امتياز
franco	*khāliṣ al-ujra*	خالص الاجرة
franco price	*siʿr khāliṣ al-ujra*	سعر خالص الاجرة
franked investment income	*dakhl bi-shakl arbāḥ madfūʿa aḍ-ḍarība ʿalayha*	دخل بشكل ارباح مدفوعة الضريبة عليها
franking	*damgh*	دمغ
franking-machine	*ālat damgh ar-rasāʾil*	آلة دمغ الرسائل
fraud	*iḥtiyāl*	احتيال
fraudulent conversion	*taḥwīl iḥtiyālī*	تحويل احتيالي
fraudulent preference	*afḍalīya iḥtiyālīya*	أفضلية احتيالية
fraudulent trading	*tijāra iḥtiyālīya*	تجارة احتيالية

free alongside ship	*taslīm raṣīf mīnāʾ at-taṣdīr*	تسليم رصيف ميناء التصدير
free capital	*raʾsmāl ḥurr*	راسمال حر
free competition	*munāfasa ḥurra*	منافسة حرة
free depreciation	*istihlāk ghayr muḥaddad al-mudda*	استهلاك غير محدد المدة
free docks price	*siʿr taslīm fil-marfaʾ*	سعر تسليم في المرفأ
freedom of choice	*ḥurrīyat al-ikhtiyār*	حرية الاختيار
freedom of speech	*ḥurrīyat ar-rāʾī*	حرية الرأي
free economy	*iqtiṣād ḥurr*	اقتصاد حر
free enterprise	*iqtiṣād ḥurr*	اقتصاد حر
free entry	*dukhūl majānan*	دخول مجاناً
free exchange rates	*asʿār aṣ-ṣarf ghayr al-muḥaddada*	اسعار الصرف غير المحددة
free goods	*baḍāʾiʿ muʿfāh*	بضائع معفاة
freehold	*milkīya ʿaqārīya muṭlaqat al-mudda*	ملكية عقارية مطلقة المدة
free-lance	*mustaqill*	مستقل
free market	*sūq ḥurra*	سوق حرة
free of all average	*ʿadam al-masʾūlīya*	عدم المسؤولية
free of capture	*dūna sharṭ al-asr*	دون شرط الاسر
free of stamp	*ghayr khāḍiʿ li-rasm ad-damgha*	غير خاضع لرسم الدمغة
free on board	*taslīm ʿalas-safīna (fūb)*	تسليم على السفينة (فوب)
free on board and trimmed	*fūb maʿa sharṭ tastīf al-baḍāʾiʿ*	فوب مع شرط تستيف البضائع
free on quay	*taslīm ʿalar-raṣīf*	تسليم على الرصيف
free on rail	*taslīm ʿalas-sikka al-ḥadīdīya*	تسليم على السكة الحديدية
free overboard	*taslīm min as-safīna fī mīnāʾ al-wuṣūl*	تسليم من السفينة في ميناء الوصول
free overside	*taslīm ḥurr li-ghāyat ar-raṣīf*	تسليم حر لغاية الرصيف
free port	*mīnāʾ ḥurr*	ميناء حر
free trade	*tijāra ḥurra*	تجارة حرة
freeway	*ṭarīq raʾīsī*	طريق رئيسي
freeze *(v)*	*yujammid*	يجمد
free zone	*minṭaqa ḥurrīya*	منطقة حرية
freight	*shaḥn*	شحن

freight car	*ʿarabat shaḥn baḍāʾiʿ*	عربة شحن بضائع
freighter	*safīnat shaḥn*	سفينة شحن
freight forwarding agent	*wakīl shaḥn*	وكيل شحن
freight forwarding form	*istimārat shaḥn al-baḍāʾiʿ*	استمارة شحن البضائع
freight insurance	*taʾmīn ʿala shaḥn*	تامين على شحن
freightliner	*niẓām naql al-ḥāwiyāt bis-sikka al-ḥadīdīya*	نظام نقل الحاويات بالسكة الحديدية
freight note	*ishʿār shaḥn*	اشعار شحن
freight rates	*fiʾāt ujūr ash-shaḥn*	فئات اجور الشحن
freight release	*taẓhīr ujūr ash-shaḥn madfūʿa muqaddaman*	تظهير اجور الشحن مدفوعة مقدماً
frequency distribution	*tawātur at-tawzīʿ*	تواتر التوزيع
frequency polygon	*muḍallaʿ at-tawātur*	مضلع التواتر
frictional unemployment	*baṭāla iḥtikākīya*	بطالة احتكاكية
fringe benefit	*fāʾida iḍāfīya*	فائدة اضافية
frozen assets	*mawjūdāt mujammada*	موجودات مجمدة
frustration	*manʿ tanfīdh*	منع تنفيذ
frustration clause	*sharṭ manʿ tanfīd*	شرط منع تنفيذ
frustration of contract	*manʿ tanfīdh ʿaqd*	منع تنفيذ عقد
fuel *(n)*	*wuqūd*	وقود
fuel *(v)*	*yuzawwid bil-wuqūd*	يزود بالوقود
fulfil a contract	*yunaffīdh ʿaqdan*	ينفذ عقداً
full capacity	*ṭāqa quṣwa*	طاقة قصوى
full employment	*ʿamāla tāmma*	عمالة تامة
full name	*al-ism bil-kāmil*	الاسم بالكامل
full page display	*ʿarḍ aṣ-ṣafḥa al-kāmila*	عرض الصفحة الكاملة
fully paid shares	*ashum madfūʿa bil-kāmil*	اسهم مدفوعة بالكامل
function	*waẓīfa*	وظيفة
functional analysis	*taḥlīl waẓīfī*	تحليل وظيفي
functional layout	*taṣmīm waẓīfī*	تصميم وظيفي
functional management	*idāra waẓīfīya*	ادارة وظيفية
functional organisation	*tanẓīm waẓīfī*	تنظيم وظيفي
functional relations	*ʿalāqāt waẓīfīya*	علاقات وظيفية

functional responsibility	*masʾūlīya waẓīfīya*	مسؤولية وظيفية
functions of money	*waẓāʾif an-naqd*	وظائف النقد
fundamental	*asāsī*	اساسي
fundamental terms	*shurūṭ asāsīya*	شروط اساسية
funding	*tamdīd ajal ad-dayn*	تمديد اجل الدين
funding operations	*ʿamalīyāt tamdīd ajal ad-dayn*	عمليات تمديد اجل الدين
funds flow analysis	*taḥlīl ḥarakat al-mawjūdāt al-mutadāwala*	تحليل حركة الموجودات المتداولة
further education	*dirāsāt baʿd ath-thānawīya*	دراسات بعد الثانوية
further information	*maʿlūmāt iḍāfīya*	معلومات اضافية
future prospects	*iḥtimālāt ribḥ*	احتمالات ربح

g

gain	*ribḥ*	ربح
gains from trade	*arbāḥ tijārīya*	ارباح تجارية
gamble *(v)*	*yuqāmir*	يقامر
games theory	*naẓarīyat al-alʿāb*	نظرية الالعاب
gaming contract	*ʿaqd muqāmara*	عقد مقامرة
gamma distribution	*tawātur ghāmā*	تواتر غاما
gantry crane	*mirfāʿ qanṭarī mutaḥarrik*	مرفاع قنطري متحرك
Gantt chart	*rasm ghānt al-bayānī*	رسم غانت البياني
gap analysis	*taḥlīl ath-thugra*	تحليل الثغرة
garnishee	*al-maḥjūz ladayhi*	المحجوز لديه
garnishee order	*amr ilal-maḥjūz ladayhi*	امر الى المحجوز لديه
gasoline	*banzīn*	بنزين
gas reserves	*iḥtiyāṭī al-ghāz aṭ-ṭabīʿī*	احتياطي الغاز الطبيعي
gateway	*madkhāl*	مدخل
gearing	*taʿdīl · nisbat ad-duyūn ilar-raʾsmāl*	تعديل . نسبة الديون الى الراسمال
general administration department	*qism idāra ʿāmma*	قسم ادارة عامة
general administration office	*maktab idāra ʿāmma*	مكتب ادارة عامة
general agency	*wakala ʿāmma*	وكالة عامة
General Agreement on Tariffs and Trade	*al-ittifāqīya al-ʿāmma lit-tijāra wat-taʿrīfāt*	الاتفاقية العامة للتجارة والتعريفات
general assembly	*jamʿīya ʿāmma*	جمعية عامة
general average	*khasāra ʿāmma*	خسارة عامة
general average loss	*fuqdān ḥasb al-khasāra al-ʿāmma*	فقدان حسب الخسارة العامة
general circulation	*tawziʿ ʿāmm*	توزيع عام
general damages	*taʿwīḍ ʿāmm*	تعويض عام

general equilibrium analysis	*taḥlīl al-ittizān al-ʿāmm*	تحليل الاتزان العام
general equitable charge	*rahn mustanad milkīya ʿāmm*	رهن مستند ملكية عام
general manager	*mudīr ʿāmm*	مدير عام
general offer	*ʿarḍ ʿāmm*	عرض عام
general partner	*sharīk mutaḍāmin*	شريك متضامن
general strike	*iḍrāb ʿāmm*	اضراب عام
generate growth *(v)*	*yuwallid an-numūw*	يولد النمو
generator	*muwallid*	مولّد
gentlemen's agreement	*ittifāq sharafī*	اتفاق شرفي
geographical filing	*iḍbār jiyūghrāfī*	اضبار جيوغرافي
geological survey	*masḥ jiyulūjī*	مسح جيولوجي
geometric mean	*wasaṭ handasī*	وسط هندسي
geometric progression	*mutawālīya handasīya*	متوالية هندسية
geophysical survey	*masḥ jiyufīziyāʾī*	مسح جيوفيزيائي
ghost cursor	*muʾashshir ash-shāsha*	مؤشر الشاشة
gift	*hiba*	هبة
gilt-edged securities	*awrāq mālīya min ad-daraja al-ūla*	اوراق مالية من الدرجة الاولى
give-away price	*siʿr zahīd*	سعر زهيد
global exchange	*tabādul ʿālamī*	تبادل عالمي
glossary	*tashrīḥ muṣṭalāḥāt fannīya*	تشريح مصطلحات فنية
glue	*ghirāʾ*	غراء
glut	*wafra*	وفرة
gnomes of Zurich	*muḍāribūn duwaliyūn*	مضاربون دوليون
go ahead *(v)*	*yubāshir bi*	يباشر بـ
goal congruence	*muṭābaqat al-ahdāf*	مطابقة الاهداف
going concern	*muʾassasa ʿāmila*	مؤسسة عاملة
going concern concept	*mafhūm al-muʾassasa al-ʿāmila*	مفهوم المؤسسة العاملة
going concern value	*ṣāfī uṣūl al-muʾassasa*	صافي اصول المؤسسة
going price	*siʿr sāʾid*	سعر سائد
going rate	*siʿr sāʾid*	سعر سائد
gold bullion market	*sūq as-sabāʾik adh-dhahabīya*	سوق السبائك الذهبية

golden handshake	*taʿwīḍ inhāʾ ʿaqd khidma*	تعويض انهاء عقد خدمة
gold market	*sūq adh-dhahab*	سوق الذهب
gold points	*ḥudūd siʿr aṣ-ṣarf bayna ʿumlatayn fī niẓām ʿiyār adh-dhahab*	حدود سعر الصرف بين عملتين في نظام عيار الذهب
gold pool	*tajammuʿ adh-dhahab*	تجمع الذهب
gold standard	*ʿiyār adh-dhahab*	عيار الذهب
golf ball	*kurat ḥurūf*	كرة حروف
good faith	*ḥusn an-nīya*	حسن النية
goods in stock	*baḍāʾiʿ fil-mustawdaʿ*	بضائع في المستودع
goods in transit	*baḍāʾiʿ biṭ-ṭarīq*	بضائع بالطريق
goods in transit insurance	*taʾmīn ʿalal-baḍāʾiʿ biṭ-ṭarīq*	تأمين على البضائع بالطريق
goods inward	*baḍāʾiʿ wārida*	بضائع واردة
goods on approval	*baḍāʾiʿ ʿind al-muwāfaqa*	بضائع عند الموافقة
goods received note	*ishʿār baḍāʾiʿ mustalima*	اشعار بضائع مستلمة
goodwill	*shuhrat al-maḥall*	شهرة المحل
go-slow	*iḍrāb tabāṭuʾ al-ʿamal*	اضراب تباطؤ العمل
government aid	*musāʿadāt ḥukūmīya*	مساعدات حكومية
government contract	*ʿaqd ḥukūmī*	عقد حكومي
government department	*dāʾira ḥukūmīya*	دائرة حكومية
government loan	*qarḍ ḥukūmī*	قرض حكومي
government official	*masʾūl ḥukūmī*	مسؤول حكومي
government pensions scheme	*niẓām taqāʿud ḥukūmī*	نظام تقاعد حكومي
grab	*ikhtiṭāf*	اختطاف
grace period	*muhla*	مهلة
grading	*tadrīj*	تدريج
graduated pension scheme	*ḍarībat ad-dakhl at-taṣāʿudīya*	ضريبة الدخل التصاعدية
grant immunity *(v)*	*yamnaḥ ḥaṣāna*	يمنح حصانة
graph *(n)*	*rasm bayānī*	رسم بياني
graph *(v)*	*yarsum khaṭṭan bayānīyan*	يرسم خطاً بيانيا
graphic representation	*tamthīl takhṭīṭī*	تمثيل تخطيطي
gratuity	*mukāfaʾa*	مكافأة
grave situation	*waḍʿ khaṭīr*	وضع خطير
graving dock	*ḥawḍ jāff*	حوض جاف

gravity chute	*majra thaqālī*	مجرى ثقالي
green card system	*niẓām al-biṭāqa al-khaḍrā᾽ lit-ta᾽min*	نظام البطاقة الخضراء للتأمين
green clause	*sharṭ akhḍar*	شرط اخضر
green pound	*istirlīnī ḥisābī akhḍar*	استرليني حسابي اخضر
grievance	*shakwa*	شكوى
grievance procedure	*ijrā᾽ shakwa*	اجراء شكوى
gross domestic product	*intāj dākhilī ijmālī*	انتاج داخلي اجمالي
gross finance charge	*si᾽r al-fā᾽ida al-ijmālīya*	سعر الفائدة الاجمالية
gross income	*dakhl ijmālī*	دخل اجمالي
gross interest	*fā᾽ida ijmālīya*	فائدة اجمالية
gross investment	*istithmār ijmālī*	استثمار اجمالي
gross national product	*intāj qawmī ijmālī*	انتاج قومي اجمالي
gross output	*intāj ijmālī*	انتاج اجمالي
gross profit	*ribḥ ijmālī*	ربح اجمالي
gross profit percentage	*nisbat ribḥ ijmālīya*	نسبة ربح اجمالية
gross tonnage	*ṭannīya ijmālīya*	طنية اجمالية
gross weight	*wazn ijmālī*	وزن اجمالي
gross yield	*mardūd ijmālī*	مردود اجمالي
ground-rent	*ujrāt arḍ*	اجرة ارض
group accounts	*ḥisābāt majmū῾a*	حسابات مجموعة
group bonus	*mukāfāh jamā῾īya*	مكافأة جماعية
group capacity assessment	*taqdīr ṭāqat al-majmū῾āt*	تقدير طاقة المجموعات
group depreciation method	*uslūb al-istihlāk bil-majmū῾a*	اسلوب الاستهلاك بالمجموعة
group dynamics	*ad-dīnāmīkīya al-jamā῾īya*	الديناميكية الجماعية
group incentive scheme	*at-tashjī῾āt al-jamā῾īya*	التشجيعات الجماعية
group method of training	*uslūb at-tadrīb al-jamā῾ī*	اسلوب التدريب الجماعي
group of companies	*majmū῾at sharikāt*	مجموعة شركات
group relief	*takhfīḍ ḍarībat sharikat majmū῾a*	تخفيض ضريبة شركة مجموعة
growth	*numūw*	نمو
growth area	*majāl numūw*	مجال نمو
growth curve	*munḥana numūw*	منحنى نمو

growth index	*muʾashshir numūw*	مؤشر نمو
growth rate	*muʿaddal numūw*	معدل نمو
guarantee	*kafāla · ḍamān*	كفالة . ضمان
guaranteed fund	*ṣundūq maḍmūn*	صندوق مضمون
guaranteed pay	*ujūr maḍmūna*	اجور مضمونة
guaranteed prices	*asʿār maḍmūna*	اسعار مضمونة
guaranteed stocks	*ashum madmūna bil-ḥukūma*	اسهم مضمونة بالحكومة
guarantor	*kafīl*	كفيل
guide card	*biṭāqa dalīlīya*	بطاقة دليلية
guide-line	*taʿlīmāt irshādīya*	تعليمات ارشادية
guide price	*siʿr miʿyārī*	سعر معياري
guiding principles	*mabādiʾ tawjīhīya*	مبادىء توجيهية
guillotine	*miqṭaʿ waraq*	مقطع ورق

h

haggle	*yusāwim*	يساوم
Hague rules	*qawāʿid lā hāyy*	قواعد لاهاي
half-and-half	*niṣf wa niṣf*	نصف ونصف
half duplex	*irsāl muzdawij waḥīd al-ittijāh*	ارسال مزدوج وحيد الاتجاه
half measures	*ijrāʿāt ghayr ḥasima*	اجراءات غير حاسمة
half price	*niṣf as-siʿr*	نصف السعر
hallmark	*damghat al-maṣūghāt*	دمغة المصوغات
handbill	*iʿlān muwazzaʿ bil-yad*	اعلان موزَّع باليد
handling equipment	*ajhizat muʿāmalat al-baḍāʾiʿ*	اجهزة معاملة البضائع
hand-to-mouth	*kafāfī*	كفافي
harbour	*mīnāʾ*	ميناء
harbour authorities	*idārat al-mīnāʾ*	ادارة الميناء
harbour dues	*rusūm al-mīnāʾ*	رسوم الميناء
hard bargain	*ṣafqa qāsīyat ash-shurūṭ*	صفقة قاسية الشروط
hard cash	*naqd*	نقد
hard copy	*nuskha dāʾima*	نسخة دائمة
hard currency	*ʿumla ṣaʿba*	عملة صعبة
hard disk	*usṭuwāna ghayr marina*	اسطوانة غير مرنة
hard sell	*bayʿ ṣaʿb*	بيع صعب
hardship	*ḍīq*	ضيق
hardware	*ajhizat al-kumbyūtar*	اجهزة الكمبيوتر
hardwired	*bi-dāʾirāt dāʾima*	بدائرات دائمة
harmonic mean	*wasaṭ tawāfuqī*	وسط توافقي
hash total	*ijmālī fārigh*	اجمالي فارغ
haulage	*ujūr naql bi-ṭarīq*	اجور نقل بطريق
hazard	*khaṭar*	خطر
head cashier	*amīn ṣundūq raʾīsī*	امين صندوق رئيسي

headline	*ʿunwān*	عنوان
head of a delegation	*raʾīs baʿtha*	رئيس بعثة
head of department	*raʾīs qism*	رئيس قسم
head office	*markaz raʾīsī*	مركز رئيسي
health certificate	*shahāda ṣiḥḥīya*	شهادة صحية
hearing	*samāʿa daʿwa*	سماعة دعوى
heating	*tadfiʾa*	تدفئة
heating installations	*munshāt tadfiʾa*	منشآت تدفئة
heavy industry	*ṣināʿāt thaqīla*	صناعات ثقيلة
heavy losses	*khasāʾir fādiḥa*	خسائر فادحة
hectograph carbon	*kārbūn hiktūghrāfī*	كاربان هكتوغرافي
hedging	*ijrāʾāt taghṭiyat khasāʾir mumkina*	اجراءات تغطية خسائر ممكنة
hereditament	*irth · qiṭʿat arḍ*	ارث . قطعة ارض
heredity	*wirātha*	وراثة
hertz	*hirts*	هرتز
heuristic programming	*barmaja tanqībīya*	برمجة تنقيبية
hidden employment	*tawẓīf makhfī*	توظيف مخفى
hidden price increase	*izdiyād asʿār makhfī*	ازدياد اسعار مخفي
hidden reserve	*iḥtiyāṭī sirrī*	احتياطي سري
hidden tax	*ḍarība makhfīya*	ضريبة مخفية
highest bidder	*al-akthar ʿarḍan*	الاكثر عرضاً
high-grade products	*mantūjāt jayyidat aṣ-ṣanf*	منتوجات جيدة الصنف
high-interest rate	*muʿaddal fāʾida ʿāli*	معدل فائدة عال
high-level language	*lughat kumbyūtar ʿālīyat al-mustawa*	لغة كمبيوتر عالية المستوى
high seas	*aʿāli al-biḥār*	اعالي البحار
high task	*al-muhimma al-ʿulya*	المهمة العليا
highway	*ṭarīq ʿāmm*	طريق عام
hijacker	*mukhtaṭif*	مختطف
hire-purchase	*shirāʾ bit-taqsīṭ*	شراء بالتقسيط
hire-purchase agreement	*ʿaqd shirāʾ bit-taqsīṭ*	عقد شراء بالتقسيط
hire-purchase company	*sharikat bayʿ bit-taqsīṭ*	شركة بيع بالتقسيط
histogram	*mukhaṭṭaṭ tawzīʿ at-tawātur*	مخطط توزيع التواتر

hoarding	*lawḥ iʿlānāt*	لوح اعلانات
hold as security	*yaḥfaẓ ka-ḍamān*	يحفظ كضمان
holder	*ḥāmil*	حامل
holding company	*sharika qābiḍa*	شركة قابضة
hold-up	*taʾkhīr*	تاخير
holiday and travel insurance	*taʾmīn ʿalas-safar wal-uṭla*	تأمين على السفر و العطلة
holidays	*ʿuṭla*	عطلة
Hollerith	*hūlirith*	هولرث
home consumption	*istihlāk maḥallī*	استهلاك محلي
homemade	*maḥallī aṣ-ṣunʿ*	محلي الصنع
home markets	*aswāq maḥallīya*	اسواق محلية
homework	*ʿamal manzilī*	عمل منزلي
homogeneity test	*ikhtibār at-tajānus*	اختبار التجانس
homogeneous product	*mantūj mutajānis*	منتوج متجانس
honour policy	*niẓām ath-thiqa*	نظام الثقة
horizontal communication	*ittiṣāl ufuqī*	اتصال افقي
horizontal filing	*iḍbār ufuqī*	اضبار افقي
horizontal integration	*takāmul ufuqī*	تكامل افقي
horsepower	*qudra ḥiṣānīya*	قدرة حصانية
hostage	*rahīna*	رهينة
host country	*ad-dawla al-muḍīfa*	الدولة المضيفة
hot money	*māl manqūl*	مال منقول
hourly	*fi-sāʿa wāḥida*	في ساعة واحدة
hourly costs	*takālīf fi-sāʿa wāḥida*	تكاليف في ساعة واحدة
hourly rate	*muʿaddal fi-sāʿa wāḥida*	معدل في ساعة واحدة
household insurance	*taʾmīn manzilī*	تأمين منزلي
housekeeping routines	*barāmij farʿīya musāʿida*	برامج فرعية مساعدة
house magazine	*majallat ash-sharika*	مجلة الشركة
housing allowance	*taʿwīḍ sakan*	تعويض سكن
hue and cry	*ṣurākh tanbīh*	صراخ تنبيه
hull insurance	*taʾmīn ʿala badan as-safīna*	تأمين على بدن السفينة
human capital	*raʾs māl basharī*	رأسمال بشري
human engineering	*handasa basharīya*	هندسة بشرية
human factors engineering	*handasat ʿawāmil basharīya*	هندسة عوامل بشرية

human relations	*ʿalaqāt insānīya*	علاقات انسانية
hush money	*rashwat iskāt*	رشوة اسكات
hydraulic power	*qudra hīdrūlīya*	قدرة هيدرولية
hyperinflation	*farṭ at-taḍakhkhum*	فرط التضخم
hypermarket	*sūq ḍakhma*	سوق ضخمة
hyphenation	*waṣl kalimatayn bi-sharṭa*	وصل كلمتين بشرطة
hypothesis	*farḍ*	فرض
hypothesis testing	*faḥṣ farḍ*	فحص فرض

i

icon	*ṣūra*	صورة
identification	*taʿyīn*	تعيين
idle capacity	*ṭāqa ʿāṭila*	طاقة عاطلة
igloo container	*ḥāwiya mubarrida*	حاوية مبردة
illegal	*ghayr sharʿī*	غير شرعي
illegal entry	*dukhūl ghayr sharʿī*	دخول غير شرعي
illegal practices	*taṣarrufāt ghayr sharʿīya*	تصرفات غير شرعية
illustration	*mithāl īḍāḥī*	مثال ايضاحي
immediate annuity	*maʿāsh fawrī*	معاش فوري
immediate delivery	*taslīm fawrī*	تسليم فوري
immediate holding company	*sharika qābiḍa mubāshira*	شركة قابضة مباشرة
immigrant remittances	*taḥwīlāt al-ʿummāl al-muhājirīn*	تحويلات العمال المهاجرين
immigration	*hijra*	هجرة
immigration laws	*qawānīn tanẓīm al-hijra*	قوانين تنظيم الهجرة
impact	*taṣādum*	تصادم
impact effect	*athar mubāshir*	اثر مباشر
impact printer	*āla ṭibāʿīya taṣādumīya*	آلة طباعية تصادمية
imperfect competition	*munāfasa ghayr kāmila*	منافسة غير كاملة
imperfect market	*sūq ghayr kāmila*	سوق غير كاملة
imperfect oligopoly	*iḥtikār al-qilla ghayr kāmil*	احتكار القلة غير كامل
implicit tariff	*taʿrīfa ḍimnīya*	تعريفة ضمنية
implied terms	*shurūṭ ḍimnīya*	شروط ضمنية
import	*istīrād*	استيراد
import agent	*wakīl istīrād*	وكيل استيراد
import ban	*ḥaẓr istīrād*	حظر استيراد
import commission agent	*wakīl bil-ʿumūla lil-istīrād*	وكيل بالعمولة للاستيراد

import duty	*rasm istīrād*	رسم استيراد
importer	*mustawrid*	مستورد
import licence	*ijāzat istīrād*	اجازة استيراد
import quota	*ḥiṣṣat istīrād*	حصة استيراد
import restrictions	*taḥdīdāt istīrād*	تحديدات استيراد
imports	*istīrādāt*	استيرادات
import surcharge	*ḍarība iḍāfīya ʿalal-istīrādāt*	ضريبة اضافية على الاستيرادات
impound *(v)*	*yuṣādir*	يصادر
imprest account	*ḥisāb as-sulfa al-mustadīma*	حساب السلفة المستديمة
imprisonment	*ḥabs*	حبس
impulse buying	*shirāʾ bi-dūn sābiq tafkīr*	شراء بدون سابق تفكير
incentive	*tashjīʿ · ḥāfiz*	تشجيع . حافز
incentive scheme	*khiṭṭa tashjīʿīya*	خطة تشجيعية
inchoate note	*ishʿār nāqiṣ*	اشعار ناقص
income effect	*taʾthīr dakhl*	تأثير دخل
income redistribution	*iʿādat tawzīʿ ad-dakhl*	اعادة توزيع الدخل
incomes policy	*siyāsat dakhl*	سياسة دخل
income tax	*ḍarībat ad-dakhl*	ضريبة الدخل
income velocity of circulation	*surʿat tadāwul al-ʿumla*	سرعة تداول العملة
incompetent	*ghayr muʾahhil*	غير مؤهل
incomplete records	*sijillāt nāqiṣa*	سجلات ناقصة
incorporated company	*sharika muʾassasa*	شركة مؤسسة
incorrect	*ghayr ṣaḥīḥ*	غير صحيح
increment	*ʿalāwa · tazāyud*	علاوة . تزايد
incremental cash flow	*ḥarakat naqd tazāyudīya*	حركة نقد تزايدية
indebtedness	*madyūnīya*	مديونية
indecomposable	*mutakāmil*	متكامل
indemnity	*taʿwīḍ*	تعويض
indemnity insurance	*taʾmīn taʿwīḍī*	تأمين تعويضي
indent *(v)*	*yaṭlub*	يطلب
indenture	*ʿaqd mutadarrij*	عقد متدرِّج
independence	*istiqlāl*	استقلال
independent contractor	*muqāwil mustaqill*	مقاول مستقل

indexing	*taṣnīf bi-arqām*	تصنيف بارقام
index-linking	*tarābuṭ ḥasb muʿaddal at-taḍakhkhum*	ترابط حسب معدل التضخم
index number	*raqm dalīlī*	رقم دليلي
indicator	*muʾashshir*	مؤشر
indifference curve	*munḥana muḥāyadat al-mustahlik*	منحنى محايدة المستهلك
indirect assistance	*musāʿada ghayr mubāshira*	مساعدة غير مباشرة
indirect cost	*taklifa ghayr mubāshira*	تكلفة غير مباشرة
indirect expenses	*maṣarīf ghayr mubāshira*	مصاريف غير مباشرة
indirect labour	*aydī ʿāmila ghayr mubāshira*	ايدي عاملة غير مباشرة
indirect parity	*taʿādul ghayr mubāshir*	تعادل غير مباشر
indirect production	*intāj ghayr mubāshir*	انتاج غير مباشر
indirect tax	*ḍarība ghayr mubāshira*	ضريبة غير مباشرة
indirect utility function	*dāllat nafʿīya ghayr mubāshira*	دالة نفعية غير مباشرة
indivisible plant	*ajhiza ghayr qābila lit-tajziʾa*	اجهزة غير قابلة للتجزئة
induction	*istinsākh*	استنساخ
in due course	*fī tārīkh al-istiḥqāq*	في تاريخ الاستحقاق
industrial accidents	*ḥawādith muwaẓẓafīn*	حوادث موظفين
industrial democracy	*dīmuqrāṭīya ṣināʿīya*	ديمقراطية صناعية
industrial development certificate	*shahādat at-tanmiya aṣ-ṣināʿīya*	شهادة التنمية الصناعية
industrial disease	*maraḍ ṣināʿī*	مرض صناعي
industrial dispute	*munāzaʿa ṣināʿīya*	منازعة صناعية
industrial dynamics	*dīnāmīkīya ṣināʿīya*	ديناميكية صناعية
industrial engineering	*handasa ṣināʿīya*	هندسة صناعية
industrial espionage	*tajassus ṣināʿī*	تجسس صناعي
industrial estate	*madīna ṣināʿīya*	مدينة صناعية
industrial expansion	*ittisāʿ ṣināʿī*	اتساع صناعي
industrial goods	*baḍāʾiʿ taṣnīʿ*	بضائع تصنيع
industrial injury	*iṣāba ṣināʿīya*	اصابة صناعية
industrial life assurance	*taʾmīn ʿalal-ḥayāh fiṣ-ṣināʿa*	تأمين على الحياة في الصناعة
industrial organisation	*tanẓīm ṣināʿī*	تنظيم صناعي

industrial psychology	*ʿilm an-nafs aṣ-ṣināʿī*	علم النفس الصناعي
industrial relations	*ʿalāqāt ṣināʿīya*	علاقات صناعية
industrial security	*amān ṣināʿī*	امان صناعي
industrial training	*tadrīb ṣināʿī*	تدريب صناعي
industrial tribunal	*maḥkamat taḥkīm ṣināʿī*	محكمة تحكيم صناعي
inelastic	*ghayr marin*	غير مرن
inexpensive	*rakhīṣ*	رخيص
infant	*nāshiʾ*	ناشيء
infant industry	*ṣināʿa nāshiʾa*	صناعة ناشئة
inferior good	*biḍāʿa qalīlat al-jawda*	بضاعة قليلة الجودة
infinite series	*mutasalsila lā mutanāhīya*	مسلسلة لامتناعية
inflated price	*sʿir mutaḍakhkhim*	سعر متضخم
inflation	*tadakhkhum*	تضخم
inflationary spiral	*ḥalaqa mufragha lit-taḍakhkhum*	حلقة مفرغة للتضخم
info quote	*ʿarḍ ghayr rasmī*	عرض غير رسمي
informal	*ghayr rasmī*	غير رسمي
informal meeting	*ijtimāʿ ghayr rasmī*	اجتماع غير رسمي
information centre	*markaz maʿlūmāt*	مركز معلومات
information flow	*tadaffuq maʿlūmāt*	تدفق معلومات
information handling	*muʿālajat maʿlūmāt*	معالجة معلومات
information network	*shabakat maʿlūmāt*	شبكة معلومات
information processing	*muʿālajat maʿlūmāt*	معالجة معلومات
information provider	*maṣdar maʿlūmāt*	مصدر معلومات
information retrieval	*istiqāʾ maʿlūmāt*	استقاء معلومات
information retrieval system	*niẓām istiqāʾ maʿlūmāt*	نظام استقاء معلومات
information sheet	*ṣafḥat maʿlūmāt*	صفحة معلومات
information technology	*tiknulūjiya al-maʿlūmāt*	تكنولوجيا المعلومات
information theory	*naẓarīyat al-maʿlūmāt*	نظرية المعلومات
informative advertising	*iʿlān mawḍūʿī*	اعلان موضوعي
infra-red copier	*jihāz istinsākh bi-ashiʿʿa dūn al-ḥamrāʾ*	جهاز استنساخ باشعة دون الحمراء
infringe *(v)*	*yukhālif*	يخالف
infringement	*mukhālafa*	مخالفة

inherent vice	*ʿayb dhātī*	عيب ذاتي
inheritance tax	*ḍarībat tarikāt*	ضريبة تركات
initial cost	*taklifa awwalīya*	تكلفة اولية
initial investigation	*taḥqīq ibtidāʾī*	تحقيق ابتدائي
injunction	*amr al-maḥkama az-zajrī*	امر المحكمة الزجري
injury	*iṣāba*	اصابة
ink	*ḥibr*	حبر
ink duplicating	*istinsākh ḥibrī*	استنساخ حبري
ink-jet printer	*ālat ṭibāʿa bi-nāfūra ḥibrīya*	آلة طباعة بنافورة حبرية
ink stencil	*istinsil ḥibrī*	استنسل حبري
inland bill	*kambiyāla dākhilīya*	كمبيالة داخلية
inland revenue	*dāʾirat aḍ-ḍarāʾib*	دائرة الضرائب
inland waterways	*ṭuruq muwāṣalāt māʾīya dākhilīya*	طرق مواصلات مائية داخلية
input *(n)*	*dakhl*	دخل
input *(v)*	*yudkhil*	يدخل
input device	*wasīlat dakhl*	وسيلة دخل
input-output analysis	*taḥlīl ad-dakhl wal-kharj*	تحليل الدخل والخرج
input peripheral	*wiḥdat ad-dakhl al-muḥīṭīya*	وحدة الدخل المحيطية
inquiry office	*maktab istiʿlāmāt*	مكتب استعلامات
inside money	*māl dākhilī*	مال داخلي
insider	*muṭalliʿ ʿala maʿlūmāt sirrīya*	مطلع على معلومات سرية
insolvency	*iʿsār*	إعسار
insolvent	*muʿsir*	معسر
inspection	*taftīsh · muʿayana*	تفتيش . معاينة
instability	*ʿadam al-istiqrār*	عدم الاستقرار
installation	*tarkīb*	تركيب
instalment	*qisṭ*	قسط
instant	*al-jārī*	الجاري
institute cargo clause	*sharṭ aqd taʾmīn ash-shaḥn al-baḥrī*	شرط عقد تأمين الشحن البحري
instructions	*taʿlīmāt*	تعليمات
insufficient funds	*raṣīd ghayr kāfin*	رصيد غير كاف
insurable interest	*fāʾida qābila lit-taʾmīn*	فائدة قابلة للتأمين
insurable risk	*khaṭir qābil lit-taʾmīn*	خطر قابل للتأمين

insurance	*taʾmīn*	تأمين
insurance agent	*wakīl taʾmīn*	وكيل تأمين
insurance broker	*simsār taʾmīn*	سمسار تأمين
insurance certificate	*shahādat taʾmīn*	شهادة تأمين
insurance claim	*muṭālaba bi-taʿwīḍ*	مطالبة بتعويض
insurance contribution	*ujūr at-taʾmīn al-ijtimāʿī*	اجور التأمين الاجتماعي
insurance policy	*wathīqat taʾmīn*	وثيقة تأمين
insurance syndicate	*majmūʿat muʿamminīn*	مجموعة مؤمنين
insurance tariff	*taʿrīfat taʾmīn*	تعريفة تأمين
insured	*muʾamman · al-muʾamman ʿalayhi*	مؤمن . المؤمن عليه
intangible assets	*uṣūl maʿnawīya*	اصول معنوية
integrated processing	*muʿālaja mutakāmila*	معالجة متكاملة
integrated project management	*idārat mashrūʿ mutakāmila*	ادارة مشروع متكاملة
integration	*takāmul*	تكامل
intelligence	*dhakāʾ*	ذكاء
intelligent copier/printer	*jihāz istinsākh/ṭibāʿa dhakī*	جهاز استنساخ / طباعة ذكي
intelligent terminal	*ṭaraf kumbyūtar dhakī*	طرف كمبيوتر ذكي
intensive margin	*ḥadd al-intāj*	حد الانتاج
inter-account deal	*ṣafqa fī ḥisāb wāḥid*	صفقة في حساب واحد
interactive	*mutafāʿil*	متفاعل
interactive video	*fīdyū mutafāʿil*	فيديو متفاعل
interchangeable parts	*qiṭaʿ qābila lit-tabādul*	قطع قابلة للتبادل
interest	*fāʾida*	فائدة
interest test	*faḥṣ hawāyat*	فحص هوايات
interference	*tadākhul*	تداخل
inter-firm comparison	*muqāranat adāʾ sharikāt*	مقارنة اداء شركات
interim dividend	*ribḥ saḥm niṣf sanawī*	ربح سهم نصف سنوي
interim report	*taqrīr niṣf sanawī*	تقرير نصف سنوي
interleaving	*irsāl iqḥāmī baynī*	ارسال اقحامي بيني
intermediate goods	*baḍāʾiʿ shibh mantūja*	بضائع شبه منتوجة
internal audit	*tadqīq ḥisābāt dākhilī*	تدقيق حسابات داخلي
internal auditor	*mudaqqiq ḥisābāt dākhilī*	مدقق حسابات داخلي
internal communicating system	*niẓām ittiṣāl dākhilī*	نظام اتصال داخلي

internal control	*riqāba dākhilīya*	رقابة داخلية
internal noise	*ḍajīj dākhilī*	ضجيج داخلي
internal rate of return	*muʿaddal dākhilī lil-mardūd*	معدل داخلي للمردود
international commodity agreement	*ittifāqīya duwalīya ḥawl as-silaʿ*	اتفاقية دولية حول السلع
international convention	*ittifāqīya duwalīya*	اتفاقية دولية
international credit unions	*ittiḥādāt taslīf duwalīya*	اتحادات تسليف دولية
international dispute	*nizāʿ duwalī*	نزاع دولي
international money order	*ḥawāla barīdīya duwalīya*	حوالة بريدية دولية
international trade	*tijāra duwalīya*	تجارة دولية
interpolation	*taqdīr qiyam mutawassiṭa*	تقدير قيم متوسطة
interpreter	*mutarjim*	مترجم
interrupt *(v)*	*yuqāṭiʿ*	يقاطع
interview	*muqābala*	مقابلة
intestacy	*ḥalat wafāh bi-lā waṣīya*	حالة وفاة بلا وصية
in transit	*fiṭ-ṭarīq*	في الطريق
intra vires	*bi-mujib al-qānūn*	بموجب القانون
intrinsic value	*qīma dhātīya*	قيمة ذاتية
introduction	*tamhīd · taqdīm*	تمهيد . تقديم
intuitive management	*idāra ḥadsīya*	ادارة حدسية
invalid	*bāṭil*	باطل
invalidate the contract	*yubṭil al-ʿaqd*	يبطل العقد
invariance	*thubūt*	ثبوت
inventory	*jard*	جرد
inventory control	*murāqabat jard al-baḍāʾiʿ*	مراقبة جرد البضائع
inventory investment	*izdiyād jard al-baḍāʾiʿ*	ازدياد جرد البضائع
inventory turnover	*mabīʿāt al-baḍāʾiʿ al-mawjūda*	مبيعات البضائع الموجودة
investigation	*taḥqīq*	تحقيق
investment	*istithmār*	استثمار
investment analysis	*taḥlil istithmārāt*	تحليل استثمارات
investment appraisal	*taqyīm istithmārāt*	تقييم استثمارات
investment bank	*maṣrif istithmār*	مصرف استثمار
investment company	*sharikat istithmār*	شركة استثمار

investment criteria	*qawāʿid istithmār*	قواعد استثمار
investment incentives	*tashjīʿāt istithmār*	تشجيعات استثمار
investment income	*dakhl istithmārī*	دخل استثماري
investment management	*idārat istithmār*	ادارة استثمار
investment policy	*siyāsat istithmār*	سياسة استثمار
investment portfolio	*maḥfaẓat mustanadāt al-istithmār*	محفظة مستندات الاستثمار
investment programme	*barnāmaj istithmār*	برنامج استثمار
investment-saving curve	*munḥana istithmārāt muddakharāt*	منحنى استثمارات / مدخرات
investment sector	*qiṭāʿ al-istithmār*	قطاع الاستثمار
invisible assets	*uṣūl ghayr manẓūra*	اصول غير منظورة
invisible balance	*mīzān tijāra ghayr manẓūra*	ميزان تجارة غير منظورة
invisible export	*ṣādirāt ghayr manẓūra*	صادرات غير منظورة
invitation to tender	*daʿwa ʿaṭāʾāt*	دعوة عطاءات
invitation to treat	*daʿwa mufāwaḍa*	دعوة مفاوضة
invoice	*fātūra*	فاتورة
I.O.U. (I owe you)	*ana madīn lak*	انا مدين لك
irregular industrial action	*nashāṭ shibh iḍrābī*	نشاط شبه اضرابي
irrevocable credit	*iʿtimād ghayr qābil lin-naqḍ*	اعتماد غير قابل للنقض
isocost curve	*munḥana tasāwi siʿr biḍāʿtayn*	منحنى تساوى بضاعتين
isoprofit curve	*munḥana tasāwi ar-ribḥ*	منحنى تساوى الربح
isoquant	*munḥana tasāwi al-intāj*	منحنى تساوى الانتاج
issue by tender	*isḍār ḥasb al-ʿarḍ*	اصدار حسب العرض
issued capital	*raʾsmāl muṣdar*	رأسمال مصدر
issuing house	*muʾassasat iṣdār ashum*	مؤسسة اصدار اسهم
itinerary	*jadwal safar*	جدول سفر

j

jail	*sijn*	سجن
jerque note	*taṣrīḥ at-tafrīgh al-kāmil al-jumrukī*	تصريح التفريغ الكامل الجمركي
jerquer	*mufattish jumrukī*	مفتش جمركي
jet engine	*muḥarrik naffāth*	محرك نفاث
jetsam	*baḍā'iʿ maṭrūḥa min safīna*	بضائع مطروحة من سفينة
jettison *(v)*	*yatakhalluṣ min al-baḍā'iʿ*	يتخلص من البضائع
job analysis	*taḥlīl waẓā'if*	تحليل وظائف
job assignment	*takhṣīṣ waẓā'if*	تخصيص وظائف
jobber	*wasīṭ*	وسيط
job card	*biṭāqat ʿamal*	بطاقة عمل
job challenge	*taḥaddi al-ʿamal*	تحدي العمل
job classification	*taṣnīf waẓā'if*	تصنيف وظائف
job competence	*ṣalāḥīyat waẓīfa*	صلاحية وظيفة
job costing	*taḥdīd taklifat al-ʿamal*	تحديد تكلفة العمل
job definition	*taḥdīd muwāṣafāt al-ʿamal*	تحديد مواصفات العمل
job description	*waṣf waẓīfa*	وصف وظيفة
job design	*taṣmīm waẓifa*	تصميم وظيفة
job enlargement	*tawassuʿ waẓīfa*	توسع وظيفة
job enrichment	*tawassuʿ ufuq at-waẓīfa*	توسع افق الوظيفة
job evaluation	*taqyīm waẓīfa*	تقييم وظيفة
job expectations	*mutawaqqaʿāt ʿamalīya*	متوقعات عملية
job factor	*ʿāmil waẓīfa*	عامل وظيفة
job grading	*tadrīj waẓā'if*	تدريج وظائف
job improvement	*taḥsīn waẓīfa*	تحسين وظيفة
job interest	*ihtimām al-waẓīfa*	اهتمام الوظيفة
job-knowledge tests	*fuḥūṣ maʿrafat al-waẓīfa*	فحوص معرفة الوظيفة

job lot	*mawādd mukhtalifa tubā^c bil-jumla*	مواد مختلفة تباع بالجملة
job mix	*khalṭ al-ʿamal*	خلط العمل
job number	*raqm ʿamal*	رقم عمل
job performance	*adāʾ ʿamal*	اداء عمل
job rate	*siʿr ʿamal*	سعر عمل
job rotation	*tadāwul al-waẓāʾif*	تداول الوظائف
job satisfaction	*riḍāʾ al-ʿamal*	رضاء العمل
job security	*ḍamān al-waẓīfa*	ضمان الوظيفة
job simplification	*tabsīṭ ʿamal*	تبسيط عمل
job specification	*muwāṣafāt waẓīfa*	مواصفات وظيفة
job ticket	*biṭāqat ʿamal*	بطاقة عمل
joint account	*ḥisāb mushtarak*	حساب مشترك
joint action	*ijrāʾ mushtarak*	اجراء مشترك
joint consultation	*tashāwur*	تشاور
joint costs	*takālīf mushtaraka*	تكاليف مشتركة
joint demand	*ṭalab mushtarak*	طلب مشترك
joint density function	*dāllat al-kathāfa al-mushtaraka*	دالة الكثافة المشتركة
joint liability	*masʾūlīya mushtaraka*	مسؤولية مشتركة
joint negotiation	*tafāwuḍ*	تفاوض
joint ownership	*milkīya mushtaraka*	ملكية مشتركة
joint products	*mantūjāt mushtaraka*	منتوجات مشتركة
joint representation	*tamthīl mushtarak*	تمثيل مشترك
joint responsibility	*masʾūlīya mushtaraka*	مسؤولية مشتركة
joint stock bank	*maṣrif musāhama*	مصرف مساهمة
joint undertaking	*taʿahhud mushtarak*	تعهد مشترك
joint venture	*mashrūʿ mushtarak*	مشروع مشترك
journal	*daftar yawmīya*	دفتر يومية
journeyman	*ʿāmil bāriʿ*	عامل بارع
judgement creditor	*dāʾin qānūnī*	دائن قانوني
judgement debtor	*madīn qānūnī*	مدين قانوني
junior partner	*sharīk aṣghar*	شريك اصغر
jurisdiction	*dāʾirat ikhtiṣāṣ*	دائرة اختصاص
jury	*hayʾat muḥallafīn*	هيئة محلفين
just compensation	*taʿwīḍ ʿādil*	تعويض عادل
justification	*tabrīr*	تبرير
just price	*siʿr ʿādil*	سعر عادل

k

keelage	*rasm irsāʾ*	رسم ارساء
keen competition	*munāfasa shadīda*	منافسة شديدة
keen prices	*asʿār tanāfusīya*	اسعار تنافسية
kerosene	*kīrūsīn*	كيروسين
keyboard	*lawḥat mafātīḥ*	لوحة مفاتيح
key job	*waẓīfa raʾīsīya*	وظيفة رئيسية
keypad	*lawḥat mafātīḥ rumūz*	لوحة مفاتيح رموز
key-punch machine	*ālat tathqīb bi-lawḥat mafātīḥ*	آلة تثقيب بلوحة مفاتيح
key sector	*qiṭāʿ raʾīsī*	قطاع رئيسي
key task analysis	*taḥlīl waẓīfa raʾīsīya*	تحليل وظيفة رئيسية
key-to-disk system	*niẓām miftāḥ ila usṭuwāna*	نظام مفتاح الى اسطوانة
key-to-disk tape	*sharīṭ taḥwīl bayānāt min miftāḥ ila usṭuwāna*	شريط تحويل بيانات من مفتاح الى اسطوانة
keyword search	*baḥth ʿan kalima dalīlīya*	بحث عن كلمة دليلية
key worker	*ʿāmil raʾīsī*	عامل رئيسي
kilo	*kīlū*	كيلو
kinked demand curve	*munḥana ṭalab malwīy*	منحنى طلب ملوى
kip	*kib (alf riṭl inklīzī)*	كب (الف رطل انكليزي)
Kitemark	*ramz maʿhad al-qiyāsāt al-miʿyārīya al-barīṭānīya*	رمز معهد القياسات المعيارية البريطانية
knockdown prices	*asʿār munkhafiḍa*	اسعار منخفضة
knock-for-knock agreement	*ittifāqīyat at-taswiya al-mutabādila bayna sharikāt at-taʾmīn*	اتفاقية التسوية المتبادلة بين شركات التأمين
knot *(n)*	*ʿaqd*	عقد
knot *(v)*	*yaʿqid*	يعقد
know-how	*khibra*	خبرة

l

label *(n)*	*biṭaqa*	بطاقة
label *(v)*	*yulṣiq bitāqaṭan ʿala*	يلصق بطاقة على
labour	*yad ʿāmila*	يد عاملة
labour dispute	*munāzaʿa ʿummālīya*	منازعة عمالية
labour force	*qūwa ʿāmila*	قوة عاملة
labour-intensive	*kathīr al-ʿummāl*	كثير العمال
labour-market	*sūq al-yad al-ʿāmila*	سوق اليد العاملة
labour mobility	*ḥarakīyat al-ʿummāl*	حركية العمال
labour permit	*ijāzat al-ʿamal*	اجازة العمل
labour productivity	*intājīyat al-yad al-ʿāmila*	انتاجية اليد العاملة
labour relations	*ʿalāqāt al-ʿamal*	علاقات العمل
labour-saving	*muwaffir lil-ʿamal*	موفر للعمل
labour turnover	*ʿummāl mustaʿāḍūn*	عمال مستعاضون
laches	*taqṣīr fī muṭālaba bi-ḥaqq*	تقصير في مطالبة بحق
lagged relationship	*ʿalāqa mutaʾakhkhira*	علاقة متأخرة
lag response	*fiʿl mutaʾakhkhir*	فعل متأخر
laissez-faire	*siyāsat al-ḥurrīya al-iqtiṣādīya*	سياسة الحرية الاقتصادية
lame duck	*muʾassasa muqaṣṣira*	مؤسسة مقصرة
lamination	*tarqīq*	ترقيق
land-agent	*simsār arāḍī*	سمسار اراضي
land improvement	*taḥsīn arāḍī*	تحسين اراضي
landing account	*ḥisāb mustawdaʿ al-mīnāʾ*	حساب مستودع الميناء
landing cargo customs	*jumruk tafrīgh baḍāʾiʿ*	جمرك تفريغ بضائع
landing certificate	*shahādat tafrīgh baḍāʾiʿ*	شهادة تفريغ بضائع
landing officer	*ḍābit inzāl*	ضابط انزال
landing order	*idhan inzāl*	اذن انزال
landing permit	*taṣrīḥ inzāl*	تصريح انزال
landlord	*ṣāḥib ʿaqār*	صاحب عقار

landowner	*ṣāḥib arḍ*	صاحب ارض
land registration	*tasjīl al-arāḍī*	تسجيل الاراضي
landscaped office	*maktab makshūf*	مكتب مكشوف
land waiter	*mufattish jumrukī*	مفتش جمركي
language laboratory	*mukhtabar lugha*	مختبر لغة
language machine	*ālat lugha*	الة لغة
language problem	*mushkila lughawīya*	مشكلة لغوية
lapsed	*buṭlān li-murūr az-zaman*	بطلان لمرور الزمن
lapse of time	*murūr az-zaman*	مرور الزمن
larboard	*jānib al-aysar*	جانب الايسر
larceny	*sariqa*	سرقة
large-scale	*wāsiʿ an-niṭāq*	واسع النطاق
laser printer	*ālat ṭibāʿa bil-layzar*	آلة طباعة بالليزر
lash ship	*markab mujahhaz bi-ṣandal*	مركب مجهز بصندل
last in, first out	*mā yadkhul akhīran yuṣarraf awwalan*	ما يدخل اخيراً يصرّف اولاً
last resort	*al-marjiʿ al-akhīr*	المرجع الاخير
late delivery	*taslīm mutaʾakhkhar*	تسليم متأخر
lateral filing	*iḍbār jānibī*	اضبار جانبي
launch *(n)*	*iṭlāq*	اطلاق
launch *(v)*	*yuṭliq*	يطلق
law	*qānūn*	قانون
lawful entry	*dukhūl qānūnī*	دخول قانوني
lawful trade	*tijāra qānūnīya*	تجارة قانونية
law of averages	*qānūn al-mutawassiṭāt*	قانون المتوسطات
law of contract	*qānūn al-ʿuqūd*	قانون العقود
law of large numbers	*qānūn al-aʿdād al-kabīra al-iḥṣāʾīya*	قانون العداد الكبيرة الاحصائية
law of proportions	*qānūn an-nusab*	قانون النسب
lawsuit	*daʿwa*	دعوى
lay-days	*ayyām tafrīgh baḍāʾiʿ*	ايام تفريغ بضائع
lay-off pay	*taʿwīḍ at-tasrīḥ*	تعويض التسريح
lay-offs	*tasrīḥ ʿummāl*	تسريح عمال
layout	*taṣmīm*	تصميم
leader merchandising	*ighwāʾ bis-siʿr al-mukhaffaḍ*	اغواء بالسعر المخفض
leadership	*qiyāda*	قيادة

leading and lagging	*istighlāl at-taqaddum wat-taʾakhkhur fī dafaʿāt duwalīya*	استغلال التقدم والتأخر في دفعات دولية
leads and lags	*taqaddum wa taʾakhkhur fī dafaʿāt duwalīya*	تقدم وتأخر في دفعات دولية
lead time	*fāṣil zamanī bayna ṭalab wa taslīm*	فاصل زمني بين طلب وتسليم
leakage	*tasrīb*	تسريب
learning curve	*munḥana taʿallum*	منحنى تعلم
lease	*ʿaqd ījār*	عقد ايجار
leaseback	*ʿaqd bayʿ ʿaqāran bi-sharṭ istījār lāḥiq*	عقد بيع عقاراً بشرط استيجار لاحق
leasehold	*arḍ mustaʾjara*	ارض مستأجرة
leasing	*ījār*	ايجار
least squares method	*uslūb aqall al-murabbaʿāt*	اسلوب اقل ـ المربعات
leave of absence	*ghiyāb bi-idhn*	غياب باذن
lecture	*muḥāḍara*	محاضرة
ledger	*daftar ustādh*	دفتر استاذ
legal aspect	*nāḥīya qānūnīya*	ناحية قانونية
legal charges	*nafaqāt qaḍāʾīya*	نفقات قضائية
legal department	*qism shuʾūn qānūnīya*	قسم شؤون قانونية
legal opinion	*istishāra qānūnīya*	استشارة قانونية
legal position	*markaz qānūnī · mawḍiʿ qānūnī*	مركز قانوني . موضع قانوني
legal reserve	*iḥtiyāṭī qānūnī*	احتياطي قانوني
legal tender	*naqd qānūnī*	نقد قانوني
legislation	*tashrīʿ*	تشريع
leisure time	*sāʿāt al-farāgh min al-ʿamal*	ساعات الفراغ من العمل
lender	*muqriḍ*	مقرض
lessee	*mustaʾjir*	مستأجر
lessor	*muʾajjir ʿaqār*	مؤجر عقار
letter	*khiṭāb*	خطاب
letterhead paper	*waraq khiṭābāt murawwas*	ورق خطابات مروس
letter of acknowledgement	*khiṭāb ifādat istilām*	خطاب افادة استلام
letter of allotment	*khiṭāb takhṣīṣ ashum*	خطاب تخصيص اسهم
letter of confirmation	*khiṭāb tahtbīt*	خطاب تثبيت

letter of credit	*khiṭāb iʿtimād*	خطاب اعتماد
letter of hypothecation	*ṣakk rahn*	صك رهن
letter of indemnity	*khiṭāb taʿahhud bi-ḍamān taʿwīḍ*	خطاب تعهد بضمان تعويض
letter of introduction	*khiṭāb taqdīm*	خطاب تقديم
letter of licence	*khiṭāb imhāl*	خطاب امهال
letter of renunciation	*khiṭāb tanāzul*	خطاب تنازل
letter of resignation	*khiṭāb istiqāla*	خطاب استقالة
letter of signature	*khiṭāb tawqīʿ*	خطاب توقيع
letter-opening machine	*ālat fatḥ maẓārīf*	الة فتح مظاريف
letter quality	*ṭibāʿa ṣāliḥa lil-murāsala*	طباعة صالحة للمراسلة
letter rate	*siʿr khiṭāb barīdī*	سعر خطاب بريدي
letters of administration	*khiṭāb tafwīḍ bi-idārat tarikat al-mutawaffa*	خطاب تفويض بادارة تركة المتوفي
letters patent	*tarkhīṣ iḥtikār*	ترخيص احتكار
level of demand	*mustawa aṭ-ṭalab*	مستوى الطلب
level of water	*mustawa al-māʾ*	مستوى الماء
leverage	*faʿʿālīya mālīya*	فعالية مالية
lever-arch file	*milaff bi-rāfiʿa*	ملف برافعة
levy *(v)*	*yarfiḍ*	يرفض
liability	*iltizām · masʾūlīya*	التزام . مسؤولية
liability of employer	*masʾūlīyat al-ājir*	مسؤولية الآجر
liable for tax	*khāḍiʿ li-ḍarība*	خاضع لضريبة
liable to duties	*khāḍiʿ li-rusūm*	خاضع لرسوم
libel	*tashhīr*	تشهير
licence *(n)*	*rukhṣa*	رخصة
license *(v)*	*yurkhiṣ*	يرخص
licensed dealer	*simsār ashum murakhkhaṣ*	سمسار اسهم مرخص
licensing overseas manufacturer	*tarkhīṣ ṣāniʿ khārijī*	ترخيص صانع خارجي
lien	*ḥaqq ḥajz*	حق حجز
life assurance	*taʾmīn ʿalal-ḥayāh*	تأمين على الحياة
life cycle	*dawrat al-ḥayāh*	دورة الحياة
life insurance	*taʾmīn ʿalal-ḥayāh*	تأمين على الحياة
lift *(n)*	*miṣʿad*	مصعد
lift *(v)*	*yuṣʿid*	يصعد

lighter	*ṣandal*	صندل
lighter aboard ship	*safīna mujahhaza bi-ṣandal*	سفينة مجهزة بصندل
light industry	*ṣināʿa khafīfa*	صناعة خفيفة
light pen	*qalam ḍawʾī*	قلم ضوئي
limit *(n)*	*ḥadd*	حد
limit *(v)*	*yuḥaddid*	يحدد
limitation of actions	*qānūn at-taqādum*	قانون التقادم
limited	*maḥdūd*	محدود
limited and reduced	*maḥdūdat al-masʾūlīya wa bi-raʾsmāl ismī mukhaffaḍ*	محدودة المسؤولية وبرأسمال اسمي مخفض
limited by guarantee	*masʾūlīya maḥdūda bi-ḍamān*	مسؤولية محدودة بضمان
limited company	*sharika maḥdūda*	شركة محدودة
limited liability	*masʾūlīya maḥdūda*	مسؤولية محدودة
limited market	*sūq maḥdūda*	سوق محدودة
limiting factor	*ʿāmil muḥaddid*	عامل محددٌ
line and staff management	*idāra tanfīdhiya wa istishārīya*	ادارة تنفيذية واستشارية
linear	*khaṭṭī*	خطي
linear programming	*barmaja khaṭṭīya*	برمجة خطية
linear responsibility chart	*rasm bayānī khaṭṭī lil-masʾūlīya*	رسم بياني خطي للمسؤولية
line assistant	*musāʿid tanfīdhī*	مساعد تنفيذي
line authority	*sulṭa tanfīdhīya*	سلطة تنفيذية
line executive	*mudīr tanfīdhī*	مدير تنفيذي
line management	*idāra tanfīdhīya*	ادارة تنفيذية
line manager	*mudīr tanfīdhī*	مدير تنفيذي
line of balance	*khaṭṭ at-tawāzun*	خط التوازن
line of command	*khaṭṭ as-sulṭa*	خط السلطة
line organization	*dāʾira tanfīdhīya*	دائرة تنفيذية
line-printer	*jihaz aṭ-ṭibāʿa al-khaṭṭīya*	جهاز الطباعة الخطية
line production	*intāj khaṭṭī*	انتاج خطي
liner conference	*muʾtamar khuṭūt milāḥa*	مؤتمر خطوط ملاحة
liquid assets	*mawjūdāt sāʾila*	موجودات سائلة
liquidated damages	*aḍrār maqṭūʿa*	اضرار مقطوعة
liquidation	*taṣfiya*	تصفية
liquidator	*maʾmūr taṣfiya*	مأمور تصفية

liquid capital	*ra'smāl sā'il*	رأسمال سائل
liquidity	*suyūla*	سيولة
liquidity-money curve	*munḥana suyūla-naqd*	منحنى سيولة/نقد
liquidity preference	*afḍalīyat as-suyūla ʿalal-istithmār*	افضلية السيولة على الاستثمار
liquidity ratio	*nisbat as-suyūla*	نسبة السيولة
liquidity trap	*miṣyadat as-suyūla*	مصيدة السيولة
list of applicants	*qā'imat al-muṭālibīn*	قائمة المطالبين
list price	*siʿr muʿlan*	سعر معلن
livery companies	*niqābāt mihnīya landanīya*	نقابات مهنية لندنية
livestock	*mawāshi*	مواشٍ
livestock insurance	*ta'mīn ʿalal-mawāshi*	تأمين على المواشي
live weight	*al-wazn al-mustafād*	الوزن المستفاد
load factor pricing	*siʿr tafāḍulī*	سعر تفاضلي
loading broker	*simsār shaḥn*	سمسار شحن
loading charges	*rusūm shaḥn*	رسوم شحن
loading port	*mīnā' ash-shaḥn*	ميناء الشحن
load line	*khaṭṭ at-taḥmīl*	خط التحميل
loan	*qarḍ*	قرض
loan account	*ḥisāb qurūḍ*	حساب قروض
loan capital	*ra'smāl qarḍī*	راسمال قرضي
loan conversion	*taḥwīl qarḍ*	تحويل قرض
local	*maḥallī*	محلي
local advertising	*iʿlān maḥallī*	اعلان محلي
local agent	*wakīl maḥallī*	وكيل محلي
local authority	*baladīya*	بلدية
local currency	*ʿumla maḥallīya*	عملة محلية
local custom	*ʿurf maḥallī*	عرف محلي
local freight	*shaḥn maḥallī*	شحن محلي
local loans	*qurūḍ al-baladīya*	قروض البلدية
local network	*shabaka maḥallīya*	شبكة محلية
location	*mawqiʿ*	موقع
location of industry	*taḥdīd mawqiʿ maṣāniʿ*	تحديد موقع مصانع
lock-out	*ighlāq al-ʿamal*	اغلاق العمل
loco price	*siʿr fī makān al-intāj*	سعر في مكان الانتاج
locum tenens	*nā'ib*	نائب

logarithmic chart	*rasm bayānī lughārīthmī*	رسم بياني لوغاريثمي
log book	*sijill*	سجل
logging off	*tasjīl bad' al-ʿamal*	تسجيل بدء العمل
logging on	*tasjīl intihā' al-ʿamal*	تسجيل انتهاء العمل
logistic curve	*munḥana numūw*	منحنى نمو
logistic process	*ʿamalīyat an-numūw*	عملية النمو
long-dated bill	*kambiyāla ṭawīlat al-ajal*	كمبيالة طويلة الاجل
long-distance transport	*shaḥn masāfa ṭawīla*	شحن مسافة طويلة
long-range objectives	*ahdaf ṭawīlat al-ajal*	اهداف طويلة الاجل
long run	*ṭawīl al-ajal*	طويل الاجل
long-term	*ṭawīl al-ajal*	طويل الاجل
loophole	*manfadh taharrub*	منفذ تهرب
loose-leaf book	*kitāb bi-awrāq sā'iba*	كتاب باوراق سائبة
loose-leaf book index	*fihris kitāb bi-awraq sā'iba*	فهرس كتاب باوراق سائبة
loose time	*muʿaddal ʿamal zā'id*	معدل عمل زائد
loss	*khasāra*	خسارة
loss in weight	*faqd al-wazn*	فقد الوزن
loss-leader	*silʿa mujtadhiba*	سلعة مجتذبة
loss maker	*maṣdar khasāra*	مصدر خسارة
loss of reputation	*fuqdān as-sumʿa*	فقدان السمعة
loss ratio	*nisbat al-khasā'ir*	نسبة الخسائر
lot size	*ḥajm ad-dufʿa*	حجم الدفعة
low grade	*daraja munkhafiḍa*	درجة منخفضة
low-level language	*lughat kumbyūtar dunya al-mustawa*	لغة كمبيوتر دنيا المستوى
lucrative	*murbiḥ*	مربح
luggage in advance	*amtiʿa mashḥūna muqaddaman*	امتعة مشحونة مقدماً
lump sum	*mablagh ijmālī*	مبلغ اجمالي
luncheon voucher	*qasīmat ṭaʿām*	قسيمة طعام
luxury articles	*silaʿ kamālīya*	سلع كمالية
luxury trade	*tijārat al-kamālīyāt*	تجارة الكماليات

m

machine	*āla*	آلة
machine code	*lughat al-āla*	لغة الالة
machine loading	*taḥmīl al-āla*	تحميل الالة
machine-loading schedule	*jadwal taḥmīl al-āla*	جدول تحميل الالة
machine obsolescence	*buṭlān istiʿmāl al-āla*	بطلان استعمال الالة
machinery	*ālāt*	آلات
machine tool	*ʿudda makanīya*	عدة مكنية
macroeconomics	*iqtiṣād ʿāmm*	اقتصاد عام
made bill	*kambiyāla muẓahhira*	كمبيالة مظهرة
made money	*ḥaqqaqa arbāḥ*	حقق ارباح
magnetic disk	*qurṣ mughnaṭīsī*	قرص مغنطيسي
magnetic drum	*usṭuwāna mughnaṭīsīya*	اسطوانة مغنطيسية
magnetic ink character reader	*qāriʾ al-ḥurūf al-maṭbūʿa bil-ḥibr al-mughnaṭīsī*	قارىء الحروف المطبوعة بالحبر المغنطيسي
magnetic store	*makhzan mughnaṭīsī*	مخزن مغنطيسي
magnetic stripe	*khaṭṭ mughnaṭīsī*	خط مغنطيسي
magnetic tape	*sharīṭ mughnaṭīsī*	شريط مغنطيسي
magnetic tape cassette	*kāsīt sharīṭ mughnaṭīsī*	كاسيت شريط مغنطيسي
magnetic tape encoder	*jihāz tarmīz ash-sharīṭ al-mughnaṭīsī*	جهاز ترميز الشريط المغنطيسي
mail *(n)*	*barīd*	بريد
mail *(v)*	*yarsil bil-barīd*	يرسل بالبريد
mailing list	*qāʾimat ʿanāwīn*	قائمة عناوين
mail machine	*ālat al-barīd*	الة البريد
mail order	*ṭalab barīdī*	طلب بريدي
mail-order advertising	*iʿlān li-tashjīʿ aṭ-ṭalab al-barīdī*	اعلان لتشجيع الطلب البريدي
mail-order catalogue	*kātālūg aṭ-ṭalab al-barīdī*	كاتالوج الطلب البريدي

mail-order firm	*sharikat ṭalab barīdī*	شركة طلب بريدي
mail time-stamping	*tasjīl sā'at al-irsāl al-barīdī*	تسجيل ساعة الارسال البريدي
mail transfer	*ḥawāla barīdīya*	حوالة بريدية
mail-tying machine	*ālat rabṭ al-barīd*	الة ربط البريد
main classifications for filing	*taṣānīf al-iḍbār ar-ra'īsīya*	تصانيف الاضبار الرئيسية
mainframe	*wiḥdat mu'ālaja markazīya*	وحدة معالجة مركزية
main line	*khaṭṭ ra'īsī*	خط رئيسي
main memory	*dhākira ra'īsīya*	ذاكرة رئيسية
main point	*nuqṭa ra'īsīya*	نقطة رئيسية
main store	*makhzan ra'īsī*	مخزن رئيسي
maintain *(v)*	*yaṣūn*	يصون
maintenance	*ṣiyāna*	صيانة
maintenance allowance	*ta'wīḍ ṣiyāna*	تعويض صيانة
maintenance department	*qism aṣ-ṣiyāna*	قسم الصيانة
maintenance of order	*muḥāfaẓa 'alan-niẓām*	محافظة على النظام
major alterations	*ta'dīlāt asāsīya*	تعديلات اساسية
majority	*aktharīya*	اكثرية
majority interest	*aktharīyat al-ashum*	اكثرية الاسهم
make good *(v)*	*yuṣliḥ*	يصلح
make-or-buy decision	*qarār ṣan' al-ajhiza aw shirā'uha*	قرار صنع الاجهزة او شرائها
malinger *(v)*	*yata'āriḍ*	يتعارض
malpractice	*sū' taṣarruf*	سوء تصرف
manage *(v)*	*yudīr*	يدير
managed cost	*taklifa muwajjaha*	تكلفة موجهة
managed currency	*'umla muwajjaha*	عملة موجهة
management	*idāra*	ادارة
management accountant	*muḥāsib idārī*	محاسب اداري
management accounting	*muḥāsaba idārīya*	محاسبة ادارية
management audit	*tadqīq al-idāra*	تدقيق الادارة
management by exception	*idāra bil-istithnā'*	ادارة بالاستثناء

management by objectives	*idāra bil-ahdāf*	ادارة بالاهداف
management chart	*rasm bayānī lil-idāra*	رسم بياني للادارة
management consultant	*mustashār idārī*	مستشار اداري
management decision	*qarār idārī*	قرار اداري
management information	*maʿlūmāt idārīya*	معلومات ادارية
management potential	*qābilīya lil-ʿamal al-idārī*	قابلية للعمل الاداري
management practices	*taṣarrufāt al-idāra*	تصرفات الادارة
management ratios	*nisab idārīya*	نسب ادارية
management science	*ʿilm al-idāra*	علم الادارة
management succession	*khilāfa idāriya*	خلافة ادارية
management team	*farīq idārī*	فريق اداري
management techniques	*asālīb idārīya*	اساليب ادارية
management theory	*naẓarīyat al-idāra*	نظرية الادارة
manager	*mudīr*	مدير
managerial control	*taḥakkum idārī*	تحكم اداري
managerial economics	*iqtiṣād al-idāra*	اقتصاد الادارة
manager's office	*maktab al-mudīr*	مكتب المدير
managing director	*mudīr ʿāmm*	مدير عام
manifest	*qāʾimat al-ḥumūla*	قائمة الحمولة
manpower	*quwa ʿāmila*	قوى عاملة
manpower audit	*tadqīq al-quwa al-ʿāmila*	تدقيق القوى العاملة
manslaughter	*qatl khaṭaʾ*	قتل خطأ
manual	*yadawī*	يدوي
manual telephone switchboard	*lawḥat mafātīḥ tushaghghil bil-yad*	لوحة مفاتيح تشغل باليد
manufacture *(v)*	*yaṣnaʿ*	يصنع
manufactured goods	*mantūjāt*	منتوجات
manufacturer's agent	*wakīl aṣ-ṣāniʿ*	وكيل الصانع
manufacturer's representative	*mumaththil aṣ-ṣāniʿ*	ممثل الصانع
manufacturing capacity	*qudrat aṣ-ṣunʿ*	قدرة الصنع
manufacturing control	*murāqabat aṣ-ṣunʿ*	مراقبة الصنع

manuscript	*makhṭūṭa*	مخطوطة
mare clausum	*baḥr mughlaq*	بحر مغلق
margin	*ḥadd*	حد
marginal analysis	*taḥlīl ḥaddī*	تحليل حدي
marginal cost	*taklifa ḥaddīya*	تكلفة حدية
marginal costing	*taklīf ḥaddī*	تكليف حدي
marginal distribution	*tawzīʿ ḥaddī*	توزيع حدي
marginal product	*mantūj ḥaddī*	منتوج حدي
marginal rate of substitution	*muʿaddal istibdāl ḥaddī*	معدل استبدال حدي
marginal relief	*iʿfāʾ ḍarāʾib ḥaddī*	اعفاء ضرائب حدي
marginal revenue	*dakhl ḥaddī*	دخل حدي
marginal social cost	*taklifa ijtimāʿīya ḥaddīya*	تكلفة اجتماعية حدية
marginal utility	*manfaʿa ḥaddīya*	منفعة حدية
margination	*taḥdīd al-hāmish*	تحديد الهامش
margin of profit	*ribḥ ijmālī*	ربح اجمالي
margin of safety	*ḥadd as-salāma*	حد السلامة
marine chartering	*taʾjīr as-sufun*	تأجير السفن
marine insurance	*taʾmīn baḥrī*	تأمين بحري
maritime industrial development area	*minṭaqa baḥrīya lit-tanmiya aṣ-ṣināʿīya*	منطقة بحرية للتنمية الصناعية
markdown	*takhfīḍ*	تخفيض
marked cheque	*shīk muʾashshar*	شيك مؤشر
market *(n)*	*sūq*	سوق
market *(v)*	*yusawwiq*	يسوق
marketable	*qābil lit-taswīq*	قابل للتسويق
market appraisal	*taqdīr as-sūq*	تقدير السوق
market appropriation	*takhṣīṣ aṣ-ṣūq*	تخصيص السوق
market-day	*yawm as-sūq*	يوم السوق
market dynamics	*dīnāmīyat as-sūq*	دينامية السوق
market exploration	*istikshāf as-sūq*	استكشاف السوق
market forces	*quwa as-sūq*	قوى السوق
market forecast	*tanabbuʾ as-sūq*	تنبؤ السوق
market improvement	*taḥsīn as-sūq*	تحسين السوق
marketing	*taswīq*	تسويق
marketing budget	*mīzānīyat at-taswīq*	ميزانية التسويق
marketing channel	*qanāt at-taswīq*	قناة التسويق
marketing company	*sharikat taswīq*	شركة تسويق

marketing concept	*mafhūm at-taswīq*	مفهوم التسويق
marketing environment	*bīʾat at-taswīq*	بيئة التسويق
marketing experimentation	*tajriba taswīqīya*	تجربة تسويقية
marketing logistics	*lūjistīyat at-taswīq*	لوجستية التسويق
marketing plan	*khuṭṭat taswīq*	خطة تسويق
marketing policy	*siyāsat taswīq*	سياسة تسويق
market intelligence	*maʿlūmāt as-sūq*	معلومات السوق
market leader	*ash-sharika al-akthar najāḥan*	الشركة الاكثر نجاحاً
market management	*idārat as-sūq*	ادارة السوق
market mix	*ijrāʾāt at-taswīq al-mukhtalifa*	اجراءات التسويق المختلفة
market model	*namūdhaj as-sūq*	نموذج السوق
market operation	*ʿamalīyat as-sūq*	عملية السوق
market opportunity	*furṣat as-sūq*	فرصة السوق
market ouvert	*sūq maftūḥa*	سوق مفتوحة
market penetration	*ikhtirāq as-sūq*	اختراق السوق
market potential	*imkāniyāt as-sūq*	امكانيات السوق
market price	*siʿr as-sūq*	سعر السوق
market prospects	*iḥtimālāt as-sūq*	احتمالات السوق
market rate of discount	*siʿr al-khaṣm as-sūqī*	سعر الخصم السوقي
market research	*dirāsat as-sūq*	دراسة السوق
market saturation	*tashabbuʿ as-sūq*	تشبع السوق
market segmentation	*taqsīm as-sūq*	تقسيم السوق
market share	*ḥiṣṣat as-sūq*	حصة السوق
market structure	*haykal as-sūq*	هيكل السوق
market study	*dirāsat as-sūq*	دراسة السوق
market survey	*istiṭlāʿ as-sūq*	استطلاع السوق
market test	*ikhtibār as-sūq*	اختبار السوق
market trend	*ittijah as-sūq*	اتجاه السوق
market value	*qīmat as-sūq*	قيمة السوق
mark reader	*qāriʾ al-ʿalāmāt*	قارىء العلامات
mark-up	*iḍāfa · ribḥ ijmālī*	اضافة . ربح اجمالي
marshalling yard	*sāḥat farz qāṭirāt*	ساحة فرز قاطرات
masking	*ḥajb*	حجب

masking of master document	*ḥajb wathīqa raʾīsīya*	حجب وثيقة رئيسية
mass media	*wasaʾil al-ittiṣāl bil-jumhūr*	وسائل الاتصال بالجمهور
mass production	*intāj bil-jumla*	انتاج بالجملة
mass storage	*takhzīn bil-jumla*	تخزين بالجملة
master file	*milaff raʾīsī*	ملف رئيسي
master unit	*wiḥda raʾīsīya*	وحدة رئيسية
materials control	*murāqabat al-mawādd*	مراقبة المواد
materials cost variance	*inḥirāf taklifat al-mawādd*	انحراف تكلفة المواد
materials handling	*munāwalat al-mawādd*	مناولة المواد
materials usage variance	*inḥirāf kammīyat al-mawādd*	انحراف كمية المواد
mate's receipt	*ishʿār taḥmīl min nāʾib rubbān*	إشعار تحميل من نائب ربان
mathematical programming	*barmaja riyāḍīya*	برمجة رياضية
matrix output	*kharj maṣfūfa*	خرج مصفوفة
maturity	*istiḥqāq*	استحقاق
maturity date	*tārīkh al-istiḥqāq*	تاريخ الاستحقاق
maximize resources	*taʿẓīm al-mawārid*	تعظيم الموارد
maximum capacity	*aṭ-ṭāqa al-quṣwa*	الطاقة القصوى
maximum load	*al-ḥiml al-aqṣa*	الحمل الاقصى
maximum loss	*al-khasāʾir al-quṣwa*	الخسائر القصوى
maximum output	*al-intāj al-aqṣa*	الانتاج الاقصى
mean deviation	*al-inḥirāf at-mutawassiṭ*	الانحراف المتوسط
mean price	*as-siʿr al-mutawassiṭ*	السعر المتوسط
means of communication	*wasāʾil al-ittiṣāl*	وسائل الاتصال
means of payment	*wasāʾil ad-dafʿ*	وسائل الدفع
means test	*istiṭlāʿ al-mawārid al-mālīya*	استطلاع الموارد المالية
mean-variance analysis	*taḥlīl mutawassiṭ al-inḥirāf*	تحليل متوسط الانحراف
measured daywork	*ajr al-yawm al-maqīs*	اجر اليوم المقيس
measurement	*qiyās · miqyās*	قياس . مقياس
measure of dispersion	*miqyās al-intishār*	مقياس الانتشار

mechanical accounting	*muḥāsaba ālīya*	محاسبة آلية
mechanical engineer	*muhandis mīkānīkī*	مهندس ميكانيكي
mechanization	*maknana*	مكننة
mechanized statement	*kashf ḥisāb maṭbūʿ bil-kumbyūtar*	كشف حساب مطبوع بالكمبيوتر
mechanized till	*ālat tasjīl an-naqd al-mīkānīkīya*	الة تسجيل النقد الميكانيكية
media advertising	*iʿlān kitābī*	اعلان كتابي
media analysis	*taḥlīl wasāʾil al-ittiṣāl*	تحليل وسائل الاتصال
median	*al-ʿadad al-mutawassiṭ*	العدد المتوسط
media research	*dirāsat wasāʾil al-ittiṣāl*	دراسة وسائل الاتصال
media selection	*ikhtiyār wasāʾil al-ittiṣāl*	اختيار وسائل الاتصال
mediation	*tawassuṭ*	توسط
medical examination	*faḥṣ ṭibbī*	فحص طبي
medical insurance	*taʾmīn ṭibbī*	تأمين طبي
medical service	*khadamāt ṭibbīya*	خدمات طبية
medical treatment	*muʿālaja ṭibbīya*	معالجة طبية
medium-term	*mutawassiṭ al-ajal*	متوسط الاجل
meeting of creditors	*ijtimāʿ ad-dāʾinīn*	اجتماع الدائنين
meetings	*ijtimāʿāt*	اجتماعات
member	*uḍūw*	عضو
membership	*uḍwīya*	عضوية
memo form	*namūdhaj mudhakkira*	نموذج مذكرة
memomotion photography	*taṣwīr baṭīʾ*	تصوير بطيء
memorandum	*mudhakkira*	مذكرة
memory	*dhākira*	ذاكرة
memory typewriter	*āla kātiba dhāt dhākira*	آلة كاتبة ذات ذاكرة
mental capacity	*quwa ʿaqlīya*	قوى عقلية
menu	*ʿarḍ ikhtiyārāt*	عرض اختيارات
mercantile agency	*wakāla tijārīya*	وكالة تجارية
mercantile law	*qānūn tijārī*	قانون تجاري
merchandise	*baḍāʾiʿ*	بضائع
merchandising	*taṣrīf al-baḍāʾiʿ*	تصريف البضائع
merchandising manager	*mudīr taṣrīf al-baḍāʾiʿ*	مدير تصريف البضائع
merchantable quality	*ṣaliḥ lit-taswīq*	صالح للتسويق

merchantman	*safīna tijārīya*	سفينة تجارية
merchant shipper	*sharikat al-milāḥa*	شركة الملاحة
merger	*damj*	دمج
merit rating	*taqdīr al-jadāra*	تقدير الجدارة
messenger	*rusūl*	رسول
methane carrier	*nāqilat mīthān*	ناقلة ميثان
method of payment	*ṭarīqat ad-dafʿ*	طريقة الدفع
methods study	*dirāsat al-asālīb*	دراسة الاساليب
metrication	*taḥwīl ilan-niẓām al-mitrī*	تحويل الى النظام المتري
metric system	*an-niẓām al-mitrī*	النظام المتري
metric unit	*wiḥda mitrīya*	وحدة مترية
micro	*mīkrū*	ميكرو
micro-computer	*mīkrū kumbyūtar*	ميكرو كمبيوتر
microcopying	*instinsākh muṣaghghar*	استنساخ مصغر
microeconomics	*al-iqtiṣād al-khāṣṣ*	الاقتصاد الخاص
microfiche	*mīkrū fīsh*	ميكروفيش
microfile	*milaff muṣaghghar*	ملف مصغر
microfilm	*mīkrū fīlm*	ميكروفيلم
micromotion study	*dirāsat al-ḥarakat ad-daqīqa*	دراسة الحركات الدقيقة
micropad	*lawḥat mafātīḥ daqīqa*	لوحة مفاتيح دقيقة
microprocessor	*mīkrū brūsisar*	ميكروبروسسر
middleman	*wasīṭ*	وسيط
middle management	*al-idāra al-wusṭa*	الادارة الوسطى
middle price	*muʿaddal siʿr al-bayʿ wash-shirāʾ*	معدل سعر البيع والشراء
migration of labour	*hijrat al-quwa al-ʿāmila*	هجرة القوى العاملة
mileage	*ujrat al-mīl al-wāḥid*	اجرة الميل الواحد
mill pricing	*siʿr al-maṣnaʿ*	سعر المصنع
minimum capital	*ar-raʾs māl al-adna*	الرأسمال الادنى
minimum lending rate	*as-siʿr al-adna lil-iqrāḍ*	السعر الادنى للاقراض
minimum stock	*makhzūnāt iḥtiyāṭīya*	مخزونات احتياطية
minimum subscription	*al-iktitāb al-adna*	الاكتتاب الادنى
minimum wage	*adna ḥadd lil-ajr*	ادنى حد للاجر
ministry of agriculture	*wizārat az-zirāʿa*	وزارة الزراعة
ministry of commerce	*wizārat at-tijāra*	وزارة التجارة

ministry of external trade	*wizārat at-tijāra al-khārijīya*	وزارة التجارة الخارجية
ministry of finance	*wizārat al-mālīya*	وزارة المالية
ministry of industry	*wizārat aṣ-ṣināʿa*	وزارة الصناعة
ministry of internal affairs	*wizārat ad-dākhilīya*	وزارة الداخلية
ministry of justice	*wizārat al-ʿadl*	وزارة العدل
ministry of labour	*wizārat al-ʿamal*	وزارة العمل
ministry of petroleum	*wizārat al-bitrūl*	وزارة البترول
ministry of production	*wizārat al-intāj*	وزارة الانتاج
ministry of supply	*wizārat at-tamwīn*	وزارة التموين
ministry of the interior	*wizārat ad-dākhilīya*	وزارة الداخلية
ministry of transport	*wizārat an-naql*	وزارة النقل
minority interest	*aqallīyat al-ashum*	اقلية الاسهم
minority shareholder	*musāhim mālik aqallīyat al-ashum*	مساهم مالك اقلية الاسهم
mint	*dār sakk al-ʿumla*	دار سك العملة
minute book	*daftar maḥāḍir*	دفتر محاضر
minutes	*maḥḍar al-ijtimāʿ*	محضر الاجتماع
mips	*ʿadad at-taʿlīmāt ad-daqīqa fith-thānīya*	عدد التعليمات الدقيقة في الثانية
misappropriation	*ikhtilās*	اختلاس
misfeasance summons	*waraqat taklīf bil-ḥuḍūr natījat isāʾat at-taṣarruf*	ورقة تكليف بالحضور نتيجة إساءة التصرف
misinterpret *(v)*	*yuḥarrif tafsīr*	يحرف تفسير
misrepresentation	*bayān kādhib*	بيان كاذب
mistake	*khaṭaʾ*	خطأ
misunderstanding	*sūʾ al-fahm*	سوء الفهم
mitigating circumstances	*ẓurūf mukhaffifa*	ظروف مخففة
mixed economy	*iqtiṣād mukhtalaṭ*	اقتصاد مختلط
mobility of labour	*ḥarakīyat al-ʿummāl*	حركية العمال
mode	*uslūb · nasaq*	اسلوب . نسق
model *(n)*	*namūdhaj*	نموذج
model *(v)*	*yushakkil namādhijan*	يشكل نماذجا
modelling	*tashkīl namādhij*	تشكيل نماذج
modernization	*tajdīd · taḥdīth*	تجديد . تحديث

modular furniture	*athāth marin at-tajmīʿ*	اثاث مرن التجميع
module	*waḥda*	وحدة
monetarism	*as-siyāsa an-naqdīya*	السياسة النقدية
monetary economy	*iqtiṣād naqdī*	اقتصاد نقدي
monetary inflation	*tadakhkhum naqdī*	تضخم نقدي
monetary policy	*siyāsa naqdīya*	سياسة نقدية
monetary reform	*iṣlāḥ naqdī*	اصلاح نقدي
monetary system	*niẓām naqdī*	نظام نقدي
monetary theory	*naẓarīyat an-naqd*	نظرية النقد
monetary union	*ittiḥād naqdī*	اتحاد نقدي
monetary unit	*wiḥda naqdīya*	وحدة نقدية
money broker	*ṣarrāf*	صراف
money lender	*muqriḍ nuqūd*	مقرض نقود
money market	*sūq al-ʿumla*	سوق العملة
money order	*ḥawwāla barīdīya*	حوالة بريدية
monitor	*yurāqib*	يراقب
monopoly	*iḥtikār*	احتكار
monopsony	*iḥtikār al-bāʾiʿ*	احتكار البائع
monthly account	*ḥisāb shahrī*	حساب شهري
monthly payment	*dafʿa shahrīya*	دفعة شهرية
moonlighting	*muzāwala waẓīfatayn*	مزاولة وظيفتين
morale	*rūḥ maʿnawīya*	روح معنوية
moratorium	*ittifāqīyat taʾjīl dafʿ ad-duyūn*	اتفاقية تأجيل دفع الديون
mortgage *(n)*	*rahn*	رهن
mortgage *(v)*	*yarhan*	يرهن
most-favoured nation clause	*sharṭ ad-dawla al-akthar riʿāyatan*	شرط الدولة الاكثر رعاية
motion	*ḥaraka*	حركة
motion economy	*iqtiṣād al-ḥaraka*	اقتصاد الحركة
motion study	*dirāsat al-ḥaraka*	دراسة الحركة
motivation	*dawāfiʿ ʿamal*	دوافع عمل
motivational research	*baḥth dawāfiʿ al-mushtari*	بحث دوافع المشترِ
motivator	*mudāfiʿ*	مدافع
motor car industry	*ṣināʿat as-sayyārāt*	صناعة السيارات
motor transport	*naql mīkānīkī*	نقل ميكانيكي
motorway	*ṭarīq sarīʿ*	طريق سريع
movement certificate	*shahādat ḥaraka*	شهادة حركة

moving average	*mutawassiṭ mutaḥarrik*	متوسط متحرك
multi-access	*madkhal mutaᶜaddid*	مدخل متعدد
multifunction workstation	*maḥaṭṭat ᶜamal mutaᶜaddidat al-waẓāʾif*	محطة عمل متعددة الوظائف
multilateral trade	*tijāra mutaᶜaddidat al-aṭrāf*	تجارة متعددة الاطراف
multinational company	*sharika mutaᶜaddidat al-jinsiyāt*	شركة متعددة الجنسيات
multinational corporation	*muʾassasa mutaᶜaddidat al-jinsiyāt*	مؤسسة متعددة الجنسيات
multiple copying	*istinsākh mutaᶜaddid*	استنساخ متعدد
multiple costing	*muḥāsabat at-takālīf al-murakkaba*	محاسبة التكاليف المركبة
multiple management	*idāra mutaᶜaddida*	ادارة متعددة
multiple regression analysis	*taḥlīl at-tarājuᶜ al mutaᶜaddid*	تحليل التراجع المتعدد
multiplier	*al-maḍrūb fīhi*	المضروف فيه
multi-programming	*barmaja mutaᶜaddida*	برمجة متعددة
multi-window	*mutaᶜaddid ash-shabābīk*	متعدد الشبابيك
municipal undertaking	*muʾassasa baladīya*	مؤسسة بلدية
mutilated cheque	*shīk tālif*	شيك تالف
mutual life assurance company	*sharika taᶜāwunīya lit-taʾmīn ᶜalal-ḥayāh*	شركة تعاونية للتأمين على الحياة
mutual respect	*iḥtirām mutabādal*	احترام متبادل
mutual understanding	*tafāhum mutabādal*	تفاهم متبادل
myopia	*qiṣar al-baṣar*	قصر البصر

n

naked facts	*ḥaqā'iq wāḍiḥa*	حقائق واضحة
name and address	*ism wa ʿunwān*	اسم وعنوان
name a price *(v)*	*yuḥaddid siʿran*	يحدد سعراً
name clause	*sharṭ al-ism*	شرط الاسم
named insured	*ism al-mu'amman ʿalayhi*	اسم المؤمن عليه
named policy	*būlīṣa muʿayyina*	بوليصة معينة
nameless	*ghayr musamma*	غير مسمى
name of the company	*ism ash-sharika*	اسم الشركة
narration	*bayān qayd*	بيان قيد
narrowband	*ḍayyiq an-niṭāq*	ضيق النطاق
narrow market	*sūq ḍayyiqa*	سوق ضيقة
national advertising	*iʿlān ʿāmm*	اعلان عام
national bank	*maṣrif waṭanī*	مصرف وطني
national income	*dakhl qawmī*	دخل قومي
national interest	*maṣlaḥa qawmīya*	مصلحة قومية
nationality	*jinsīya*	جنسية
nationalization	*ta'mīm*	تأميم
nationalized industry	*ṣināʿa mu'ammama*	صناعة مؤممة
national requirement	*mutaṭallabāt qawmīya*	متطلبات قومية
native labour	*ʿummāl maḥallīyūn*	عمال محليون
natural growth	*numūw ṭabīʿī*	نمو طبيعي
natural justice	*ʿadl ṭabīʿī*	عدل طبيعي
natural lighting	*ināra ṭabīʿīya*	انارة طبيعية
natural outlet for exports	*makhraj ṭabīʿī liṣ-ṣādirāt*	مخرج طبيعي للصادرات
natural resources	*maṣādir ṭabīʿīya*	مصادر طبيعية
natural wastage	*naqṣ ṭabīʿī*	نقص طبيعي
nature of business	*ṭabīʿat al-ʿamal*	طبيعة العمل
nautical mile	*mīl baḥrī*	ميل بحري

navigable waters	*miyāh ṣāliḥat lil-milāḥa*	مياه صالحة للملاحة
navigation dues	*rusūm al-milāḥa*	رسوم الملاحة
navigation laws	*qawānīn al-milāḥa*	قوانين الملاحة
navigation permit	*ijāzat milāḥa*	اجازة ملاحة
nearest port	*al-mīnāʾ al-aqrab*	الميناء الاقرب
near money	*shibh an-naqd*	شبه النقد
necessities	*ḍarūrāt*	ضرورات
needs analysis	*taḥlīl al-mutaṭallabāt*	تحليل المتطلبات
negative attitude	*mawqif salbī*	موقف سلبي
negative cash flow	*suyūla naqdīya salbīya*	سيولة نقدية سلبية
negative income tax	*ḍarībat ad-dakhl as-salbīya*	ضريبة الدخل السلبية
negligence	*ihmāl*	اهمال
negligence clause	*sharṭ ihmāl*	شرط اهمال
negligible amount	*mablagh tāfih*	مبلغ تافه
negligible quantity	*kammīya tāfiha*	كمية تافهة
negotiable	*qābil lit-tadāwul*	قابل للتداول
negotiable bond	*sanad qābil lit-tadāwul*	سند قابل للتداول
negotiable documents	*wathāʾiq qābila lit-tadāwul*	وثائق قابلة للتداول
negotiable instrument	*waraqa tijārīya qābila lit-tadāwul*	ورقة تجارية قابلة للتداول
negotiate *(v)*	*yufāwiḍ*	يفاوض
negotiate a bargain	*yufāwiḍ ʿala ṣafqa*	يفاوض على صفقة
negotiate a loan	*yaʿqid qarḍan*	يعقد قرضاً
negotiations	*mufāwaḍāt*	مفاوضات
negotiations are in progress	*al-mufāwaḍāt jārīya*	المفاوضات جارية
negotiations are proceeding	*al-mufāwaḍāt jārīya*	المفاوضات جارية
negotiation strategy	*istrātījīya fil-mufāwaḍāt*	استراتيجية في المفاوضات
negotiator	*mufāwiḍ*	مفاوض
net	*ṣāfin*	صاف
net assets	*uṣūl ṣāfīya*	اصول صافية
net book agreement	*ittifāqīyat bayʿ al-kutub ʿala asās as-siʿr aṣ-ṣāfī*	اتفاقية بيع الكتب على اساس السعر الصافي
net costs	*at-takālīf aṣ-ṣāfīya*	التكاليف الصافية
net current assets	*ar-raʾsmāl al-ʿāmil*	الراسمال العامل

net domestic product	*al-intāj ad-dākhilī aṣ-ṣāfī*	الانتاج الداخلي الصافي
net earnings	*ad-dakhl aṣ-ṣāfī*	الدخل الصافي
net income	*al-īrād aṣ-ṣāfī*	الايراد الصافي
net income after tax	*ṣāfī al-īrād baʿd aḍ-ḍarāʾib*	صافي الايراد بعد الضرائب
net interest	*fāʾida ṣāfīya*	فائدة صافية
net loss	*al-khasāra aṣ-ṣāfīya*	الخسارة الصافية
net margin	*ṣāfī ḥadd ar-ribḥ*	صافي حد الربح
net national product	*ṣāfī al-intāj al-qawmī*	صافي الانتاج القومي
net outlay	*an-nafaqāt aṣ-ṣāfīya*	النفقات الصافية
net output	*al-intāj aṣ-ṣāfī*	الانتاج الصافي
net premium	*ʿalāwa ṣāfīya*	علاوة صافية
net present value	*qīma ḥālīya ṣāfīya*	قيمة حالية صافية
net price	*siʿr ṣāfī*	سعر صافي
net proceeds	*ṣāfī al-ʿawāʾid*	صافي العوائد
net profit	*ribḥ ṣāfī*	ربح صاف
net tonnage	*ṭannīya ṣāfīya*	طنية صافية
net turnover	*mabīʿāt ṣāfīya*	مبيعات صافية
net weight	*wazn ṣāfī*	وزن صافي
network	*shabaka*	شبكة
network analysis	*at-taḥlīl ash-shabakī*	التحليل الشبكي
network of roads	*shabakat ṭuruq*	شبكة طرق
net worth	*qīma ṣāfīya*	قيمة صافية
net yield	*ḥāṣil ṣāfī*	حاصل صافي
neutral port	*mīnāʾ muḥāyid*	ميناء محايد
new business	*ʿamāl jadīda*	أعمال جديدة
new device	*jihāz jadīd*	جهاز جديد
new entrants	*sharikāt jadīda*	شركات جديدة
new issue of shares	*iṣdār ashum jadīd*	اصدار اسهم جديد
new product	*mantūj jadīd*	منتوج جديد
new product development	*taṭwīr al-mantujāt al-jadīda*	تطوير المنتوجات الجديدة
new resources	*maṣādir jadīda*	مصادر جديدة
news agency	*wakālat anbāʾ*	وكالة انباء
news bulletin	*nashrat al-anbāʾ*	نشرة الانباء
newspaper	*ṣaḥīfa*	صحيفة
newspaper advertisement	*iʿlān ṣuḥufī*	اعلان صحفي

newspaper cutting	*quṣāṣa ṣuḥufīya*	قصاصة صحفية
newsprint	*waraq aṣ-ṣuḥuf*	ورق الصحف
newsreel	*sharīṭ ikhbārī*	شريط اخباري
next month	*ash-shahr al-qādim*	الشهر القادم
next of kin	*aqrab al-aqārib*	اقرب الاقارب
night safe	*ṣundūq īdāʿ laylī*	صندوق ايداع ليلي
night shift	*nawba laylīya*	نوبة ليلية
night watchman	*ḥāris al-layl*	حارس الليل
no admittance	*mamnūʿ ad-dukhūl*	ممنوع الدخول
no bid	*ʿadam al-arḍ*	عدم العرض
no-claims bonus	*mukāfaʾa taʾmīnīya*	مكافأة تأمينية
node	*ʿuqda*	عقدة
noise	*ḍajīj*	ضجيج
noisy machine	*āla ḍajījīya*	الة ضجيجية
noisy meeting	*ijtimāʿ ḍajījī*	اجتماع ضجيجي
nominal	*ismī*	اسمي
nominal capital	*raʾsmāl ismī*	راسمال اسمي
nominal damages	*taʿwīḍ iʿtibārī*	تعويض اعتباري
nominal fine	*gharāma ismīya*	غرامة اسمية
nominal income	*dakhl ismī*	دخل اسمي
nominal ledger	*daftar ḥisābāt raʾīsī*	دفتر حسابات رئيسي
nominal output	*kharj ismī · intāj ismī*	خرج اسمي . انتاج اسمي
nominal price	*siʿr ismī*	سعر اسمي
nominal value	*qīma ismīya*	قيمة اسمية
nominal wages	*ujūr ismīya*	اجور اسمية
nominal yield	*mardūd ismī*	مردود اسمي
nomination	*tanāzul ʿan wathīqat taʾmīn ʿalal-ḥayāh*	تنازل عن وثيقة تأمين على حياة
nominee	*murashshaḥ*	مرشّح
non-aggression	*ʿadam al-iʿtidāʾ*	عدم الاعتداء
non-appearance	*ʿadam al-ḥuḍūr*	عدم الحضور
non-assessable	*ghayr mashmūl biḍ-ḍarība*	غير مشمول بالضريبة
non-available	*ghayr mutawaffir*	غير متوفر
non-conditional acceptance	*qabūl bi-dūn shurūṭ*	قبول بدون شروط
non-contributory pension	*maʿāsh at-taqāʿud al-madfūʿ bish-sharika*	معاش التقاعد المدفوع بالشركة

non-convertible currency	*ʿumla ghayr qābila lit-taḥwīl*	عملة غير قابلة للتحويل
non-cooperative	*ghayr mustajīb*	غير مستجيب
non-deductible	*ghayr qābil lil-khaṣm*	غير قابل للخصم
non-delivery of goods	*ʿadam taslīm baḍāʾiʿ*	عدم تسليم بضائع
non-disclosure	*ʿadam īḍāḥ*	عدم ايضاح
non-discriminatory	*ghayr mumayyiz*	غير مميّز
non-durable	*hālik*	هالك
non-durable goods	*baḍāʾiʿ hālika*	بضائع هالكة
non-effective	*ghayr faʿʿāl*	غير فعال
non-essentials	*ashyāʾ ghayr ḍarūrīya*	اشياء غير ضرورية
non-executive director	*mudīr ghayr tanfīdhī*	مدير غير تنفيذي
non-existence	*ʿadam wujūd*	عدم وجود
non-fulfilment	*ʿadam al-wafāʾ*	عدم الوفاء
non-impact printer	*āla ṭābiʿa ghayr ṣadmīya*	آلة طابعة غير صدمية
non-insurable risks	*makhāṭir ghayr qābila lit-taʾmīn*	مخاطر غير قابلة للتأمين
non-interference	*ʿadam at-tadakhkhul*	عدم التدخل
non-intervention	*ʿadam at-tadakhkhul*	عدم التدخل
non-involvement	*ʿadam at-tawarruṭ*	عدم التورط
non-liability clause	*sharṭ ʿadam al-masʾūlīya*	شرط عدم المسؤولية
non-linear programming	*barmaja ghayr khaṭṭīya*	برمجة غير خطية
non-negotiable	*ghayr qābil lit-tadāwul*	غير قابل للتداول
non-participating policy	*būlīṣat taʾmīn ghayr musāhama*	بوليصة تأمين غير مساهمة
non-payment	*ʿadam ad-dafʿ*	عدم الدفع
non-price competition	*tanāfus bi-ghayr al-asʿār*	تنافس بغير الاسعار
non-productive	*ghayr intājī*	غير انتاجي
non-profit-making	*lā tastahdif ar-ribḥ*	لا تستهدف الربح
non-profit-making unit	*wiḥda lā tastahdif ar-ribḥ*	وحدة لا تستهدف الربح
non-recurring expenses	*maṣārīf nādira*	مصاريف نادرة
non-resident	*ghayr muqīm*	غير مقيم
non-stop	*bi-dūn wuqūf*	بدون وقوف
non-taxable	*ghayr khāḍiʿ liḍ-ḍarāʾib*	غير خاضع للضرائب
non-transferable	*ghayr qābil lit-taḥwīl*	غير قابل للتحويل

non-variable	*ghayr mutaghayyir*	غير متغير
non-voting share	*sahm ṣāmit*	سهم صامت
no reply	*ʿadam ar-radd*	عدم الرد
norm	*miʿyār*	معيار
normal curve	*munḥana ṭabīʿī*	منحني طبيعي
normal distribution	*tawzīʿ ṭabīʿī*	توزيع طبيعي
normal equation	*muʿādala ṭabīʿīya*	معادلة طبيعية
normal price	*siʿr ʿādī*	سعر عادي
normal profit	*ribḥ ʿādī*	ربح عادي
normal relations	*ʿalāqāt ʿādīya*	علاقات عادية
normal state of affairs	*ḥāla ṭabīʿīya*	حالة طبيعية
normal working day	*yawm al-ʿamal al-ʿādī*	يوم العمل العادي
normative economics	*iqtiṣād miʿyārī*	اقتصاد معياري
no sale	*ʿadam al-bayʿ*	عدم البيع
nostro account	*ḥisābna ladaykum*	حسابنا لديكم
not acceptable	*ghayr maqbūl*	غير مقبول
notarial seal	*khātim tawthīqī*	خاتم توثيقي
notary public	*kātib al-ʿadl*	كاتب العدل
not exceeding	*lā-akhthar*	لا اكثر
no thoroughfare	*mamnūʿ al-murūr*	ممنوع المرور
notice *(n)*	*iʿlān · ikhṭār · iblāgh*	اعلان . اخطار . ابلاغ
notice-board	*lawḥat iʿlānāt*	لوحة اعلانات
notice of dismissal	*ikhṭār bi-tasrīḥ*	اخطار بتسريح
notice to quit	*ikhṭār bi-ikhlāʾ al-ʿaqār*	اخطار باخلاء العقار
notification of protest	*iblāgh bi-brūtistū*	ابلاغ ببروتستو
noting a bill	*ʿamal brūtistū*	عمل بروتستو
not negotiable	*ghayr qābil lit-tadāwul*	غير قابل للتداول
novation	*tajdīd al-ʿaqd*	تجديد العقد
novel	*jadīd*	جديد
novelty	*jidda*	جدّة
now in production	*qayd al-intāj*	قيد الانتاج
now loading	*qayd at-taḥmīl*	قيد التحميل
now operating	*qayd at-tashghīl*	قيد التشغيل
nuclear	*nawawī*	نووي
nuclear energy	*ṭāqa nawawīya*	طاقة نووية
nuclear fuel	*wuqūd nawawī*	وقود نووي
nuclear industry	*aṣ-ṣināʿa an-nawawīya*	الصناعة النووية
nuclear material	*mādda nawawīya*	مادة نووية

nuclear plant	*wiḥdat tawlīd nawawīya*	وحدة توليد نووي
nuclear power	*ṭāqa nawawīya*	طاقة نووية
nuclear research	*baḥth nawawī*	بحث نووي
nuclear test	*tafjīr nawawī ikhtibārī*	تفجير نووي اختباري
nuclear weapon	*silāḥ nawawī*	سلاح نووي
nuisance value	*qīmat taḍarrur*	قيمة تضرر
null	*bāṭil*	باطل
null and void	*lāghin wa bāṭil*	لاغ وباطل
nullity of contract	*buṭlān ʿaqd*	بطلان عقد
number cruncher	*kumbyūtar ḍakhm*	كمبيوتر ضخم
numbered account	*ḥisāb sirrī muraqqam*	حساب سري مرقّم
numeraire	*silʿa miʿyārīya*	سلعة معيارية
numerical control	*taḥakkum bi-wāsiṭat kumbyūtar*	تحكم بواسطة كمبيوتر
numerical filing	*iḍbār raqmī*	اضبار رقمي
numerical value	*qīma ʿadadīya*	قيمة عددية

O

objection	*iʿtirāḍ*	اعتراض
objection overruled	*rufiḍ al-iʿtirāḍ*	رُفِض الاعتراض
objects clause	*māddat aghrāḍ ash-sharika*	مادة اغراض الشركة
obligation	*iltizām*	التزام
observation	*mulāḥaẓa*	ملاحظة
obsolescence	*buṭlān al-istiʿmāl*	بطلان الاستعمال
obtain an extension of time	*yaḥṣul ʿala taṭwīl al-mudda*	يحصل على تطويل المدة
occupancy cost	*taklifat ishghāl ʿaqār*	تكلفة اشغال عقار
occupation	*mihna*	مهنة
occupational disease	*maraḍ mihnī*	مرض مهني
occupational hazards	*makhāṭir mihnīya*	مخاطر مهنية
occupational training	*tadrīb mihnī*	تدريب مهني
odd lot	*ṣafqa bi-aqall min miʾa ashum*	صفقة باقل من مئة اسهم
offer *(n)*	*ʿarḍ*	عرض
offer *(v)*	*yaʿriḍ*	يعرض
offer by tender	*ʿarḍ bil-munāqaṣa*	عرض بالمناقصة
offer curve	*munḥana al-ʿarḍ*	منحني العرض
offer for sale	*ʿarḍ lil-bayʿ*	عرض للبيع
offer price	*siʿr maʿrūḍ*	سعر معروض
office	*maktab*	مكتب
office automation	*ūtūmātīyat al-maktab*	اوتوماتيات المكتب
office copy	*nuskhat al-maktab*	نسخة المكتب
office equipment	*muʿaddāt al-maktab*	معدات المكتب
office furniture	*athāth al-maktab*	اثاث المكتب
office hours	*sāʿāt al-ʿamal*	ساعات العمل
office management	*idārat al-maktab*	ادارة المكتب

office manager	*mudīr al-maktab*	مدير المكتب
office premises	*ʿimārat makātib*	عمارة مكاتب
officer	*ḍābiṭ*	ضابط
office staff	*muwaẓẓafū al-maktab*	موظفو المكتب
office supervisor	*murāqib al-maktab*	مراقب المكتب
office work	*ʿamal maktabī*	عمل مكتبي
official announcement	*iʿlān rasmī*	إعلان رسمي
official communique	*balāgh rasmī*	بلاغ رسمي
official confirmation	*taʾkīd rasmī*	تأكيد رسمي
official document	*wathīqa rasmīya*	وثيقة رسمية
official letter	*kitāb rasmī*	كتاب رسمي
official notification	*tablīgh rasmī*	تبليغ رسمي
official rate	*siʿr al-khaṣm ar-rasmī*	سعر الخصم الرسمي
official receiver	*maʾmūr at-taṣfiya ar-rasmī*	مأمور التصفية الرسمي
official secrets	*wathāʾiq rasmīya sirrīya*	وثائق رسمية سرية
official statement	*bayān rasmī*	بيان رسمي
official support	*daʿm rasmī*	دعم رسمي
official visit	*ziyāra rasmīya*	زيارة رسمية
off line	*ghayr marbūṭ bil-kumbyūtar*	غير مربوط بالكمبيوتر
offset illustration	*ṣūra maṭbūʿa bil-ūfsīt*	صورة مطبوعة بالاوفسيت
offset lithography	*ṭibāʿa ḥajarīya bil-ūfsīt*	طباعة حجرية بالاوفسيت
offset printing	*ṭibāʿa bil-ūfsit*	طباعة بالاوفسيت
off-the-job training	*tadrīb khārij al-ʿamal*	تدريب خارج العمل
oil company	*sharikat nafṭ*	شركة نفط
oil concession	*imtiyāz nafṭī*	امتياز نفطي
oil exporter	*muṣaddir an-nafṭ*	مصدر النفط
oilfield	*ḥaql an-nafṭ*	حقل النفط
oil importer	*muwarrid an-nafṭ*	مورد النفط
oil industry	*ṣināʿat an-nafṭ*	صناعة النفط
oil market	*sūq an-nafṭ*	سوق النفط
oil processing industries	*ṣināʿāt muʿālajat an-nafṭ*	صناعات معالجة النفط
oil producers	*muntijū an-nafṭ*	منتجو النفط
oil resources	*maṣādir an-nafṭ*	مصادر النفط
oil revenues	*īrādāt an-nafṭ*	ايرادات النفط
oil royalties	*itāwāt nafṭīya*	اتاوات نفطية

oil sector	*qiṭāʿ an-nafṭ*	قطاع النفط
oil shares	*ashum sharikāt an-nafṭ*	اسهم شركات النفط
oil supplies	*imdādāt an-nafṭ*	امدادات النفط
oil tanker	*nāqilat nafṭ*	ناقلة نفط
oil terminal	*furḍat taḥmīl an-nafṭ*	فرضة تحميل النفط
oil wealth	*tharwa nafṭīya*	ثروة نفطية
oil well	*biʾr an-nafṭ*	بئر النفط
oligopoly	*iḥtikār al-qilla*	احتكار القلة
omission	*ihmāl*	إهمال
on account	*ʿalal-ḥisāb*	على الحساب
on account of	*bi-sabab · naẓaran li*	بسبب . نظراً لـ
on application	*ʿind aṭ-ṭalab*	عند الطلب
on approval	*ʿind al-muwāfaqa*	عند الموافقة
on consignment	*bil-amāna*	بالامانة
on delivery	*ʿind at-taslīm*	عند التسليم
on demand	*ʿind aṭ-ṭalab*	عند الطلب
one-off production	*waḥīd al-intāj*	وحيد الانتاج
'one-time' carbon paper	*waraq kārbūnī yustaʿmal marra wāḥida*	ورق كاربوني يستعمل مرة واحدة
one-way price	*siʿr waḥīd lis-sahm*	سعر وحيد للسهم
on hand	*taḥt al-yad*	تحت اليد
on-line	*marbūṭ bil-kumbyūtar*	مربوط بالكمبيوتر
on-line processing	*muʿālajat al-bayānāt al-fawrīya*	معالجة البيانات الفورية
on record	*musajjal*	مسجل
on request	*ʿind aṭ-ṭalab*	عند الطلب
on sale or return	*lil-bayʿ aw lir-radd*	للبيع او للرد
on the berth	*ʿalar-raṣīf*	على الرصيف
on-the-job training	*tadrīb athnāʾ al-ʿamal*	تدريب اثناء العمل
OPEC	*munaẓẓamat ad-duwal al-muṣaddira lin-naft*	منظمة الدول المصدرة للنفط
open an account	*yaftaḥ ḥisāban*	يفتح حساباً
open cheque	*shīk maftūḥ*	شيك مفتوح
open circuit	*dāʾira maftūḥa*	دائرة مفتوحة
open economy	*iqtiṣād maftūḥ*	اقتصاد مفتوح
open-ended contract	*ʿaqd maftūḥ*	عقد مفتوح
open indent	*ṭalab shirāʾ maftūḥ*	طلب شراء مفتوح
opening bid	*ʿarḍ aṣlī*	عرض اصلي

opening mail	*fatḥ al-barīd*	فتح البريد
opening price	*siʿr al-iftitāḥ*	سعر الافتتاح
open market	*sūq ḥurra*	سوق حرة
open market operation	*ʿamalīya fis-sūq al-ḥurra*	عملية في السوق الحرة
open meeting	*ijtimāʿ ʿalanī*	اجتماع علني
open office	*maktab makshūf*	مكتب مكشوف
open-plan	*makshūf at-taṣmīm*	مكشوف التصميم
open-plan office	*maktab makshūf*	مكتب مكشوف
open policy	*būlīṣat taʾmīn maftūḥa*	بوليصة تأمين مفتوحة
open-price agreement	*ittifāqīyat iʿlān al-asʿār*	اتفاقية اعلان الاسعار
open shop	*mashghal maftūḥ*	مشغل مفتوح
open-sided	*maftūḥ jānibīyan*	مفتوح جانبيا
open system	*niẓām maftūḥ*	نظام مفتوح
operating budget	*mīzānīyat at-tashghīl*	ميزانية التشغيل
operating cycle	*dawrat at-tashghīl*	دورة التشغيل
operating division	*qism tashghīlī*	قسم تشغيلي
operating instructions	*taʿlīmat at-tashghīl*	تعليمات التشغيل
operating loss	*khasārat at-tashghīl*	خسارة التشغيل
operating management	*idārat at-tashghīl*	ادارة التشغيل
operating profit	*ribḥ at-tashghīl*	ربح التشغيل
operating ratio	*nisbat at-tashghīl*	نسبة التشغيل
operating system	*niẓām at-tashghīl*	نظام التشغيل
operational planning	*takhṭīṭ at-tashghīl*	تخطيط التشغيل
operational research	*baḥth at-tashghīl*	بحث التشغيل
operation job card	*biṭāqat al-ʿamalīya*	بطاقة العملية
operations breakdown	*haykal al-ʿamalīyāt*	هيكل العمليات
operations research	*baḥth al-ʿamalīyāt*	بحث العمليات
operator	*ʿāmil*	عامل
opinion of the court	*raʾi al-maḥkama*	رأي المحكمة
opportunity cost	*at-taklifa al-badīla*	التكلفة البديلة
optical character reader	*qāriʾ al-ḥurūf al-baṣarī*	قارىء الحروف البصري
optical character recognition	*taʿarruf al-ḥurūf baṣarīyan*	تعرف الحروف بصرياً
optical fibre	*alyāf baṣarīya*	الياف بصرية
optimal economic growth	*an-numūw al-iqtiṣādī al-amthal*	النمو الاقتصادي الامثل

optimal quantity of money	*kammīyat an-naqd al-muthla*	كمية النقد المثلى
optimum output	*al-intāj al-amthal*	الانتاج الامثل
optimum size	*al-ḥajm al-amthal*	الحجم الامثل
option	*khiyār*	خيار
option dealer	*simsār ṣafaqāt li-ajal*	سمسار صفقات لاجل
oral agreement	*ittifāqīya shafahīya*	اتفاقية شفهية
oral complaint	*shakwa shafahīya*	شكوى شفهية
oral contract	*ʿaqd shafahī*	عقد شفهي
oral evidence	*shahāda shafahīya*	شهادة شفهية
oral examination	*imtiḥān shafahī*	امتحان شفهي
order *(n)*	*ṭalab*	طلب
order *(v)*	*yaṭlub*	يطلب
order book	*sijill aṭ-ṭalabāt at-tijārīya*	سجل الطلبات التجارية
order cheque	*shīk li-amr*	شيك لامر
order department	*qism aṭ-ṭalabāt*	قسم الطلبات
order-form	*istimārat aṭ-ṭalab*	استمارة الطلب
order of merit	*tartīb ḥasb al-istiḥqāq*	ترتيب حسب الاستحقاق
order of precedence	*tartīb ḥasb al-asbaqīya*	ترتيب حسب الاسبقية
order statistics	*iḥṣāʾīyāt at-tartīb*	احصائيات الترتيب
ordinal utility	*manfaʿa ḥasb at-tartīb*	منفعة حسب الترتيب
ordinary	*ʿādī*	عادي
ordinary life assurance	*taʾmīn ʿādī ʿalal-ḥayāh*	تأمين عادي على الحياة
ordinary resolution	*qarār ʿādī*	قرار عادي
ordinary shares	*ashum ʿādīya*	اسهم عادية
organic planning	*takhṭīṭ ʿuḍwī*	تخطيط عضوي
organizational behaviour	*taṣarruf tanẓīmī*	تصرف تنظيمي
organizational change	*taghayyur tanẓīmī*	تغير تنظيمي
organizational development	*taṭawwur tanẓīmī*	تطور تنظيمي
organizational effectiveness	*faʿʿālīya tanẓīmīya*	فعالية تنظيمية
organizational structure	*haykal tanẓīmī*	هيكل تنظيمي
organization and methods	*al-anẓīma wal-asālīb*	الانظمة والاساليب
organized labour	*ʿummāl munaẓẓamūn fī niqābāt*	عمال منظمون في نقابات

organized market	*sūq munaẓẓama*	سوق منظمة
orientation	*tawjīh*	توجيه
origin	*aṣl*	اصل
original copy	*nuskha aṣlīya*	نسخة اصلية
original entry	*qayd aṣlī*	قيد اصلي
original goods	*baḍāʾiʿ aṣlīya*	بضائع اصلية
original procedures	*ʿamaliyāt aṣlīya*	عمليات اصلية
original text	*naṣṣ aṣlī*	نص اصلي
ostensible authority	*sulṭa ẓāhira*	سلطة ظاهرة
outage	*khasāra bi-sabab an-naql wat-takhzīn*	خسارة بسبب النقل والتخزين
outcome	*natīja*	نتيجة
outdated	*mahjūr*	مهجور
outdoor staff	*muwaẓẓafūn khārijīyūn*	موظفون خارجيون
outgoings	*maṣrūfāt*	مصروفات
out-guide	*dalīl al-kharj*	دليل الخرج
outlay	*infāq*	انفاق
outlet	*maḥall taṣrīf*	محل تصريف
outlet for trade	*maḥall tijāra*	محل تجارة
out-marker	*muʾashshir al-kharj*	مؤشر الخرج
out of date	*mutaqādim · bāṭil*	متقادم . باطل
out of hand	*khārij ʿan as-sayṭara*	خارج عن السيطرة
out-of-pocket expenses	*maṣārīf jayb*	مصاريف جيب
out of print	*nafadat ṭabʿatuh*	نفدت طبعته
out of stock	*biḍāʿa nafadat*	بضاعة نفدت
out of the question	*mustaḥīl*	مستحيل
out of time	*(safīna) mafqūda*	(سفينة) مفقودة
output	*kharj · intāj*	خرج . انتاج
output budgeting	*waḍʿ mīzānīyat al-intāj*	وضع ميزانية الانتاج
output device	*jihāz kharj*	جهاز خرج
output peripheral	*jihāz kharj musāʿid*	جهاز خرج مساعد
outright deal	*ṣafqat taslīm fi-tārīkh muḥaddad*	صفقة تسليم في تاريخ محدد
outside director	*mudīr ghayr tanfīdhī*	مدير غير تنفيذي
outside money	*naqd khārijī*	نقد خارجي
outsider	*dakhīl*	دخيل
outside tender	*ʿarḍ khārijī*	عرض خارجي

outstanding	*ghayr musaddad*	غير مسدد
outstanding cheque	*shīk mawqūf*	شيك موقوف
outstanding debt	*dayn ghayr musaddad*	دين غير مسدد
outstanding expenses	*nafaqāt mustaḥaqqat ad-dafᶜ*	نفقات مستحقة الدفع
outstanding loans	*qurūḍ mustaḥaqqa*	قروض مستحقة
outstanding matters	*qaḍāya muᶜallaqa*	قضايا معلقة
outstanding payment	*dafᶜa mutaʾakhkhara*	دفعة متأخرة
outward manifest	*qāʾimat al-baḍāʾiᶜ aṣ-ṣādira*	قائمة البضائع الصادرة
outwork	*intāj manzilī*	انتاج منزلي
overall gain	*kasb ijmālī*	كسب اجمالي
overall loss	*khasāra ijmālīya*	خسارة اجمالية
overall surplus	*fāʾiḍ ijmālī*	فائض اجمالي
overcapacity	*qudra zāʾid*	قدرة زائد
overcapitalization	*rasmala zāʾida*	رسملة زائدة
overcharge	*ziyāda fāḥisha lil-asᶜār*	زيادة فاحشة للاسعار
overdraft	*saḥb ᶜalal-makshūf*	سحب على المكشوف
overdraw	*yasḥab ᶜalal-makshūf*	يسحب على المكشوف
overdrawn account	*ḥisāb makshūf*	حساب مكشوف
overdue	*mutaʾakhkhir*	متأخر
overdue payment	*dafᶜa mutaʾakhkhira*	دفعة متأخرة
over entry certificate	*shahādat dafᶜ zāʾid lir-rusūm*	شهادة دفع زائد للرسوم
overestimate	*taqdīr mufriṭ*	تقدير مفرط
over-full employment	*ᶜamāla zāʾida*	عمالة زائدة
overhaul	*tarmīm*	ترميم
overhead expenses	*maṣārīf raʾsīya*	مصاريف رأسية
overheads	*maṣārīf raʾsīya*	مصاريف رأسية
overheads recovery	*taghṭiya al-maṣārīf ar-raʾsīya*	تغطية المصاريف الرأسية
overhead variance	*inḥirāf al-maṣārīf ar-raʾsīya*	انحراف المصاريف الرأسية
over-insurance	*taʾmīn zāʾid*	تأمين زائد
overinvestment	*istithmār zāʾid*	استثمار زائد
overlap	*tadākhul*	تداخل
overnight loan	*qarḍ li-yawm wāḥid*	قرض ليوم واحد
over-population	*farṭ as-sukkān*	فرط السكان

over-production	*farṭ al-intāj*	فرط الانتاج
over-riding interests	*maṣāliḥ ʿulya*	مصالح عليا
overseas agent	*wakīl khārijī*	وكيل خارجي
overseas companies	*sharikāt khārijīya*	شركات خارجية
overseas currency	*ʿumla khārijīya*	عملة خارجية
overseas income taxation	*ḍarība ʿalad-dakhl al-khārijī*	ضريبة على الدخل الخارجي
overseas investment	*istithmār khārijī*	استثمار خارجي
overseas sales base	*qāʿida khārijīya lil-mabīʿāt*	قاعدة خارجية للمبيعات
over-simplify *(v)*	*yufriṭ fit-tabsīṭ*	يفرط في التبسيط
overspend *(v)*	*yufriṭ fil-infāq*	يفرط في الانفاق
overspill *(v)*	*yantashir khārij al-ḥudūd*	ينتشر خارج الحدود
over-staffed	*zāʾid al-muwaẓẓafīn*	زائد الموظفين
overstock *(v)*	*yufriṭ fit-takhzīn*	يفرط في التخزين
over-subscribed	*zāʾid al-iktitāb*	زائد الاكتتاب
over-the-counter market	*sūq ashum ghayr rasmīya*	سوق اسهم غير رسمية
overtime	*waqt iḍāfī*	وقت اضافي
overtime pay	*ajar al-waqt al-iḍāfī*	اجر الوقت الاضافي
overtime request	*ṭalab shaghl waqt iḍāfī*	طلب شغل وقت اضافي
overtrading	*ifrāṭ an-nashāṭ at-tijārī*	افراط النشاط التجاري
over-valued currency	*ʿumla mufraṭ tathmīniha*	عملة مفرط تثمينها
overweight	*farṭ al-wazn*	فرط الوزن
overwhelming majority	*aghlabīya sāḥiqa*	اغلبية ساحقة
owner	*mālik*	مالك
ownership	*milkīya*	ملكية
owner's risk	*ʿala masʾūlīyat al-mālik*	على مسؤولية المالك

p

pacing	*ḍabṭ al-khuṭwāt*	ضبط الخطوات
package	*rizma*	رزمة
package deal	*ittifāqīya shāmila*	اتفاقية شاملة
packaging	*at-taʿbiʾa*	التعبئة
packaging and despatch department	*qism al-ḥazm wash-shaḥn*	قسم الحزم و الشحن
packer	*muʿabbiʾ*	معبّىء
packet material	*mawādd at-taʿbiʾa*	مواد التعبئة
packet switching	*taḥwīl rizam al-muʿṭayāt*	تحويل رزم المعطيات
packing charges	*nafaqāt at-taʿbiʾa*	نفقات التعبئة
page index	*fihris*	فهرس
paging system	*niẓām nidāʾ*	نظام نداء
paid in advance	*madfūʿ muqaddaman*	مدفوع مقدماً
paid-up capital	*raʾsmāl madfūʿ*	راسمال مدفوع
paid-up policies	*buwālīṣ taʾmīn madfūʿa*	بواليص تأمين مدفوعة
palletized load	*shaḥna ʿala minaṣṣāt naqqāla*	شحنة على منصات نقالة
pallet loader	*ʿaraba bi-mirfāʿ shawkī*	عربة بمرفاع شوكي
panel strip index	*fihris hāmishī*	فهرس هامشي
panel-testing	*faḥṣ bil-lajna*	فحص باللجنة
panoramic office	*maktab bānūrāmī*	مكتب بانورامي
paper	*waraq*	ورق
paper bid	*ʿarḍ madfūʿ bi-ashum sharika lil-istīlāʾ ʿala sharika ukhra*	عرض مدفوع باسهم شركة للاستيلاء على شركة اخرى
paper-clip	*dabbūs*	دبوس
paper-knife	*sakīnat fatḥ al-barīd*	سكينة فتح البريد
paper money	*ʿumla waraqīya*	عملة ورقية
paper size	*ḥajm al-waraq*	حجم الورق

paper tape	*sharīṭ waraqī*	شريط ورقي
par	*qīma aṣlīya*	قيمة اصلية
parameter	*barāmitar*	بارامتر
parametric programming	*barmaja baramitrīya*	برمجة بارامترية
par-analysis training	*tadrīb ʿala taḥlil al-qīma al-aṣlīya*	تدريب على تحليل القيمة الاصلية
parcel	*ṭard*	طرد
parcel post	*barīd aṭ-ṭurūd*	بريد الطرود
parent company	*ash-sharika al-umm*	الشركة الام
parity check	*faḥṣ al-musāwāh*	فحص المساواة
parking	*īqāf*	ايقاف
parking facilities	*makān īqāf*	مكان ايقاف
par of exchange	*takāfuʾ asʿār al-ʿumlāt*	تكافؤ اسعار العملات
partial disablement	*taʿjīz juzʾī*	تعجيز جزئي
partial loss	*khasāra juzʾīya*	خسارة جزئية
partial payment	*sadād juzʾī*	سداد جزئي
partial shipment	*shaḥn juzʾī*	شحن جزئي
partial solution	*ḥall juzʾī*	حل جزئي
partial withdrawal	*insiḥāb juzʾī*	انسحاب جزئي
participative management	*idāra dimuqrāṭīya*	ادارة ديمقراطية
particular average loss	*khasāra muʿayyana*	خسارة معينة
part load	*ḥumūla juzʾīya*	حمولة جزئية
partnership	*sharikat taḍāmun*	شركة تضامن
part-payment	*sadād juzʾī*	سداد جزئي
part-time	*ghayr mutafarrigh*	غير متفرغ
part-time agent	*wakīl ghayr mutafarrigh*	وكيل غير متفرغ
part-time help	*muʿīn ghayr mutafarrigh*	معين غير متفرغ
part-time job	*waẓīfa lā tataṭallab at-tafarrugh*	وظيفة لا تتطلب التفرغ
part-time worker	*ʿāmil ghayr mutafarrigh*	عامل غير متفرغ
part value	*qīma juzʾīya*	قيمة جزئية
pass *(n)*	*rukhṣa*	رخصة
pass *(v)*	*yamurr*	يمر
passbook	*daftar ḥisāb*	دفتر حساب
passenger	*rākib*	راكب
passenger coupon	*qasīmat ar-rākib*	قسيمة الراكب

passenger liner	*safīnat rukkāb*	سفينة ركاب
passenger list	*qā'imat ar-rukkāb*	قائمة الركاب
passengers' luggage	*amtiʿat ar-rukkāb*	امتعة الركاب
passing a name	*iblāgh bi-ism al-mushtari*	ابلاغ باسم المشترٍ
passing off	*taẓāhur*	تظاهر
passive trade balance	*mīzānīya tijārīya salbīya*	ميزانية تجارية سلبية
passport	*jawāz safar*	جواز سفر
password	*kalimat as-sirr*	كلمة السر
patent *(n)*	*barā'at ikhtirāʿ*	براءة اختراع
patent *(v)*	*yusajjil barā'at al-ikhtirāʿ*	يسجل براءة الاختراع
patent agent	*wakīl barā'āt al-ikhtirāʿ*	وكيل براءات الاختراع
patentee	*ṣāḥib barā'at al-ikhtirāʿ*	صاحب براءة الاختراع
patent monopoly	*iḥtikār ṣāḥib barā'at al-ikhtirāʿ*	احتكار صاحب براءة الاختراع
Patent Office	*dā'irat tasjīl barā'āt al-ikhtirāʿ*	دائرة تسجيل براءات الاختراع
paternalism	*niẓām abuwī*	نظام ابوي
patron	*ʿamīl*	عميل
pawnbroker	*mudayn ruhūn*	مدين رهون
payable in advance	*mustaḥaqq muqaddaman*	مستحق مقدماً
payable on demand	*mustaḥaqq ʿind aṭ-ṭalab*	مستحق عند الطلب
payable to order	*yadfaʿ ḥasb al-amr*	يدفع حسب الامر
pay advice slip	*qasīmat al-īdāʿ*	قسيمة الايداع
pay-as-you-earn	*dafʿ mubāshir li-ḍarībat ad-dakḥl*	دفع مباشر لضريبة الدخل
pay as you go	*dafʿ an-nafaqāt ʿind takabbudiha*	دفع النفقات عند تكبدها
pay back method	*ṭarīqat taqyīm al-mashrūʿ ḥasb muddat istirjāʿ ar-ra'smāl*	طريقة تقييم المشروع حسب مدة استرجاع الراسمال
pay back period	*muddat istirjāʿ ar-ra'smāl*	مدة استرجاع الراسمال
pay-day	*yawm dafʿ ar-rawātib*	يوم دفع الرواتب
P.A.Y.E	*dafʿ mubāshir li-ḍarībat ad-dakhl*	دفع مباشر لضريبة الدخل
payee	*al-madfūʿ lahu*	المدفوع له
payer	*ad-dāfiʿ*	الدافع
paying-in book	*daftar īdāʿ*	دفتر ايداع
paying-in slip	*qasīmat īdāʿ*	قسيمة ايداع

payload	*al-ḥiml al-ājir*	الحمل الآجر
payment by results	*ad-dafʿ ḥasb al-intāj*	الدفع حسب الانتاج
payment in advance	*dafʿ muqaddaman*	دفع مقدماً
payment in kind	*dafʿ ʿaynan*	دفع عيناً
payment-in-lieu	*dafʿ ʿiwaḍan*	دفع عوضاً
payment on account	*dafʿ ʿalal-ḥisāb*	دفع على الحساب
payment stopped	*dafʿ mawqūf*	دفع موقوف
pay off	*istirjāʿ*	استرجاع
pay office	*maktab ar-rawātib*	مكتب الرواتب
pay on delivery	*yudfaʿ ʿind at-taslīm*	يدفع عند التسليم
pay pause	*tajmīd mustawa ar-rawātib*	تجميد مستوى الرواتب
paypips	*ishārat dafʿ hātifīya*	اشارة دفع هاتفية
payroll	*kashf ar-rawātib*	كشف الرواتب
payroll cash analysis	*taḥlīl ijmālī ar-rawātib*	تحليل اجمالي الرواتب
payroll tax	*ḍarība ʿala ijmālī ar-rawātib*	ضريبة على اجمالي الرواتب
peaceful demonstration	*muẓāhara salmīya*	مظاهرة سلمية
peaceful picketing	*murābaṭa musālima*	مرابطة مسالمة
peak *(n)*	*dhurwa*	ذروة
peak *(v)*	*yablagh adh-dhurwa*	يبلغ الذروة
peak consumption	*istihlāk ʿind adh-dhurwa*	استهلاك عند الذروة
peak output	*intāj ʿind adh-dhurwa*	انتاج عند الذروة
penalty	*jazāʾ*	جزاء
penalty clause	*sharṭ al-jazāʾ*	شرط الجزاء
pencil	*qalam*	قلم
pencil-sharpener	*mibrāh aqlām*	مبراة اقلام
pending	*fī-intiẓār · muʿallaq*	في انتظار . معلق
pending receipt	*fī-intiẓār at-taslīm*	في انتظار التسليم
pension	*maʿāsh at-taqāʿud*	معاش التقاعد
pensioner	*mutaqāʿid*	متقاعد
pension fund	*ṣundūq maʿāshāt at-taqāʿud*	صندوق معاشات التقاعد
peppercorn rent	*ījār ismī*	ايجار اسمي
per annum	*fis-sana*	في السنة
per capita	*lil-fard al-wāḥid*	للفرد الواحد
per cent	*fil-miʾa*	في المئة

percentage	*nisba mi'awīya*	نسبة مئوية
percentile	*qīma mi'awīya tartībīya*	قيمة مئوية ترتيبية
perfect competition	*munāfasa muthla*	منافسة مثلى
perfect oligopoly	*iḥtikār al-qilla al-amthal*	احتكار القلة الامثل
perforator	*muthaqqib*	مثقب
performance	*adā'*	اداء
performance against objectives	*adā' muqārin bil-ahdāf*	اداء مقارن بالاهداف
performance appraisal	*taqdīr al-adā'*	تقدير الاداء
performance budgeting	*waḍ' mīzānīyat adā'*	وضع ميزانية اداء
performance evaluation	*taqyīm al-adā'*	تقييم الاداء
performance measurement	*qiyās al-adā'*	قياس الاداء
performance rating	*taqdīr al-adā'*	تقدير الاداء
performance standards	*ma'āyir al-adā'*	معايير الاداء
peril point	*nuqṭat khaṭar lit-ta'rifa*	نقطة خطر للتعرفة
period bill	*sanad li-ajal*	سند لاجل
periodic reordering system	*niẓām dawrī liṭ-ṭalab*	نظام دوري للطلب
period of cancellation	*fatrat al-ilghā'*	فترة الالغاء
period of grace	*muhla*	مهلة
period of insurance	*muddat at-ta'mīn*	مدة التأمين
peripheral equipment	*ajhiza muḥīṭīya*	اجهزة محيطية
peripherals	*ajhiza muḥīṭīya*	اجهزة محيطية
perishable goods	*baḍā'i' qābila lit-talaf*	بضائع قابلة للتلف
perishing of goods	*talaf al-baḍā'i'*	تلف البضائع
perjury	*shahādat az-zūr*	شهادة الزور
permanent disablement	*aq'ad dā'im 'an al-'amal*	اقعد دائم عن العمل
permit *(n)*	*idhn*	إذن
permit *(v)*	*ya'dhan*	يأذن
permutations	*tabādīl*	تباديل
perpetual inventory	*jard mustamirr*	جرد مستمر
perpetual succession	*istimrār ash-sharika*	استمرار الشركة
per pro	*niyābatan 'an*	نيابة عن
person	*shakhṣ*	شخص

personal account	*ḥisāb shākhṣī*	حساب شخصي
personal computer	*kumbyūtar shakhṣī*	كومبيوتر شخصي
personal computing	*istiʿmāl kumbyūtar shakhṣī*	استعمال كومبيوتر شخصي
personal conflict	*nizāʿ shakhṣī*	نزاع شخصي
personal contact	*ittiṣāl shakhṣī*	اتصال شخصي
personal cost centre	*markaz at-taklifa ash-shakhṣī*	مركز التكلفة الشخصي
personal estate	*amlāk manqūla*	املاك منقولة
personal grade	*rutba shakhṣīya*	رتبة شخصية
personal growth	*taṭawwur shakhṣī*	تطور شخصي
personal injury	*iṣāba shakhṣīya*	اصابة شخصية
personality	*shakhṣīya*	شخصية
personal loan	*qarḍ shakhṣī*	قرض شخصي
personal property	*milk shakhṣī*	ملك شخصي
personal representative	*mumaththil shakhṣī*	ممثل شخصي
personal secretary	*sikritīr shakhṣī*	سكرتير شخصي
personal wealth	*tharwa shakhsīya*	ثروة شخصية
personnel department	*qism shuʾūn al-muwaẓẓafīn*	قسم شؤون الموظفين
personnel management	*idārat al-muwaẓẓafīn*	ادارة الموظفين
personnel manager	*mudīr shuʾūn al-muwaẓẓafīn*	مدير شؤون الموظفين
personnel officer	*masʾūl shuʾūn al-muwaẓẓafīn*	مسؤول شؤون الموظفين
personnel policy	*siyāsat shuʾūn al-muwaẓẓafīn*	سياسة شؤون الموظفين
personnel rating	*taqdīr al-muwaẓẓafīn*	تقدير الموظفين
personnel records	*sijillāt al-muwaẓẓafīn*	سجلات الموظفين
personnel selection	*ikhtiyār al-muwaẓẓafīn*	اختيار الموظفين
personnel specification	*muwāṣafāt al-muwaẓẓafīn*	مواصفات الموظفين
persuasive advertising	*iʿlān ighrāʾī*	اعلان اغرائي
pest control	*ibādat al-ḥasharāt*	ابادة الحشرات
pesticide	*mubīd al-ḥasharāt*	مبيد الحشرات
petal printer	*ālat ṭibāʿa tuwayjīya*	الة طباعة تويجية
petition	*ʿarīḍa*	عريضة

petrochemical complex	*majmūʿat bitrūkīmāwīyāt*	مجموعة بتروكيماويات
petrochemical industry	*ṣināʿat al-bitrūkīmāwīyāt*	صناعة البتروكيماويات
petrochemicals	*bitrūkīmāwīyāt*	بتروكيماويات
petrodollar	*bitrū dūlār*	بترو دولار
petrol	*binzīn*	بنزين
petroleum	*bitrūl*	بترول
petroleum engineering	*handasat al-bitrūl*	هندسة البترول
petty cash	*ṣundūq an-nathrīya*	صندوق النثرية
petty cash slip	*qasīmat maṣārīf nathrīya*	قسيمة مصاريف نثرية
petty pilfering	*ikhtilās ṭafīf*	اختلاس طفيف
phonetic alphabet	*al-alif bāʾ aṣ-ṣawṭīya*	الألف باء الصوتية
photocopying	*istinsākh fūtūghrāfī*	استنساخ فوتوغرافي
photostat	*fūtūstāt*	فوتوستات
phototypesetter	*munaḍḍid ḥurūf aṭ-ṭibāʿa al-fūtūghrāfīya*	منضد حروف الطباعة الفوتوغرافية
physical controls	*uslūb al-murāqaba al-fiʿlīya*	اسلوب المراقبة الفعلية
pica typeface	*ḥurūf bīkā*	حروف « بيكا »
picket *(n)*	*murạbiṭ*	مرابط
picket *(v)*	*yurābiṭ*	يرابط
picketing	*murābaṭa*	مرابطة
pictogram	*muṣawwar tawḍīḥī*	مصور توضيحي
piece-rate	*ujrat al-qiṭʿa*	اجرة القطعة
piecework	*al-ʿamal bil-qiṭʿa*	العمل بالقطعة
pie chart	*rasm bayānī dāʾirī*	رسم بياني دائري
piggy-back export scheme	*mashrūʿ taṣdīr tābiʿ*	مشروع تصدير تابع
piggy-back selling	*al-bayʿ at-tābiʿ*	البيع التابع
pilot production	*intāj tajrībī*	انتاج تجريبي
pilot project	*mashrūʿ tajrībī*	مشروع تجريبي
pioneer	*rāʾid*	رائد
pipeline	*khaṭṭ anābīb*	خط انابيب
place of origin	*balad al-manshaʾ*	بلد المنشأ
placing	*iṣdār sanadāt ʿibra wasīṭ*	اصدار سندات عبر وسيط
plain paper	*waraq ʿādī*	ورق عادي

plan *(n)*	*khuṭṭa*	خطة
plan *(v)*	*yukhaṭṭiṭ*	يخطط
planned economy	*iqtiṣād muwajjah*	اقتصاد موجه
planned maintenance	*ṣiyāna mukhaṭṭaṭa*	صيانة مخططة
planned obsolescence	*buṭlān istiʿmāl mukhaṭṭaṭ*	بطلان استعمال مخطط
planning and control chart	*rasm bayānī lit-takhṭīṭ wal-murāqaba*	رسم بياني للتخطيط والمراقبة
planning coordination	*tanṣīq at-takhṭīṭ*	تنسيق التخطيط
planning department	*qism at-takhṭīṭ*	قسم التخطيط
planning programming budgeting system	*niẓām at-takhṭīṭ wal-barmaja wa waḍʿ al-mīzānīya*	نظام التخطيط والبرمجة ووضع الميزانية
planning techniques	*uslūb at-takhṭīṭ*	اسلوب التخطيط
plant capacity	*qudrat al-maṣnaʿ*	قدرة المصنع
plant engineer	*muhandis al-masnaʿ*	مهندس المصنع
plant hire	*ījār al-ālāt*	ايجار الآلات
plant layout	*takhṭīṭ al-maṣnaʿ*	تخطيط المصنع
plant layout techniques	*uslūb takhṭīṭ al-maṣnaʿ*	اسلوب تخطيط المصنع
plant location	*mawqiʿ al-maṣnaʿ*	موقع المصنع
plant manager	*mudīr al-maṣnaʿ*	مدير المصنع
plea	*daʿwa*	دعوى
pledge	*rahn*	رهن
Plimsoll line	*khaṭṭ blimsūl*	خط بلمسول
plotter	*mukhaṭṭiṭ*	مخطط
plough back	*yuʿīd tawẓīf al-arbāḥ*	يعيد توظيف الارباح
ploughed-back profit	*ar-ribḥ al-muʿīd tawẓīfuh*	الربح المعيد توظيفه
plutocracy	*ḥukūmat al-aghniyāʾ*	حكومة الاغنياء
pneumatic tube	*unbūba riʾwīya*	انبوبة رئوية
point elasticity	*murūna nuqṭīya*	مرونة نقطية
point-of-sale	*nuqṭat al-bayʿ*	نقطة البيع
point of view	*wijhat an-naẓar*	وجهة النظر
points assessment	*ṭarīqat at-taqdīr bin-nuqaṭ*	طريقة التقدير بالنقط
points rating method	*ṭarīqat at-taqdīr bin-nuqaṭ*	طريقة التقدير بالنقط
police *(n)*	*shurṭa*	شرطة
police *(v)*	*yaḥfaẓ al-amān*	يحفظ الامان

policy execution	*tanfīdh as-siyāsa*	تنفيذ السياسة
policy formation	*tashkīl as-siyāsa*	تشكيل السياسة
policyholder	*ṣāḥib būlīṣat taʾmīn*	صاحب بوليصة التأمين
policy mix	*majmūʿat siyāsāt mukhtalifa*	مجموعة سياسات مختلفة
policy proof of interest	*al-bulīṣa nafsiha burhān al-maṣlaḥa*	البوليصة نفسها برهان المصلحة
policy statement	*iʿlān as-siyāsa*	اعلان السياسة
political economy	*iqtiṣād siyāsī*	اقتصاد سياسي
political risk	*khaṭr siyāsī*	خطر سياسي
poll *(n)*	*iqtirāʿ*	اقتراع
poll *(v)*	*yaʾkhadh al-aṣwāt*	يأخذ الاصوات
poll-tax	*ḍarībat ar-raʾs*	ضريبة الرأس
polytechnic	*madrasat al-funūn*	مدرسة الفنون
pooling arrangements	*ittifāqīyat tajmīʿ*	اتفاقية تجميع
poor performance	*sūʾ al-adāʾ*	سوء الاداء
poor quality	*jawda radīʾa*	جودة رديئة
population explosion	*infijār as-sukkān*	انفجار السكان
population projection	*tanabbuʾ ʿadad as-sukkān*	تنبؤ عدد السكان
population pyramid	*haram as-sukkān*	هرم السكان
port	*mīnāʾ*	ميناء
portability	*naqqālīya*	نقالية
portable typewriter	*āla kātiba naqqālīya*	آلة كاتبة نقالية
port authority	*maṣlaḥat al-mīnāʾ*	مصلحة الميناء
port clearance	*takhlīṣ al-mīnāʾ*	تخليص الميناء
port dues	*rusūm al-mīnāʾ*	رسوم الميناء
port facilities	*tashīlāt al-mīnāʾ*	تسهيلات الميناء
portfolio	*majmūʿat sanadāt istithmārīya*	مجموعة سندات استثمارية
portfolio choice	*ikhtiyār al-istithmārāt*	اختيار الاستثمارات
portfolio management	*idārat majmūʿat sanadāt istithmārīya*	ادارة مجموعة سندات استثمارية
port mark	*ramz mīnāʾ al-wuṣūl*	رمز ميناء الوصول
port of destination	*mīnāʾ al-wuṣūl*	ميناء الوصول
port of discharge	*mīnāʾ at-tafrīgh*	ميناء التفريغ
port of embarkation	*mīnāʾ at-taḥmīl*	ميناء التحميل
port of entry	*mīnāʾ ad-dukhūl*	ميناء الدخول
port of loading	*mīnāʾ ash-shaḥn*	ميناء الشحن

port of shipment	*mīnā' al-irsāl*	ميناء الارسال
port of transit	*mīnā' at-trānzīt*	ميناء الترانزيت
port rates schedule	*jadwal rusūm al-mīnā'*	جدول رسوم الميناء
port regulations	*anẓimat al-mīnā'*	انظمة الميناء
port selection	*ikhtiyār al-mīnā'*	اختيار الميناء
positive economics	*iqtiṣād ījābī*	اقتصاد ايجابي
positive presentation	*ʿarḍ ījābī*	عرض ايجابي
postage	*ujrat al-barīd*	اجرة البريد
postage book	*daftar al-barīd*	دفتر البريد
postage meter	*ʿaddād ujrat al-barīd*	عداد اجرة البريد
postage rate	*ujrat al-barīd*	اجرة البريد
postage stamp	*ṭābiʿ al-barīd*	طابع البريد
postal order	*ḥawwāla barīdīya*	حوالة بريدية
postal service	*khidmat al-barīd*	خدمة البريد
post and telecommunications	*al-barīd wal-ittiṣālāt*	البريد والاتصالات
postcard	*biṭāqa barīdīya*	بطاقة بريدية
post-code	*ramz barīdī*	رمز بريدي
post-date *(v)*	*yu'arrikh fī tārīkh lāḥiq*	يؤرخ في تاريخ لاحق
post-dated cheque	*shīk mu'arrakh fī tārīkh lāḥiq*	شيك مؤرخ في تاريخ لاحق
post department	*qism al-barīd*	قسم البريد
poste restante	*yuḥfaẓ bi-maktab al-barīd*	يحفظ بمكتب البريد
post office	*maktab al-barīd*	مكتب البريد
potential buyer	*bā'iʿ muḥtamal*	بائع محتمل
potential entrant	*mutaqaddim muḥtamal*	متقدم محتمل
pound	*junayh*	جنيه
pound sterling	*junayh istirlīnī*	جنيه استرليني
poverty trap	*faqr lā hurūb minhā*	فقر لا هروب منها
power of attorney	*wakāla*	وكالة
power-station	*maḥaṭṭat tawlīd al-kahrabā'*	محطة توليد الكهرباء
preacquisition profit	*ribḥ qabl al-istīlā'*	ربح قبل الاستيلاء
precautionary demand for money	*ṭalab iḥtiyāṭī ʿalan-naqd*	طلب احتياطي على النقد
precedent	*sābiqa*	سابقة
precious metal	*maʿdin thamīn*	معدن ثمين

pre-date *(v)*	*yu'arrikh fī tārīkh sābiq*	يؤرخ في تاريخ سابق
predetermined costs	*takālīf muḥaddada muqadamman*	تكاليف محددة مقدماً
predetermined motion time system	*niẓām al-waqt al-muqarrar lil-ḥaraka salafan*	نظام الوقت المقرر للحركة سلفاً
predetermined variable	*mutaghayyir muḥaddad salafan*	متغير محدد سلفاً
prediction	*tanabbu'*	تنبؤ
pre-emption	*shufʿa*	شفعة
pre-entry	*iblāgh qabl at-taṣdīr*	ابلاغ قبل التصدير
preference shares	*ashum mumtāza*	اسهم ممتازة
preferential creditor	*dā'in mumtāz*	دائن ممتاز
preferential duty	*rasm jumruki tafḍīlī*	رسم جمركي تفضيلي
preferential payments	*dafaʿāt tafḍīlīya*	دفعات تفضيلية
preferential tariff	*taʿrifa tafḍīlīya*	تعرفة تفضيلية
preferential trade agreement	*ittifāqīya tijārīya tafḍīlīya*	اتفاقية تجارية تفضيلية
prejudicial to health	*mu'dhin liṣ-ṣiḥḥa*	مؤذ للصحة
preliminary expenses	*nafaqāt ta'sīs*	نفقات تأسيس
preliminary investigation	*taḥqīq ibtidā'ī*	تحقيق ابتدائي
preliminary negotiations	*mufāwaḍāt ibtidā'īya*	مفاوضات ابتدائية
preliminary survey	*masḥ ibtidā'ī*	مسح ابتدائي
premium	*qisṭ · ʿilāwa*	قسط . علاوة
premium bond	*sanad iddikhār ḥukūmī*	سند ادخار حكومي
premium bonus	*mukāfa'a zā'ida*	مكافأة زائدة
premium offer	*ʿarḍ shirā' khāṣṣ*	عرض شراء خاص
prepaid	*madfūʿ muqaddaman*	مدفوع مقدماً
prepayment	*dafʿ muqaddam*	دفع مقدم
presentation of information	*taqdīm al-maʿlūmāt*	تقديم المعلومات
present value	*al-qīma al-ḥālīya*	القيمة الحالية
pre-shipment credit	*i'timān sābiq lish-shaḥn*	ائتمان سابق للشحن
president	*ra'īs*	رئيس
press relations	*ʿalāqāt maʿ aṣ-ṣiḥāfa*	علاقات مع الصحافة
pressure *(n)*	*ḍaghṭ*	ضغط
pressure *(v)*	*yaḍghaṭ ʿala*	يضغط على

pre-tax	*qabla dafʿ aḍ-ḍarāʾib*	قبل دفع الضرائب
preventative maintenance	*ṣiyāna wiqāʿīya*	صيانة وقائية
preventative measures	*ijrāʾāt iḥtiyāṭīya*	إجراءات احتياطية
price control	*murāqabat al-asʿār*	مراقبة الاسعار
price cutting	*muḍāraba bis-siʿr*	مضاربة بالسعر
price determination	*taḥdīd as-siʿr*	تحديد السعر
price differential	*al-ikhtilāf bayna siʿrayn*	الاختلاف بين سعرين
price discrimination	*muḥābah bis-siʿr*	محاباة بالسعر
price earnings ratio	*nisbat as-siʿr ilal-īrād*	نسبة السعر الى الايراد
price effect	*taʾthīr as-siʿr*	تأثير السعر
price escalation	*izdiyād al-asʿār*	ازدياد الاسعار
price-fixing	*taḥdīd al-asʿār*	تحديد الاسعار
price fluctuation	*taqallub as-siʿr*	تقلب السعر
price freeze	*tajmīd al-asʿār*	تجميد الاسعار
price increase	*izdiyād as-siʿr*	ازدياد السعر
price index	*dalīl al-asʿār*	دليل الاسعار
price leadership	*qiyādat al-asʿār*	قيادة الاسعار
price level	*mustawa al-asʿār*	مستوى الاسعار
price-list	*qāʾimat al-asʿār*	قائمة الاسعار
price mechanism	*ālīyat al-asʿār*	آلية الاسعار
price offered	*as-siʿr al-maʿrūḍ*	السعر المعروض
price range	*mada al-asʿār*	مدى الاسعار
price-ring	*ittifāqīyat taḥdīd al-asʿār*	اتفاقية تحديد الاسعار
prices and incomes policy	*siyāsat taḥdīd nisbat izdiyād al-asʿār wal-ujūr*	سياسة تحديد نسبة ازدياد الاسعار والاجور
price structure	*bunyat al-asʿār*	بنية الاسعار
price support	*daʿm al-asʿār*	دعم الاسعار
price-taker	*muntij khāḍiʿ tamāman li-siʿr as-sūq*	منتج خاضع تماما لسعر السوق
price theory	*naẓarīyat al-asʿār*	نظرية الاسعار
price war	*ḥarb al-asʿār*	حرب الاسعار
pricing policy	*siyāsat waḍʿ al-asʿār*	سياسة وضع الاسعار
pricing strategy	*istratījīyat waḍʿ al-asʿār*	استراتيجية وضع الاسعار
primage	*ujrat shaḥn iḍāfīya*	اجرة شحن اضافية
primary production	*intāj as-silaʿ al-awwalīya*	انتاج السلع الاولية
primary wants	*ḍarūrāt awwalīya*	ضرورات اولية

prime cost	*at-taklifa al-awwalīya*	التكلفة الاولية
prime entry	*qayd mubāshir*	قيد مباشر
principal	*ra'smāl · muwakkil*	راسمال . موكِّل
principal budget factor	*al-ʿāmil al-asāsī al-muwajjih lil-mīzānīya*	العامل الاساسي الموجه للميزانية
printed matter	*maṭbūʿāt*	مطبوعات
printed papers	*awrāq maṭbūʿa*	اوراق مطبوعة
printed stationery	*qarṭāsīya maṭbūʿa*	قرطاسية مطبوعة
printer	*ṭābiʿ*	طابع
printer's error	*khaṭa' aṭ-ṭibāʿa*	خطأ الطباعة
print-out	*kharj maṭbūʿ lil-kumbyūtar*	خرج مطبوع للكومبيوتر
prior agreement	*ittifāqīya sābiqa*	اتفاقية سابقة
prior charges	*at-takālīf as-sābiqa*	التكاليف السابقة
prior consultation	*tashāwur sābiq*	تشاور سابق
prior contract	*ʿaqd sābiq*	عقد سابق
priority percentages	*nisab ar-ribḥ ḥasb al-awlawīya*	نسب الربح حسب الاولوية
prior year adjustments	*taʿdīlāt min as-sana as-sābiqa*	تعديلات من السنة السابقة
privacy	*khalwa*	خلوة
private arrangement	*taswiya khāṣṣa*	تسوية خاصة
private branch exchange	*markaz tabādul farʿī khāṣṣ*	مركز تبادل فرعي خاص
private carrier	*nāqil khāṣṣ*	ناقل خاص
private company	*sharika khāṣṣa*	شركة خاصة
private confidential secretary	*sikritīr sirrī khāṣṣ*	سكرتير سري خاص
private costs	*maṣārīf khāṣṣa*	مصاريف خاصة
private documents	*mustanadāt khāṣṣa*	مستندات خاصة
private employment bureau	*wakālat tawẓīf khāṣṣa*	وكالة توظيف خاصة
private enterprise	*al-qiṭāʿ al-khāṣṣ*	القطاع الخاص
private health insurance	*ta'mīn ṭibbī khāṣṣ*	تأمين طبي خاص
private letter-box	*ṣundūq barīd khāṣṣ*	صندوق بريد خاص
private limited company	*sharikat musāhama maḥdūda khāṣṣa*	شركة مساهمة محدودة خاصة
private office	*maktab khāṣṣ*	مكتب خاص

private secretary	*sikritīr khāṣṣ*	سكرتير خاص
private sector	*al-qiṭā' al-khāṣṣ*	القطاع الخاص
private sector enterprise	*mu'assat al-qiṭā' al-khāṣṣ*	مؤسسة القطاع الخاص
private treaty	*ittifāqīyat bay' khāṣṣ*	اتفاقية بيع خاص
probability	*iḥtimāl*	احتمال
problem analysis	*taḥlīl al-mu'ḍilāt*	تحليل المعضلات
problem area	*majāl al-mu'ḍila*	مجال المعضلة
problem solving	*taḥlīl al-mu'ḍilāt*	تحليل المعضلات
procedure	*ijrā'*	اجراء
proceeds of sale	*ḥaṣīlat al-bay'*	حصيلة البيع
process *(n)*	*'amalīya*	عملية
process *(v)*	*yu'ālij*	يعالج
process chart	*rasm bayānī lil-'amalīya*	رسم بياني للعملية
process control	*aḍ-ḍabṭ al-iḥṣā'ī*	الضبط الاحصائي
process cost centre	*markaz takālīf at-tashghīl*	مركز تكاليف التشغيل
process costing	*muḥāsabat at-takālīf aṣ-ṣinā'īya*	محاسبة التكاليف الصناعية
process equipment layout	*tanẓīm ajhizat al-mu'ālaja*	تنظيم اجهزة المعالجة
process flow chart	*rasm bayānī li-sayr al-'amal*	رسم بياني لسير العمل
processor	*jihāz mu'ālajat al-bayānāt*	جهاز معالجة البيانات
procuration	*tawkīl*	توكيل
produce broker	*simsār sila'*	سمسار سلع
producer	*muntij*	منتج
producer goods	*sila' intājīya*	سلع انتاجية
product	*muntaj*	منتج
product abandonment	*takhallin 'an al-muntaj*	تخل عن المنتج
product advertising	*i'lān al-muntajāt*	اعلان المنتجات
product analysis	*taḥlīl al-muntajāt*	تحليل المنتجات
product area	*majāl al-muntaj*	مجال المنتج
product centre	*markaz al-muntaj*	مركز المنتج
product conception	*mafhūm al-muntaj*	مفهوم المنتج
product costing	*tathmīn al-muntajāt*	تثمين المنتجات
product design	*taṣmīm al-muntajāt*	تصميم المنتجات
product development	*taṭwīr al-muntajāt*	تطوير المنتجات

product differentiation	*tamyīz al-muntajāt*	تمييز المنتجات
product diversification	*tanwīʿ al-muntajāt*	تنويع المنتجات
product dynamics	*dīnāmīyat al-muntajāt*	دينامية المنتجات
product generation	*jīl al-muntajāt*	جيل المنتجات
product group	*majmūʿat muntajāt*	مجموعة منتجات
product image	*ṣūrat al-muntaj*	صورة المنتج
product improvement	*taḥsīn al-muntajāt*	تحسين المنتجات
production capacity	*qudra intājīya*	قدرة انتاجية
production complex	*majmūʿat al-intāj*	مجموعة الانتاج
production control	*murāqabat al-intāj*	مراقبة الانتاج
production control document	*wathīqat murāqabat al-intāj*	وثيقة مراقبة الانتاج
production cost	*taklifat al-intāj*	تكلفة الانتاج
production cycle	*dawrat al-intāj*	دورة الانتاج
production department	*qism al-intāj*	قسم الانتاج
production director	*mudīr al-intāj*	مدير الانتاج
production engineer	*muhandis al-intāj*	مهندس الانتاج
production engineering	*handasat al-intāj*	هندسة الانتاج
production function	*dāllat al-intāj*	دالة الانتاج
production line	*khaṭṭ al-intāj*	خط الانتاج
production manager	*mudīr al-intāj*	مدير الانتاج
production planning and control	*takhṭīṭ al-intāj wa murāqabatuh*	تخطيط الانتاج ومراقبته
production process	*ʿamalīyat al-intāj*	عملية الانتاج
production schedule	*jadwal al-intāj*	جدول الانتاج
production standards	*maʿāyīr al-intāj*	معايير الانتاج
production targets	*ahdāf al-intāj*	اهداف الانتاج
production theory	*naẓarīyat al-intāj*	نظرية الانتاج
productive expenditure	*infāq muntij*	انفاق منتج
productive labour	*al-yad al-ʿāmila al-muntija*	اليد العاملة المنتجة
productive potential	*imkānīyāt al-intāj*	امكانيات الانتاج
productivity	*al-intājīya*	الانتاجية
productivity agreement	*ittifāqīyat taḥsīn al-intājīya*	اتفاقية تحسين الانتاجية

productivity bargaining	*mufāwaḍāt taḥsīn al-intājīya*	مفاوضات تحسين الانتاجية
productivity campaign	*ḥamlat taḥsīn al-intājīya*	حملة تحسين الانتاجية
productivity drive	*ḥamlat taḥsīn al-intājīya*	حملة تحسين الانتاجية
productivity measurement	*qiyās al-intājīya*	قياس الانتاجية
product job	*waẓīfat al-muntaj*	وظيفة المنتج
product life	*ʿumr al-muntaj*	عمر المنتج
product life expectancy	*al-ʿumr al-mutawaqqaʾ lil-muntaj*	العمر المتوقع للمنتج
product line	*ṣinf muntajāt*	صنف منتجات
product manager	*mudīr al-muntaj*	مدير المنتج
product market	*sūq al-muntaj*	سوق المنتج
product mix	*mazīj al-muntajāt*	مزيج المنتجات
product performance	*adāʾ al-muntajāt*	اداء المنتجات
product profitability	*arbaḥīyat al-muntaj*	اربحية المنتج
product range	*silsilat muntajāt*	سلسلة منتجات
product testing	*faḥṣ al-muntajāt*	فحص المنتجات
profession	*mihna*	مهنة
professional body	*hayʾa mihanīya*	هيئة مهنية
professional fees	*atʿāb mihanīya*	اتعاب مهنية
professional valuation	*taqyīm mihanī*	تقييم مهني
profit *(n)*	*ribḥ*	ربح
profit *(v)*	*yarḥab*	يرحب
profitability	*al-arbaḥīya*	الاربحية
profitability analysis	*taḥlīl al-arbaḥīya*	تحليل الاربحية
profit and loss	*al-arbāḥ wal-khasāʾir*	الارباح والخسائر
profit and loss account	*ḥisāb al-arbāḥ wal-khasāʾir*	حساب الارباح والخسائر
profiteer	*istighlālī*	استغلالي
profit function	*dāllat ar-ribḥ*	دالة الربح
profit improvement	*taḥsīn al-arbāḥ*	تحسين الارباح
profit margin	*hāmish ar-ribḥ*	هامش الربح
profit maximization	*taʾẓīm al-arbāḥ*	تعظيم الارباح
profit motive	*bāʿith ar-ribḥ*	باعث الربح
profit outlook	*iḥtimālāt ar-ribḥ*	احتمالات الربح
profit planning	*takhṭīṭ ar-ribḥ*	تخطيط الربح

profit projection	*tanabbuʾ ar-ribḥ*	تنبؤ الربح
profit-sharing	*ishtirāk bir-ribḥ*	اشتراك بالربح
profits tax	*ḍarībat al-arbāḥ*	ضريبة الارباح
profit strategy	*istrātījīyat ar-ribḥ*	استراتيجية الربح
profit-taking	*bayʿ lil-ḥuṣūl ʿalar-ribḥ*	بيع للحصول على الربح
profit target	*al-ribḥ al-mustahdaf*	الربح المستهدف
profit volume ratio	*nisbat ar-ribḥ ilal-ḥajm*	نسبة الربح الى الحجم
pro forma customer	*ʿamīl ṣūrī*	عميل صوري
pro forma invoice	*fātūra mabdaʾīya*	فاتورة مبدئية
program	*barnāmaj*	برنامج
programme budget	*mīzānīyat al-barnāmaj*	ميزانية البرنامج
programme budgeting	*waḍʿ mīzānīyāt ḥasb al-barāmij*	وضع ميزانيات حسب البرامج
programmed correspondence	*murāsalāt mubarmaja*	مراسلات مبرمجة
programmed costs	*takālīf mubarmaja*	تكاليف مبرمجة
programmed learning	*taʿlīm mubarmaj*	تعليم مبرمج
programmed management	*al-idāra al-mubarmaja*	الادارة المبرمجة
programmer	*mubarmij*	مبرمج
programming	*barmaja*	برمجة
programming language	*lughat al-barmaja*	لغة البرمجة
progress chaser	*masʾūl mutābaʿat taqaddum al-ʿamal*	مسؤول متابعة تقدم العمل
progress control	*murāqabat at-taqaddum*	مراقبة التقدم
progressive matrix	*maṣfūfa taṣāʿudīya*	مصفوفة تصاعدية
progressive tax	*ḍarība taṣāʿudīya*	ضريبة تصاعدية
progress record card	*biṭāqat tasjīl at-taqaddum*	بطاقة تسجيل التقدم
progress sheet	*ṣafḥat at-taqaddum*	صفحة التقدم
prohibitive tariff	*taʿrifa māniʿa*	تعرفة مانعة
project analysis	*taḥlīl al-mashārīʿ*	تحليل المشاريع
project assessment	*taqdīr al-mashārīʿ*	تقدير المشاريع
project evaluation	*taqyīm al-mashārīʿ*	تقييم المشاريع
projective technique	*uslūb al-isqāṭ*	اسلوب الاسقاط
promissory note	*sanad idhnī*	سند اذني
promotion	*tarqīya · tarwīj · taʾsīs*	ترقية . ترويج . تأسيس
promotional policy	*siyāsat tarwīj*	سياسة ترويج

promotion money	*takālīf at-tarwīj*	تكاليف الترويج
promotion survey form	*istimārat istiftā' at-tarwīj*	استمارة استفتاء الترويج
prompt cash payment	*daf' naqdan fawrīyan*	دفع نقداً فورياً
prompt day	*yawm ad-daf'*	يوم الدفع
proof of loss	*wathīqat ithbāt al-khasāra*	وثيقة اثبات الخسارة
propensity to consume	*nuzū' ilal-istihlāk*	نزوع الى الاستهلاك
propensity to save	*nuzū' ilal-iddikhār*	نزوع الى الادخار
property currency	*'umla iḥtiyāṭīya li-shirā' al-'aqār fil-khārij*	عملة احتياطية لشراء العقار في الخارج
property management	*idārat al-amlāk*	ادارة الاملاك
property tax	*ḍarībat al-amlāk*	ضريبة الاملاك
proportional spacing	*mubā'ada nisbīya*	مباعدة نسبية
proprietary	*milkī*	ملكي
pro rata freight	*ujrat ash-shaḥn an-nisbīya*	اجرة الشحن النسبية
prospectus	*nashrat al-iktitāb*	نشرة الاكتتاب
protectionism	*siyāsat ḥimāyat al-mantūjāt al-maḥallīya*	سياسة حماية المنتوجات المحلية
protective duty	*ta'rifa lil-ḥimāya al-jumrukīya*	تعرفة للحماية الجمركية
protest *(n)*	*iḥtijaj*	احتجاج
protest *(v)*	*yaḥtajja*	يحتج
protocol	*brūtūkūl · marāsim*	بروتوكول . مراسم
provision	*mukhaṣṣaṣ · naṣṣ*	مخصص . نص
provisional agenda	*jadwal a'māl mu'aqqat*	جدول اعمال مؤقت
provisional budget	*mīzānīya mu'aqqata*	ميزانية مؤقتة
provisional liquidator	*ma'mūr taṣfiya mu'aqqat*	مأمور تصفية مؤقت
provisional report	*taqrīr mu'aqqat*	تقرير مؤقت
provision for depreciation	*mukhaṣṣaṣ al-istihlāk*	مخصص الاستهلاك
proximo	*fish-shahr at-tālī*	في الشهر التالي
proxy	*nā'ib · tawkīl*	نائب . توكيل
psychological tests	*ikhtibārāt nafsīya*	اختبارات نفسية
psychology	*'ilm an-nafs*	علم النفس
public-address system	*mukabbir ṣawt jumhūrī*	مكبر صوت جمهوري
publication	*nashra*	نشرة

public auction	*mazād ʿalanī*	مزاد علني
public company	*sharika ʿāmma*	شركة عامة
public corporation	*muʾassasa ʿāmma*	مؤسسة عامة
public demand	*ṭalab al-jamāhīr*	طلب الجماهير
public finance	*al-mālīya al-ʿāmma*	المالية العامة
public goods	*baḍāʾiʿ ʿāmma*	بضائع عامة
publicity	*diʿāya*	دعاية
publicity manager	*mudīr ad-diʿāya*	مدير الدعاية
public liability	*masʾūlīya ʿāmma*	مسؤولية عامة
public nuisance	*izʿāj ʿāmm*	ازعاج عام
public ownership	*milkīya ʿāmma*	ملكية عامة
public property	*milk ʿāmm*	ملك عام
public relations	*al-ʿalāqāt al-ʿāmma*	العلاقات العامة
public-relations officer	*masʾūl al-ʿalāqāt al-ʿāmma*	مسؤول العلاقات العامة
public sector	*al-qiṭāʿ al-ʿāmm*	القطاع العام
public sector deficit	*ʿajz mīzānīyat al-qiṭāʿ al-ʿāmm*	عجز ميزانية القطاع العام
public services	*al-khadamāt al-ʿāmma*	الخدمات العامة
public trustee	*al-waṣī al-ʿāmm*	الوصي العام
public utilities	*al-marāfiq al-ʿāmma*	المرافق العامة
publisher	*nāshir*	ناشر
puff	*mubālagha*	مبالغة
pumping station	*maḥaṭṭat ḍakhkh*	محطة ضخ
punch *(v)*	*yathqub*	يثقب
punched card	*biṭāqa muthaqqaba*	بطاقة مثقبة
punched card reader	*qāriʾ biṭāqāt muthaqqaba*	قارىء بطاقات مثقبة
punched tape	*sharīṭ muthaqqab*	شريط مثقب
punter	*muqāmir al-burṣa*	مقامر البورصة
purchase journal	*daftar yawmīya lil-mushtarayāt*	دفتر يومية للمشتريات
purchase ledger	*daftar ustādh al-mushtarayāt*	دفتر استاذ المشتريات
purchase price	*siʿr ash-shirāʾ*	سعر الشراء
purchase requisition	*ṭalab shirāʾ*	طلب شراء
purchase tax	*ḍarībat shirāʾ*	ضريبة شراء
purchasing	*al-mushtarayāt*	المشتريات
purchasing agent	*wakīl mushtarayāt*	وكيل مشتريات

purchasing department	*qism al-mushtarayāt*	قسم المشتريات
purchasing officer	*mas'ūl al-mushtarayāt*	مسؤول المشتريات
purchasing power	*qūwa shirā'īya*	قوة شرائية
purchasing record	*sijill al-mushtarayāt*	سجل المشتريات
pure competition	*al-munāfasa al-muthla*	المنافسة المثلى
pure economics	*ʿilm al-iqtiṣād an-naẓarī*	علم الاقتصاد النظري
purser	*ṣarrāf as-safīna*	صراف السفينة
push strategy	*istrātījīyat ad-dafʿ*	استراتيجية الدفع
put	*yuwaẓẓif mālan*	يوظف مالاً
put and call	*al-ikhtiyār fis-siʿr ash-sharṭī*	الاختيار في السعر الشرطي
put through	*al-bayʿ wash-shirā' al-mutazāmin*	البيع والشراء المتزامن
pyramiding	*tanẓīm haramī*	تنظيم هرمي
pyramid selling	*al-bayʿ al-haramī*	البيع الهرمي

q

quadratic function	*dālla min ad-daraja ath-thāniya*	دالة من الدرجة الثانية
quadratic mean	*mutawassiṭ min ad-daraja ath-thāniya*	متوسط من الدرجة الثانية
qualification	*taḥaffuẓ · ahlīya*	تحفظ . اهلية
qualified acceptance	*qabūl mashrūṭ*	قبول مشروط
qualified approval	*muwāfaqa mashruṭa*	موافقة مشروطة
qualified expert	*khabīr muʾahhal*	خبير مؤهل
qualified report	*taqrīr taḥaffuẓī*	تقرير تحفظي
qualifying examination	*imtiḥān al-qabūl*	امتحان القبول
qualitative analysis	*taḥlīl nawʿī*	تحليل نوعي
quality	*nawʿīya*	نوعية
quality control	*murāqabat an-nawʿīya*	مراقبة النوعية
quality control chart	*rasm bayānī murāqabat an-nawʿīya*	رسم بياني مراقبة النوعية
quality gauging	*taqdīr an-nawʿīya*	تقدير النوعية
quality report	*taqrīr ʿan an-nawʿīya*	تقرير عن النوعية
quantify	*yaqīs al-kammīya*	يقيس الكمية
quantity	*kammīya*	كمية
quantity control	*murāqabat al-kammīya*	مراقبة الكمية
quantity discount	*khaṣm ʿalal-kammīya*	خصم على الكمية
quantity rebate	*khaṣm ʿalal-kammīya*	خصم على الكمية
quantity surveyor	*massāḥ al-kammīyāt*	مساح الكميات
quantity theory of money	*naẓarīya kammīya lin-naqd*	نظرية كمية للنقد
quarter-day	*awwal yawm fil-faṣl mukhaṣṣaṣ lid-dafʿ*	اول يوم في الفصل مخصص للدفع
quarterly	*rubʿ sanawī*	ربع سنوي

quarterly instalment	*qisṭ rubʿ sanawī*	قسط ربع سنوي
quarterly payment	*dafʿ rubʿ sanawī*	دفع ربع سنوي
quarterly review	*murājaʿa rubʿ sanawīya*	مراجعة ربع سنوية
quartile	*rubʿ iḥṣāʾī*	ربع احصائي
quartile deviation	*inḥirāf rubʿī*	انحراف ربعي
quasi-contract	*shibh ʿaqd*	شبه عقد
quay	*raṣīf al-mīnāʾ*	رصيف الميناء
quayage	*rasm ar-raṣīf*	رسم الرصيف
quay dues	*rusūm ar-raṣīf*	رسوم الرصيف
Queen's Counsel	*muḥāmin*	محام
question	*suʾāl · masʾala · amr*	سؤال . مسألة . امر
questionable	*mashkūk*	مشكوك
questionnaire	*istiftāʾ*	استفتاء
question of fact	*masʾala tataʿallaq bi-waqāʾiʿ ad-daʿwā*	مسألة تتعلق بوقائع الدعوى
question of law	*masʾala qānūnīya*	مسألة قانونية
question of life or death	*amr ḥayawī*	امر حيوي
question of time	*amr al-waqt*	امر الوقت
queueing theory	*naẓarīyat aṣ-ṣaff*	نظرية الصف
quick assets	*mawjūdāt mutadāwala*	موجودات متداولة
quick assets ratio	*nisbat al-mawjūdāt al-mutadāwala*	نسبة الموجودات المتداولة
quick profit	*ribḥ sarīʿ*	ربح سريع
quid pro quo	*badal*	بَدَل
quorum	*niṣāb qānūnī*	نصاب قانوني
quota	*kūta · ḥissa nisbīya*	كوتا . حصة نسبية
quota agreement	*ittifāqīyat kūtā*	اتفاقية كوتا
quota licence	*rukhṣat kūtā*	رخصة كوتا
quota sample	*ʿayna bil-kūta*	عينة بالكوتا
quota sampling	*al-muʿāyana bil-kūtā*	المعاينة بالكوتا
quota system	*niẓām al-kūtā*	نظام الكوتا
quotation	*ʿarḍ · tasʿīr*	عرض . تسعير
quoted company	*sharika ʿāmma*	شركة عامة
quoted price	*siʿr al-ashum fil-burṣa*	سعر الاسهم في البورصة

r

race discrimination	*at-tamyīz al-ʿunṣurī*	التمييز العنصري
racial integration	*at-takāmul al-ʿunṣurī*	التكامل العنصري
rack-rent	*ījār bāhiẓ*	ايجار باهظ
radioactive waste	*nufāyāt ishʿāʿīya*	نفايات اشعاعية
radio broadcast	*idhāʿ lā-silkīyan*	اذاع لاسلكيا
radio station	*maḥaṭṭat idhāʿa lā-silkīya*	محطة اذاعة لاسلكية
radio telephone	*tilifūn lā-silkī*	تلفون لاسلكي
rail carriage	*ʿarabat as-sikka al-ḥadīdīya*	عربة السكة الحديدية
rail freightliner	*naql al-ḥāwiyāt bis-sikka al-ḥadīdīya*	نقل الحاويات بسكة الحديدية
railway	*sikka ḥadīdīya*	سكة حديدية
raise a loan	*yuṣdir qarḍan*	يصدر قرضا
raise an objection	*yaʿtarid*	يعترض
rally	*irtifāʿ ath-thaman*	ارتفاع الثمن
random access	*mudāwala ʿashwāʾīya*	مداولة عشوائية
random observation method	*uslūb al-mulāḥaẓa al-ʿashwāʾīya*	اسلوب الملاحظة العشوائية
random sample	*ʿayyina ʿashwāʾīya*	عينة عشوائية
random variable	*mutaghayyir ʿashwāʾī*	متغير عشوائي
range	*mada*	مدى
range of goods	*tashkīlat baḍāʾiʿ*	تشكيلة بضائع
ranking method	*uslūb taqdīr ar-rutab*	اسلوب تقدير الرتب
ratchet effect	*taʾthīr lā-rajaʿī*	تأثير لا رجعي
rate	*muʿaddal · siʿr*	معدل . سعر
rateable value	*qīma li-gharḍ aḍ-ḍarība al-ʿaqārīya*	قيمة لغرض الضريبة العقارية
rate for age scale	*niẓām dafʿ al-ujūr ḥasb al-ʿumr*	نظام دفع الاجور حسب العمر
rate of discount	*siʿr al-khaṣm*	سعر الخصم

rate of exchange	*siʿr aṣ-ṣarf*	سعر الصرف
rate of interest	*siʿr al-fāʾida*	سعر الفائدة
rate of pay	*muʿaddal al-ajr*	معدل الاجر
rate of return	*nisbat al-ʿāʾid*	نسبة العائد
rate of turnover	*muʿaddal dawran*	معدل دوران
rate rebate	*takhfīḍ aḍ-ḍarība al-ʿaqārīya*	تخفيض الضريبة العقارية
rate support grant	*daʿm ḥukūmī li-khadamāt baladīya*	دعم حكومي لخدمات بلدية
ratification	*muṣādaqa*	مصادقة
rating	*taqdīr*	تقدير
ratio	*nisba*	نسبة
ratio chart	*rasm bayānī lughārithmī*	رسم بياني لوغاريثمي
rational behaviour	*sulūk ʿaqlī*	سلوك عقلي
rationalization	*at-tanẓīm al-manṭiqī*	التنظيم المنطقي
rationing by price	*taḥdīd at-tawzīʿ natījat al-asʿār*	تحديد التوزيع نتيجة الاسعار
ratio scale graph	*rasm bayānī lughārīthmī*	رسم بياني لوغاريثمي
raw materials	*mawādd khāmm*	مواد خام
reactive curve	*munḥana mufāʿil*	منحنى مفاعل
readership	*al-ʿadad ash-shāmil li-qurrāʾ jarīda*	العدد الشامل لقراء جريدة
readership analysis	*taḥlīl qurrāʾ jarīda*	تحليل قُراء جريدة
read only memory	*adh-dhākira ad-dāʾima*	الذاكرة الدائمة
ready cash	*naqd*	نقد
ready-made	*jāhiz*	جاهز
ready money	*suyūla naqdīya*	سيولة نقدية
ready reckoner	*daftar jadāwil ḥisābīya*	دفتر جداول حسابية
real accounts	*ḥisābāt al-mawjūdāt*	حسابات الموجودات
real balance	*al-qīma al-ḥaqīqīya lir-raṣīd*	القيمة الحقيقية للرصيد
real balance effect	*uslūb ar-raṣīd al-ḥaqīqī*	اسلوب الرصيد الحقيقي
real estate	*ʿaqārāt*	عقارات
real income	*dakhl ḥaqīqī*	دخل حقيقي
real investment	*istithmār ʿaqārī*	استثمار عقاري
realization account	*ḥisāb at-taṣfiya*	حساب التصفية
realized profit	*ribḥ muḥaqqaq*	ربح محقق
real property	*milk ʿaqārī*	ملك عقاري

real time	*al-waqt al-ḥaqīqī*	الوقت الحقيقي
real-time control	*murāqabat al-waqt al-ḥaqīqī*	مراقبة الوقت الحقيقي
real-time processing	*muʿālaja fil-waqt al-ḥaqīqī*	معالجة في الوقت الحقيقي
real-time system	*niẓām al-waqt al-ḥaqīqī*	نظام الوقت الحقيقي
real value	*qīma ḥaqīqīya*	قيمة حقيقية
real wages	*ujūr ḥaqīqīya*	اجور حقيقية
ream	*māʿūn waraq*	ماعون ورق
reappraisal	*iʿādat taqdīr*	اعادة تقدير
reasonable time	*waqt maʿqūl*	وقت معقول
rebate	*khaṣm*	خصم
recapitulate	*yakhtaṣir*	يختصر
receipt	*istilām · īṣāl istilām*	استلام . ايصال استلام
receivables	*dhimam madīna*	ذمم مدينة
received for shipment	*mustalam lish-shaḥn*	مستلم للشحن
received with thanks	*mustalam maʿa shukr*	مستلم مع شكر
receiver	*ḥāris qaḍāʾī*	حارس قضائي
receiving-order	*amr taʿyīn ḥāris qaḍāʾī*	امر تعيين حارس قضائي
receptionist	*muwaẓẓaf istiqbāl*	موظف استقبال
reception office	*maktab istiqbāl*	مكتب استقبال
recession	*rukūd*	ركود
reciprocal	*mutabādal*	متبادل
reciprocal agreement	*ittifāqīya mutabādala*	اتفاقية متبادلة
reciprocal demand	*ṭalab mutabādal*	طلب متبادل
recision	*faskh*	فسخ
reckless	*ṭāʾish*	طائش
reclassification	*iʿādat taṣnīf*	اعادة تصنيف
recognition	*iʿtirāf*	إعتراف
recommendation	*tawṣiʿa*	توصية
recommended retail selling price	*as-siʿr al-bayʿ al-mufarraq al-mūṣan bih*	السعر البيع المفرق الموصى به
recompense	*yuʿawwiḍ*	يعوض
reconciliation	*muṭābaqa*	مطابقة
reconciliation statement	*bayān muṭābaqa*	بيان مطابقة
recorded delivery	*barīd istilām musajjal*	بريد استلام مسجل
record figure	*raqm qiyāsī*	رقم قياسي

recoup	*yastaridd*	يسترد
recourse agreement	*ittifāqīyat ḥaqq ar-rujūʿ*	اتفاقية حق الرجوع
recovery costs	*takālīf istirdād*	تكاليف استرداد
recovery of damages	*taḥsīl al-ʿuṭl waḍ-ḍarar*	تحصيل العطل والضرر
recovery of debts	*istirdād ad-duyūn*	استرداد الديون
recovery of expenses	*istirdād al-maṣārīf*	استرداد المصاريف
recruitment	*tawẓīf · istikhdām*	توظيف . استخدام
rectangular hyperbola	*qaṭʿ zāʾid qāʾim*	قطع زائد قائم
rectification of register	*taʿdīl sijill al-musāhimīn*	تعديل سجل المساهمين
recursive system	*niẓām muʿāwad*	نظام معاود
red clause	*sharṭ ad-dafaʿa al-muqaddama*	شرط الدفعة المقدمة
redeemable security	*sanad qābil lit-tasdīd*	سند قابل للتسديد
redemption	*istihlāk · tasdīd*	استهلاك . تسديد
redemption date	*tārīkh al-istihlāk*	تاريخ الاستهلاك
redemption premium	*ʿalāwat tasdīd*	علاوة تسديد
redemption yield	*mardūd ʿind at-tasdīd*	مردود عند التسديد
redeployment	*iʿadat tawzīʿ*	اعادة توزيع
redeployment of labour	*iʿādat tawzīʿ al-quwa al-ʿāmila*	اعادة توزيع القوى العاملة
redesign	*iʿādat taṣmīm*	اعادة تصميم
redirection	*iʿādat tawjīh*	اعادة توجيه
rediscount	*iʿādat al-khaṣm*	اعادة الخصم
redistribution of income	*iʿādat tawzīʿ ad-dakhl*	اعادة توزيع الدخل
redraft	*iʿādat kitaba*	اعادة كتابة
red tape	*rūtīn idārī*	روتين اداري
reduce costs	*yukhaffiḍ at-takālīf*	يخفض التكاليف
reduced form	*shakl iḥṣāʾī mukhtazal*	شكل احصائي مختزل
reduced price	*siʿr munkhafiḍ*	سعر منخفض
reduce the output	*yukhaffiḍ al-intāj*	يخفض الانتاج
reduce the pressure	*yukhaffiḍ aḍ-ḍaghṭ*	يخفض الضغط
reducing balance depreciation	*istihlāk ar-raṣīd al-mutanāqiṣ*	استهلاك الرصيد المتناقص
redundancy	*tasrīḥ*	تسريح
redundancy payment	*mukāfaʾat at-tasrīḥ*	مكافأة التسريح
re-election	*iʿādat al-intikhāb*	اعادة الانتخاب
re-entry	*iʿādat at-tasjīl*	اعادة التسجيل

re-establish	*yuʿīd iqāma*	يعيد اقامة
re-examine	*yuʿīd muʿāyana*	يعيد معاينة
re-export	*yuʿīd taṣdīr*	يعيد تصدير
referee	*ḥakam*	حكم
reference book	*marjiʿ*	مرجع
reference number	*raqm al-isnād*	رقم الاسناد
references	*shahādāt shakhṣīya*	شهادات شخصية
referendum	*istiftāʾ ʿāmm*	استفتاء عام
refer to drawer	*ar-rujūʿ lis-sāḥib*	الرجوع للساحب
refinery	*miṣfāh*	مصفاة
reflation	*iʿādat tanshīṭ al-iqtiṣād*	اعادة تنشيط الاقتصاد
refrigeration	*tabrīd*	تبريد
refrigeration container	*ḥāwiyat tabrīd*	حاوية تبريد
refrigerator	*jihāz tabrīd*	جهاز تبريد
refuel	*iʿādat tazwīd bil-wuqūd*	اعادة تزويد بالوقود
refugee capital	*raʾsmāl hājir*	رأسمال هاجر
refund *(n)*	*radd al-māl*	رد المال
refund *(v)*	*yarudd al-māl*	يرد المال
refuse to take delivery	*rafḍ al-istilām*	رفض الاستلام
regain possession	*istirdād al-milkīya*	استرداد الملكية
regional boards	*hayʾāt iqlīmīya*	هيئات اقليمية
registered business name	*ism tijārī musajjal*	اسم تجاري مسجل
registered capital	*ar-raʾsmāl al-muktatab bihi*	الرأسمال المكتتب به
registered company	*sharika musajjala*	شركة مسجلة
registered letter	*khiṭāb musajjal*	خطاب مسجل
registered mail	*barīd musajjal*	بريد مسجل
registered office	*markaz ash-sharika*	مركز الشركة
registered tonnage	*ḥumūla musajjala*	حمولة مسجلة
registered trade mark	*ʿalāma tijārīya musajjala*	علامة تجارية مسجلة
register of charges	*sijill as-sanadāt*	سجل السندات
register of mail	*sijill al-barīd*	سجل البريد
register of members	*sijill al-aʿḍāʾ*	سجل الاعضاء
registrar	*musajjil*	مسجِّل
registration	*tasjīl*	تسجيل
registration fee	*rasm at-tasjīl*	رسم التسجيل

regression analysis	*taḥlīl at-tarājuʿ*	تحليل التراجع
regressive supply curve	*munḥana aṭ-ṭalab at-tarājuʿī*	منحنى الطلب التراجعي
regressive taxation	*ḍarība tarājuʿīya*	ضريبة تراجعية
regulations	*anẓīma*	انظمة
reimburse	*yuʿawwiḍ*	يعوض
reinstatement	*iʿādat at-tawẓīf*	اعادة التوظيف
reinsurance	*iʿādat taʾmīn*	اعادة تأمين
reinvest	*yuwaẓẓif al-māl thāniyatan*	يوظف المال ثانية
reissue	*iṣdār thān*	اصدار ثان
related cost	*taklifa murtabiṭa*	تكلفة مرتبطة
related products	*muntajāt murtabiṭa*	منتجات مرتبطة
relational database	*qāʿidat al-bayānāt an-nisbīya*	قاعدة البيانات النسبية
relationship	*ʿalāqa*	علاقة
relative prices	*asʿār nisbīya*	اسعار نسبية
relief work	*ʿamal iʿāna*	عمل اعانة
remainder	*baqīya*	بقية
remedy	*ʿilāj*	علاج
reminder	*tadhkira*	تذكرة
remit *(v)*	*yursil mālan*	يرسل مالاً
remittance	*taḥwīl mālī*	تحويل مالي
remittance advice	*ishʿār taḥwīl*	اشعار تحويل
remittance basis	*asās taḥwīl*	اساس تحويل
remote	*ʿan buʿd · ghayr mubāshir*	عن بعد . غير مباشر
removal expenses	*maṣārīf intīqāl*	مصاريف انتقال
removing files	*naql al-aḍābīr*	نقل الاضابير
remuneration	*mukāfaʾa*	مكافأة
remuneration system	*niẓām al-mukāfaʾa*	نظام المكافأة
renegotiation	*iʿādat at-tafāwuḍ*	اعادة التفاوض
renew	*yujaddid*	يجدد
renewal	*tajdīd*	تجديد
renewal bond	*sanad tajdīd*	سند تجديد
renewal notice	*ishʿār tajdīd*	اشعار تجديد
rent *(n)*	*ījār*	ايجار
rent *(v)*	*yastaʾjir*	يستأجر
renting back	*bayʿ bi-sharṭ istiʾjār lāḥiq*	بيع بشرط استئجار لاحق

renunciation	*tanāzul*	تنازل
reorganization	*iʿādat tanẓīm*	اعادة تنظم
reparations	*taʿwīḍ*	تعويض
repatriation	*taḥwīl ar-raʾsmāl ila maṣdarihi*	تحويل الرأسمال الى مصدره
repayment	*tasdīd*	تسديد
repeat key	*miftāḥ tikrār*	مفتاح تكرار
repetition factor	*ʿāmil at-tikrār*	عامل التكرار
replacement	*istibdāl*	استبدال
replacement cost	*siʿr al-istibdāl*	سعر الاستبدال
replacement value	*qīmat al-istibdāl*	قيمة الاستبدال
reply coupon	*qasīmat radd*	قسيمة رد
reply paid	*radd khāliṣ al-ujra*	رد خالص الاجرة
report *(n)*	*taqrīr*	تقرير
report *(v)*	*yarfaʿ taqrīran*	يرفع تقريراً
reporter	*muḥarrir · mukhabbir*	محرر . مخبر
report generator	*barnāmaj tawlīd taqārīr*	برنامج توليد تقارير
report of meeting	*maḥḍar al-ijtimāʿ*	محضر الاجتماع
report of the directors	*taqrīr majlis al-idāra*	تقرير مجلس الادارة
repossession	*istirdād*	استرداد
representation	*bayān · tamthīl*	بيان . تمثيل
representative firm	*sharika namūdhajīya*	شركة نموذجية
repressed inflation	*at-taḍakhkum al-makbūt*	التضخيم المكبوت
reprint *(n)*	*kitāb maṭbuʿ thāniyan*	كتاب مطبوع ثانياً
reprint *(v)*	*yuʿīd aṭ-ṭabʿ*	يعيد الطبع
reproduction cost	*takālīf an-naskh*	تكاليف النسخ
reprography	*an-naskh bit-taṣwīr*	النسخ بالتصوير
repudiate	*yunkir*	ينكر
reputed ownership	*milkīya iftirāḍīya*	ملكية افتراضية
required earnings	*īrādāt maṭlūba*	ايرادات مطلوبة
requisition	*ṭalab rasmī*	طلب رسمي
resale	*iʿādat al-bayʿ*	اعادة البيع
resale price	*siʿr iʿādat al-bayʿ*	سعر اعادة البيع
resale value	*qīmat iʿādat al-bayʿ*	قيمة اعادة البيع
rescission	*faskh · ilghāʾ*	فسخ . الغاء
research *(n)*	*baḥth*	بحث
research *(v)*	*yabḥath*	يبحث

research and development	*al-abḥhāth wat-taṭwīr*	الابحاث والتطوير
research department	*qīsm al-abḥāth*	قسم الابحاث
research scientist	*ʿālim abḥāth*	عالم ابحاث
resell at a profit	*yarbaḥ bi-iʿādat al-bayʿ*	يربح باعادة البيع
reservation price	*siʿr at-taḥaffuẓ*	سعر التحفظ
reserve *(n)*	*iḥtiyāṭī*	احتياطي
reserve *(v)*	*yaḥtafiẓ*	يحتفظ
reserve account	*ḥisāb al-iḥtiyāṭī*	حساب الاحتياطي
reserve army of the unemployed	*iḥtiyāṭī al-ʿāṭilīn ʿan al-ʿamal*	احتياطي العاطلين عن العمل
reserve capital	*raʾsmāl iḥtiyāṭī*	راسمال احتياطي
reserve currency	*ʿumla iḥtiyāṭīya*	عملة احتياطية
reserve for obsolescence	*iḥtiyāṭī istibdāl al-mawjūdāt al-mahjūra*	احتياطي استبدال الموجودات المهجورة
reserve fund	*ṣundūq al-iḥtiyāṭī*	صندوق الاحتياطي
reserve price	*siʿr at-taḥaffuẓ*	سعر التحفظ
reserves	*al-iḥtiyāṭī*	الاحتياطي
residence	*iqāma*	اقامة
resident	*muqīm*	مقيم
residual	*mutabaqqin · ṣāfin*	متبق . صاف
residual asset	*aṣl ṣāfi*	اصل صافي
residual payment	*ad-dafʿa aṣ-ṣāfīya*	الدفعة الصافية
residual unemployment	*al-baṭāla ad-dāʾima*	البطالة الدائمة
residuary legatee	*wārith baqīyat at-tarika*	وارث بقية التركة
residue	*baqīya*	بقية
residuum	*baqīya*	بقية
resignation	*istiqāla*	استقالة
resolution	*qarār*	قرار
resource allocation	*takhṣīṣ al-mawārid*	تخصيص الموارد
respondentia	*rahn ḍamān shaḥnat as-safīna*	رهن ضمان شحنة السفينة
response time	*waqt ar-radd*	وقت الرد
restitution	*radd*	رد
restore	*yuʿīd*	يعيد
restraint of trade	*taqyīd at-tijāra*	تقييد التجارة
restrictive covenant	*taʿahhud muqayyid*	تعهد مقيد

restrictive endorsement	*taẓhīr muqayyid*	تظهير مقيد
restrictive labour practices	*asālīb al-ʿamal al-muqayyida*	اساليب العمل المقيدة
restrictive practice	*uslūb ʿamal muqayyid*	اسلوب عمل مقيد
restrictive trade agreement	*ittifāqīya tijārīya muqayyida*	اتفاقية تجارية مقيدة
restrictive trade practice	*uslūb tijārī muqayyid*	اسلوب تجاري مقيد
retail	*al-bayʿ bil-mufarraq*	البيع بالمفرق
retail cost	*taklifat al-mufarraq*	تكلفة المفرق
retailer	*bāʾiʿ bil-mufarraq*	بائع بالمفرق
retailing	*al-bayʿ bil-mufarraq*	البيع بالمفرق
retail outlet	*maḥall taṣrīf lil-mufarraq*	محلل تصريف للمفرق
retail price	*siʿr al-mufarraq*	سعر المفرق
Retail Price Index	*dalīl al-asʿār al-mufarraqa*	دليل الاسعار المفرقة
retail selling	*al-bayʿ bil-mufarraq*	البيع بالمفرق
retail store	*matjar lil-bayʿ bil-mufarraq*	متجر للبيع بالمفرق
retail trade	*tijārat al-bayʿ bil-mufarraq*	تجارة البيع بالمفرق
retained earnings	*al-īrādāt al-muḥtafaẓa*	الايرادات المحتفظة
retainer	*atʿāb*	أتعاب
retention	*iqtiṭāʿ*	اقتطاع
retention money	*taʾmīn nihāʾī*	تأمين نهائي
retirement	*taqāʿud*	تقاعد
retiring a bill	*inhāʾ sarayān al-kambiyāla*	انهاء سريان الكمبيالة
retraining	*iʿādat tadrīb*	إعادة تدريب
retroactive	*bi-mafʿūl rajʿī*	بمفعول رجعي
retrospective	*rajʿī*	رجعي
return	*mardūd*	مردود
returned cheque	*shīk marfūḍ*	شيك مرفوض
return on capital	*mardūd ar-raʾsmāl*	مردود الرأسمال
return on equity	*mardūd al-ashum*	مردود الأسهم
return on investment	*mardūd al-istithmār*	مردود الاستثمار
return on sales	*mardūd al-mabīʿāt*	مردود المبيعات
revaluation	*rafʿ siʿr al-ʿumla*	رفع سعر العملة

revenue	*dakhl · īrād*	دخل . ايراد
revenue account	*ḥisāb al-arbāḥ wal-khasāʾir*	حساب الأرباح والخسائر
revenue expenditure	*maṣrūfāt īrādīya*	مصروفات ايرادية
reverse take-over	*istīlāʾ sharika kabīra bi-sharika ṣughra*	استيلاء شركة كبيرة بشركة صغرى
reversionary bonus	*mukāfaʾat būlīṣat at-taʾmīn*	مكافأة بوليصة التأمين
review *(v)*	*yurājiʿ*	يراجع
revision variance	*muʿāmil at-taʿdīl*	معامل التعديل
revocable credit	*iʿtimād qābil lin-naqḍ*	اعتماد قابل للنقض
revolving credit	*iʿtimād mutajaddid*	اعتماد متجدد
revolving loan	*qarḍ maftūḥ bi-ḥadd aʿlā*	قرض مفتوح بحد أعلى
reward *(n)*	*mukāfaʾa*	مكافأة
reward *(v)*	*yukāfiʾ*	يكافىء
rider	*mulḥaq tafsīrī*	ملحق تفسيري
rigging the market	*tawjīh as-sūq*	توجيه السوق
right of access	*ḥaqq al-wuṣūl*	حق الوصول
right of resale	*ḥaqq iʿādat al-bayʿ*	حق إعادة البيع
right of way	*ḥaqq al-murūr*	حق المرور
rights letter	*wathīqat imtiyāz al-iktitāb*	وثيقة امتياز الاكتتاب
rights issue	*iṣdār ashum bi-imtiyāz al-iktitāb*	اصدار أسهم بامتياز الاكتتاب
rights of employer	*ḥuqūq al-mustakhdim*	حقوق المستخدم
rigid disk	*usṭuwāna ṣulba*	اسطوانة صلبة
ring *(n)*	*ḥalaqa*	حلقة
ring *(v)*	*yarunn*	يرن
ring-binder file	*milaff bi-halaqatayn*	ملف بحلقتين
ring trading	*tijārat as-silaʿ*	تجارة السلع
riot *(n)*	*tajammuʿ mashāghib*	تجمع مشاغب
riot *(v)*	*yashghab*	يشغب
risk *(n)*	*mukhāṭara*	مخاطرة
risk *(v)*	*yukhāṭir*	يخاطر
risk analysis	*taḥlīl al-makhāṭir*	تحليل المخاطر
risk assessment	*taqdīr al-makhāṭir*	تقدير المخاطر
risk capital	*raʾsmāl dhū akhṭār*	رأسمال ذو اخطار
risk profile	*waṣf al-makhāṭir*	وصف المخاطر

risk-taking	*qabūl al-makhāṭir*	قبول المخاطر
risky	*dhū akhṭār*	ذو اخطار
risk yield	*mardūd ḥasb al-akhṭār*	مردود حسب الاخطار
rival commodities	*silaʿ mutanāfisa*	سلع متنافسة
rival demands	*mutaṭallabāt mutanāfisa*	متطلبات متنافسة
rival supply	*ʿarḍ munāfis*	عرض منافس
road fund	*ṣundūq ḍarībat aṭ-ṭuruq*	صندوق ضريبة الطرق
road haulage	*naql barrī*	نقل بري
road haulage contract hire	*istiʾjār sayyārat an-naql al-barrī li-fatra mutaʿāqad ʿalayha*	استئجار سيارات النقل البري لفترة متعاقد عليها
road haulier	*nāqil barrī*	ناقل بري
robbery	*salb*	سلب
rock-bottom	*as-siʿr al-adna*	السعر الأدنى
rogue event	*ḥādith ghayr mutawaqqaʿ*	حادث غير متوقع
role-playing	*laʿb dawran*	لعب دوراً
roll-on, roll-off	*taḥmīl wa tafrīgh bis-sayyāra*	تحميل وتفريغ بالسيارة
roll-over relief	*iʿfāʾ aḍ-ḍarība ʿala bayʿ al-mawjūdāt wa shirāʾ mawjūdāt jadīda*	اعفاء الضريبة على بيع الموجودات وشراء موجودات جديدة
rotary card index	*fihris al-biṭāqāt ad-dawwar*	فهرس البطاقات الدوار
rotation of directors	*dawarān aʿḍāʾ majlis al-idāra*	دوران أعضاء مجلس الادارة
rough draft	*al-musawwada al-ūla*	المسودة الأولى
roundabout production	*intāj ghayr mubāshir*	انتاج غير مباشر
route sheet	*biṭāqat sayr al-ʿamal*	بطاقة سير العمل
routine	*rūtīn · barnāmaj*	روتين . برنامج
roving staff	*muwaẓẓafūn mutajawwilūn*	موظفون متجولون
royalty	*itāwa*	إتاوة
rubber band	*ḥalaqat maṭṭāṭ*	حلقة مطاط
ruled sheet	*ṣafḥa mustaṭṭara*	صفحة مسطرة
ruler	*misṭara*	مسطرة
rummage *(v)*	*yabḥath*	يبحث
run *(v)*	*yudīr*	يدير
run a business	*yudīr ʿamalan*	يدير عملا

run into debt	*yuṣbiḥ madyūnan*	يصبح مديوناً
running costs	*takālif jārīya*	تكاليف جارية
running down clause	*sharṭ iṣṭidām tusabbibuhu as-safīna al-muʾammana*	شرط اصطدام تسببه السفينة المؤمنة
running expenses	*maṣārīf jārīya*	مصاريف جارية
run on the bank	*waḍʿ ʿadam thiqa bi-maṣrif*	وضع عدم ثقة بمصرف

S

sabotage	*takhrīb sirrī*	تخريب سري
safe	*ṣundūq ḥadīdī*	صندوق حديدي
safe custody	*ḥajz fī maḥall ma'mūn*	حجز في محل مأمون
safe deposit	*ṣunduq wadā'i' fil-maṣrif*	صندوق ودائع في المصرف
safe-keeping	*ḥifẓ*	حفظ
safety factor	*'āmil as-salāma*	عامل السلامة
safety margin	*iḥtiyāṭī al-amān*	احتياطي الأمان
safety officer	*mas'ūl al-amān*	مسؤول الأمان
salaried employee	*muwaẓẓaf ma'jūr*	موظف مأجور
salary	*rātib*	راتب
salary curve	*munḥana ar-rawātib*	منحنى الرواتب
salary progression curve	*munḥana mutawālī lir-rātib*	منحنى متوالي للراتب
salary range	*sullam ar-rawātib*	سلم الرواتب
salary structure	*haykal ar-rawātib*	هيكل الرواتب
salary structuring	*tanẓīm ar-rawātib*	تنظيم الرواتب
sale	*bay'*	بيع
sale and return	*al-bay' bi-khiyār ar-radd*	البيع بخيار الرد
sale of goods	*bay' al-baḍā'i'*	بيع البضائع
sale on approval	*al-bay' al-mu'allaq 'ala qabūl*	البيع المعلق على قبول
sale on consignment	*bay' bil-amāna*	بيع بالأمانة
sale on credit	*bay' ājil*	بيع آجل
sale or return	*al-bay' aw ar-radd*	البيع أو الرد
sales agent	*wakīl al-bay'*	وكيل البيع
sales analysis	*taḥlīl al-mabī'āt*	تحليل المبيعات
sales appeal	*ijtiḍhāb ilash-shirā'*	اجتذاب إلى الشراء
sales area	*minṭaqa lil-mabī'āt*	منطقة للمبيعات
sales budget	*mīzānīyat al-mabī'āt*	ميزانية المبيعات

sales coverage	*taghṭiyat al-mabīʿāt*	تغطية المبيعات
sales department	*qism al-mabīʿāt*	قسم المبيعات
sales drive	*ḥamlat al-bayʿ*	حملة البيع
sales estimate	*taqdīr al-mabīʿāt*	تقدير المبيعات
sales expansion effort	*ḥamlat izdiyād al-mabīʿāt*	حملة ازدياد المبيعات
sales expectations	*al-mabīʿāt al-mutawaqqaʿa*	المبيعات المتوقعة
sales force	*muwaẓẓafū al-mabīʿāt*	موظفو المبيعات
sales forecast	*tanabbuʾ al-mabīʿāt*	تنبؤ المبيعات
sales forecasting	*tanabbuʾ al-mabīʿāt*	تنبؤ المبيعات
sales goal	*hadaf al-mabīʿāt*	هدف المبيعات
sales inventory ratio	*nisbat al-mabīʿāt ilal-baḍāʾiʿ al-makhzūna*	نسبة المبيعات الى البضائع المخزونة
sales invoice	*fātūrat al-mabīʿāt*	فاتورة المبيعات
sales journal	*yawmīyat al-mabīʿāt*	يومية المبيعات
sales ledger	*daftar ustādh al-mabīʿāt*	دفتر استاذ المبيعات
salesman	*bāʾiʿ*	بائع
sales management	*idārat al-mabīʿāt*	ادارة المبيعات
sales manager	*mudīr al-mabīʿāt*	مدير المبيعات
salesmanship	*fann al-bayʿ*	فن البيع
sales mix	*mazīj al-mabīʿāt*	مزيج المبيعات
sales order	*ṭalab mabīʿāt*	طلب مبيعات
sales planning	*takhṭīṭ al-mabīʿāt*	تخطيط المبيعات
sales policy	*siyāsat al-mabīʿāt*	سياسة المبيعات
sales potential	*imkānīyat al-mabīʿāt*	امكانية المبيعات
sales progress chart	*rasm bayānī li-taqaddum al-mabīʿāt*	رسم بياني لتقدم المبيعات
sales promotion	*tarwij al-mabīʿāt*	ترويج المبيعات
sales quota	*kūtā muʿayyana lil-mabīʿāt*	كوتا معينة للمبيعات
sales representative	*mumaththil · bāʾiʿ*	ممثل . بائع
sales returns	*mardūdāt al-mabīʿāt*	مردودات المبيعات
sales talk	*at-targhīb ʿalash-shirāʾ*	الترغيب على الشراء
sales tax	*ḍarībat al-mabīʿāt*	ضريبة المبيعات
sales territories	*manāṭiq al-bayʿ*	مناطق البيع
sales ticket	*biṭāqat mabīʿāt*	بطاقة مبيعات
sales volume	*ḥajm al-mabīʿāt*	حجم المبيعات
salvage *(v)*	*yunqidh*	ينقذ

salvage value	*qīmat al-khurda*	قيمة الخردة
sample *(n)*	*ʿayyina*	عيّنة
sample *(v)*	*yaʾkhadh ʿayyināt*	يأخذ عينات
sampling theory	*naẓarīyat akhdh ʿayyināt*	نظرية اخذ عينات
sanction *(n)*	*ʿuqūba*	عقوبة
sanction *(v)*	*yuṣādiq*	يصادق
sandwich course	*dawra ʿamalīya naẓarīya*	دورة عملية نظرية
sans recours	*bi-lā rujūʿ*	بلا رجوع
satisfaction	*wafāʾ*	وفاء
save-as-you-earn	*al-iddikhār min al-ajr mubāsharatan*	الادخار من الاجر مباشرة
savings account	*ḥisāb tawfīr*	حساب توفير
savings schedule	*dāllat iddikhār*	دالة ادخار
scalar principle	*mabdaʾ ʿadadī*	مبدأ عددي
scale effect	*taʾthīr ḥajm al-intāj*	تأثير حجم الانتاج
scale of preference	*sullam al-afḍālīya*	سلم الافضلية
scanner unit	*wiḥdat masḥ*	وحدة مسح
scare buying	*shirāʾ madhʿūr*	شراء مذعور
scatter chart	*kharīṭat at-tafarruq*	خريطة التفرق
scatter diagram	*rasm at-tafarruq*	رسم التفرق
schedule *(n)*	*jadwal*	جدول
schedule *(v)*	*yukhaṭṭiṭ al-ʿamal*	يخطط العمل
scheduled flight	*riḥla muqarrara*	رحلة مقررة
scheduled territories	*duwal minṭaqat al-istirlīnī*	دول منطقة الاسترليني
scheme	*mashrūʿ*	مشروع
scientific adviser	*mustashār ʿilmī*	مستشار علمي
scientific management	*idāra ʿilmīya*	ادارة علمية
scissors	*miqaṣṣ*	مقص
scoop	*ribḥ laqṭa*	ربح « لقطة »
scrap *(n)*	*khurda*	خردة
scrap *(v)*	*yastaghni ʿan*	يستغنى عن
scrap pad	*daftar kashkūl*	دفتر كشكول
scrap value	*qīmat al-khurda*	قيمة الخردة
screening	*gharbala*	غربلة
scrip certificate	*shahādat ashum muʾaqqata*	شهادة اسهم مؤقتة
scrip dividend	*arbāḥ bi-shakl ashum*	ارباح بشكل اسهم
scrip issue	*tajziʿat ashum*	تجزئة اسهم

scrolling	*ʿarḍ raʾsī al-ḥaraka*	عرض رأسي الحركة
sea bed	*qaʿr al-baḥr*	قعر البحر
sea damage	*ḍarar min al-baḥr*	ضرر من البحر
seal *(n)*	*khatm*	ختم
seal *(v)*	*yakhtim*	يختم
sealed and delivered	*makhṭūm wa tamma taslīmuh*	مختوم وتم تسليمه
sealed letter	*khiṭāb makhtum*	خطاب مختوم
search *(v)*	*yufattish*	يفتش
search and replace	*at-taftīsh wal-istibdāl*	التفتيش والاستبدال
search warrant	*amr bit-taftīsh*	امر بالتفتيش
seasonal adjustment	*taʿdīl faṣlī*	تعديل فصلي
seasonal articles	*baḍāʾiʿ faṣlīya*	بضائع فصلية
seasonal drop	*takhfīḍ faṣlī*	تخفيض فصلي
seasonal fluctuation	*taghayyur faṣlī*	تغير فصلي
seasonal unemployment	*baṭāla faṣlīya*	بطالة فصلية
seasonal variation	*taghayyur faṣlī*	تغير فصلي
sea trade	*tijāra baḥrīya*	تجارة بحرية
sea-way bill	*wathīqat ash-shaḥn al-baḥrī*	وثيقة الشحن البحري
seaworthy	*ṣāliḥ lil-ibḥār*	صالح للابحار
secondary market	*sūq thānawīya*	سوق ثانوية
secondary production	*intāj thānawī*	انتاج ثانوي
second-best theory	*naẓarīya talī al-afḍal mubāsharatan*	نظرية تلي الافضل مباشرة
second-class mail	*barīd min ad-daraja ath-thāniya*	بريد من الدرجة الثانية
second-class post	*ḅarīd min ad-daraja ath-thāniya*	بريد من الدرجة الثانية
secondhand	*mustaʿmal*	مستعمل
second-line equities	*ashum thānawīya*	اسهم ثانوية
second mortgage	*ar-rahn ath-thānī*	الرهن الثاني
second via	*ṣūra thāniya min būlīṣat ash-shaḥn*	صورة ثانية من بوليصة الشحن
secretary	*sikritīr*	سكرتير
secretary's office	*maktab as-sikritīr*	مكتب السكرتير
secret ballot	*iqtirāʿ sirrī*	اقتراع سري
sector	*qiṭāʿ*	قطاع

secular trend	*al-ittijāh al-mustamirr*	الاتجاه المستمر
secured creditor	*dā'in mumtaz*	دائن ممتاز
secured loan	*qarḍ maḍmūn*	قرض مضمون
security	*amān · ḍamān · sanad mālī*	امان . ضمان . سند مالي
security guard	*ḥāris al-aman*	حارس الامن
seizure	*ḥajz*	حجز
selection	*ikhtiyār*	اختيار
self-appraisal	*at-taqdīr bin-nafs*	التقدير بالنفس
self-employed	*min mihna ḥurra*	من مهنة حرة
self-financing	*dhātī at-tamwīl*	ذاتي التمويل
self-financing ratio	*nisbat at-tamwīl adh-dhātī*	نسبة التمويل الذاتي
self-liquidating advance	*salaf dhatī al-istihlāk*	سلف ذاتي الاستهلاك
self-motivation	*tashjīʿ dhātī*	تشجيع ذاتي
self-service	*khidma dhātīya*	خدمة ذاتية
self-service store	*matjar khidma dhātīya*	متجر خدمة ذاتية
self-sufficiency	*iktifā' dhātī*	اكتفاء ذاتي
sell *(v)*	*yabīʿ*	يبيع
seller's market	*sūq mulā'ima lil-bā'iʿ*	سوق ملائمة للبائع
seller's over	*ʿadad al-bāʿa yuzīd ʿalal-mushṭarīn*	عدد الباعة يزيد على المشترين
selling	*al-bayʿ*	البيع
selling agency	*wakālat bayʿ*	وكالة بيع
selling costs	*takālīf al-bayʿ*	تكاليف البيع
selling out	*bayʿ ashum al-mushtari al-mutakhallif*	بيع اسهم المشترى المتخلف
selling policy	*siyāsat al-bayʿ*	سياسة البيع
sell off	*bayʿ lit-taṣfiya*	بيع للتصفية
sellotape	*sharīṭ lāṣiq shaffāf*	شريط لاصق شفاف
semiconductor	*shibh muwaṣṣil*	شبه موصل
semi-fixed cost	*taklifa shibh thābita*	تكلفة شبه ثابتة
semi-logarithmic chart	*rasm bayānī shibh lughārīthmī*	رسم بياني شبه لوغاريتمي
semi-skilled labour	*ʿummāl shibh mu'ahhilūn*	عمال شبه مؤهلون
sending mail	*irsāl al-barīd*	ارسال البريد
seniority	*aqdamīya*	اقدمية

senior member	*ʿaḍūw aqdam*	عضو اقدم
sensitive market	*sūq ḥassāsīya*	سوق حساسية
sensitivity training	*tadrīb fil-ḥassāsīya*	تدريب في الحساسية
separate property	*milkīya munfaṣila*	ملكية منفصلة
separate return	*bayān ḍarībī munfaṣil*	بيان ضريبي منفصل
sequestration	*ḥajz*	حجز
serial access	*mudāwala mutasalsila*	مداولة متسلسلة
serial number	*raqm mutasalsil*	رقم متسلسل
servant	*khādim*	خادم
service *(n)*	*khidma*	خدمة
service *(v)*	*yaṣūn*	يصون
service bureau	*maktab khadamāt*	مكتب خدمات
service charge	*nafaqāt al-khidma*	نفقات الخدمة
service contract	*ʿaqd al-khidma ash-shakhṣīya*	عقد الخدمة الشخصية
service costs	*takālīf al-khidma*	تكاليف الخدمة
service department	*qism al-khadamāt*	قسم الخدمات
service document	*wathīqat al-khidma*	وثيقة الخدمة
service industry	*qiṭāʿ al-khadamāt*	قطاع الخدمات
service life	*ḥayat al-aṣl an-nāfiʿa*	حياة الاصل النافعة
servicing department	*qism al-khadamāt*	قسم الخدمات
set off	*muwāzanat ḥisābāt*	موازنة حسابات
settle a dispute	*yusawwi nizāʿan*	يسوى نزاعاً
settlement	*taswiya · tasdīd*	تسوية . تسديد
settlement price	*siʿr al-ilghāʾ*	سعر الالغاء
settling day	*yawm at-taṣfiya*	يوم التصفية
set-up time	*zaman taḥwīl ṭarīqat al-intāj*	زمن تحويل طريقة الانتاج
severable contract	*ʿaqd qābil lit-taqsīm*	عقد قابل للتقسيم
severance pay	*taʾwīḍ at-tawqīf*	تعويض التوقيف
sex discrimination	*at-tamyīz al-jinsī*	التمييز الجنسي
shadow price	*as-siʿr al-iftirāḍī*	السعر الافتراضي
share *(n)*	*sahm*	سهم
share *(v)*	*yusāhim*	يساهم
share capital	*raʾsmāl ashum*	راسمال اسهم
share certificate	*shahādat ashum*	شهادة اسهم
shared logic	*manṭiq musāham*	منطق مساهم
shareholder	*musāhim*	مساهم

shareholders' equity	*ashum al-musāhimīn*	اسهم المساهمين
shareholding	*nisbat ashum*	نسبة اسهم
share index	*raqm qiyāsi li-sūq al-ashum*	رقم قياسي لسوق الاسهم
share life	*muddat as-sahm*	مدة السهم
share market	*sūq al-ashum*	سوق الاسهم
share premium	*ʿalāwat iṣdār lil-ashum*	علاوة اصدار للاسهم
share premium account	*ḥisāb ʿalāwat isḍār*	حساب علاوة اصدار
share price	*siʿr al-ashum*	سعر الاسهم
share register	*sijill al-ashum*	سجل الاسهم
share transfer	*naql al-ashum*	نقل الاسهم
shift *(n)*	*taghyīr · munāwaba*	تغيير . مناوبة
shift *(v)*	*yughayyir*	يغير
ship-broker	*simsār al-milāḥa*	سمسار الملاحة
shipbuilder	*sharikat bināʾ as-sufun*	شركة بناء السفن
shipbuilding	*bināʾ as-sufun*	بناء السفن
shipbuilding yard	*warshat bināʾ as-sufun*	ورشة بناء السفن
ship chandler	*tājir lawāzim as-sufun*	تاجر لوازم السفن
shipment	*shaḥna*	شحنة
shipment of goods	*shaḥnat baḍāʾiʿ*	شحنة بضائع
shipowner liability	*masʾūlīyat ṣāḥib as-safīna*	مسؤولية صاحب السفينة
shipowner's lien	*ḥaqq ṣāḥib as-safīna li-ḥajz ash-shaḥna*	حق صاحب السفينة لحجز الشحنة
shipped bill	*būlīṣat taḥmīl ash-shaḥna*	بوليصة تحميل الشحنة
shipper	*shāḥin*	شاحن
shipping agent	*wakīl ash-shaḥn*	وكيل الشحن
shipping bill	*istimāra jumrukīya lit-taṣdīr*	استمارة جمركية للتصدير
shipping charges	*maṣarīf ash-shaḥn*	مصاريف الشحن
shipping company	*sharikat milāḥa*	شركة ملاحة
shipping conference	*muʾtamar sharikāt al-milāḥa*	مؤتمر شركات الملاحة
shipping department	*qism ash-shaḥn*	قسم الشحن
shipping document	*wathīqat shaḥn*	وثيقة شحن
shipping note	*ishʿār ash-shaḥn*	اشعار الشحن
shipping office	*maktab ash-shaḥn*	مكتب الشحن
shipping order	*amr ash-shaḥn*	امر الشحن

shipping port	*mīnā' ash-shaḥn*	ميناء الشحن
ship's articles	*ʿaqd ʿamal baḥḥārat as-safīna*	عقد عمل بحارة السفينة
ship's manifest	*bayān ash-shaḥn lis-safīna*	بيان الشحن للسفينة
ship's master	*qubṭān as-safīna*	قبطان السفينة
ship's papers	*awrāq as-safīna*	اوراق السفينة
ship's protest	*brūtistū as-safīna*	بروتستو السفينة
ship's report	*bayān jumrukī lis-safīna*	بيان جمركي للسفينة
shipwreck	*gharaq as-safīna*	غرق السفينة
shop *(n)*	*makhzan · mashghal*	مخزن . مشغّل
shop *(v)*	*yatasawwaq*	يتسوق
shop assistance	*musāʿidū al-bāʿa*	مساعدو الباعة
shop-floor	*makān al-ʿamal*	مكان العمل
shop floor workers	*al-ʿāmilūn*	العاملون
shop-lifting	*sirq min makhzan*	سوق من مخزن
shopping centre	*sūq*	سوق
shopping cheque	*mustanad shirā' bi-aqsāṭ*	مستند شراء باقساط
shop steward	*mumaththil maḥallī lil-ʿummāl*	ممثل محلي للعمال
short	*qaṣīr*	قصير
shortage	*naqṣ*	نقص
short bill	*kambiyāla qaṣīrat al-ajal*	كمبيالة قصيرة الاجل
short delivery	*taslīm nāqiṣ*	تسليم ناقص
shortfall	*ʿajz · naqṣ*	عجز . نقص
shorthand	*al-ikhtizāl*	الاختزال
shorthanded	*nāqiṣ al-ʿummal*	ناقص العمال
shorthand typist	*kātib ṭābiʿa / mukhtazil*	كاتب طابعة/مختزل
shorthand writer	*mukhtazil*	مختزل
short haul	*naql li-masāfa qaṣīra*	نقل لمسافة قصيرة
short interest	*ikhtilāf bayna qīmat al-badā'iʿ wal-mablagh al-mu'amman*	اختلاف بين قيمة البضائع والمبلغ المؤمن
short run	*al-ajal al-qaṣīr*	الاجل القصير
short selling	*al-bayʿ al-makshūf*	البيع المكشوف
short-term	*qaṣīr al-ajal*	قصير الاجل
short-term capital	*ra'smāl qaṣīr al-ajal*	راسمال قصير الاجل
short-term credit	*iʿtimād qaṣīr al-ajal*	اعتماد قصير الاجل

short-term deposits	*wadā'i' qaṣīrat al-ajal*	ودائع قصيرة الاجل
short-term insurance	*ta'mīn qaṣīr al-ajal*	تأمين قصير الاجل
short-term investment	*istithmār qaṣīr al-ajal*	استثمار قصير الاجل
short-term liabilities	*iltizāmāt qaṣīrat al-ajal*	التزامات قصيرة الاجل
short-term loan	*qarḍ qaṣīr al-ajal*	قرض قصير الاجل
short-term planning	*takhṭīṭ qaṣīr al-ajal*	تخطيط قصير الاجل
short-term rate of interest	*si'r al-fā'ida qaṣīr al-ajal*	سعر الفائدة قصير الاجل
short time	*sā'āt al-'amal al-munkhafiḍa*	ساعات العمل المنخفضة
short weight	*wazn nāqīṣ*	وزن ناقص
shrinkage	*inkimāsh*	انكماش
shut down	*ghalq*	غلق
shut-down point	*nuqṭat ghalq*	نقطة غلق
sick-leave	*ijāza maraḍīya*	اجازة مرضية
sickness benefit	*badal maraḍ*	بدل مرض
sick-pay	*rātib maraḍ*	راتب مرض
side deals	*ṣafaqāt* **ghayr** *shar'īya min mudarā' ash-sharika*	صفقات غير شرعية من مدراء الشركة
side line	*intāj ghayr ra'īsī*	انتاج غير رئيسي
side-loading	*taḥmīl min jānib*	تحميل من جانب
sight bill	*kambiyālat al-iṭṭilā'*	كمبيالة الاطلاع
sight draft	*saḥb bil-iṭṭilā'*	سحب بالاطلاع
sign *(n)*	*'alāma*	علامة
sign *(v)*	*yuwaqqī'*	يوقع
sign a letter	*yuwaqqī' kitāban*	يوقع كتاباً
signature	*tawqī'*	توقيع
significance	*ahmīya*	اهمية
sign on	*yusajjil ka-'āṭil 'an al-'amal*	يسجل كعاطل عن العمل
silicon	*sīlīkūn*	سيليكون
simo chart	*rasm bayānī sīmū*	رسم بياني « سيمو »
simple contract	*'aqd ghayr rasmī*	عقد غير رسمي
simple interest	*fā'ida basīṭa*	فائدة بسيطة
simplex	*uḥādī al-ittijāh*	احادي الاتجاه
simulation	*muḥākah*	محاكاة
simultaneous model	*namūdhaj mutazāman*	نموذج متزامن

single life pension	*maʿāsh taqāʿudī uḥādī al-mustafīd*	معاش تقاعدي احادي المستفيد
single-line display	*ʿarḍ uḥādī as-saṭr*	عرض احادي السطر
single-use goods	*badāʾiʿ uḥādīyat al-istiʿmāl*	بضائع احادية الاستعمال
sinking-fund	*ḥisāb al-iṭfāʾ al-mustathmar*	حساب الاطفاء المستثمر
sister-ship clause	*sharṭ iṣṭidām safīnatayn min nafs aṣ-ṣāḥib*	شرط اصطدام سفينتين من نفس الصاحب
sit-down strike	*iḍrāb iḥtilālī*	اضراب احتلالي
situations vacant	*waẓāʾif khālīya*	وظائف خالية
situations wanted	*waẓāʾif maṭlūba*	وظائف مطلوبة
skilled labour	*ʿummāl mahara*	عمال مهرة
skilled worker	*ʿāmil māhir*	عامل ماهر
skills analysis	*taḥlīl al-mahārāt*	تحليل المهارات
slander	*iftirāʾ*	افتراء
sliding scale	*miʿyār mutaḥarrik*	معيار متحرك
slip *(n)*	*qasīma*	قسيمة
slip *(v)*	*yatarājaʿ*	يتراجع
slow-down	*kasād*	كساد
slow-moving stock	*baḍāʾiʿ kāsida*	بضائع كاسدة
slump *(n)*	*rukūd ḥādd*	ركود حاد
slump *(v)*	*yahbuṭ*	يهبط
slump in prices	*hubūṭ al-asʿār*	هبوط الاسعار
small business	*ʿamal ṣaghīr*	عمل صغير
smuggling	*tahrīb*	تهريب
social accounting	*al-muḥāsaba al-ijtimāʿīya*	المحاسبة الاجتماعية
social benefit	*fāʾida ijtimāʿīya*	فائدة اجتماعية
social security	*aḍ-ḍamān al-ijtimāʿī*	الضمان الاجتماعي
social services	*al-khadamāt al-ijtimāʿīya*	الخدمات الاجتماعية
socio-economic grouping	*fiʾa ijtimāʿīya iqtiṣādīya*	فئة اجتماعية اقتصادية
socio-technical design	*taṣmīm ijtimāʿī taqnī*	تصميم اجتماعي تقني
soft currency	*ʿumla sahla*	عملة سهلة
soft loan	*qarḍ bi-fāʾida munkhafiḍa*	قرض بفائدة منخفضة
soft sell	*bayʿ sahl*	بيع سهل
software	*barāmij al-kumbyūtar*	برامج الكمبيوتر

software broker	*simsār barāmij al-kumbyūtar*	سمسار برامج الكمبيوتر
software firm	*sharikat barāmij al-kumbyūtar*	شركة برامج الكمبيوتر
solar energy	*aṭ-ṭāqa ash-shamsīya*	الطاقة الشمسية
sold note	*mudhakkirat bayᶜ*	مذكرة بيع
sole agent	*al-wakīl al-waḥīd*	الوكيل الوحيد
sole proprietor	*al-mālik al-waḥīd*	المالك الوحيد
sole tenant	*al-mustaʾjir al-waḥīd*	المستأجر الوحيد
sole trader	*at-tājir al-waḥīd*	التاجر الوحيد
solicitor	*muḥāmin · mustashār qānūnī*	محام . مستشار قانوني
solid-state	*ḥāla ṣaliba*	حالة صلبة
solo	*kambiyāla uḥādīya*	كمبيالة احادية
solvency	*yusr*	يسر
solvent	*mūsir*	موسر
sort *(v)*	*yuṣannif*	يصنف
sorting mail	*taṣnīf al-barīd*	تصنيف البريد
source of income	*maṣdar ad-dakhl*	مصدر الدخل
sovereign	*dhāt siyāda*	ذات سيادة
space	*faḍāʾ · farāgh*	فضاء . فراغ
span of control	*mada at-taḥakkum*	مدى التحكم
spare parts	*qiṭaᶜ ghayār*	قطع غيار
spare time	*waqt fāʾiḍ*	وقت فائض
speaking on telephone	*yataḥaddath hātifīyan*	يتحدث هاتفيا
special agent	*ᶜamīl khāṣṣ*	عميل خاص
special agreement	*ittifāqīya khāṣṣa*	اتفاقية خاصة
special buyer	*bāʾiᶜ khāṣṣ*	بائع خاص
special conditions	*shurūṭ khāṣṣa*	شروط خاصة
special crossing	*tasṭīr khāṣṣ*	تسطير خاص
special deposits	*wadāʾiᶜ khāṣṣa*	ودائع خاصة
special endorsement	*taẓhīr khāṣṣ*	تظهير خاص
specialist	*ikhiṣṣāʾī*	اخصائي
speciality contract	*ᶜaqd mutakhaṣṣaṣ*	عقد متخصص
specialization	*at-takhaṣṣuṣ*	التخصص
special manager	*mudīr khāṣṣ*	مدير خاص
special price	*siᶜr khāṣṣ*	سعر خاص
special resolution	*qarār khāṣṣ*	قرار خاص

special risk	*khaṭr khāṣṣ*	خطر خاص
specification	*muwāṣafāt*	مواصفات
specific duty	*rasm jumrukī nawʿī*	رسم جمركي نوعي
specific factor of production	*ʿāmil al-intāj al-muʿayyin*	عامل الانتاج المعين
specific performance	*tanfīdh shurūṭ al-ʿaqd*	تنفيذ شروط العقد
specific tariff	*taʿrifa nawʿīya*	تعرفة نوعية
specific tax	*ḍarība muʿayyina*	ضريبة معينة
specimen chart	*jadwal namūdhajī*	جدول نموذجي
specimen document	*wathīqa namudhajīya*	وثيقة نموذجية
specimen signature	*tawqīʿ namūdhajī*	توقيع نموذجي
speculation	*muḍāraba*	مضاربة
speculator	*muḍārib*	مضارب
speed-file	*niẓām al-iḍbār as-sarīʿ*	نظام الاضبار السريع
spelling	*tahjiʾa*	تهجئة
spending variance	*inḥirāf al-infāq*	انحراف الانفاق
sphere of influence	*dāʾirat an-nufūdh*	دائرة النفوذ
spin-off effects	*taʾthīrāt jānibīya ījābīya*	تاثيرات جانبية ايجابية
spirit duplicating	*istinsākh bi-istiʿmāl al-kuḥūl*	استنتساخ باستعمال الكحول
split-off point	*al-ḥadd al-fāṣil*	الحد الفاصل
split platen	*usṭuwāna munqasima lil-āla al-kātiba*	اسطوانة منقسمة للالة الكاتبة
split screen	*shāsha munqasima*	شاشة منقسمة
spokesman	*mutaḥaddith bi-ism*	متحدث باسم
sponsor	*kafīl*	كفيل
spooling	*takhzīn muʾaqqat fi-makhzan ad-daʿm*	تخزين مؤقت في مخزن الدعم
spot carbon	*waraq kārbūn nuqṭī*	ورق كاربون نقطي
spot check	*taftīsh fujāʾī*	تفتيش فجائي
spot goods	*baḍāʾiʿ lit-taslīm al-fawrī*	بضائع للتسليم الفوري
spot transaction	*muʿāmala fawrīya*	معاملة فورية
spread *(v)*	*yanshur*	ينشر
spreadsheet software	*barāmij ʿarḍ waraqat ʿamal mufaṣṣala*	برامج عرض ورقة عمل مفصلة
stability	*istiqrār*	استقرار
stacking area	*misāḥat takhzīn*	مساحة تخزين
staff administration	*idārat al-muwaẓẓafīn*	ادارة الموظفين

staff appraisal	*taqdīr al-muwaẓẓafīn*	تقدير الموظفين
staff assistance	*musāʿadat al-muwaẓẓafīn*	مساعدة الموظفين
staff changes	*ibdāl al-muwaẓẓafīn*	ابدال الموظفين
staff discipline	*intiẓām al-muwaẓẓafīn*	انتظام الموظفين
staff dismissal	*tasrīḥ al-muwaẓẓafīn*	تسريح الموظفين
staff handbook	*dalīl al-muwaẓẓafīn*	دليل الموظفين
staff inspection	*taftīsh al-muwaẓẓafīn*	تفتيش الموظفين
staff interchange	*tabādul al-muwaẓẓafīn*	تبادل الموظفين
staff location	*mawqiʿ al-muwaẓẓafīn*	موقع الموظفين
staff manager	*mudīr al-muwaẓẓafīn*	مدير الموظفين
staff mobility	*taḥarrukīyat al-muwaẓẓafīn*	تحركية الموظفين
staff organization	*tanẓīm al-muwaẓẓafīn*	تنظيم الموظفين
staff salaries	*rawātib al-muwaẓẓafīn*	رواتب الموظفين
staff selection interview	*muqābalat ikhtiyār muwaẓẓaf*	مقابلة اختيار موظف
staff training	*tadrīb al-muwaẓẓafīn*	تدريب الموظفين
staff training scheme	*niẓām tadrīb al-muwaẓẓafīn*	نظام تدريب الموظفين
staff transfers	*intiqāl al-muwaẓẓafīn*	انتقال الموظفين
staff turnover	*dawarān al-muwaẓẓafīn*	دوران الموظفين
staff welfare	*rafāhīyat al-muwaẓẓafīn*	رفاهية الموظفين
stag	*muktatib muḍārib*	مكتتب مضارب
stagflation	*ar-rukūd at-tadakhkhumī*	الركود التدخمي
staggered holidays	*al-ʿuṭal al-mutadākhila*	العطل المتداخلة
stagnation thesis	*iftirāḍ ar-rukūd*	افتراض الركود
stale cheque	*shīk mutaqādim*	شيك متقادم
stamp-duty	*rusūm damgha*	رسوم دمغة
stand alone	*mustaqill*	مستقل
standard allowance	*samāḥ miʿyārī*	سماح معياري
standard batch control	*murāqabat ad-dufʿa al-miʿyārīya*	مراقبة الدفعة المعيارية
standard coin	*wiḥda naqdīya miʿyārīya*	وحدة نقدية معيارية
standard cost	*at-taklifa al-miʿyārīya*	التكلفة المعيارية
standard costing	*waḍʿ at-takālīf al-miʿyārīya*	وضع التكاليف المعيارية
standard deviation	*al-inḥirāf al-miʿyarī*	الانحراف المعياري
standard error	*al-khaṭaʾ al-miʿyārī*	الخطأ المعياري

standard hour	*as-sā'a al-mi'yārīya*	الساعة المعيارية
standard industrial classification	*at-taṣnīf aṣ-ṣinā'ī al-mi'yārī*	التصنيف الصناعي المعياري
standardization	*tawḥīd*	توحيد
standardization of trade document	*tawḥīd wathīqa tijārīya*	توحيد وثيقة تجارية
standard of living	*mustawa al-ma'īsha*	مستوى المعيشة
standard operating procedure	*'amalīyat tashghīl mi'yārī*	عملية تشغيل معياري
standard performance	*al-adā' al-mi'yārī*	الاداء المعياري
standard procedures	*'amalīyāt niẓāmīya*	عمليات نظامية
standard rate	*as-si'r al-mi'yārī*	السعر المعياري
standard text	*naṣṣ mi'yārī*	نص معياري
standard time	*at-tawqīt al-muwaḥḥad*	التوقيت الموحد
standard unit	*wiḥda mi'yārīya*	وحدة معيارية
standard volume	*al-ḥajm al-mi'yarī*	الحجم المعياري
standard weight	*al-wazn al-mi'yarī*	الوزن المعياري
stand-by	*iḥtiyāṭī*	احتياطي
stand-by agreement	*ittifāqīyat saḥb iḥtiyāṭīya*	اتفاقية سحب احتياطية
standing committee	*lajna dā'ima*	لجنة دائمة
standing order	*amr dā'im*	امر دائم
stapler	*mudabbisa*	مدبِّسة
stapling	*tadbīs*	تدبيس
starboard	*al-maymana*	الميمنة
starting date	*tārīkh al-bad'*	تاريخ البدء
state bank	*bank al-wilāya*	بنك الولاية
statement	*bayān*	بيان
statement of account	*kashf al-ḥisāb*	كشف الحساب
statement of affairs	*bayān al-awḍā' al-mālīya*	بيان الاوضاع المالية
statement of expenses	*bayan al-maṣārīf*	بيان المصاريف
state ownership	*milkīyat ad-dawla*	ملكية الدولة
state planning	*takhṭīṭ ḥukūmī markazī*	تخطيط حكومي مركزي
statics	*as-stātīya*	الستاتية
statistical control	*murāqaba iḥṣā'īya*	مراقبة احصائية
statistical information	*ma'lūmāt iḥṣā'īya*	معلومات احصائية
statistical method	*ṭarīqa iḥṣā'īya*	طريقة احصائية
statistical presentation	*'arḍ iḥṣā'ī*	عرض احصائي
statistics	*'ilm al-iḥṣā' · iḥṣā'īyāt*	علم الاحصاء . احصائيات

status	*markaz · waḍ*ʿ *mālī*	مركز . وضع مالي
status furniture	*athāth marmūq*	اثاث مرموق
status inquiry	*isti*ʿ*lām ḥawl al-waḍ*ʿ *al-mālī*	استعلام حول الوضع المالي
status symbol	*mu*ʾ*ashshir al-markaz*	مؤشر المركز
statute law	*tashrī*ʿ*āt al-barlamān*	تشريعات البرلمان
statutes of limitation	*qānūn at-taqādum*	قانون التقادم
statutory books	*dafātīr qānūnīya*	دفاتير قانونية
statutory company	*sharika mu*ʾ*assasa bi-qānūn*	شركة مؤسسة بقانون
statutory income	*dakhl qānūnī*	دخل قانوني
statutory limitation	*at-taqādum al-qānūnī*	التقادم القانوني
statutory meeting	*ijtimā*ʿ *qānūnī*	اجتماع قانوني
statutory report	*taqrīr qānūnī*	تقرير قانوني
statutory returns	*taqārīr qānūnīya*	تقارير قانونية
steal *(v)*	*yasriq*	يسرق
steamer	*bākhira*	باخرة
steel	*fūlādh*	فولاذ
steelworks	*maṣna*ʿ *fūlādh*	مصنع فولاذ
steering committee	*lajna tawjīhīya*	لجنة توجيهية
stencil	*istinsil*	استنسل
sterling	*istirlīnī*	استرليني
sterling area	*minṭaqat al-istirlīnī*	منطقة الاسترليني
sterling-area country	*quṭr minṭaqat al-istirlīnī*	قطر منطقة الاسترليني
sterling balances	*arṣida al-istirlīnī*	ارصدة الاسترليني
stevedore	ʿ*āmil tahmīl as-sufun*	عامل تحميل السفن
stock *(n)*	*ashum · baḍā*ʾ*i*ʿ *makhzūna*	اسهم . بضائع مخزونة
stock *(v)*	*yukhazzin*	يخزن
stock appreciation	*irtifā*ʿ *qīmat al-baḍā*ʾ*i*ʿ	ارتفاع قيمة البضائع
stockbroker	*simsār ashum*	سمسار اسهم
stock certificate	*shahādat ashum*	شهادة اسهم
stock company	*sharikat musāhama*	شركة مساهمة
stock control	*murāqabat al-baḍā*ʾ*i*ʿ	مراقبة البضائع
stock cover	*fatrat taghṭiyat al-mabī*ʿ*āt*	فترة تغطية المبيعات
stock depreciation	*inkhifāḍ qīmat al-baḍā*ʾ*i*ʿ	انخفاض قيمة البضائع
Stock Exchange	*burṣa*	بورصة
stockholder	*musāhim*	مساهم

stock-in-trade	*al-baḍāʾiʿ as-sāʾira*	البضائع السائرة
stockist	*tājir biḍāʿa khaṣṣa*	تاجر بضاعة خاصة
stockjobber	*simsār ashum bil-jumla*	سمسار اسهم بالجملة
stock level	*mustawa jard al-baḍāʾiʿ*	مستوى جرد البضائع
stockmarket	*sūq al-awrāq al-mālīya*	سوق الاوراق المالية
stock option plan	*niẓām shirāʾ ikhtiyārī lil-ashum*	نظام شراء اختياري للاسهم
stockpiling	*ikhtizān al-baḍāʾiʿ al-istrātījīya*	اختزان البضائع الاستراتيجية
stock record card	*bayān al-makhzūn al-mawjūd*	بيان المخزون الموجود
stock-taking	*jard al-baḍāʾiʿ*	جرد البضائع
stock transfer	*taḥwīl al-ashum*	تحويل الاسهم
stock turnover	*dawaran al-baḍāʾiʿ*	دوران البضائع
stock valuation	*taqyīm al-baḍāʾiʿ*	تقييم البضائع
stolen cheques	*shīkāt masrūqa*	شيكات مسروقة
stop for freight	*tawaqquf lit-taḥmīl*	توقف للتحميل
stop-go	*siyāsat tawassuʿ al-iqtiṣād wa inkimāshuh*	سياسة توسع الاقتصاد وانكماشه
stop-loss order	*amr al-bayʿ baʿda hubūṭ muʿayyan*	امر البيع بعد هبوط معين
stopover	*nuzūl*	نزول
stoppage	*tawaqquf*	توقف
stoppage in transitu	*īqāf shaḥn baḍāʾiʿ ila mushtari muʿsir*	ايقاف شحن بضائع الى مشترى معسر
stop payment	*īqāf ad-dafʿ*	ايقاف الدفع
storage	*khazn*	خزن
storage device	*nabīṭat khazn*	نبيطة خزن
storage tank	*ṣihrīj khazn*	صهريج خزن
store and forward	*khazn wa shaḥn*	خزن وشحن
storekeeper	*ḥānūtī*	حانوتي
storekeeping	*idārat al-makhzan*	ادارة المخزن
store of value	*ḥifẓ al-qīma*	حفظ القيمة
stores requisition	*ṭalab iṣdār baḍāʾiʿ*	طلب اصدار بضائع
stowage	*tastīf al-baḍāʾiʿ*	تستيف البضائع
straight-line depreciation	*istihlāk bin-nisba ath-thābita*	استهلاك بالنسبة الثابتة

straight-line method	*ṭarīqat taqyīm al-mawjūdāt ḥasb istihlāk bin-nisba ath-thābita*	طريقة تقييم الموجودات حسب استهلاك بالنسبة الثابتة
stranding	*iṣṭidām as-safīna bish-shāṭi'*	اصطدام السفينة بالشاطىء
strata of management	*mustawayāt al-idāra*	مستويات الادارة
strategic gap	*thughra istrātījīya*	ثغرة استراتيجية
strategic planning	*at-takhṭīṭ al-istrātījī*	التخطيط الاستراتيجي
strategy	*istrātījīya*	استراتيجية
strategy formulation	*ṣiyāghat al-istrātījīya*	صياغة الاستراتيجية
strategy implementation	*tanfīdh al-istrātijīya*	تنفيذ الاستراتيجية
strike *(n)*	*iḍrāb*	اضراب
strike *(v)*	*yuḍrib*	يضرب
strike a bargain	*yuthbit ṣafqatan*	يثبت صفقة
string	*khayṭ · watar · silsila*	خيط . وتر . سلسلة
strong market	*sūq qawīya*	سوق قوية
strong-room	*ghurfa muḥaṣṣana*	غرفة محصنة
structural unemployment	*baṭāla haykalīya*	بطالة هيكلية
structured design	*taṣmīm haykalī*	تصميم هيكلي
structured programming	*barmaja haykalīya*	برمجة هيكلية
sub-agent	*wakīl ʿan wakīl*	وكيل عن وكيل
subcontract	*ʿaqd min al-bāṭin*	عقد من الباطن
sub-editor	*nā'ib ra'is at-taḥrīr*	نائب رئيس التحرير
subject filing	*iḍbār ḥasb al-mawāḍīʿ*	اضبار حسب المواضيع
subject to quota	*khāḍiʿ lil-kūtā*	خاضع للكوتا
sublease	*ʿaqd ījār farʿī*	عقد ايجار فرعي
subpoena	*taklīf bil-ḥuḍūr*	تكليف بالحضور
subrogation	*ḥulūl*	حلول
subscribe *(v)*	*yaktatib*	يكتتب
subscribed capital	*ar-ra'smāl al-muktatib bi-hi*	الرسمال المكتتب به
subscriber	*muktatib · mushtarik*	مكتتب مشترك
subscription	*iktitāb · ishtirāk*	اكتتاب . اشتراك
subscription shares	*ashum madfūʿa bi-aqsāṭ*	اسهم مدفوعة باقساط
subsidiary clause	*sharṭ farʿī*	شرط فرعي
subsidiary company	*sharika farʿīya*	شركة فرعية

subsidy	*iʿāna · daʿm*	اعانة . دعم
subsistence level	*mustawa al-maʿīsha al-adna*	مستوى المعيشة الادنى
subsistence wage	*ajr yaḍman mustawa al-maʿīsha al-adna*	اجر يضمن مستوى المعيشة الادنى
substantial damages	*taʿwīḍāt malmūsa*	تعويضات ملموسة
substantiate a claim	*yuthbit ad-daʿwa bil-burhān*	يثبت الدعوى بالبرهان
substitute *(n)*	*badīl*	بديل
substitute *(v)*	*yubaddil*	يبدل
substitution effect	*taʾthīr at-tabdīl ʿalaṭ-ṭalab*	تأثير التبديل على الطلب
successor	*khalaf*	خلف
sue *(v)*	*yuqāḍi*	يقاضي
sufficiency	*kifāya*	كفاية
suggestion scheme	*niẓām al-iqtirāḥāt*	نظام الاقتراحات
sum insured	*al-mablagh al-muʾamman*	المبلغ المؤمن
summary	*fawrī · khulāṣa*	فوري . خلاصة
summary dismissal	*tasrīḥ fawrī*	تسريح فوري
sum up *(v)*	*yakhtaṣir*	يختصر
sundry expenses	*maṣārīf mutanawwiʿa*	مصاريف متنوعية
sunk cost	*taklifa hālika*	تكلفة هالكة
superannuation	*al-iḥāla ilat-taqāʿud*	الاحالة الى التقاعد
supercargo	*al-qayyim ʿalal-ḥumūla*	القيّم على الحمولة
supermarket	*matjar al-khidma adh-dhātīya*	متجر الخدمة الذاتية
supertax	*ḍarība iḍāfīya*	ضريبة اضافية
supervisor	*mushrif*	مشرف
supervisory management	*idāra ishrāfīya*	ادارة اشارفية
supplementary agreement	*ittifāqīya mukammila*	اتفاقية مكملة
supplementary benefit	*abdāl mukammila*	أبدال مكملة
supplementary report	*taqrīr takmīlī*	تقرير تكميلي
supplier	*muwarrid*	مورد
supply *(n)*	*imdād*	امداد
supply *(v)*	*yumaddid*	يمدد
supply and demand	*al-ʿarḍ waṭ-ṭalab*	العرض والطلب

supply curve	*munḥana al-arḍ*	منحنى العرض
supply schedule	*jadwal al-ʿarḍ*	جدول العرض
suppressed inflation	*at-taḍakhkhum al-maqmaʿ*	التضخم المقمع
surcharge	*ḍarība iḍāfīya*	ضريبة اضافية
surety	*kafāla*	كفالة
surplus	*fāʾiḍ*	فائض
surplus capacity	*imkānīyāt al-intāj az-zāʾiḍa*	امكانيات الانتاج الزائدة
surplus profit	*arbāḥ fāʾiḍa*	ارباح فائضة
surplus value	*al-qīma al-fāʾiḍa*	القيمة الفائضة
surrender value	*al-qīma al-mustaradda*	القيمة المستردة
surtax	*ḍarība iḍāfīya*	ضريبة اضافية
survey *(n)*	*masḥ*	مسح
survey *(v)*	*yamasḥ*	يمسح
survey certificate	*shahādat al-masḥ*	شهادة المسح
survey fee	*atʿāb al-masḥ*	اتعاب المسح
surveyor of customs	*mufattish al-jumruk*	مفتش الجمرك
survival strategy	*istrātījīyat al-ibqāʾ*	استراتيجية الابقاء
suspense account	*ḥisāb muʿallaq*	حساب معلق
sustain heavy losses	*yataḥammal khasāʾir fādiḥa*	يتحمل خسائر فادحة
swap	*tabādul ʿumlāt*	تبادل عملات
swap agreement	*ittifāqīyat tabādul*	اتفاقية تبادل
switchboard assistant	*musāʿid lawḥ at-tawzīʿ*	مساعد لوح التوزيع
switching	*taḥwīl al-istithmārāt*	تحويل الاستثمارات
switch selling	*al-bayʿ al-mutajawwil*	البيع المتجول
sympathetic strike	*iḍrāb taʾyīdī*	اضراب تأييدي
syndicate	*niqāba*	نقابة
systematic sample	*ʿayyina muntaẓima*	عينة منتظمة
systems analysis	*taḥlīl al-anẓima*	تحليل الانظمة
systems analyst	*muḥallīl al-anẓima*	محلل الانظمة
systems design	*taṣmīm al-anẓima*	تصميم الانظمة
systems designer	*muṣammim al-anẓima*	مصمم الانظمة
systems house	*maktab taṣmīm al-anẓima*	مكتب تصميم الانظمة
systems software	*barāmij al-anẓima*	برامج الانظمة

t

table	*jadwal*	جدول
table of contents	*jadwal al-muḥtawayāt*	جدول المحتويات
tablet	*qurṣ*	قرص
taboo	*muḥarram*	محرم
tabular presentation	*ʿarḍ mujadwal*	عرض مجدول
tabulating machine	*ālat jadwala*	آلة جدولة
tabulation	*tanẓīm al-jadāwil*	تنظيم الجداول
tachograph	*ʿaddād tashghīl ash-shāhina*	عداد تشغيل الشاحنة
tacit agreement	*ittifāqīya ḍimnīya*	اتفاقية ضمنية
tacit approval	*muwāfaqa ḍimnīya*	موافقة ضمنية
tacit consent	*qabūl ḍimnī*	قبول ضمني
tactic	*taktīk*	تكتيك
tactical plan	*mashrūʿ taktīkī*	مشروع تكتيكي
take account of	*yattakhidh fī ʿayn al-iʿtibār*	يتخذ في عين الاعتبار
take advantage	*yantahiz al-furṣa*	ينتهز الفرصة
take care of	*yaḥtafiẓ bi*	يحتفظ بـ
take for granted	*yaftariḍ*	يفترض
take-home pay	*ar-rātib aṣ-ṣāfī*	الراتب الاصافي
take into account	*yattakhidh fī ʿayn al-iʿtibār*	يتخذ في عين الاعتبار
take measures	*yattakhidh al-ijrāʾāt*	يتخذ الاجراءات
take office	*yatawalla manṣiban*	يتولى منصباً
takeover	*istīlāʾ*	استيلاء
takeover bid	*muḥāwalat al-istīlāʾ*	محاولة الاستيلاء
take part	*yashtarik*	يشترك
take precautions	*yattakhidh al-iḥtiyāṭāt*	يتخذ الاحتياطات
take the chair	*yataraʾʾas*	يترأس

talks	*muḥādathāt*	محادثات
tally	*muṭābaqa*	مطابقة
tallyman	*bāʾiʿ bit-taqsīṭ*	بائع بالتقسيط
talon	*ākhir qasīmat sanad li-ḥāmilih*	آخر قسيمة سند لحامله
tandem dictation	*imlāʾ tarādufī*	املاء ترادفي
tangible assets	*uṣūl māddīya*	اصول مادية
tangible net worth	*ḥuqūq ash-shurakāʾ aṣ-ṣafīya*	حقوق الشركاء الصافية
tanker	*nāqilat nafṭ*	ناقلة نفط
tape *(n)*	*sharīṭ*	شريط
tape *(v)*	*yusajjil ʿalash-sharīṭ*	يسجل على الشريط
tare	*al-ḥāwiya al-fārigha*	الحاوية الفارغة
tare weight	*wazn al-ḥāwiya al-fārigha*	وزن الحاوية الفارغة
target	*hadaf*	هدف
target date	*tārīkh muḥaddad*	تاريخ محدد
target price	*as-siʿr al-miʿyārī*	السعر المعياري
tariff	*taʿrifa*	تعرفة
tariff agreement	*ittifāqīya ḥawl at-taʿrifāt*	اتفاقية حول التعرفات
tariff barriers	*ḥawājiz jumrukīya*	حواجز جمركية
tariff companies	*sharikāt at-taʾmīn al-ittiḥādīya*	شركات التأمين الاتحادية
tariff laws	*qawānīn jumrukīya*	قوانين جمركية
tariff system	*niẓām at-taʿārīf*	نظام التعاريف
tax *(n)*	*ḍarība*	ضريبة
tax *(v)*	*yafruḍ ḍarība*	يفرض ضريبة
taxable income	*dakhl khāḍiʿ liḍ-ḍarība*	دخل خاضع للضريبة
tax arrears	*ḍarāʾib ghayr al-madfūʿa*	ضرائب غير المدفوعة
taxation document	*wathīqat ḍarība*	وثيقة ضريبة
tax avoidance	*taqlīl ʿibʾ aḍ-ḍarība al-madfūʿa*	تقليل عبء الضريبة المدفوعة
tax benefit	*istifāda ḍarībīya*	استفادة ضريبية
tax certificate	*shahādat dafʿ aḍ-ḍarāʾib*	شهادة دفع الضرائب
tax collection	*jibāyat aḍ-ḍarāʾib*	جباية الضرائب
tax collector	*jābi aḍ-ḍarāʾib*	جاب الضرائب
tax consultant	*mustashār ḍarībī*	مستشار ضريبي
tax evasion	*taharrub min dafʿ aḍ-ḍarāʾib*	تهرب من دفع الضرائب

tax exemption	*iʿfāʾ min aḍ-ḍarāʾib*	اعفاء من الضرائب
tax-free allowances	*ʿalāwāt maʿfiya min aḍ-ḍarība*	علاوات معفية من الضريبة
tax-free income	*dakhl maʿfi min aḍ-ḍarība*	دخل معفي من الضريبة
tax haven	*quṭr dhū ḍarāʾib mulāʾima*	قطر ذو ضرائب ملائمة
taxi	*tāksī*	تاكسي
tax inspector	*mufattish ḍarāʾib*	مفتش ضرائب
tax loss	*khasāra ḍarībīya*	خسارة ضريبية
tax office	*maktab ḍarāʾib*	مكتب ضرائب
tax relief	*takhfīḍ aḍ-ḍarība*	تخفيض الضريبة
tax schedule	*fiʾa ḍarībīya*	فئة ضريبية
tax voucher	*mustanad qayd ḍarībī*	مستند قيد ضريبي
Taylorism	*niẓām taylar lil-idāra al-ʿilmī*	نظام تيلر للادارة العلمي
team-work	*ʿamal jamāʿī*	عمل جماعي
technical adviser	*mustashār fannī*	مستشار فني
technical assistance	*musāʿada fannīya*	مساعدة فنية
technical director	*mudīr fannī*	مدير فني
technical education	*at-taʿlīm al-fannī*	التعليم الفني
technician	*fannī*	فني
technique	*uslūb*	اسلوب
technological change	*taqaddum tiknulūjī*	تقدم تكنولوجي
technological unemployment	*al-baṭāla an-nājima ʿan at-taqaddum at-tiknulūjī*	البطالة الناجمة عن التقدم التكنولوجي
technology agreement	*ittifāqīya tiknulūjīya*	اتفاقية تكنولوجية
technology representative	*mumaththil tiknulūjī*	ممثل تكنولوجي
telecode	*ramz tilifūnī*	رمز تلفوني
tele-communication	*al-ittiṣāl ʿan buʿd*	الاتصال عن بعد
tele-conferencing	*ʿaqd muʾtamarāt ʿan buʿd*	عقد مؤتمرات عن بعد
telecopier	*jihāz istinsākh ʿan buʿd*	جهاز استنساخ عن بعد
telegram	*barqīya*	برقية
telegraphic address	*ʿunwān barqī*	عنوان برقي
telegraphic money order	*ḥawāla barīdīya barqīya*	حوالة بريدية برقية
telegraphic transfer	*ḥawāla barqīya*	حوالة برقية

telegraph office	*maktab tilighrāfī*	مكتب تلغرافي
telephone *(n)*	*tilifūn*	تلفون
telephone *(v)*	*yukhāṭib bit-tilifūn*	يخاطب بالتلفون
telephone alarm call	*indhār tilifūnī*	انذار تلفوني
telephone answering machine	*ālat al-ijāba at-tilifūnīya*	آلة الاجابة التلفونية
telephone call	*mukālama tilifūnīya*	مكالمة تلفونية
telephone directory	*dalīl at-tilifūn*	دليل التلفون
telephone electronic index	*dalīl tilifūn iliktrūnī*	دليل تلفون الكتروني
telephone exchange	*sintrāl tilifūnī*	سنترال تلفوني
telephone extension	*khaṭṭ at-tilifūn al-farʿī*	خط التلفون الفرعي
telephone intercom link	*khaṭṭ tilifūnī lil-ittiṣāl ad-dākhilī*	خط تلفوني للاتصال الدخلي
telephone intercommunication	*al-ittiṣāl ad-dākhilī bit-tilifūn*	الاتصال الداخلي بالتلفون
telephone interviewing	*al-muqābala bit-tilifūn*	المقابلة بالتلفون
telephone message	*risāla tilifūnīya*	رسالة تلفونية
telephone operator	*ʿāmil at-tilifūn*	عامل التلفون
telephone switchboard	*lawḥat tawzīʿ tilifūnī*	لوحة توزيع تلفوني
teleprinter	*jihāz aṭ-ṭibāʿa ʿan buʿd*	جهاز الطباعة عن بعد
teletex	*tilitiks*	تلتكس
teletext	*tilitikst*	تلتكست
telewriting	*al-kitāba ʿan buʿd*	الكتابة عن بعد
telex *(n)*	*tiliks*	تلكس
telex *(v)*	*yursil bit-tiliks*	يرسل بالتلكس
teller	*ṣarrāf*	صراف
template	*ṭabʿa*	طبعة
temporary	*muʾaqqat*	مؤقت
temporary agreement	*ittifāqīya muʾaqqata*	اتفاقية مؤقتة
temporary assignment	*muhimma muʾaqqata · tanāzul muʾaqqat*	مهمة مؤقتة . تنازل مؤقت
temporary disablement	*ʿajz muʾaqqat*	عجز مؤقت
temporary injunction	*amr maḥkama muʾaqqat*	امر محكمة مؤقت
temporary insurance	*taʾmīn muʾaqqat*	تأمين مؤقت
temporary measure	*ijrāʾ muʾaqqat*	اجراء مؤقت
tender	*munāqaṣa · ʿaṭāʾ*	مناقصة . عطاء

tentative agreement	*ittifāqīya tajrībīya*	اتفاقية تجريبية
tentative suggestion	*iqtirāḥ tajrībī*	اقتراح تجريبي
term	*mudda · sharṭ · iṣṭilāḥ*	مدة . شرط . اصطلاح
terminal	*nihāʾī · ṭaraf kumbyūtar*	نهائي . طرف كمبيوتر
terminal loss	*khasāʾir ash-sharika lis-sana an-nihāʾīya*	خسائر الشركة للسنة النهائية
terminal market	*sūq silaʿ ṭarafīya*	سوق سلع طرفية
termination	*inhāʾ*	انهاء
termination of contract	*inhāʾ al-ʿaqd*	انهاء العقد
term of office	*muddat shaghl manṣib*	مدة شغل منصب
terms and conditions	*ash-shurūṭ al-ʿāmma*	الشروط العامة
terms of delivery	*shurūṭ at-taslīm*	شروط التسليم
terms of payment	*shurūṭ ad-dafʿ*	شروط الدفع
terms of reference	*majāl al-baḥth*	مجال البحث
terms of sale	*shurūṭ al-bayʿ*	شروط البيع
terms of trade	*asʿār aṣ-ṣādirāt muqārina bil-asʿār al-wāridāt*	اسعار الصادرات مقارنة بأسعار الواردات
territorial limits	*ḥudūd iqlīmīya*	حدود اقليمية
territorial waters	*al-miyāh al-iqlīmīya*	المياه الاقليمية
terrorism	*al-irhabīya*	الارهابية
tertiary production	*intāj thulāthī*	انتاج ثلاثي
test *(n)*	*ikhtibār*	اختبار
test *(v)*	*yakhtabir*	يختبر
test area	*minṭaqat al-ikhtibār*	منطقة الاختبار
test case	*daʿwā namūdhajīya*	دعوى نموذجية
testimony	*shahāda*	شهادة
test marketing	*taswīq tajrībī*	تسويق تجريبي
textile industry	*ṣināʿat an-nasīj*	صناعة النسيج
textiles	*ansija*	انسجة
text of an amendment	*naṣṣ at-taʿdīl*	نص التعديل
text processing	*muʿālajat an-nuṣūṣ*	معالجة النصوص
theft	*sariqa*	سرقة
theory of demand	*naẓarīyat aṭ-ṭalab*	نظرية الطلب
therblig	*"tarbliq"*	« تربلق »
therblig chart	*rasm bayānī tarbliq*	رسم بياني تربلق
thermal cracking	*at-taksīr al-ḥarārī*	التكسير الحراري
thermal insulation	*al-ʿazl al-ḥarārī*	العزل الحراري

thermal printing	*aṭ-ṭibāʿa al-ḥarārīya*	الطباعة الحرارية
thermal process	*ʿamalīya ḥarārīya*	عملية حرارية
third party insurance	*taʾmīn ḍidd al-ghayr*	تأمين ضد الغير
third party liability	*masʾūlīyat ḍarar al-ghayr*	مسؤولية ضرر الغير
third world	*al-ʿālam ath-thālith*	العالم الثالث
threat	*tahdīd · khaṭr*	تهديد . خطر
threat to peace	*khaṭr lis-salām*	خطر للسلام
threshold agreement	*ittifāqīyat rafʿ ar-rawātib ḥasba nisbat at-taḍakhkhum*	اتفاقية رفع الرواتب حسب نسبة التضخم
throughput	*intājīyat an-niẓām*	انتاجية النظام
ticket	*tadhkira*	تذكرة
ticket holder	*ḥāmil at-tadhkira*	حامل التذكرة
tickler	*munabbih*	منبه
tickler system	*niẓām al-munabbih*	نظام المنبه
tidal waters	*miyāh khāḍiʿa lil-madd wal-jadhr*	مياه خاضعة للمد والجزر
tied aid	*musāʿadāt sharṭīya*	مساعدات شرطية
tied-in cost system	*niẓām at-taklifa ash-sharṭīya*	نظام التكلفة الشرطية
tied loan	*qarḍ sharṭī*	قرض شرطي
tied outlet	*maḥall taṣrīf muqayyad al-baḍāʾiʿ*	محل تصريف مقيد البضائع
tied shop	*matjar muqayyad al-baḍāʾiʿ*	متجر مقيد البضائع
tie-in-sale	*bayʿ sharṭī*	بيع شرطي
tight money	*naqd bi-siʿr al-fāʾida al-murtafiʿa*	نقد بسعر الفائدة المرتفعة
tight time	*ajar munkhafiḍ lil-ʿamal bil-qiṭʿa*	اجر منخفض للعمل بالقطعة
time and motion study	*dirāsat al-waqt wal-ḥaraka*	دراسة الوقت والحركة
time buying	*shirāʾ al-waqt*	شراء الوقت
time-card	*biṭāqat ad-dawām*	بطاقة الدوام
time charter	*ījār markab li-ajal*	ايجار مركب لاجل
time clerk	*kātib ad-dawām*	كاتب الدوام
time-clock	*sāʿat dawām*	ساعة دوام
time deposit	*wadīʿa li-ajal*	وديعة لاجل
time factor	*ʿāmil az-zaman*	عامل الزمن

time-keeping	*murāʿāt ad-dawām*	مراعاة الدوام
time-lag	*takhalluf zamanī*	تخلف زمني
time-limit	*ḥadd zamanī*	حد زمني
time office	*maktab ad-dawām*	مكتب الدوام
time paid for	*waqt yudfaʿ ʿanhu*	وقت يُدفع عنه
time preference	*afḍalīyat al-istihlāk al-ḥāḍir aw al-mustaqbal*	افضلية الاستهلاك الحاضر او المستقبل
time rate	*al-ajar az-zamanī*	الاجر الزمني
time recorder	*musajjil al-waqt*	مسجل الوقت
time-saving	*muwaffir lil-waqt*	موفر للوقت
time series	*silsila zamanīya*	سلسلة زمنية
time sharing	*istiʿmāl mutazāman lil-kumbyūtar*	استعمال متزامن للكمبيوتر
times interest earned ratio	*nisbat ṣāfī ad-dakhl ilal-faʾida*	نسبة صافي الدخل الى الفائدة
time-span	*fatra zamanīya*	فترة زمنية
time study	*dirāsat al-waqt*	دراسة الوقت
timetable	*jadwal zamanī*	جدول زمني
time wage	*ajar zamanī*	اجر زمني
tip *(n)*	*maʿlūmāt*	معلومات
tip *(v)*	*yuṭliʿ ʿala maʿlūmāt*	يطلع على معلومات
tipster	*mushāwir*	مشاور
tithe	*ʿushr*	عُشر
title	*ʿunwān · milkīya*	عنوان . ملكية
title-deed	*sanad al-milkīya*	سند الملكية
token coin	*naqd ramzī*	نقد رمزي
token payment	*dafʿa ramzīya*	دفعة رمزية
token strike	*iḍrāb ramzī*	اضراب رمزي
tolerance	*tasāmuḥ*	تسامح
toll	*maks*	مكس
ton	*ṭann*	طن
ton-mile	*ṭann manqūl masāfat mīl wāḥid*	طن منقول مسافة ميل واحد
tonnage	*aṭ-ṭannīya*	الطنية
tontine	*taʾmīn takāfulī*	تامين تكافلي
tool	*ʿudda*	عدة
tooling	*tazwīd bil-ʿudad*	تزويد بالعدد
tooling cost	*taklifat at-tazwīd bil-ʿudad*	تكلفة التزويد بالعدد

topic of discussion	*mawḍūʿ al-muḥādatha*	موضوع المحادثة
top level manager	*mudīr ʿala mustawa ʿāli*	مدير على مستوى عال
top loading	*taḥmīl min aʿlā*	تحميل من اعلى
top management	*al-idāra al-ʿulya*	الادارة العليا
top secret	*sirrī lil-ghāya*	سرى للغاية
tort	*ḍarar madanī*	ضرر مدني
total absorption costing	*ḥisāb at-takālīf at-taḥmīlī al-kāmil*	حساب التكاليف التحميلي الكامل
total account	*ḥisāb ijmālī*	حساب اجمالي
total amount	*mablagh ijmālī*	مبلغ اجمالي
total cost	*taklifa ijmālīya*	تكلفة اجمالية
total disablement	*ʿajz ijmālī*	عجز اجمالي
total income	*dakhl ijmālī*	دخل اجمالي
total loss	*khasāra kullīya*	خسارة كلية
total revenue	*īrād ijmālī*	ايراد اجمالي
total surplus	*fāʾiḍ ijmālī*	فائض اجمالي
total volume	*ḥajm ijmālī*	حجم اجمالي
tourist agreement	*ittifāqīya siyāḥīya*	اتفاقية سياحية
tourist office	*maktab siyāḥa*	مكتب سياحة
tourist trade	*at-tijāra as-siyāḥīya*	التجارة السياحية
towage	*ujrat al-qaṭr*	اجرة القطر
trade *(n)*	*tijāra*	تجارة
trade *(v)*	*yutājir*	يتاجر
trade advertising	*iʿlān tijārī*	اعلان تجاري
trade agency	*wakala tijārīya*	وكالة تجارية
trade agreement	*ittifāqīya tijārīya*	اتفاقية تجارية
trade association	*ittiḥād mihanī*	اتحاد مهني
trade balance	*mīzān tijārī*	ميزان تجاري
trade barrier	*ḥājiz lit-tijāra*	حاجز للتجارة
trade bill	*sanad tijārī*	سند تجاري
trade bloc	*kutla tijārīya*	كتلة تجارية
trade creditor	*dāʾin tijārī*	دائن تجاري
trade cycle	*dawra tijārīya*	دورة تجارية
trade discount	*khaṣm tijarī*	خصم تجاري
trade discrimination	*tamayyuz tijārī*	تميز تجاري
trade dispute	*nizāʿ tijārī*	نزاع تجاري
trade gap	*ʿajz al-mīzān at-tijārī*	عجز الميزان التجاري
trade in	*muqāyaḍa*	مقايضة

trade investment	*istithmār tijārī*	استثمار تجاري
trade mark	*ʿalāma tijārīya*	علامة تجارية
trade name	*ism tijārī*	اسم تجاري
trade price	*siʿr al-jumla*	سعر الجملة
trade protection society	*ittiḥād ḥimāya tijārīya*	اتحاد حماية تجارية
trade publication	*nashra mihanīya*	نشرة مهنية
trader	*tājir*	تاجر
trade reference	*tawṣiya tijārīya*	توصية تجارية
trade relations	*ʿalāqāt tijārīya*	علاقات تجارية
trade rights	*ḥuqūq tijārīya*	حقوق تجارية
trade routes	*ṭuruq at-tijāra*	طرق التجارة
trader's credit	*iʾtimān at-tājir*	ائتمان التاجر
trade secret	*sirr al-mihna*	سر المهنة
tradesman	*ṣāḥib matjar*	صاحب متجر
trade surplus	*fāʾiḍ tijārī*	فائض تجاري
trade union	*niqābat ʿummāl*	نقابة عمال
trading account	*ḥisāb al-mutājara*	حساب المتاجرة
trading area	*minṭaqa tijārīya*	منطقة تجارية
trading certificate	*shahāda tijarīya*	شهادة تجارية
trading company	*sharika tijarīya*	شركة تجارية
trading stamp	*ṭābiʿ tashjīʿ al-mabīʿāt*	طابع تشجيع المبيعات
trading year	*as-sana at-tijārīya*	السنة التجارية
traditional method	*ṭarīqa taqlīdīya*	طريقة تقليدية
traffic	*murūr*	مرور
traffic department	*qism al-murūr*	قسم المرور
traffic management	*idārat al-murūr*	ادارة المرور
traffic manager	*mudīr al-murūr*	مدير المرور
traffic regulations	*anẓimat al-murūr*	انظمة المرور
trainee	*mutadarrib*	متدرب
trainee turnover	*dawarān al-mutadarribīn*	دوران المتدربين
training	*tadrīb*	تدريب
training officer	*ḍābiṭ tadrīb*	ضابط تدريب
training supervisor	*mushrif at-tadrīb*	مشرف التدريب
training within industry	*at-tadrīb fiṣ-ṣināʿa*	التدريب في الصناعة
tramp *(n)*	*safīna mutajawwila*	سفينة متجولة
transaction	*ṣafqa · muʿāmala*	صفقة . معاملة

transceiver	*mursil mustaqbil*	مرسل مستقبل
transfer deed	*wathīqat taḥwīl*	وثيقة تحويل
transfer fee	*atʿāb taḥwīl*	اتعاب تحويل
transfer form	*istimārat taḥwīl*	استمارة تحويل
transferred charge	*kulfa hātifīya yadfuʿuha aṭ-ṭaraf ath-thānī*	كلفة هاتفية يدفعها الطرف الثاني
transistor	*trānzistūr*	ترانزستور
transit documents	*wathāʾiq trānzīt*	وثائق ترانزيت
transit fee	*rasm trānzīt*	رسم ترانزيت
transitional period	*fatra intiqālīya*	فترة انتقالية
transition stage	*marḥalat al-intiqāl*	مرحلة الانتقال
translator	*mutarjim*	مترجم
transmit *(v)*	*yursil*	يرسل
transparency	*sharīḥa muṣawwara*	شريحة مصورة
transport *(n)*	*naql*	نقل
transport *(v)*	*yanqul*	ينقل
transport agent	*wakīl naql*	وكيل نقل
transport by air	*naql jawwī*	نقل جوي
transport by road	*naql barrī*	نقل بري
transport by sea	*naql baḥrī*	نقل بحري
transport costs	*takālīf an-naql*	تكاليف النقل
transport document	*wathīqat naql*	وثيقة نقل
transporter	*nāqil*	ناقل
travel agency	*wakālat as-safar*	وكالة السفر
travel allowances	*taʿwīḍāt as-safar*	تعويضات السفر
travel expenses	*maṣārīf as-safar*	مصاريف السفر
travel guide	*dalīl al-musāfir*	دليل المسافر
travel insurance	*taʾmīn as-safar*	تأمين السفر
traveller	*musāfir*	مسافر
travellers' cheques	*shīkāt siyāḥīya*	شيكات سياحية
travelling allowance	*badal as-safar*	بدل السفر
travelling expenses	*maṣārīf as-safar*	مصاريف السفر
travelling salesman	*bāʾiʿ mutajawwil*	بائع متجول
treasurer	*amīn al-khazīna*	امين الخزينة
treasure trove	*athār thamīna*	اثار ثمينة
treasury bill	*sanad ʿalal-khazīna*	سند على الخزينة
treaty	*muʿāhada*	معاهدة
treaty of alliance	*muʿāhadat at-taḥāluf*	معاهدة التحالف

treaty of arbitration	*muʿāhadat at-taḥkīm*	معاهدة التحكيم
trend analysis	*taḥlīl al-ittijāhāt*	تحليل الاتجاهات
trespass *(v)*	*yaʿtadi*	يعتدي
trial and error	*al-muḥāwala wal-khaṭaʾ*	المحاولة والخطأ
trial balance	*mīzān taḥaqquq*	ميزان تحقق
trial judge	*ḥākim muḥākama*	حاكم محاكمة
trial lawyer	*muḥāmi muḥākama*	محامي محاكمة
tribunal	*maḥkama*	محكمة
trimming	*tahdhīb*	تهذيب
tripartite alliance	*ḥilf thulāthī al-aṭrāf*	حلف ثلاثي الاطراف
trouble-shooter	*mutaḥarri al-khalal*	متحري الخلل
troy weight	*niẓām awzān truwi*	نظام اوزان تروي
truck	*shāḥina*	شاحنة
truckage	*ujrat ash-shāḥina*	اجرة الشاحنة
truckload	*ḥumūlat shāḥina*	حمولة شاحنة
true and fair view	*ṣūra ṣaḥīḥa wa ṣādiqa*	صورة صحيحة وصادقة
true copy	*ṣūra ṭibq al-aṣl*	صورة طبق الاصل
true rate	*as-siʿr al-ḥaqīqī*	السعر الحقيقي
trunk-call	*mukālama ʿabra khaṭṭ raʾīsī*	مكالمة عبر خط رئيسي
trust *(n)*	*wiṣāya*	وصاية
trust *(v)*	*yathiq*	يثق
trust-deed	*wathīqat naql milkīya ilal-waṣī*	وثيقة نقل ملكية الى الوصي
trustee	*waṣī*	وصي
tunnel	*nafaq*	نفق
turnover	*al-mabīʿāt al-ijmālīya*	المبيعات الاجمالية
turnover figure	*ijmālī al-mabīʿāt*	اجمالي المبيعات
turn-round time	*al-fatra al-lāzima li-inhāʾ ʿamalīyat at-tafrīgh wat-taḥmīl*	الفترة اللازمة لانهاء عملية التفريغ والتحميل
two-bin system	*niẓām al-qismayn li-murāqabat al-baḍāʾiʿ*	نظام القسمين لمراقبة البضائع
two-part tariff	*taʿrifa thunāʾīya*	تعرفة ثنائية
two-sector model	*namūdhaj qiṭāʿayn*	نموذج قطاعين
two-stage least squares	*uslūb aqall al-murabbaʿāt dhū marḥalatayn*	اسلوب اقل المربعات ذو مرحلتين
two-tier system	*niẓām thunāʾī al-mustawa*	نظام ثنائي المستوى

two-way radio	*jihāz irsāl wa istiqbāl lā-silkī*	جهاز ارسال و استقبال لاسلكي
tying arrangement	*qayd al-mustahlik*	قيد المستهلك
type *(n)*	*ḥarf ṭibāʿī*	حرف طباعي
type *(v)*	*yaṭbaʿ*	يطبع
type-face	*shakl ḥurūf aṭ-ṭibāʿa*	شكل حروف الطباعة
type of outlet	*nawʿ maḥall taṣrīf*	نوع محل تصريف
typewriter	*ṭābiʿa · āla kātiba*	طابعة . الة كاتبة
typewriter carriage	*nāqil al-āla al-kātiba*	ناقل الالة الكاتبة
typewriter keyboard	*lawḥat mafātīḥ aṭ-ṭābiʿa*	لوحة مفاتيح الطابعة
typewriter tabulator	*ṭābiʿa mujadwala*	طابعة مجدولة
typing pool	*ghurfat muwaẓẓafī aṭ-ṭābiʿa*	غرفة موظفي الطابعة
typing speed	*surʿa aṭ-ṭibāʿa ʿalaṭ-ṭābiʿa*	سرعة الطباعة على الطابعة

u

ullage	*an-naqṣ ʿan ḥadd al-imtilāʾ*	النقص عن حد الامتلاء
ultimate objective	*al-hadaf an-nihāʾī*	الهدف النهائي
ultimate truth	*al-ḥaqīqa al-asāsīya*	الحقيقة الاساسية
ultimo	*ash-shahr as-sābiq*	الشهر السابق
ultra vires	*mukhālif lin-niẓām*	مخالف للنظام
umpire	*ḥakam*	حكم
unabsorbed cost	*taklifa ghayr mughaṭṭāh*	تكلفة غير مغطاة
unacceptable	*ghayr maqbūl*	غير مقبول
unaccrued	*ghayr mustaḥaqq*	غير مستحق
unanimous approval	*muwāfaqa bil-ijmāʿ*	موافقة بالاجماع
unanimous vote	*taṣwīt bil-ijmāʿ*	تصويت بالاجماع
unappropriated funds	*māl ghayr muwazzaʿ*	مال غير موزع
unauthorized	*ghayr murakhkhaṣ*	غير مرخص
unavailable	*ghayr mawjūd*	غير موجود
unavoidable	*lā yumkin tajannubuh*	لا يمكن تجنبه
unavoidable accident	*ḥādith lā yumkin tajannubuh*	حادث لا يمكن تجنبه
unavoidable cost	*taklifa thābita*	تكلفة ثابتة
unbundling	*faṣl ar-rizam*	فصل الرزم
unclaimed goods	*baḍāʾiʿ ghayr muṭālab bi-ha*	بضائع غير مطالب بها
uncollectable account	*ḥisāb ghayr qābil lit-taḥṣīl ʿalayhi*	حساب غير قابل للتحصيل عليه
unconditional	*ghayr mashrūṭ*	غير مشروط
uncontrollable cost	*taklifa ghayr qābila lit-taḥakkum fī-hā*	تكلفة غير قابلة للتحكم فيها
undated stock	*baḍāʾiʿ ghayr muʾarrakha*	بضائع غير مؤرخة
undeniable	*lā yumkin inkāruh*	لا يمكن انكاره
underbid	*yaʿriḍ bi-siʿr aqall min*	يعرض بسعر اقل من

under bond	*fil-īdā*ʿ	في الايداع
under-capitalization	*raʾsmāl ghayr kāfin*	راسمال غير كافٍ
undercharge	*yabīʿ bi-siʿr adna min as-siʿr al-ḥaqīqī*	يبيع بسعر ادنى من السعر الحقيقي
under-deck tonnage	*aṭ-ṭannīya ḥatta saṭḥ at-tannīya*	الطنية حتى سطح الطنية
under-developed nations	*al-buldān al-aqall numūwan*	البلدان الاقل نمواً
underemployed	*ghayr muwaẓẓaf bi-akmalih*	غير موظف باكمله
under negotiation	*qayd al-mufāwaḍa*	قيد المفاوضة
underpayment	*tasdīd bi-aqall min al-qīma al-ḥaqīqīya*	تسديد باقل من القيمة الحقيقية
underproduction	*intāj ḍaʿīf*	انتاج ضعيف
under protest	*maʿal-iḥtijāj*	مع الاحتجاج
undersea pipeline	*khaṭṭ anābīb maghmūr*	خط انابيب مغمور
understaffed	*muzawwad bi-ʿadad muwaẓẓafīn ghayr kāfi*	مزود بعدد موظفين غير كافي
undertaking	*taʿahhud*	تعهد
under the counter	*bi-ṭarīqa ghayr mashrūʿa*	بطريقة غير مشروعة
under the law	*bi-mūjib al-qānūn*	بموجب القانون
undervaluation	*taqdīr bi-aqall min al-qīma al-ḥaqīqīya*	تقدير باقل من القيمة الحقيقية
underwrite *(v)*	*yuʾammin ʿala*	يؤمن على
underwriter	*muʾammin*	مؤمن
undischarged bankrupt	*muflis lam yuradd iʿtibāruh*	مفلس لم يرد اعتباره
undisclosed factoring	*bayʿ sirrī lid-duyūn*	بيع سري للديون
undue influence	*taʾthīr ghayr mashrūʿ*	تأثير غير مشروع
unearned income	*dakhl ghayr muktasab bi-khadamāt shakhṣīya*	دخل غير مكتسب بخدمات شخصية
unearned increment	*ziyādat ghayr muktasaba bi-qīmat al-aṣl*	زيادة غير مكتسبة بقيمة الاصل
unemployment	*baṭāla*	بطالة
unemployment benefit	*iʿānat al-ʿāṭilīn ʿan al-ʿamal*	اعانة العاطلين عن العمل
unexpected inflation	*taḍakhkhum ghayr mutawaqqaʿ*	تضخم غير متوقع
unfair competition	*munafasa ghayr ʿādila*	منافسة غير عادلة

unfair dismissal	*tasrīḥ ghayr ʿādil*	تسريح غير عادل
unfinished product	*mantūj ghayr munjaz aṣ-ṣunʿ*	منتوج غير منجز الصنع
unforeseen circumstances	*ẓurūf ghayr mutawaqqaʿa*	ظروف غير متوقعة
unforeseen events	*ḥawādith ghayr mutawaqqaʿa*	حوادث غير متوقعة
unfunded debt	*duyūn ḥukūmīya thābitat al-ajal*	ديون حكومية ثابتة الاجل
uniform costing	*ḥisāb at-takālīf al-munassaq*	حساب التكاليف المنسق
unilateral agreement	*ittifāqīya uḥādīyat aṭ-ṭaraf*	اتفاقية احادية الطرف
union membership	*ʿuḍwīyat an-niqāba*	عضوية النقابة
unitary demand	*ṭalab uḥādī*	طلب احادي
unit cost	*kulfat al-wiḥda*	كلفة الوحدة
unitization	*tawḥīd ḥumūlāt ṣaghīra*	توحيد حمولات صغيرة
unit price	*siʿr al-wiḥda*	سعر الوحدة
unit trust	*muʾassasat istithmār ʿāmma*	مؤسسة استثمار عامة
unlawful act	*ʿamal ghayr mashrūʿ*	عمل غير مشروع
unlawful contract	*ʿaqd ghayr mashrūʿ*	عقد غير مشروع
unlawful entry	*dukhūl ghayr mashrūʿ*	دخول غير مشروع
unlimited	*ghayr maḥdūd*	غير محدود
unload *(v)*	*yufarrigh*	يفرغ
unmerchantable	*ghayr ṣāliḥ lit-taswīq*	غير صالح للتسويق
unofficial	*ghayr rasmī*	غير رسمي
unofficial strike	*iḍrāb ghayr rasmī*	اضراب غير رسمي
unpaid	*ghayr musaddad*	غير مسدد
unpaid labour	*ʿamal ghayr musaddad*	عمل غير مسدد
unpaid services	*khadamāt ghayr musaddada*	خدمات غير مسددة
unqualified	*ghayr muʾahhal*	غير مؤهل
unregistered	*ghayr musajjal*	غير مسجل
unrequired exports	*ṣādirāt ghayr maṭlūba*	صادرات غير مطلوبة
unrestricted	*ghayr muqayyad*	غير مقيد
unsaleable	*lā yumkin taswīquh*	لا يمكن تسويقه
unsealed letter	*khiṭāb ghayr maktūm*	خطاب غير مكتوم
unseaworthy	*ghayr ṣaliḥ lil-ibḥār*	غير صالح للابحار

unsecured creditor	*dā'in ghayr maḍmūn*	دائن غير مضمون
unskilled labour	*ʿummāl ghayr mahara*	عمال غير مهرة
unstable economy	*iqtiṣād ghayr mustaqirr*	اقتصاد غير مستقر
unstructured interview	*muqābala ḥurra*	مقابلة حرة
unwritten law	*qānūn ghayr maktūb*	قانون غير مكتوب
up-market	*ghālī*	غالي
upset price	*as-siʿr al-adna*	السعر الادني
upswing	*irtifāʿ*	ارتفاع
up to date	*ḥadīth*	حديث
upward trend	*ittijāh ṣāʿid*	اتجاه صاعد
urgent need	*ḥāja māṣṣa*	حاجة ماسة
usage meter	*ʿaddād istiʿmāl*	عداد استعمال
useful life	*ʿumr intājī*	عمر انتاجي
use of cars	*istiʿmāl as-sayyārāt*	استعمال السيارات
user friendly	*sahl al-istiʿmāl*	سهل الاستعمال
usual terms	*shurūṭ ʿādīya*	شروط عادية
usury	*ribā fāḥish*	ربا فاحش
utility software	*barāmij naql al-milaffāt*	برامج نقل الملفات
utmost good faith	*aḥsan an-nīya*	احسن النية

V

vacancy	*manṣib shāghir*	منصب شاغر
vacant	*shāghir*	شاغر
vacant possession	*ḥiyāza shāghira*	حيازة شاغرة
vacate *(v)*	*yukhlī*	يخلي
vacation	*ʿuṭla*	عطلة
vacuity	*farāgh*	فراغ
valid	*sharʿī · sārī al-mafʿūl*	شرعي . ساري المفعول
validate *(v)*	*yuṣādiq rasmīyan*	يصادق رسمياً
valid contract	*ʿaqd sharʿī*	عقد شرعي
valid reason	*sabab maʿqūl*	سبب معقول
valuable	*thamīn*	ثمين
valuation	*taqyīm*	تقييم
value *(n)*	*qīma*	قيمة
value *(v)*	*yuqawwim*	يقوم
value added	*al-qīma al-muḍāfa*	القيمة المضافة
value added network	*shabakat al-qīma al-muḍāfa*	شبكة القيمة المضافة
value added statement	*bayān al-qīma al-muḍāfa*	بيان القيمة المضافة
value added tax	*aḍ-ḍarība ʿalal-qīma al-muḍāfa*	الضريبة على القيمة المضافة
value analysis	*taḥlīl al-qīma*	تحليل القيمة
valued policy	*būlīṣat taʾmīn muḥaddadat al-qīma*	بوليصة تأمين محددة القيمة
vandalism	*at-takhrībīya*	التخريبية
variable	*mutaghayyir · mutaḥawwil*	متغير . متحول
variable annuity	*sanāhīya mutaḥawwila*	سناهية متحولة
variable budget	*mīzānīya marina*	ميزانية مرنة
variable costs	*at-takālīf al-mutaghayyira*	التكاليف المتغيرة

variable expenses	*al-maṣārīf al-mutaghayyira*	المصاريف المتغيرة
variable returns	*mardūdāt mutaghayyira*	مردودات متغيرة
variable risk	*khaṭr mutaghayyir*	خطر متغير
variance	*inḥirāf · ikhtilāf*	انحراف . اختلاف
variance analysis	*taḥlīl al-inḥirāf*	تحليل الانحراف
variation of products	*taghyīr al-muntajāt*	تغير المنتجات
variety	*tanawwuᶜ*	تنوع
variety reduction	*al-iqlāl min tanwīᶜ al-aṣnāf*	الاقلال من تنويع الاصناف
varityper	*fārītāybar*	فاريتايبر
vehicle	*sayyāra*	سيارة
vehicle maintenance	*ṣiyānat as-sayyārāt*	صيانة السيارات
velocity of circulation	*surᶜat ad-dawarān*	سرعة الدوران
vendee	*mushtarin*	مشترٍ
vending-machine	*ālat bayᶜ*	آلة بيع
vendor	*bāʾiᶜ*	بائع
vendor appraisal	*taqdīr al-bāʾiᶜ*	تقدير البائع
ventilation	*tahwiya*	تهوية
venture	*mughāmara*	مغامرة
venue	*makān al-ijtimāᶜ*	مكان الاجتماع
verbal	*shafawī*	شفوي
verbal agreement	*ittifāqīya shafawīya*	اتفاقية شفوية
verbal communications	*ittiṣālāt shafawīya*	اتصالات شفوية
verbal offer	*ᶜarḍ shafawī*	عرض شفوي
verbatim	*ḥarfīyan*	حرفيا
verbatim report	*taqrīr kāmil lil-jilsa*	تقرير كامل للجلسة
verdict	*ḥukm*	حكم
verification	*taḥaqquq*	تحقق
verify *(v)*	*yataḥaqqaq*	يتحقق
vertical communication	*al-ittiṣāl al-ᶜamūdī*	الاتصال العمودي
vertical filing	*al-iḍbār al-ᶜamūdī*	الاضبار العمودي
vertical integration	*at-takāmul al-ᶜamūdī*	التكامل العمودي
vertical structure	*haykal ᶜamūdī*	هيكل عمودي
via	*ᶜan ṭarīq*	عن طريق
via airmail	*bil-barīd al-jawwī*	بالبريد الجوي

viability	*faʿālīya*	فعالية
vice-chairman	*nāʾib raʾīs*	نائب رئيس
vice-president	*nāʾib raʾīs*	نائب رئيس
vice versa	*wal-ʿaks bil-ʿaks*	والعكس بالعكس
video-conferencing	*ʿaqd muʾtamar bi-fīdyū*	عقد مؤتمر بفيديو
video disk	*usṭuwāna fīdyū*	اسطوانة فيديو
videotex	*fīdyūtiks*	فيديوتكس
viewdata systems	*nuẓum ʿarḍ al-bayānāt*	نظم عرض البيانات
violation	*intihāk*	انتهاك
virement	*taḥwīl*	تحويل
virtual	*iftirāḍī*	افتراض
virtual memory	*dhākira iftirāḍīya*	ذاكرة افتراضية
virtual storage	*takhzīn iftirāḍī*	تخزين افتراضي
visa	*taʾshīra*	تأشيرة
visible card index	*fihris biṭāqāt manẓūr*	فهرس بطاقات منظور
visible exports	*ṣādirāt manẓūra*	صادرات منظورة
visible goods	*baḍāʾiʿ manẓūra*	بضائع منظورة
visible index file	*milaff fihris manẓūr*	ملف فهرس منظور
visibles	*baḍāʾiʿ manẓūra*	بضائع منظورة
visible trade	*al-tijāra al-manẓūra*	التجارة المنظورة
visit *(n)*	*ziyāra*	زيارة
visit *(v)*	*yazūr*	يزور
visitor	*zāʾir*	زائر
visitors' forms and passes	*istimārāt az-zawār wa udhūnhum*	استمارات الزوار واذونهم
visitors' register	*sijill az-zawār*	سجل الزوار
vistafan file	*milaff fīstāfān*	ملف « فيستافان »
visual display terminal	*ṭaraf ʿarḍ baṣarī*	طرف عرض بصري
visual display unit	*wiḥdat ʿarḍ baṣarī*	وحدة عرض بصري
vital statistics	*al-aḥwāl ash-shakhṣīya*	الاحوال الشخصية
vocational guidance	*irshād mihanī*	ارشاد مهني
vocational selection	*ikhtiyār mihanī*	اختيار مهني
vocational training	*tadrīb mihanī*	تدريب مهني
voice recognition	*iʿtirāf biṣ-ṣawt*	اعتراف بالصوت
voice response	*istijāba ṣawtīya*	استجابة صوتية
void	*bāṭil*	باطل
voidable contract	*ʿaqd qābil lil-ibṭāl*	عقد قابل للابطال
void contract	*ʿaqd bāṭil*	عقد باطل

volume of business	*ḥajm al-aʿmāl*	حجم الاعمال
volume of production	*ḥajm al-intāj*	حجم الانتاج
volume ratio	*nisbat al-ḥajm*	نسبة الحجم
volume variance	*inḥirāf ḥajmī*	انحراف حجمي
voluntary liquidation	*taṣfiya ikhtiyārīya*	تصفية اختيارية
volunteer	*mutaṭawwiʿ*	متطوع
vote by ballot	*taṣwīt bi-iqtirāʿ sirrī*	تصويت باقتراع سري
vote by proxy	*taṣwīt bin-niyāba*	تصويت بالنيابة
vote of confidence	*taṣwīt ʿalath-thiqa*	تصويت على الثقة
voting	*at-taṣwīt*	التصويت
voting method	*ṭarīqat at-taṣwīt*	طريقة التصويت
voting-paper	*waraqat al-intikhāb*	ورقة الانتخاب
voting right	*ḥaqq at-taṣwīṭ*	حق التصويت
voting stock	*sahm li-ḥāmilih ḥaqq at-taṣwīt*	سهم لحامله حق التصويت
voting system	*niẓām at-taṣwīt*	نظام التصويت
voucher	*mustanad qayd*	مستند قيد
voucher system	*niẓām mustanadāt al-qayd*	نظام مستندات القيد
vouching	*iʿdād al-mustanadāt*	اعداد المستندات
vowel index	*muʾashshir ḥurūf al-ʿila*	مؤشر حروف العلة
voyage charter	*ījār ʿala asās ʿadad riḥlāt*	ايجار على اساس عدد رحلات
voyage insurance policy	*būlīṣat taʾmīn li-riḥla*	بوليصة تأمين لرحلة
voyage premium	*qisṭ taʾmīn ar-riḥla*	قسط تأمين الرحلة
vulnerable position	*waḍʿ khaṭīr*	وضع خطير

W

wage adjustment	*taʿdīl al-ujūr*	تعديل الاجور
wage bracket	*sharīḥat al-ajr*	شريحة الاجر
wage differential	*farq fī ujūr fiʾāt al-ʿummāl*	فرق في اجور فئات العمال
wage drift	*ittijāh ṣāʿid lil-ujur*	اتجاه صاعد للاجور
wage freeze	*tajmīd al-ujūr*	تجميد الاجور
wage incentive	*ḥāfiz al-ajr*	حافز الاجر
wage policy	*siyāsat al-ujūr*	سياسة الاجور
wage-price spiral	*ḥalaqa mufragha lil-ujūr wal-asʿār*	حلقة مفرغة للاجور والاسعار
wager *(n)*	*murāhana*	مراهنة
wager *(v)*	*yurāhin*	يراهن
wage rate	*badal al-ajr*	بدل الاجر
wage restraint	*taḥdīd rafʿ al-ujūr*	تحديد رفع الاجور
wages	*ujūr*	اجور
wages board	*hayʾat taʿyīn al-mustawa al-adna lil-ujūr*	هيئة تعيين المستوى الادنى للاجور
wage scale	*sullam al-ujūr*	سلم الاجور
wages spiral	*al-ittijāh at-taḍakhkhumī lil-ujūr*	الاتجاه التضخمي للاجور
wages structure	*haykal al-ujūr*	هيكل الاجور
wages tax	*ḍarībat al-ujūr*	ضريبة الاجور
waiting period	*fatrat al-intiẓār*	فترة الانتظار
waiting-room	*ghurfat al-intiẓār*	غرفة الانتظار
waiver	*tanāzul*	تنازل
waiver clause	*sharṭ at-tanāzul*	شرط التنازل
walk-out	*iḍrāb fawrī*	اضراب فوري
warehouse	*mustawdaʿ*	مستودع
warehouse keeper	*ḥāris al-mustawdaʿ*	حارس المستودع

warehouse officer	*mas'ūl al-mustawda'*	مسؤول المستودع
warehouse receipt	*īṣāl īdā'*	ايصال ايداع
warehousing	*īdā'*	ايداع
wares	*baḍā'i'*	بضائع
warpage dues	*rusūm saḥb as-safīna*	رسوم سحب السفينة
warrant *(n)*	*idhn*	إذن
warrant *(v)*	*yaḍman*	يضمن
warranty	*ḍamān*	ضمان
wastage	*ḍayā'*	ضياع
waste-paper basket	*sallat al-muhmalāt*	سلة المهملات
water *(n)*	*mā'*	ماء
water *(v)*	*tazwīd bil-mā'*	تزويد بالماء
water damage	*talaf mā'ī*	تلف مائي
water installations	*munsha'āt al-mā'*	منشاءات
water-level	*mustawa al-mā'*	مستوى الماء
water pollution	*talawwuth al-mā'*	تلوث الماء
water-power	*ṭāqa mā'īya*	طاقة مائية
water-supply	*imdādāt al-mā'*	امدادات الماء
water tight	*sadūd lil-mā'*	سدود للماء
water transport	*naql mā'ī*	نقل مائي
waterway	*qanāh milāḥīya*	قناة ملاحية
way bill	*bayān shaḥn*	بيان شحن
weak market	*sūq ḍa'īfa*	سوق ضعيفة
wealth	*tharwa*	ثروة
wear and tear	*al-istihlāk bil-isti'māl al-'ādī*	الاستهلاك بالاستعمال العادي
weather permitting	*idha samaḥat aẓ-ẓurūf al-jawwīya*	اذا سمحت الظروف الجوية
weather working day	*yawm 'amal tasmaḥ bihi aẓ-ẓurūf al-jawwīya*	يوم عمل تسمح به الظروف الجوية
week	*usbū'*	اسبوع
weekly	*usbū'ī*	اسبوعي
weekly payment	*daf'a usbū'īya*	دفعة اسبوعية
weekly report	*taqrīr usbū'ī*	تقرير اسبوعي
weekly return	*mardūd usbū'ī*	مردود اسبوعي
weekly wage	*ajr usbū'ī*	اجر اسبوعي
weighing-machine	*ālat wazn*	آلة وزن
weighted average	*mu'addal murajjaḥ*	معدل مرجح

weighting	*at-tarjīḥ*	الترجيح
weight note	*bayān al-wazn*	بيان الوزن
weights and measures	*al-mawāzīn wal-makāyīl*	الموازين والمكاييل
welfare department	*qism ash-shuʾūn al-ijtimāʿīya*	قسم الشؤون الاجتماعية
welfare state	*dawlat ar-rafāh al-ijtimāʿī*	دولة الرفاه الاجتماعي
welfare worker	*muwaẓẓaf shuʾūn ijtimāʿīya*	موظف شؤون اجتماعية
wet goods	*baḍāʾiʿ sāʾila*	بضائع سائلة
wharf	*raṣīf*	رصيف
wharfage charge	*rasm ar-raṣīf*	رسم الرصيف
wharfinger receipt	*īṣāl ṣāḥib mustawdaʿ ar-raṣīf*	ايصال صاحب مستودع الرصيف
wheel index	*fihris dawwār*	فهرس دوار
white-collar worker	*muwaẓẓaf idārī*	موظف اداري
wholesale	*al-jumla*	الجملة
wholesale cooperation	*taʿāwun fit-tijāra bil-jumla*	تعاون في التجارة بالجملة
wholesale price	*siʿr al-jumla*	سعر الجملة
wholesaler	*tājir bil-jumla*	تاجر بالجملة
wholesale trade	*at-tijāra bil-jumla*	التجارة بالجملة
wide area network	*shabaka wāsiʿat al-minṭaqa*	شبكة واسعة المنطقة
wideband	*ʿarīḍ an-niṭāq*	عريض النطاق
wildcat strike	*iḍrāb bi-ghayr muwāfaqat an-niqāba*	اضراب بغير موافقة النقابة
wilful negligence	*ihmāl ʿamdī*	اهمال عمدي
will *(n)*	*waṣīya*	وصية
will *(v)*	*yaktub waṣīyatan*	يكتب وصية
willing party	*ṭaraf rāghib*	طرف راغب
Winchester disk	*qurṣ winshistar*	قرص « وينشيستر »
windfall profit	*ribḥ ghayr mutawaqqaʿ*	ربح غير متوقع
winding-up	*taṣfiya*	تصفية
winding-up order	*amr bit-taṣfiya*	امر بالتصفية
window-dressing	*taḥrīf al-ḥaqāʾiq al-mālīya*	تحريف الحقائق المالية
window envelope	*ẓarf dhū shubayka lil-ʿunwān*	ظرف ذو شبيكة للعنوان
wind up	*yuṣaffi*	يصفى

with all faults	*mahma kānat al-ʿuyūb*	مهما كانت العيوب
with average	*sharṭ masʾūlīya bit-talaf al-juzʾī*	شرط مسؤولية بالتلف الجزئي
withdrawal	*saḥb*	سحب
withholding	*iqtiṭāʿ*	اقتطاع
withholding the truth	*ikhfāʾ al-ḥaqīqa*	اخفاء الحقيقة
within a limited time	*fī waqt muḥaddad*	في وقت محدد
with interest	*bi-fāʾida*	بفائدة
within the law	*qānūnīyan*	قانونياً
without delay	*dūn at-taʾkhīr*	دون التأخير
without prejudice	*maʿa ʿadam al-ikhlāl bi*	مع عدم الاخلال بـ
without question	*bi-lā shakk*	بلا شك
without recourse	*dūna ḥaqq ar-rujūʿ*	دون حق الرجوع
without reserve	*dūna taḥaffuẓ*	دون تحفظ
with profits policy	*būliṣāt taʾmīn bi-arbāḥ*	بوليصة تأمين بارباح
witness *(n)*	*shāhid*	شاهد
witness *(v)*	*yashhad*	يشهد
word	*kalima*	كلمة
word processing	*muʿālajat an-nuṣūṣ*	معالجة النصوص
word processing linked with computerisation	*muʿālajat an-nuṣūṣ murtabiṭa bil-kumbyūtar*	معالجة النصوص مرتبطة بالكمبيوتر
word processor	*jihāz muʿālajat an-nuṣūṣ*	جهاز معالجة النصوص
work *(n)*	*ʿamal*	عمل
work *(v)*	*yaʿmal*	يعمل
work and materials	*ʿamal wa mawādd*	عمل ومواد
work classification	*taṣnīf al-ʿamal*	تصنيف العمل
work content	*takwīn zamanī lil-ʿamal*	تكوين زمني للعمل
work cycle	*dawrat al-ʿamal*	دورة العمل
work environment	*bīʾat al-ʿamal*	بيئة العمل
worker	*ʿāmil*	عامل
work-force	*al-qūwa al-ʿāmila*	القوة العاملة
working agreement	*ittifāqīyat ʿamal*	اتفاقية عمل
working capital	*raʾsmāl ʿāmil*	راسمال عامل
working class	*aṭ-ṭabaqa al-ʿāmila*	الطبقة العاملة
working conditions	*ẓurūf al-ʿamal*	ظروف العمل
working days	*ayyām al-ʿamal*	أيام العمل
working hours	*sāʿāt al-ʿamal*	ساعات العمل

working party	*lajnat khubarāʾ*	لجنة خبراء
working population	*ʿadad as-sukkān al-ʿāmilīn*	عدد السكان العاملين
working space	*majāl lil-ʿamal*	مجال للعمل
working to rule	*takhfīḍ al-intāj bi-taqayyud bil-lawāʾiḥ*	تخفيض الانتاج بتقيد باللوائح
work-in-progress	*aʿmāl taḥt at-tanfīdh*	اعمال تحت التنفيذ
work-load	*ḥiml al-ʿamal*	حمل العمل
workman	*ʿāmil*	عامل
workmanship	*jawdat aṣ-ṣunʿ*	جودة الصنع
work measurement	*qiyās al-ʿamal*	قياس العمل
workmen's accident insurance	*taʾmīn ḥawādith al-ʿummāl*	تأمين حوادث العمال
workmen's compensation	*taʿwīḍāt al-ʿummāl*	تعويضات العمال
workmen's compensation acts	*anẓimat taʿwīḍāt al-ʿummāl*	أنظمة تعويضات العمال
workmen's compensation insurance	*taʾmīn taʿwīḍāt al-ʿummāl*	تأمين تعويضات العمال
work out	*yaḥull*	يحل
work permit	*ijāzat al-ʿamal*	اجازة العمل
work planning	*takhṭīṭ al-ʿamal*	تخطيط العمل
works	*aʿmāl · maṣnaʿ*	اعمال . مصنع
works council	*lajna mushtaraka lil-idāra wan-niqāba*	لجنة مشتركة للادارة والنقابة
works engineer	*muhandis maṣnaʿ*	مهندس مصنع
works foreman	*mulāḥiẓ maṣnaʿ*	ملاحظ مصنع
workshop	*warsha*	ورشة
work simplification	*tabsīṭ al-ʿamal*	تبسيط العمل
works manager	*mudīr maṣnaʿ*	مدير مصنع
workstation	*nuqṭat ʿamal*	نقطة عمل
work study	*dirāsat al-ʿamal*	دراسة العمل
work to rule	*takhfīḍ al-intāj bi-taqayyud bil-lawāʾiḥ*	تخفيض الانتاج بتقيد باللوائح
World Bank	*al-bank ad-duwalī*	البنك الدولي
world consumption	*istihlāk ʿālamī*	استهلاك عالمي
world economy	*al-iqtiṣād al-ʿālamī*	الاقتصاد العالمي
world markets	*aswāq ʿālamīya*	اسواق عالمية

world trade	*at-tijāra al-ʿālamīya*	التجارة العالمية
worldwide	*ʿālamī an-niṭāq*	عالمي النطاق
wrapround	*munḥani aṭ-ṭarafayn*	منحنى الطرفين
writ	*amr qaḍāʾī*	امر قضائي
write a letter	*yaktub kitāban*	يكتب كتاباً
write down *(v)*	*yukhaffiḍ qīmat al-aṣl*	يخفض قيمة الاصل
write off *(v)*	*yaḥdhif aṣlan*	يحذف اصلاً
write up *(v)*	*yarfaʿ qīmat al-aṣl*	يرفع قيمة الاصل
writing board	*lawḥ al-kitāba*	لوح الكتابة
writing down allowance	*khaṣm masmūḥ lil-istihlāk*	خصم مسموح للاستهلاك
written communication	*al-ittiṣāl al-maktūb*	الاتصال المكتوب
written consent	*muwāfaqa kitābīya*	موافقة كتابية
written contract	*ʿaqd maktūb*	عقد مكتوب
written-down value	*al-qīma baʿd al-istihlāk*	القيمة بعد الاستهلاك
written evidence	*adilla maktūba*	أدلة مكتوبة .
wrong address	*ʿunwān ghayr saḥīḥ*	عنوان غير صحيح
wrong delivery	*taslīm ghayr saḥīh*	تسليم غير صحيح
wrongful act	*fiʿl ghayr jāʾiz*	فعل غير جائز
wrongful dismissal	*tasrīḥ ghayr ʿādil*	تسريح غير عادل

X

Xerox (TM)	*zīrūks*	زيروكس
x-ray *(n)*	*ṣūra bil-ashi‘‘a as-sīnīya*	صورة بالاشعة السينية
x-ray *(v)*	*yuṣawwir bil-ashi‘‘a as-sīnīya*	يصور بالاشعة السينية
x-ray examination	*faḥṣ bil-ashi‘‘a as-sīnīya*	فحص بالاشعة السينية
x-ray machine	*makanat al-ashi‘‘a as-sīnīya*	مكنة الاشعة السينية

y

yard	*yārda*	ياردة
yardstick	*miqyās miʿyārī*	مقياس معياري
year	*sana*	سنة
yearly income	*dakhl sanawī*	دخل سنوي
yearly premium	*qisṭ sanawī*	قسط سنوي
yield *(n)*	*mardūd*	مردود
yield *(v)*	*yūrid*	يورد
yield gap	*ikhtilāf al-mardūd*	اختلاف المردود
yield variance	*inḥirāf al-mardūd*	انحراف المردود

Z

zero hour	*sāʿat aṣ-ṣifr*	ساعة الصفر
zero rating	*ghayr khāḍiʿ liḍ-ḍarība al-iḍāfīya*	غير خاضع للضريبة الاضافية
zero suppression	*kabt aṣ-ṣifr*	كبت الصفر
zone	*minṭaqa*	منطقة
zone pricing	*tasʿīr ḥasb al-minṭaqa*	تسعير حسب المنطقة